So löst du die Arbeitsaufträge in diesem Buch:

(Fortsetzung auf der hinteren Umschlagklappe)

Arbeitsauftrag = Operator (alphabetisch) AFB	Das tust du:	Tipps und Formulierungsvorschläge:
analysieren II	Du untersuchst einen historischen Sachverhalt oder eine Quelle, indem du gezielt Fragen stellst und Materialien auswertest.	**Tipp:** Nutze die Methodentabellen im Buch, z. B. Sachtext, S. 27 Bildquelle, S. 47 Textquelle, S. 97, 137 Karte, Schaubild, S. 85, 125
begründen II	Du führst Argumente und Quellenzitate an, die deine Aussage untermauern. Wenn du eine Aussage oder das Handeln einer anderen Person begründen sollst, führst du Motive und passende Quellenzitate der Person an.	*Die Aussage in Zeile xy zeigt, dass ...* *Seine politische Einstellung änderte sich, weil ...*
beschreiben I	Du gibst den Inhalt eines Materials (z. B. Bild, Text, Karte) mit eigenen Worten schlüssig wieder.	*Es zeigt .../In der Mitte sieht man ...* *Mir fällt auf, ...* *Hier wird deutlich, ...*
beurteilen III	Du schätzt die Aussagen, Maßnahmen oder Vorschläge einer Person/Personengruppe in ihrem historischen Zusammenhang ein. Berücksichtige dafür die unterschiedlichen Sichtweisen und den Kenntnisstand der Personen. So kannst du ein begründetes „**Sachurteil**" formulieren.	*Die eigentliche Absicht des Redners war es, ...* *Diese Sichtweise führte dazu, dass, ...* *Diese Entscheidung hatte negative Folgen: ...*
bewerten III	Du bildest dir zu einem historischen Sachverhalt oder Ereignis aus dem Blickwinkel heutiger Maßstäbe und Werte eine eigene Meinung. So kannst du ein begründetes „**Werturteil**" formulieren.	*Aus meiner Sicht ...* *Nach heutigen Maßstäben (z. B. demokratisch, christlich, muslimisch) ...* *Andere sind möglicherweise der Ansicht, dass ...*
charakterisieren II	Du bestimmst einen historischen Sachverhalt oder eine Situation in ihren Grundzügen und nennst die typischen Merkmale.	*Ein typisches Kennzeichen für ...* *Allgemeine Merkmale waren ...*
darstellen II	Du verdeutlichst einen historischen Sachverhalt oder ein historisches Ereignis und zeigst dessen Zusammenhänge auf.	*Es ging um die Frage ...* *Daraus entwickelte sich ...* *Die Folgen waren ...*

Europa heute

Alb. = Albanien
And. = Andorra
BH. = Bosnien und Herzegowina
K. = Kosovo
Li. = Liechtenstein
Lib. = Libanon
Lux. = Luxemburg
Mc. = Monaco
Mol. = Moldawien
Mt. = Montenegro
Mz. = Mazedonien
Slw. = Slowenien
SM. = San Marino

500 km

Karte 2

Franz-Josef-Land
(Russland)

...and
...and
Weiß-
...ussland

Russland

Ukraine
...m.
Mol.
...ul.
Kasachstan
Mongolei
Nord-
korea
Georgien
Usbe-
kistan
Kirgisistan
Süd-
korea
Japan
Türkei
Ar. As.
Turk-
menistan
Tadschikistan
China
Zyp. Lib.
Syr.
Isr. Jd.
Irak
Iran
Afgha-
nistan
Pakistan
Pazifischer
Ozean
Ku.
Ba.
Kt.
VAE.
Ägypten
Saudi-
Arabien
Oman
Nepal
Bhutan
Indien
Bangla-
desch
Taiwan
Sudan
Eritrea
Jemen
Myan-
mar
Laos
Thai-
land
Vietnam
Dschibuti
Sri
Lanka
Kam-
bodscha
Philippinen
Süd-
sudan
Äthiopien
Somalia
Brunei
Mikronesien
...R.
mo-
sche
...ublik
...ngo
Uganda
Ru.
Bu.
Kenia
Malediven
Malaysia
Palau
Tansania
Seychellen
Komoren
Indonesien
Papua-
Neuguinea
Sambia
Malawi
Indischer
Ozean
Ost-
Timor
Salo-
monen
Sim-
babwe
...ts-
...na
Mosam-
bik
Mada-
gaskar
Mauritius
Réunion
(Frankreich)
Australien
Neu-
kaledonien
(Frankreich)
Swasiland
Lesotho
...dafrika
Kerguelen
(Frankreich)
Neuseeland

Abkürzungen in Asien:
Ar. = Armenien
As. = Aserbaidschan
Ba. = Bahrain
Isr. = Israel
Jd. = Jordanien
Kt. = Katar
Ku. = Kuwait
Lib. = Libanon
Syr. = Syrien
VAE. = Vereinigte Arabische Emirate

Abkürzungen in Afrika:
ÄGu. = Äquatorial Guinea
Be. = Benin
Bu. = Burundi
Ru. = Ruanda
To. = Togo
ZAR. = Zentralafrikanische Republik

Forum

Geschichte

Baden-Württemberg

Von der Urgeschichte bis
zum Beginn des Mittelalters

Herausgegeben von
Hans-Joachim Cornelißen und Claudia Tatsch

Dieses Buch gibt es auch auf
www.scook.de

Es kann dort nach Bestätigung der
Allgemeinen Geschäftsbedingungen
genutzt werden.

Buchcode: **rqtrp-zrpk6**

Forum Geschichte

Band 5/6 wurde erarbeitet von:
Hans-Joachim Cornelißen, Sonja Fuchs, Dr. Georg Schwind, Jens Tanzmann, Claudia Tatsch,
Veronika Weidemann, Dr. Silvia Wimmer, Andreas Zodel

Didaktische Beratung: Dirk Lundberg

Redaktion: Friederike Terpitz, Andreas Holy
Bildassistenz: pixxatwork, München
Grafik und Illustration: Klaus Becker, Oberursel; Thomas Binder, Magdeburg; Elisabeth Galas, Bad Breisig;
Carsten Märtin, Oldenburg; Annette Pflügner, Mörfelden-Walldorf; Matthias Pflügner, Berlin;
Dorina Tessmann, Berlin; Michael Teßmer, Hamburg; Hans Wunderlich, Berlin
Karten: Carlos Borrell Eiköter, Berlin
Technische Umsetzung: Arnold & Domnick, Leipzig
Layoutkonzept und Umschlaggestaltung: Ungermeyer – grafische Angelegenheiten, Berlin
Umschlagbild: Kolossalstatue Ramses II., Memphis, Foto 2006, © Corbis/Jose Fuste Raga/Corbis

www.cornelsen.de

Die Webseiten Dritter, deren Internetadressen in diesem Lehrwerk
angegeben sind, wurden vor Drucklegung sorgfältig geprüft.
Der Verlag übernimmt keine Gewähr für die Aktualität und den Inhalt
dieser Seiten oder solcher, die mit ihnen verlinkt sind.

1. Auflage, 1. Druck 2016

Alle Drucke dieser Auflage sind inhaltlich unverändert
und können im Unterricht nebeneinander verwendet werden.

Druck: Firmengruppe APPL, aprinta Druck, Wemding

ISBN 978-3-06-064288-5

PEFC zertifiziert
Dieses Produkt stammt aus nachhaltig
bewirtschafteten Wäldern und kontrollierten
Quellen.

www.pefc.de

PEFC

PEFC/04-32-0928

3 Leben im antiken Griechenland

4 Das Römische Reich

5 Neue Religionen, neue Reiche

Anhang

Umschlag

So arbeitest du erfolgreich mit Forum Geschichte

Hier bekommst du einige Hinweise, damit du dich in diesem Buch gut zurechtfindest: Wie die Kapitel aufgebaut sind, was die unterschiedlichen Farben bedeuten oder welche Texte, Materialien und Aufgaben es gibt.

Fragen stellen und sich orientieren

Jedes Kapitel beginnt mit der **Auftaktseite**. Sie zeigt, worum es in dem Kapitel geht.

Auf der **Orientierungsseite** erfährst du mehr: Die Zeitleiste gibt dir den Zeitraum an, mit dem du dich beschäftigen wirst, die Karte zeigt dir den Raum. Der Text führt dich in das Kapitelthema ein.

Ein Thema untersuchen

Auf den **Themenseiten** erklärt dir ein kurzer Text unterhalb der Überschrift, um welches Thema es auf der Doppelseite geht. Der Schulbuchtext (= Darstellungstext), die Abbildungen, die blau unterlegten „Quellentexte" oder Begriffserklärungen helfen dir, ein geschichtliches Thema zu untersuchen. Die Arbeitsaufträge sind vielfältig: Oft kannst du eine Aufgabe auswählen oder du findest Hinweise zu Partner- oder Gruppenarbeit.

Differenzierung: Unterschiedliche Lernwege auswählen

Wähle-aus-Seiten

Historische Fragen lassen sich auf verschiedene Weise beantworten. Auf den orangefarbenen **Wähle-aus-Seiten** kannst du dich für ein Material entscheiden: Traust du dir zu, eine längere Textquelle zu bearbeiten? Oder arbeitest du lieber mit Bildquellen? Interessieren dich Zahlen und Statistiken? Wähle aus, was zu dir passt! Bei einer abschließenden **Aufgabe für alle** könnt ihr trotz unterschiedlicher Lösungswege zu einem gemeinsamen Ergebnis kommen.

> **2 Wähle eine Aufgabe aus:**
> **a)** Beschreibe mithilfe des Darstellungstextes Z. 9–27, welche Aufgaben ein Pharao hatte.
> **b)** Arbeite aus M2 heraus, welche Eigenschaften dem Pharao Ramses II. zugeschrieben wurden.

Auf vielen Seiten siehst du **„Wähle-aus-Aufgaben"**. Wie der Name schon sagt, darfst du hier a, b, oder c auswählen. Die Aufgaben sind unterschiedlich, aber sie beziehen sich auf eine gemeinsame Frage.

> **3 Partnerarbeit:** Listet anhand von M3 die Merkmale einer Polis auf.
> **Tipp:** Nehmt den Darstellungstext Z. 39–64 zu Hilfe.

Bei manchen Aufgaben findest du **Tipps** zur Lösung. Nutze sie, wenn du möchtest.

> **Zusatzaufgaben**
>
> **zu S. 106/107:**
>
>
>
> **Kindesaussetzung in Sparta**
> *Der folgende Text stammt aus einer Lebensbeschreibung über den spartanischen König Lykurgos (7. Jh. v. Chr.), die der griechische Schriftsteller Plutarch (um 45–120 n. Chr.) verfasst hat:*
> Das zur Welt Gekommene aufzuziehen unterlag nicht der Entscheidung des Erzeugers, sondern er hatte es an einen Ort zu bringen, ... wo die Ältesten der Gemeindegenossen saßen und das Kind untersuchten und, wenn es wohlgebaut und kräftig war, seine Aufzucht anordneten ...; war es aber schwächlich und missgestaltet, so ließen sie es zu ... einem Felsabgrund [bringen] ... Denn sie meinten, für ein Wesen, das von Anfang an nicht fähig sei, gesund und kräftig heranzuwachsen, sei es besser, nicht zu leben, sowohl um seiner selbst wie um des Staates willen.
> *Plutarch, Lykurgos 5ff. Zit. nach Walter Arend, Geschichte in Quellen, Bd. 1, 3. Aufl., München (bsv), S. 143 Übers. v. Konrat Ziegler, bearb. v. Verf.*
>
> 1 Erläutere anhand von M1, wie in Sparta mit Neugeborenen umgegangen wurde.
> 2 Wer war für ihre Erziehung verantwortlich?
> **Tipp:** Beachte folgende Aussage Plutarchs: „Sie gehörten dem Vaterland und nicht sich selbst."

Wenn du schneller bist als die anderen und dich für weitere Aspekte eines Themas interessierst, findest du **Zusatzaufgaben** im Anhang. Du kannst sie entweder mit den Informationen der Doppelseite oder mit anderen Materialien lösen.

Mit Methoden arbeiten

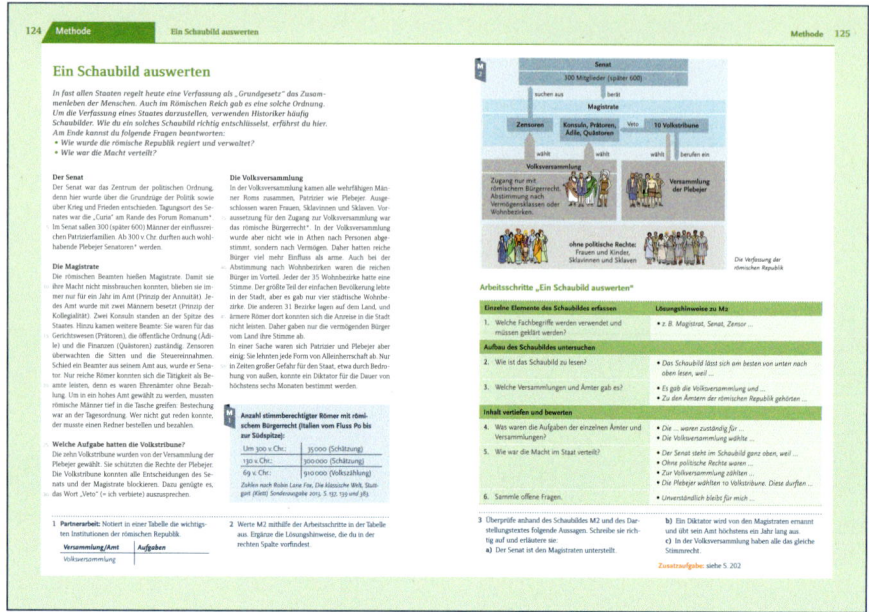

Auf den **Methodenseiten** lernst du schriftliche Quellen, Bilder oder Karten fachgerecht auszuwerten. Du findest auch Tipps, wie du Sachtexte gut verstehst. In der grünen Tabelle stehen links die Arbeitsschritte, nach denen du vorgehst. In der rechten Spalte gibt es Lösungshinweise zu dem Beispiel auf der Seite.

Fenster zur Welt: Auf andere Kulturen schauen

Auf den **Fenster-zur-Welt-Seiten** kannst du die Geschichte anderer Kontinente und Kulturen untersuchen. Was passierte in China, als sich in Europa das Römische Reich in seiner Blütezeit befand? Wie entstanden die islamischen Staaten? Auf diesen Seiten findest du darauf eine Antwort.

Wiederholen und die eigenen Kompetenzen prüfen

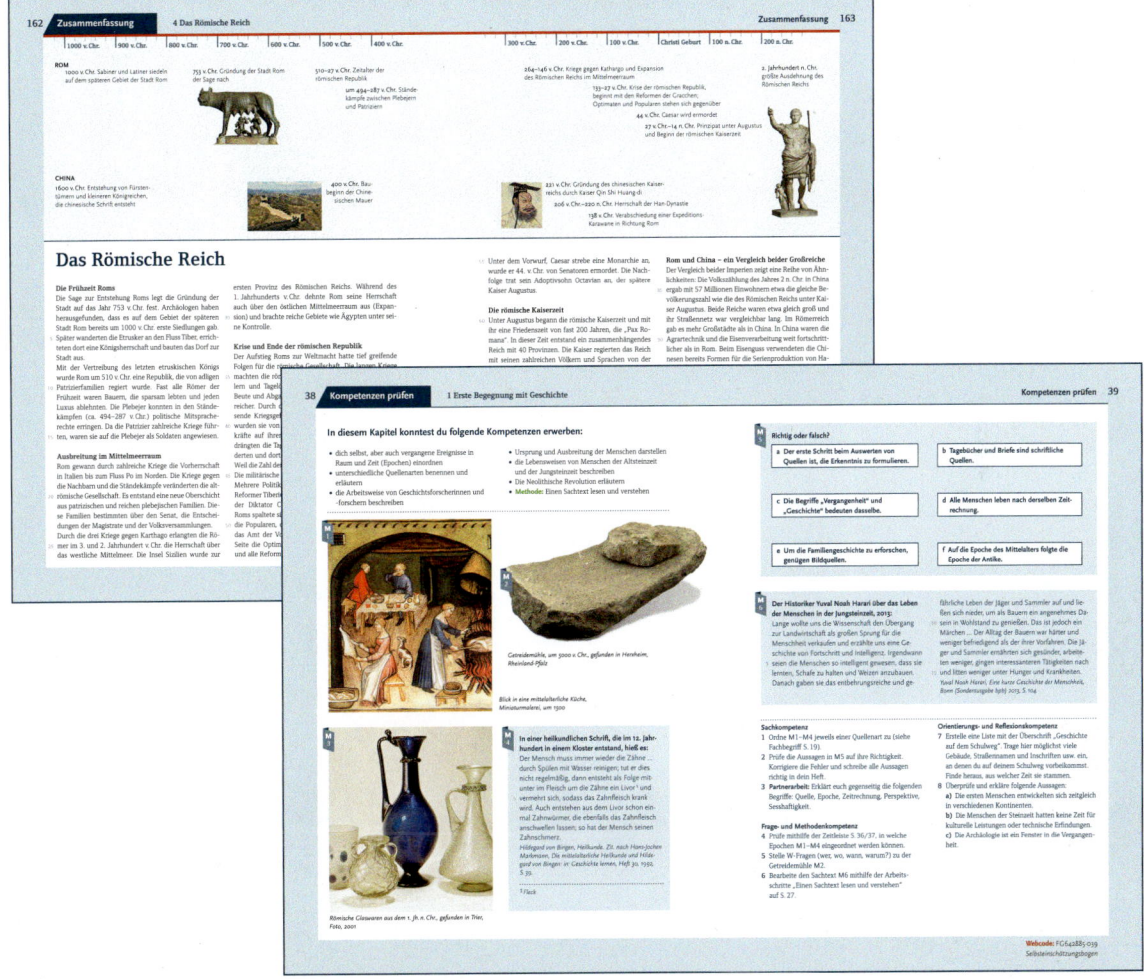

Auf der **Zusammenfassungsseite** am Schluss des Kapitels fasst ein Text den Inhalt noch einmal zusammen. Die Zeitleiste hilft dir, die wichtigsten Daten zu wiederholen. Wenn du wissen möchtest, was du im Kapitel gelernt hast, solltest du die Aufgaben auf der Seite **Kompetenzen prüfen** lösen. Falls du mit einzelnen Aufgaben Schwierigkeiten hast, liest du im Kapitel noch einmal nach. Lösungshilfen findest du im Anhang.

Hilfen im Anhang und im Umschlag

Der **Anhang** unterstützt dich bei der Arbeit.
Hier findest du:

- Zusatzaufgaben
- Lösungshinweise zu den Seiten „Kompetenzen prüfen"
- ein Lexikon mit Erklärungen schwieriger Begriffe
- ein Register zum schnellen Nachschlagen
- Tipps für Kurzreferate oder Rollenspiele („Unterrichtsmethoden")

In den **Umschlagklappen** kannst du die „Operatoren" nachschlagen, die in den Arbeitsaufträgen verwendet werden.

Audiovisuelle Materialien

Passend zu diesem Buch gibt es Selbsteinschätzungsbögen, Filme, Kartenanimationen, Tonquellen, virtuelle Museen und Archive im Internet. Du findest sie mithilfe der **Webcodes**, die auf den Schulbuch-Seiten abgedruckt sind, z. B.

FG642885-157

So geht es:

1. Gehe auf die Seite www.cornelsen.de/webcode
2. Gib dort den Webcode ein und du findest ein passendes Internetangebot.

1

Erste Begegnung mit Geschichte

Jungsteinzeit vor 5000 Jahren: Können Menschen von heute unter den Bedingungen von damals überleben? Sieben Erwachsene und sechs Kinder haben es in einem Experiment versucht. Sie lebten acht Wochen wie ihre Vorfahren in der Jungsteinzeit: mitten im Wald an einem Weiher, in schilfgedeckten Hütten, ohne Strom und fließendes Wasser. Wie ist es ihnen wohl ergangen?

Stelle dir vor, du könntest eine Person des Steinzeit-Experiments interviewen. Welche Fragen würdest du ihr stellen?

Pfahlbaudorf im Hinterland des Bodensees, rekonstruiert für den Dokumentarfilm „Steinzeit – das Experiment", 2007

| 2 Mio. v. Chr. | 1000 v. Chr. | 500 v. Chr. | Geburt Christi |

Urgeschichte*

3000 v. Chr.–500 n. Chr.
Altertum/Antike*

Zeitleiste

Geschichtliche Zeiträume oder Ereignisse werden oft in Zeitleisten dargestellt. An einer Linie oder einem Pfeil sind feste Zeitabstände markiert, unter denen wichtige Ereignisse oder Entwicklungen eingetragen werden. Zeitleisten verlaufen meistens von links nach rechts oder von oben nach unten.

Erste Begegnung mit Geschichte

Erinnere dich: Welche Themen aus der Geschichte hast du in der Grundschule behandelt? Kennst du schon Urmenschen, ägyptische Pyramiden oder römisches Essen aus dem Sachunterricht? In deinem neuen Schulfach Ge-
5 schichte geht es um Themen aus der Vergangenheit. Du erforschst das Leben der Menschen in früheren Jahrzehnten, Jahrhunderten und Jahrtausenden.

Geschichte reicht aber auch bis an unsere Zeit heran, wenn du etwas über die Vergangenheit deiner Schule he-
10 rausfindest. Besonders spannend kann es sein, sich in eine ganz andere Zeit oder an einen weit entfernten Ort zu versetzen. Denn überall beschäftigen die Menschen ähnliche Fragen: Wie versorgen sie sich? Wie verteilen sie die Aufgaben in der Gemeinschaft? Welche Menschen
15 haben die Macht und das Recht, andere zu beherrschen? An was glauben die Menschen?

Du wirst feststellen, dass die Art und Weise, wie Menschen ihr Leben gestaltet und Probleme gelöst haben, uns heute oft noch vertraut ist und wir uns mit ihnen durch
20 die Zeit verbunden fühlen. Manchmal finden wir frühere Verhaltensweisen aber auch fremd oder sogar grausam und unverständlich. Da lohnt es sich, nach den Gründen zu fragen und unser eigenes Urteil zu überprüfen.

Dein Handwerkszeug für das Fach Geschichte lernst du in
25 diesem Kapitel kennen:

- die Zeitleiste – sie hilft dir, dich in der Zeit und in vergangenen Epochen zu orientieren
- vielfältige Quellen und Methoden – mit ihnen gewinnen wir unsere Kenntnisse über die Vergangenheit

Das Bundesland Baden-Württemberg heute

1 Wähle aus M2–M6 mindestens drei Bilder aus und ordne sie an die richtige Stelle in der Zeitleiste und in der Karte ein. Stelle ein Bild in der Klasse vor und begründe, warum du es ausgewählt hast.

500 n. Chr.	1000 n. Chr.	1500 n. Chr.	2000 n. Chr.

**500–1500
Mittelalter***

seit 1500 Neuzeit*

Manchmal finden lange Zeiträume nicht auf einer Zeitleiste Platz, wie auf dieser Zeitleiste: Hier steht der Abstand zwischen zwei Strichen für 500 Jahre. Nur der erste Abstand steht für knapp zwei Millionen Jahre. Deshalb ist die Linie an dieser Stelle gestrichelt.

Überreste antiker römischer Badeanlagen (Thermen) in Baden-Baden, die um 200 n. Chr. gebaut wurden. Auf dem Foto sind Teile der Fußbodenheizung zu erkennen.

Das Karlsruher Schloss, errichtet und umgebaut zwischen 1715 und 1785, Foto, 2008

Urkunde des Kaisers Heinrich VI. für die Stadt Konstanz, 1192

Pforzheim nach dem Zweiten Weltkrieg, Foto, 1945

Kanutour auf der Lauter, einem Nebenfluss der Donau (Schwäbische Alb), Foto, 2012

Familien haben Geschichte

Wenn du zu Hause alte Fotos oder Filme anschaust, wirst du auf Bilder aus deiner Vergangenheit stoßen. Sicher kannst du dich nicht an alles erinnern, was du dort siehst: Zu manchen Bildern können dir nur deine Eltern oder Großeltern etwas erzählen. Fotografien und Filme sind wichtige Quellen deiner eigenen Geschichte. Wenn du sie zeitlich ordnest, kannst du mit ihnen deine eigene Lebensgeschichte und die deiner Familie darstellen.

Die Familie als Folge von Generationen

Geschichte beginnt mit dir selbst. Dein Leben ist bereits ein kurzer Abschnitt aus der Geschichte. Deine Eltern leben schon länger, und das Leben deiner Großeltern reicht hinter den Lebenszeitraum deiner Eltern zurück.
5 Vielleicht hast du noch Urgroßeltern oder einen Urgroßelternteil. Sie könnten aus ihrem langen Leben und von der Kindheit deiner Großeltern erzählen. Sie alle gehören zur Familie, der kleinsten Einheit in unserer Gesellschaft.
10 Schon früher gab es alleinerziehende Mütter und Väter, häufig vor allem dann, wenn ein Elternteil früh verstorben war. Die Lebenserwartung, das durchschnittlich erreichbare Alter der Menschen, war nämlich viel niedriger als heute. Vor 1000 Jahren wurden nur wenige
15 Menschen älter als 40 Jahre.
Auch Lebensgemeinschaften, in denen Frauen und Männer unverheiratet mit Kindern leben, sind Familien. Sogenannte Großfamilien (das „ganze Haus") mit Großeltern, Eltern, Kindern und vielleicht Arbeits- oder
20 Dienstpersonal unter einem Dach, wie sie meist auf den Bauernhöfen lebten, sind heute nur selten anzutreffen.
Alle Menschen, die in einem bestimmten Zeitabschnitt leben, werden als Generation bezeichnet. Bekommen sie Kinder, entsteht eine neue Generation. Diese Zeitspanne
25 umfasst etwa 25 bis 30 Jahre. Generationenfolgen, wie z. B. die Geschichte einer Familie, lassen sich auf einer Zeitleiste oder in einem Familienstammbaum darstellen. Die Lebensbeschreibung eines einzelnen Menschen wird Biografie genannt.

1 Kläre die Begriffe „Familie" und „Generation".
2 Trage die Jahreszahlen der Zeitleiste in deine Geschichtsmappe ein und ergänze dein Geburtsdatum, das deiner Eltern, Großeltern und Urgroßeltern.
3 **Wähle eine Aufgabe aus:**
  a) Beschreibe M1–M4: Welche unterschiedlichen Formen von Familie sind hier abgebildet?
  b) Erläutere die Zeitleiste. Finde zunächst heraus, welche allgemeinen Ereignisse dargestellt sein könnten (Erster und Zweiter Weltkrieg, Mondlandung etc.). Wähle ein Ereignis aus und stelle für drei der abgebildeten Personen auf M1–M4 fest, ob sie das Ereignis erlebt haben und wie alt sie ungefähr waren.
  c) Auf der Feier zum 90. Geburtstag des Großvaters Fritz Hansen im Jahre 2015 gratulieren die Kinder Hermann (63), Gertrud (56) und Gisela (54) sowie die Enkel Anja (39), Karsten (29) und Peter (18). In welchen Jahren sind die Mitglieder der Familie geboren? Wer hat die erste Mondlandung (1969) schon erlebt und wer den Fall der Berliner Mauer (1989)?
4 Frage zu Hause nach Fotos und anderen Erinnerungsstücken. Ordne sie in die Zeitleiste in deiner Geschichtsmappe ein und berichte über die Geschichte deiner eigenen Familie in der Klasse.

■ **1910**   ■ **1920**   ■ **1930**   ■ **1940**   ■ **1950**

Erster Weltkrieg

Familie hört Radio

Hitlerjugend

Kriegsende

Freizeit

Familie, Foto, um 1900

Familie, Foto, 2008

Familie, Foto, 2002

Familie, Foto, 2012

■ 1960   ■ 1970   ■ 1980   ■ 1990   ■ 2000   ■ 2010

Mondlandung   Kindheit   Maueröffnung   Geburt   Flucht

Mein Ort hat Geschichte: das Beispiel Ravensburg

Von Verwandten und Bekannten hast du bestimmt schon Äußerungen gehört wie „Früher konnte man hier noch Reste der Stadtmauer sehen" oder „Der Bahnhof war noch in Betrieb." Dörfer und Städte haben sich immer wieder verändert und wandeln sich auch heute noch.

- *Welchen Spuren kannst du nachgehen, wenn du mehr über die Geschichte deines Wohnortes wissen möchtest?*

M1 *Ansicht von Ravensburg, Foto, 2014*
1 Veitsberg,
2 Marktstraße,
3 Marienplatz

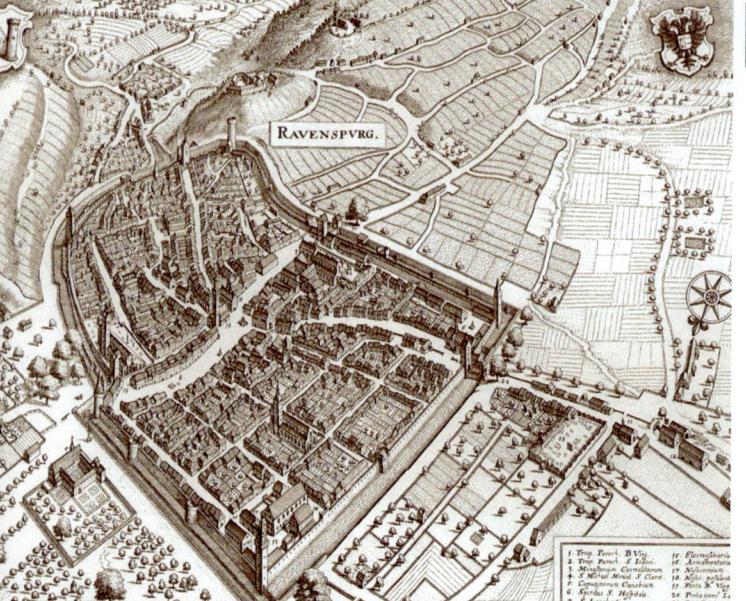

M2 *Ansicht von Ravensburg, Kupferstich von Matthias Merian dem Älteren, 1643*

Geschichte Ravensburgs:

um 2000 v. Chr. erste Siedlungsspuren auf dem Veitsberg

seit 15 v. Chr. römische Besiedlung

1088 erste Erwähnung einer Burg

seit 1191 unter der Adelsfamilie Staufer Vergrößerung der Siedlung entlang der Marktstraße („Oberstadt")

1380–1530 die „Ravensburger Handelsgesellschaft" erlangt europaweite Bedeutung im Fernhandel

1939–1945 Zweiter Weltkrieg: Die mittelalterliche Altstadt wird nicht durch militärische Angriffe beschädigt.

Einwohner um 1500: ca. 4500

Einwohner heute: ca. 49 000

Die „Große Ravensburger Handelsgesellschaft" 1380–1530

Handelswaren (Auswahl)	Bestimmungsorte
Stoffe aus den Niederlanden	Spanien
Rüstungen, Waffen und Pelze aus Mailand	Spanien, Deutschland, Niederlande
Muskat, Pfeffer, Seide, Baumwolle, Schmuck und Perlen aus Nordafrika und Arabien	Deutschland, Frankreich, Niederlande
Safran, Reis, Früchte, Farben und Baumwolle aus Spanien	Italien, Deutschland, Niederlande
Zinn, Draht, Waffen und Nadeln aus Nürnberg	Spanien
Leinen aus Oberschwaben	ganz Europa

Zusammengestellt nach Peter Eitel/Jan Koppmann, Quellen zur Geschichte der Großen Ravensburger Handelsgesellschaft. Quellen zur Ravensburger Stadtgeschichte, 9. Lieferung, Stadtarchiv Ravensburg 1996.

Ravensburger Spiele, eine kleine Auswahl

1884	„Reise um die Erde"
1925	„Elfer Raus"
1927	„Fang den Hut"
1950er	„Memory", „Das Malefiz-Spiel"
1960er	Puzzles für Kinder und Erwachsene
später	„Hase und Igel", „Deutschlandreise", „Scottland Yard", „Das verrückte Labyrinth", „Schlag den Raab", etc.

Der Ravensburger Verlag wurde 1883 gegründet. Er beschäftigt heute 1500 Mitarbeiter, davon 800 in Ravensburg, und liefert seine Produkte in über 90 Länder der Welt.

Zusammengestellt nach Thilo Pflugfelder, 12 x Geschichte. Erster Ravensburger Kinder-Stadtführer, hg. v. Initiative Ravensburg 2010.

Produktion von Spielen des Ravensburger Verlags, Foto, 2008

1 Finde heraus, welche Orte, die in der „Geschichte Ravensburgs" (S. 16) genannt werden, in der Stadtansicht M2 zu erkennen sind.

2 Vergleiche M2 mit dem Luftbild von Ravensburg in M1.
Tipp: Achte besonders auf den Verlauf der Straßen und auf herausragende Gebäude.

3 Zwei Unternehmen (M3–M5) spielten in der Geschichte Ravensburgs eine besondere Rolle. Vergleiche diese beiden Unternehmen: Nenne Gemeinsamkeiten und Unterschiede.

4 **Gruppenarbeit:** Erforscht die Geschichte eures Wohnorts. Beschafft euch Bücher, Karten, Fotos usw. Fragt zu Hause, im Museum, im Stadtarchiv nach.
Tipp: Stellt Fragen wie z. B.: Wann wurde der Ort gegründet und warum? Haben einzelne Menschen die Stadtgeschichte geprägt? Gab es Unglücke und Katastrophen? Gibt es ein historisches Stadtfest und woran erinnert es?

Webcode: FG642885-017
Ravensburg

Aus Vergangenheit wird Geschichte

Geschichtsforscherinnen und Geschichtsforscher sammeln möglichst viele Spuren und Überreste aus der Vergangenheit. Sie „erzählen" dann die Geschichte, die mit ihren Funden verbunden ist.
- *Wie orientieren sie sich in der Vergangenheit und der Vielzahl der Überreste?*

M 1 Epochen

				Gegenwart	
Vergangenheit					Zukunft
Urgeschichte	Altertum/Antike	Mittelalter	Neuzeit		

Einteilung der Vergangenheit in Epochen

Da die Geschichte viele Jahrtausende umfasst, machen Geschichtsforscher das Gleiche, was du machst, wenn viele Informationen oder Materialien vor dir liegen, mit denen du arbeiten sollst: Sie ordnen die Vergangenheit, in-
5 dem sie sie aufteilen, und zwar in große Zeitabschnitte, die sie Epochen nennen:
- *Urgeschichte:* Zeitabschnitt vom Beginn der Menschheitsgeschichte bis ca. 3000 v. Chr. Für diesen Zeitraum gibt es keine schriftlichen Quellen.
10 - *Altertum/Antike:* Zeitabschnitt, der mit den frühen Hochkulturen um 3000 v. Chr. begann und ca. 500 n. Chr. endete. Das Altertum umfasste die Hochkultur im Alten Ägypten mit den Pyramiden und der Schrift, ab 1000 v. Chr. folgten die Hochkulturen der Griechen
15 und Römer.
- *Mittelalter:* Zeitabschnitt zwischen Antike und Neuzeit, der ca. 500 n. Chr. begann und um 1500 n. Chr. endete. Im europäischen Mittelalter bauten sich Adlige und Ritter Burgen, es entwickelten sich die Städte.

20 - *Neuzeit:* Zeitabschnitt, der um 1500 begann und bis heute andauert. In die Neuzeit fielen wichtige Erfindungen und Entdeckungen, wie die Fahrt des Kolumbus nach Amerika oder die Erfindung der Elektrizität.

Verschiedene Zeitrechnungen

25 Schon immer haben Menschen Wege gefunden, sich in der Zeit zu orientieren. Aus der Beobachtung der Regelmäßigkeiten im Lauf von Sonne, Mond und Sternen entstanden der Kalender und die Einteilung der Zeit in Tage, Monate und Jahre. Heute wird in vielen Teilen der Welt
30 die Geschichte in Jahre vor und nach Christi Geburt eingeteilt. Daher kommen Zeitangaben mit den Abkürzungen „v. Chr." und „n. Chr.".
Daneben gibt es andere Zeitrechnungen: Nach jüdischem Glauben wurde die Welt im Jahre 3761 v. Chr. erschaffen.
35 Die islamische Zeitrechnung beginnt mit dem Auszug des Propheten Mohammed aus der Stadt Mekka nach Medina im Jahre 622 der christlichen Zeitrechnung.

Mann mit einer Heugabel, Relief auf einem römischen Grabstein aus dem 1.–3. Jahrhundert n. Chr., gefunden in Frankreich

M 3

M 2 *Radnabe mit Bronzebeschlägen und Überresten von Holzspeichen, 7. Jh. v. Chr., gefunden bei Ludwigsburg*

Feldarbeit, Illustration aus einem Gebetbuch, das im 9. Jahrhundert n. Chr. bei Paris entstand und heute in der Landesbibliothek Stuttgart aufbewahrt wird

Schriftliche und nichtschriftliche Quellen

Nicht nur die Vergangenheit wird eingeteilt, sondern auch das, was sie hinterlassen hat: die Überreste. Sie werden „geschichtliche (= historische) Quellen" genannt, weil die Forschung sie nutzt, um etwas über die Vergangenheit zu erfahren.

Es gibt unterschiedliche Arten von Quellen:

- Sachquellen, z. B. Gebäude, Schmuck, Werkzeuge, Knochen, Münzen
- schriftliche Quellen, z. B. Urkunden, Akten, Rechtssammlungen, private Briefe, Großmutters Kochbuch
- mündliche Quellen, z. B. erzählte Lebenserinnerungen, Sagen, Volkslieder
- Bildquellen, z. B. Gemälde, Zeichnungen, Drucke, Fotos, Filme
- Traditionen, z. B. religiöse Feste, Volksfeste, Bräuche, Sprache

Die Bäuerin Anna Wimschneider über ihre Kindheit um 1927

Die Bäuerin aus dem Landkreis Rottal-Inn musste nach dem Tod ihrer Mutter als Achtjährige Haus und Hof versorgen. Ihre Erinnerungen schrieb sie 1984 auf:

Ich habe Feuer gemacht und die Milch gekocht, in die Schüssel gegeben, ein wenig Salz dazu und dann Brot eingebrockt … Ich … musste … die Kleinsten aus dem Bett holen, … sie anziehen

5 und füttern … Ich konnte mich erst dann zur Schule fertig machen, wenn der Vater von der Stallarbeit hereinkam. Nun lief ich so schnell ich konnte die vier Kilometer zur Schule …, und oft kam ich erst an, wenn die erste Pause war. Da

10 lachten mich die anderen Kinder aus.

Anna Wimschneider, Herbstmilch, München (R. Piper) 1984, S. 10.

Feldarbeit, Foto, um 1920

1 Zeichne M1 in dein Heft ab und ergänze mithilfe des Darstellungstextes die Jahreszahlen für die vier Epochen.

2 Ordne die Quellen dieser Seite den vier Epochen zu.

3 Erkläre, zu welchen der im Begriffskasten genannten Arten von Quellen M2–M6 gehören.

4 Worüber können sich die beiden Personen in M6 in einer Pause unterhalten? Es ist nicht überliefert, aber versucht euch in die Situation hineinzuversetzen und gestaltet Sprechblasen.
Vergleicht eure Ergebnisse und besprecht, warum sie sich unterscheiden.

Zusatzaufgabe: siehe S. 198

Wie erforschen wir Geschichte?

Menschen, die sich aus beruflichen oder privaten Gründen mit Geschichte beschäftigen, haben eines gemeinsam: Sie stellen Fragen an die Vergangenheit, suchen dafür Antworten und für diese wiederum Beweise: Sie forschen.
* *Wie gehen sie dabei vor?*

Fragen stellen

Am Anfang stehen immer „W-Fragen", wie du sie z.B. aus der Arbeit mit Texten kennst: **Wer** hat was gemacht oder war beteiligt? **Was** ereignete sich oder wurde getan? **Wie** geschah es oder wie wurde etwas gemacht?
5 **Wo** passierte es und **wann**? **Warum** wurde so oder so gehandelt? usw.

Informationen sammeln, Spuren verfolgen

Man kann die Arbeit von Geschichtsforschern* mit der Spurensuche der Polizei vergleichen: Da sie das, was
10 geschehen ist, nicht selbst erlebt haben, sind sie auf Informationen durch Zeugen oder Überreste des Geschehens angewiesen (= Quellen). Sie holen sich auch Unterstützung bei Experten, die bereits zu dem Thema geforscht haben (= Historiker*).

15 Quellen auswerten, Erkenntnisse gewinnen

Bei der Arbeit mit Quellen müssen Geschichtsforscher ständig auf der Hut sein. Warum? Weil jede Quelle nur einen winzigen Ausschnitt zeigt. Die Schlüsse, die sie aus den Quellen ziehen, beruhen zunächst auf Vermutungen
20 und sind abhängig von der Perspektive des Einzelnen. Durch Hinzuziehen weiterer Personen und Quellen lassen sich die Vermutungen erhärten: Das Ergebnis ist dann abgesichert und wird von vielen Experten getragen.

....

Perspektive

aus dem Lateinischen übersetzt: die Sichtweise einer Person. Die Perspektive spielt in der Geschichtsforschung eine wichtige Rolle. Einerseits muss man bei der Auswertung der Quellen die Sichtweise der Person oder Gruppe beachten, von der die Quelle stammt. Andererseits haben alle Geschichtsforscherinnen und -forscher einen „eigenen Blick" auf das Thema.

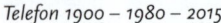

Telefon 1900 – 1980 – 2015

Ein Foto aus den 1940er Jahren

....

1 Notiere eine W-Frage zu M1. Begründe, warum du dich für deine Frage entschieden hast.

2 Formuliere mögliche Fragen zu dem Foto in M2.
   a) aus der Perspektive der Betrachterin
   b) aus deiner Perspektive
   Tipp: Nimm den Begriffskasten „Perspektive" zu Hilfe.

3 Fasse M3 zu einer Checkliste zusammen, die folgendermaßen beginnen könnte:
   1. Thema auswählen, das dich interessiert
   2. Materialien suchen und sammeln …

4 **a)** Schreibe die Frage auf, die der Schüler in M4 seinen Forschungen voranstellte.
   b) Arbeite aus M4 heraus, wie der Schüler vorgegangen ist.

Anleitung für „Spurensucher"

Der Geschichtswettbewerb des Bundespräsidenten fordert Schülerinnen und Schüler auf, zu einem bestimmten Thema am Wohn- oder Schulort oder in der eigenen Familiengeschichte zu forschen. Die Aufgabe 2014/15 lautete:

Wählt ein historisches Beispiel zum Thema „Anders sein. Außenseiter in der Geschichte", das euch besonders interessiert. Überlegt, was ihr auf eurer Spurensuche herausfinden möchtet. ...

5 **Sucht und sammelt** Materialien zu eurem Thema. Achtet darauf, dass ihr möglichst unterschiedliche Sichtweisen auf ein und denselben Sachverhalt erhaltet. Quellen könnt ihr in Archiven[1], Museen und Bibliotheken, Stadt- und Gemeindeverwaltungen,

10 Vereinen ... finden. Denkt daran, dass auch private Fotos, Briefe und Dokumente sowie gegenständli-che Quellen wie Kleidungsstücke, Denkmäler oder Bauten für euer Thema interessant sein können. Und überlegt, ob Zeitzeugen[2] oder Experten zu eu-

15 rem Thema Auskunft geben können ...

Beschreibt, wer als anders galt, sich bewusst von anderen abgrenzte und ob dies respektiert wurde oder zu Ausgrenzung ... führte ...

Erklärt an eurem Beispiel die Gründe für die jeweili-

20 ge Sicht der Menschen aufeinander und für ihr Handeln ...

Bewertet eure Ergebnisse aus zeitgenössischer[3] und heutiger Sicht.

Spuren suchen, 28. Jg. 2014, hg. v. der Körber-Stiftung, S. 24.

....

[1] *Archiv: Ort, an dem Quellen aufbewahrt werden.*
[2] *Personen, die das Geschehene miterlebt haben.*
[3] *damaliger*

Arbeitsbericht eines Schülers, der ein Flüchtlings-lager in seiner Nachbarschaft erforscht hat (2015)

Für den Geschichtswettbewerb des Bundespräsidenten forschte der Schüler über ein Barackenlager, das nach dem Zweiten Weltkrieg (Kriegsende 1945) in der Nähe seines Heimatortes bestand:

Die Arbeit zum Thema „Außenseiter in der Ge-schichte" habe ich damit begonnen, dass ich mir überlegt habe, was einen Menschen zum Außensei-ter macht ... Durch einen Zufall bin ich auf die Schul-

5 chronik der Grundschule Ofen gestoßen, in der von einem „Lettenlager" in der Nähe meines Wohnortes berichtet wurde. Ich habe in der Nachbarschaft nachgefragt und die häufigste Antwort war: „Ja, das gab es, aber wir hatten damit nichts zu tun."

10 Ich hatte das Gefühl, dass dieses zu dem Thema „Außenseiter in der Geschichte" gut passen würde. Außerdem war ich neugierig geworden und wollte wissen, was das für ein Lager war, auch wie viele Menschen dort lebten und wie ihr Alltag war.

15 Als Nächstes habe ich überlegt, woher ich Informa-tionen bekommen konnte. Ich habe in meiner Um-gebung nachgefragt, wer mir etwas zu dem Lager erzählen könnte. Eine Nachbarin hatte mir den Vor-schlag gemacht, bei Herrn S. nachzufragen, da seine

20 Frau im Lager gelebt hätte ...

Durch ihn bekam ich weitere Telefonnummern, z. B. von seiner Schwägerin Frau L., die in dem Lager ge-lebt hat ... Diese habe ich angerufen und Termine für Interviews ausgemacht. Bevor ich zu den Interviews

25 gefahren wurde, ... habe ich ... einen Fragebogen entwickelt ...

Da meine Interviewpartner älter waren, konnten sie sich nicht an alle Daten genau erinnern, sodass ich öfter nochmal telefonisch nachfragen musste, um

30 genaue Angaben zu bekommen ...

Ich war in der Landesbibliothek und habe mir 18 000 Seiten Zeitung auf Mikrofilm durchgesehen, aber nur wenig von dem Lager entdeckt ...

In den Herbstferien war ich zuerst im Staatsarchiv

35 Oldenburg und habe dort die Akten eingesehen ...

Im Gemeindearchiv Bad Zwischenahn wurde ich von zwei netten Damen empfangen, die ... sehr hilfsbe-reit waren ...

Mit dem Material aus den Archiven habe ich eine

40 Ortsbegehung ... gemacht. Vor Ort befindet sich heute eine Reitschule. Der Sohn der Besitzerin ... verwies uns an den Bezirksvorsteher Herrn A. ..., da er neben dem Lager aufgewachsen ist und sein jetzi-ges Haus direkt vor dem ehemaligen Eingang des

45 Lagers steht ...

Mit diesem Material habe ich mich mit meinen Tuto-rinnen[1] zusammengesetzt und dieses gesichtet, aus-gewertet und aufgeschrieben.

Geschichtswettbewerb des Bundespräsidenten, veranst. v. der Körber-Stiftung, Hamburg 2015, Beitrag 20150133, Patrick Hahn, Arbeitsbericht S. 1 f.

....

[1] *Tutorin: Betreuerin, vergleichbar mit einer Trainerin*

Was machen Archäologinnen und Archäologen?

„Bauvorhaben gestoppt! – Ausgrabungen haben Vorrang" lesen wir oft in der Zeitung. Dabei geht es immer um die Arbeit von Archäologen, die nach Überresten aus der Vergangenheit suchen. Ihre Untersuchungsgegenstände finden Archäologen vor allem bei Ausgrabungen. Aber: Woher wissen sie, an welchen Stellen Überreste verborgen sind? Häufig ergänzen sich zufällige Entdeckungen und systematisches, detektivisches Suchen.

- *Auf dieser Doppelseite kannst du untersuchen, wie Archäologen arbeiten.*

Arbeit in vier Schritten

1. Schritt Suchen und Finden: Zunächst muss die Fundstelle festgestellt und beschrieben werden. Häufig geben Zufallsfunde beim Haus- oder Straßenbau erste Hinweise. Manchmal weisen aber auch schriftliche Quellen oder
5 Luftbilder auf archäologische Überreste hin. Eine Ausgrabung wird dann systematisch vorbereitet (Personal, Werkzeuge usw.)

2. Schritt Graben: Die Ausgrabung muss sehr vorsichtig durchgeführt werden: Grabungsgelände vermessen,
10 Schicht für Schicht den Boden abtragen, fotografieren, genaue Lage von Gegenständen eintragen (Grabungstagebuch, Fundprotokoll führen).

3. Schritt Auswerten: Beschreiben, Datieren, Funktion der Funde klären; eventuell Biologen, Geologen, Chemi-
15 ker, Kunsthistoriker heranziehen.

4. Schritt Bewahren und Ausstellen: Funde reinigen, restaurieren, ergänzen; für Besichtigung (Ausstellung) vorbereiten.

M 1

Von der Ausgrabung zum Ausstellungsstück, Foto, undatiert. Im 2500 Jahre alten Grab eines keltischen Fürsten entdeckten Archäologen 1978 in Hochdorf (bei Vaihingen an der Enz) die Überreste eines keltischen Prunkkessels. Der Kessel hatte einen Durchmesser von 104 Zentimetern und ein Fassungsvermögen von 500 Litern. Er wurde von Archäologen restauriert und im Keltenmuseum in Hochdorf ausgestellt.

Digitalkamera

Maurerkelle

Bandmaß zum Vermessen von Grabungsstätten

M 2 *Werkzeuge der Archäologen*

Umrisse des Fundaments eines römischen Guts-
hofs in Gaimersheim, Foto, undatiert. Die Luftbildarchäologie erlaubt die Entdeckung von
Wällen, Fundamenten, Gräben und Grabhü-
geln aus der Luft ohne Eingriffe ins Erdreich.
Mit Wärmebildkameras können Fachleute bei
bestimmten Wetterlagen auch Steinfundamen-
te in der Erde sichtbar machen. Oftmals sind
alte Fundamente aber auch mit bloßem Auge
erkennbar.

Archäologin bei der Ausgrabung eines Gräberfelds in Insheim, Rheinland-Pfalz,
Foto, 2012

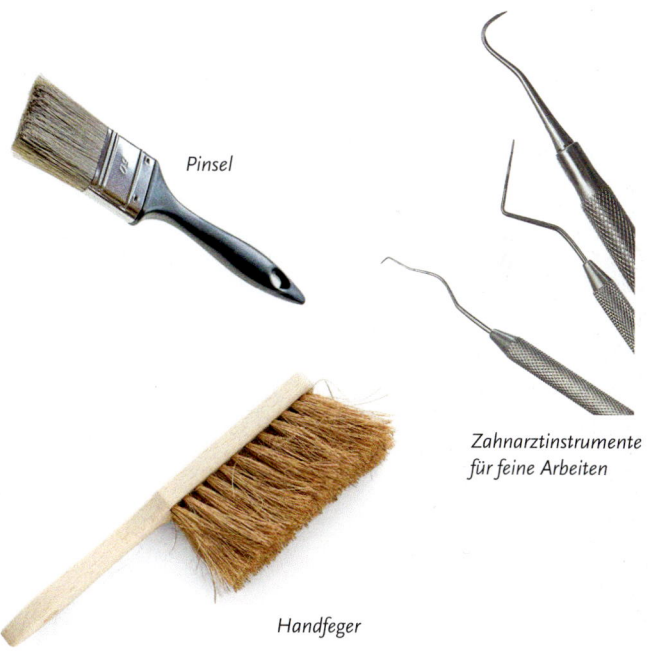

Pinsel

Zahnarztinstrumente
für feine Arbeiten

Handfeger

1 Erkläre mithilfe des Darstellungstextes in eigenen
Worten, wie Archäologen arbeiten.

2 Wähle eine Aufgabe aus:
   a) Stelle fest, welche Arbeitsschritte der Archäologie in M1, M3 und M4 dargestellt sind.
   b) Betrachte den Fund des keltischen Kessels in M1
   und notiere jeweils in ein oder zwei Sätzen, welche
   Arbeitsschritte gezeigt werden.

3 Betrachte die Werkzeuge, mit denen Archäologen
arbeiten (M2). Notiere für jedes Werkzeug den
Zweck, für den es eingesetzt wird.
   Tipp: Es sind nicht alle Werkzeuge abgebildet.
   Weitere findest du in M1 und M4.

4 Erläutere die Möglichkeiten der Luftbildarchäologie
(M3).

Webcode: FG642885-023
Methoden der Archäologie

Wie entwickelten sich die ersten Menschen?

Die Erde entstand vor rund fünf Milliarden Jahren als glühende Kugel aus geschmolzenem Gestein, ohne feste Kontinente und Ozeane. Nach etwa einer Milliarde Jahren kühlte sich die Erdoberfläche ab. Es entstanden Meere und Festland, wo sich erste Lebewesen, die Bakterien, ansiedelten. Erst viel später gab es größere Lebensformen. Die meisten davon sind heute ausgestorben, darunter z. B. die Saurier.

- *Was wissen heutige Forscher über die Entstehung der Menschen?*

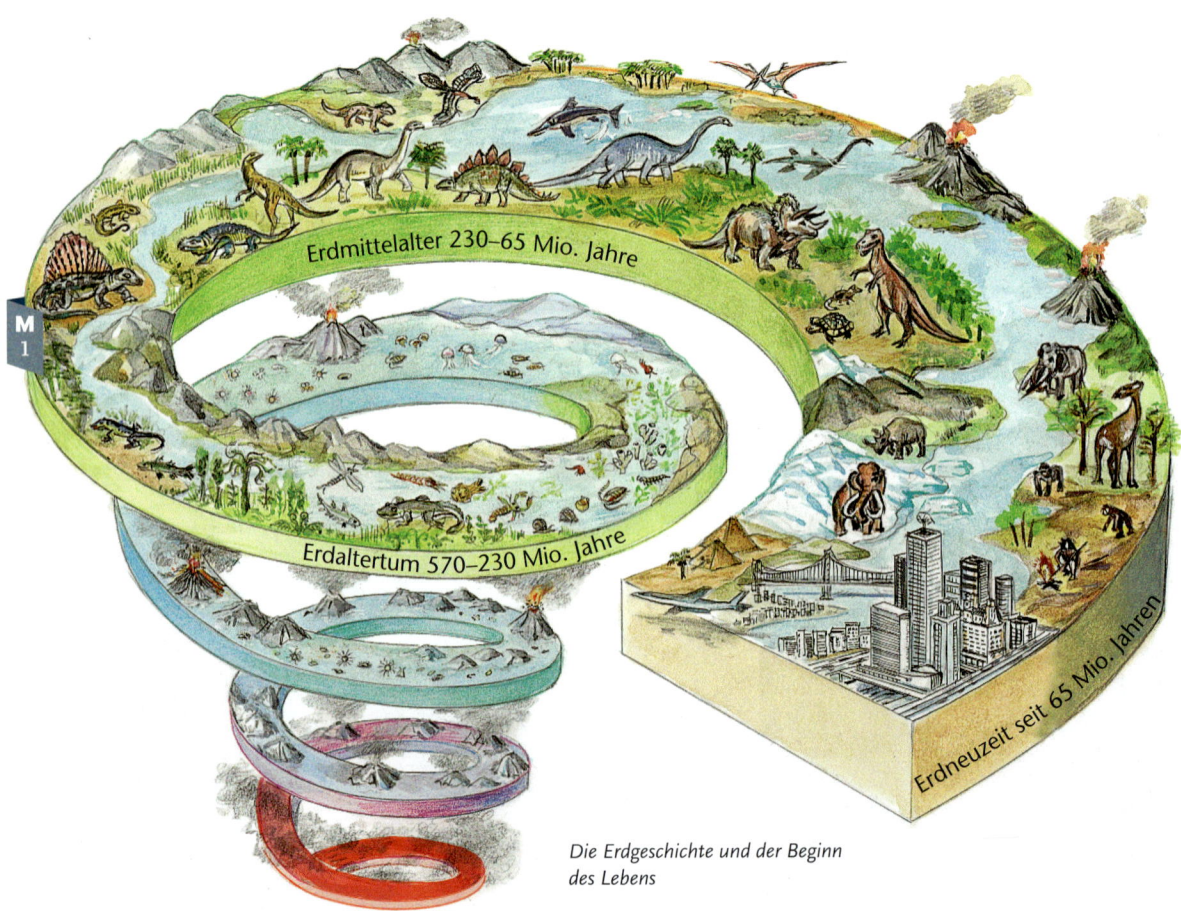

M1

Erdmittelalter 230–65 Mio. Jahre

Erdaltertum 570–230 Mio. Jahre

Erdneuzeit seit 65 Mio. Jahren

Die Erdgeschichte und der Beginn des Lebens

1 **Wähle eine Aufgabe aus:**

a) Betrachte M1 und entscheide, ob die folgenden Aussagen wahr oder falsch sind. Begründe deine Meinung mithilfe der Spirale:

(1) Der Mensch spielte in der Geschichte der Erde schon immer eine große Rolle.

(2) Kein anderes Lebewesen hat die Erde so verändert wie der Mensch.

b) Unterscheide mithilfe von M1 das Alter der Erde von dem der Saurier und der Menschen.

Tipp: Kläre zunächst, wie viel Millionen Jahre eine Milliarde Jahre umfassen.

2 Betrachte M1 und formuliere drei Sätze zu den Themen Menschen, Tiere und Pflanzen.

Menschenarten und Entwicklungsstufen

Der afrikanische Kontinent gilt als die „Wiege der Menschheit", weil dort alle bekannten Menschenarten entstanden. Lange glaubten die Wissenschaftler, dass immer nur eine Menschenart die nächste ablöste. Das

5 hat sich als falsch erwiesen, denn bis vor 10 000 Jahren lebten unterschiedliche Menschenarten nebeneinander auf der Erde, so wie es heute verschiedene Arten von Bären oder Walen gibt. Einige dieser Menschen waren recht groß, andere maßen gerade einen Meter.

10 **Vormensch** oder lateinischer Name **Australopithecus** (= Südaffe): lebte vor 4,5 bis 1 Million Jahren in Afrika, ging aufrecht, Größe 100–150 cm, ernährte sich von Pflanzen, stellte keine Werkzeuge her und kannte kein Feuer. Wegen seines kleinen Gehirns ist bis heute um-

15 stritten, ob er tatsächlich zu den Menschenarten zählt.

Frühmensch oder **Homo habilis** (= der geschickte Mensch): lebte vor 2,5–1,5 Millionen Jahren in Afrika, ernährte sich von Pflanzen und Tieren, stellte einfache Werkzeuge her, kannte wahrscheinlich kein Feuer,

20 konnte einfache sprachliche Laute erzeugen

Urmensch oder **Homo erectus** (= der aufrecht gehende Mensch): lebte vor 2 Millionen bis vor 40 000 Jahren in Afrika und verbreitete sich über Asien und Europa, Größe 160–180 cm, aß Pflanzen und Tiere, nutzte das Feuer,

25 stellte einfache Steinwerkzeuge wie Faustkeile her, besaß eine einfache Sprache

Neandertaler (Homo sapiens neanderthalensis): nach dem Fundort Mettmann-Neandertal bei Düsseldorf benannte Menschenart; lebte vor 130 000 bis vor

30 30 000 Jahren zunächst in Afrika, dann auch in Europa und Asien, Größe etwa 160 cm, produzierte verschiedenste Steinwerkzeuge und Kleber aus Birkenpech, verwendete Farbstoffe, beherrschte komplexeres Denken, konnte sprechen

35 **Jetztzeitmensch (Homo sapiens sapiens** = der vernunftbegabte Mensch): Entstand vor rund 200 000 Jahren in Ostafrika, Ausbreitung von dort nach Asien, erreichte Europa vor 40 000 Jahren, überschritt erstmals das Meer nach Australien und kam über Alaska nach

40 Amerika; bis 180 cm groß, stellte Werkzeuge und Waffen aus Stein, Holz und Knochen her, hatte durch ein weiterentwickeltes Gehirn komplexe Gedankengänge, glaubte an übersinnliche Mächte. In Europa gibt es viele Funde von Schmuck, Höhlenmalereien, Nähnadeln und

45 kleinen Figuren.

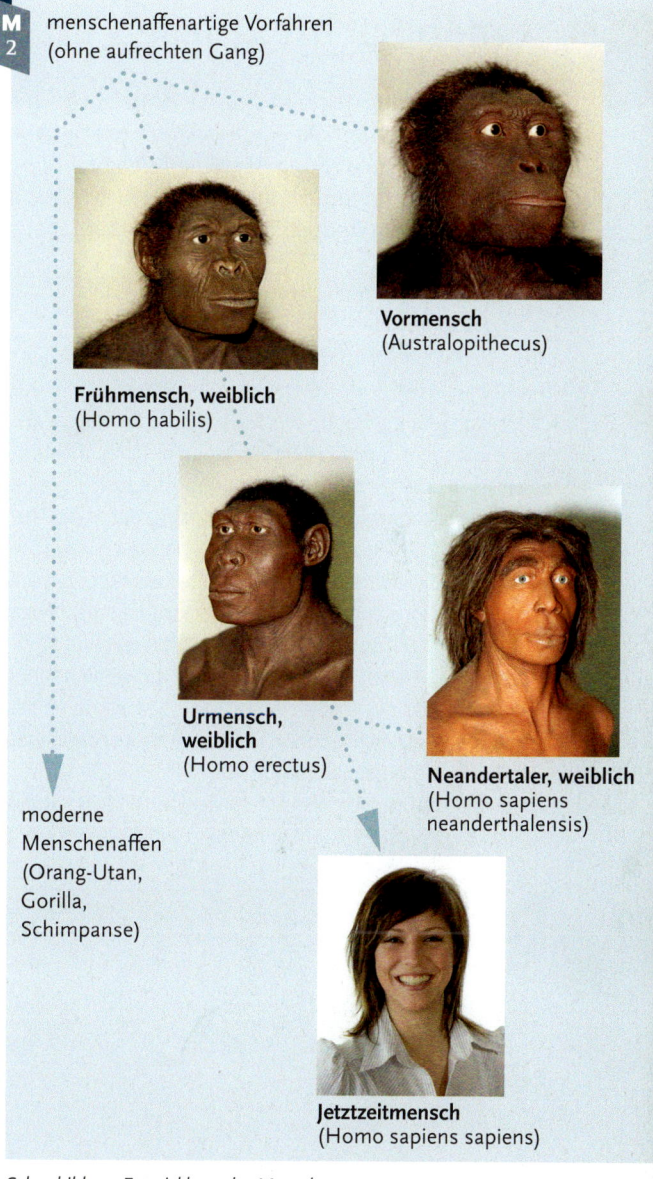

M2 menschenaffenartige Vorfahren (ohne aufrechten Gang)

Vormensch (Australopithecus)

Frühmensch, weiblich (Homo habilis)

Urmensch, weiblich (Homo erectus)

Neandertaler, weiblich (Homo sapiens neanderthalensis)

moderne Menschenaffen (Orang-Utan, Gorilla, Schimpanse)

Jetztzeitmensch (Homo sapiens sapiens)

Schaubild zur Entwicklung des Menschen

3 Lege eine Tabelle an und halte darin fest, was du auf dieser Seite über Lebenszeiten, Verbreitung, Größe, Fähigkeiten und Ernährung der einzelnen Menschenarten findest.

Vor-mensch	Früh-mensch	Ur-mensch	Nean-dertaler	Jetztzeit-mensch

4 **Recherche:** Informiere dich über die Neandertaler (Lexikon oder Internet) und berichte in der Klasse.

Einen Sachtext lesen und verstehen

Die Darstellungstexte in deinem Schulbuch sind Sachtexte. Sie führen in ein Thema ein oder erläutern einen bestimmten Sachverhalt. Anders als die Textquellen wurden die Darstellungstexte von den Schulbuchverfassern geschrieben. Auch auf dieser Seite findest du einen Sachtext. Mit den fünf Arbeitsschritten in der grünen Tabelle kannst du ihn erschließen.

Wie unterscheiden sich Neandertaler und Jetztzeitmensch?

Bis vor 30 000 Jahren lebten verschiedene Menschenarten auf der Erde. Sie stammten ursprünglich aus Afrika. Heute gehören alle Menschen zur Gruppe des Homo sapiens sapiens, dem Jetztzeitmenschen. Das Ad-
5 jektiv sapiens (= „weise" oder „mit Vernunft begabt") wird beim Jetztzeitmenschen verdoppelt, damit der Unterschied zur Menschenart des Neandertalers deutlich wird. Die Neandertaler lebten ebenfalls zuerst in Afrika, dann in Europa und Teilen Asiens. Sie waren muskulöser
10 als der Jetztzeitmensch. Die Gehirne dieser beiden Menschenarten waren etwa gleich groß. Ihr gemeinsamer Vorfahre war der Homo erectus. Die Neandertaler benutzten Werkzeuge und das Feuer, waren ausgezeichnete Jäger und begruben ihre Toten.
15 Der Jetztzeitmensch verbreitete sich vor 70 000 Jahren von Ostafrika über Arabien und den Nahen Osten nach Asien und Europa. Es gelang einzelnen Gruppen sogar, das offene Meer nach Australien und Nordamerika zu überqueren. Diese Menschen erfanden im Laufe der Zeit
20 Boote, Öllampen, Pfeil und Bogen, dazu Nadeln, mit denen sie sich warme Kleider nähen konnten. Als die Jetztzeitmenschen vor 40 000 Jahren Europa erreichten, wichen die Neandertaler offenbar vor ihnen zurück und verschwanden schließlich ganz. Die bislang jüngsten
25 Knochenfunde von Neandertalern stammen aus dem heutigen Spanien und sind 30 000 Jahre alt.
Warum der Neandertaler ausstarb, wissen wir nicht genau. Offenbar besaß der Jetztzeitmensch ab der Zeit um 40 000 v. Chr. ein weiterentwickeltes und leistungsstär-
30 keres Gehirn. Dadurch konnte er sich sprachlich besser ausdrücken und war technisch überlegen. So fertigte der Jetztzeitmensch z. B. Höhlenmalereien und Schnitzfiguren an. Darin sehen wir aus heutiger Sicht den Ursprung unseres künstlerischen und religiösen Denkens.

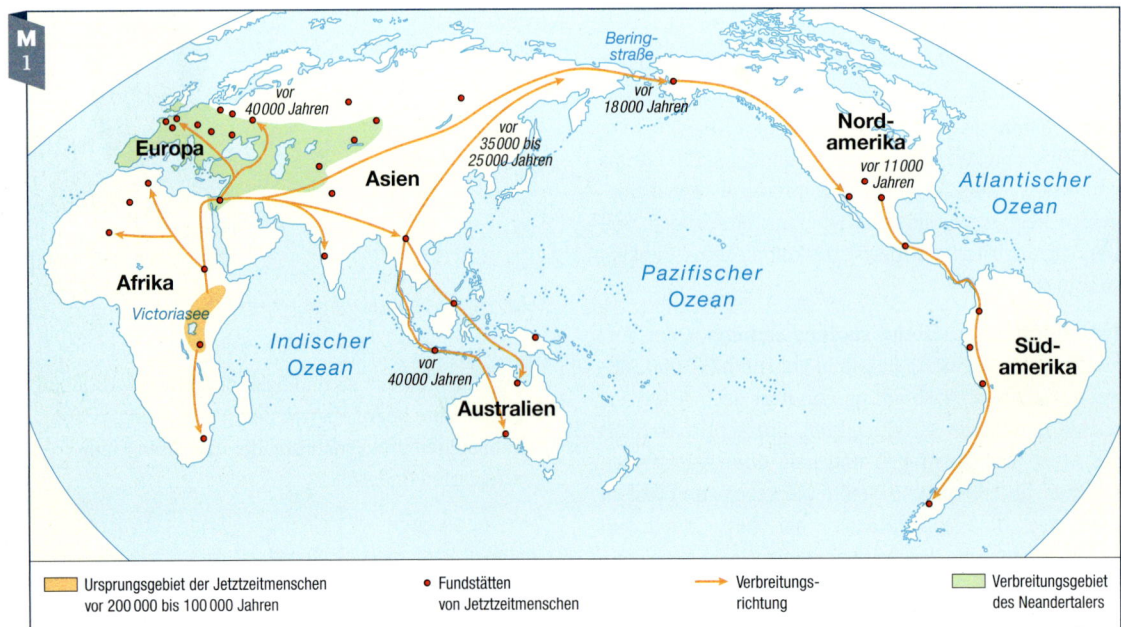

Fundstätten und Verbreitung von Jetztzeitmenschen und Neandertalern

*Neandertaler (Rekonstruktion) und Jetztzeit-
mensch, Ausschnitt aus einem Werbeprospekt
des Neanderthal Museums Mettmann, Foto,
undatiert*

Arbeitsschritte „Einen Sachtext lesen und verstehen"

1. Schritt: Ersten Überblick verschaffen	Lösungshinweise zum Text S. 26
Welche Überschrift hat der Text?	• …
Wie ist der erste Eindruck von Inhalt und Aufbau des Textes?	• *die Lebensweise der Neandertaler und der Jetztzeitmenschen wird beschrieben; neue Forschungsergebnisse*
2. Schritt: Fragen stellen	
Was weiß ich schon über das Thema?	• *Zu Beginn der Entwicklung der Menschen gab es unterschiedliche Menschenarten; siehe S. 25*
Wer kommt in dem Text vor?	• *Jetztzeitmenschen, Neandertaler …*
Wo und wann findet das Dargestellte statt?	• *Altsteinzeit, Afrika, Europa, Teile Asiens, Nordamerika, Australien; siehe Karte M1*
Worum geht es?	• *Der Jetztzeitmensch breitete sich als erste Menschenart über die ganze Erde aus und verdrängte den Neandertaler.*
Welche Fragen bleiben offen?	• *Offen bleibt, warum der Neandertaler ausstarb. …*
3. Schritt: Schlüsselwörter klären	
Welche schwierigen Wörter oder Unklarheiten muss ich klären?	• *Homo sapiens sapiens, Homo erectus (Lexikon im Anhang, Wörterbuch)*
Welche Schlüsselwörter hat der Text?	• *Jetztzeitmensch, Neandertaler, 30 000 Jahre v. Chr.*
4. Schritt: Textaufbau erfassen	
In welche Abschnitte lässt sich der Text gliedern? Welche Überschriften passen zu den Textabschnitten?	• *Die Menschenart Neandertaler breitet sich von Afrika nach Europa und in Teile Asiens aus. (Z. 8 ff.)* • *Vor 70 000 Jahren wandert der Jetztzeitmensch von Ostafrika nach Europa, Asien, Amerika und Australien und verdrängt den Neandertaler in Europa. (Z. 15 ff.)* • *(…)*
5. Schritt: Inhalt wiedergeben	
Gib mithilfe der Überschriften und Schlüsselwörter den Inhalt des Textes wieder.	• *schriftlich (wenige kurze Sätze) oder mündlich (Stichworte)*

1 Wende die Arbeitsschritte 1–5 auf den Sachtext S. 26 an. Ergänze die Lösungshinweise an den markierten Stellen (…).
2 Erkläre in eigenen Worten die Merkmale der beiden genannten Menschenarten.
3 Beschreibe mithilfe von M1 die Ausbreitung des Jetztzeitmenschen über die Erde. Schreibe die Kontinente aus der Karte heraus und füge die Jahreszahlen der Ausbreitung hinzu.
4 **Partnerarbeit:** Besprecht, ob ihr euch durch die Werbung M2 angesprochen fühlt.

Wie lebten die Menschen in der Altsteinzeit?

Die Altsteinzeit ist der älteste und längste Zeitabschnitt der Menschheitsgeschichte. Sie begann vor etwa zwei Millionen Jahren in Afrika und ging mit der letzten Eiszeit in Europa um 9000 v. Chr. zu Ende. Benannt wurde sie nach dem in dieser Zeit hauptsächlich verwendeten Material für Werkzeuge und Waffen: Stein. Neandertaler und Jetztzeitmenschen zogen in der Altsteinzeit auf der Suche nach Nahrung durch das Land. Dabei sammelten sie Früchte und jagten Tiere. Erforsche ihren Alltag mithilfe von Funden und Rekonstruktionen.

a Tiersehnen
b Pfeile
c Herdstein
d Hacke
e Speere mit Speerschleuder
f geräuchertes Fleisch
g Stein zum Mahlen von Körnern
h Bogen
i Harpunen
j Brennholz
k Speer- und Pfeilspitzen aus Feuerstein

Techniken und Werkzeuge in der Altsteinzeit, Rekonstruktionszeichnung

Leben als Sammlerin und Jäger

Bis vor 12 000 Jahren wechselten sich Warm- mit Kaltzeiten ab. Während der kalten Jahrtausende lagen große Teile Europas unter einer dicken Eisdecke. Neandertaler und Jetztzeitmenschen mussten sich an die klimatischen
5 und natürlichen Bedingungen anpassen, die ihnen ihr Lebensraum vorgab.
Nachdem das Eis geschmolzen war, zogen Rentiere, Wollnashörner, Wildpferde, Mammuts, Eisfüchse und Schneehasen durch die riesigen Graslandschaften. In
10 Gruppen von 20 bis 30 Personen folgten die Menschen den Tierherden. Sie lebten als Nomaden* in zeltartigen Hütten ohne feste Wohnsitze. Der größere Teil der Nahrung wurde gesammelt. Die Jagd auf große Tiere war

gefährlich, da die Waffen aus Holz, Stein oder Geweih
15 sehr einfach waren und viel Mut und Geschick erforderten. Die Erfindung der Speerschleuder ermöglichte das Erlegen von Tieren aus sicherer Entfernung.

Männer- und Frauenarbeit

Ein Leben in der Gruppe war in der Altsteinzeit lebens
20 notwendig. Nur die Gruppe bot ausreichend Schutz und Versorgung. Daher teilten die Menschen die anstehenden Arbeiten untereinander auf.
Wissenschaftler, die sich mit der Steinzeit beschäftigen, beobachten heutige Jäger und Sammler, wie es sie ver
25 einzelt noch im afrikanischen Namibia und im südamerikanischen Regenwald gibt. Aufgrund ihrer Ergebnisse

vermuten die Wissenschaftler, dass die Männer Werkzeuge anfertigten und gemeinsam zur Jagd gingen. Die Frauen beteiligen sich wahrscheinlich bei Großwildjag-
30 den als Treiberinnen.
Für das Sammeln von Nahrung waren sowohl Männer als auch Frauen und Kinder zuständig. Sie trugen Beeren, Nüsse und Pilze zusammen, sammelten Schnecken, Insekten, Eidechsen, Vögel und angelten Fische.

35 Wegen der ausgewogenen und vielseitigen Kost bezeichnen manche Forscher die Jäger und Sammler der Altsteinzeit als erste „Wohlstandsmenschen". Wer sich verletzte oder erkrankte, konnte längere Zeit überleben, weil die Gruppe ihn mitversorgte. Zudem fanden For-
40 scher und Forscherinnen in den Knochen der Altsteinzeitmenschen Hinweise dafür, dass Brüche geschient wurden und so gut verheilen konnten.

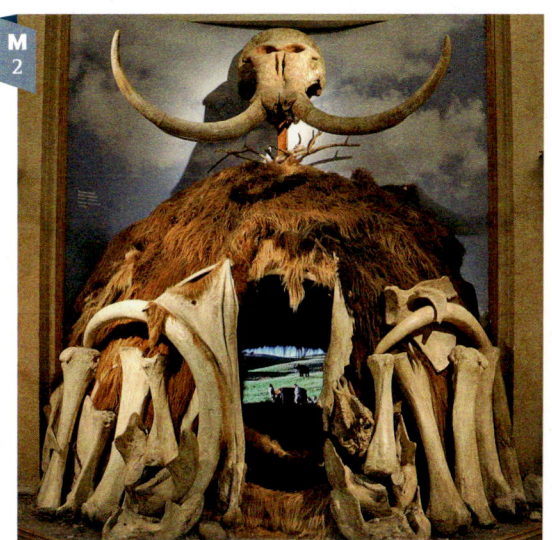

Rekonstruktion eines Zeltes aus der Altsteinzeit, Frankreich, 2005

Rekonstruktion eines Kleidungsstücks aus der Altsteinzeit im urgeschichtlichen Museum Blaubeuren

Speerschleuder aus einem Rentiergeweih, dessen Ende ein Rehkitz mit Vögeln zeigt, ca. 13 000 v. Chr. Die Speerschleuder wurde in Frankreich gefunden. Sie ist ein Gerät, das zum Abwurf von Speeren dient. Der Speer wird dazu in die muldenförmige Aushöhlung gelegt und kann durch eine ruckartige Vorwärtsbewegung abgeschossen werden.

Faustkeil, gefunden in Frankreich, ca. 47 000 Jahre alt

1 Schreibe die Begriffe rechts von M1 in dein Heft ab und ordne ihnen die Zahlen im Bild richtig zu.

2 **Wähle eine Aufgabe aus:**
a) Vergleiche mithilfe des Darstellungstextes (ab Z. 18), welche Aufgaben Männer und Frauen in einer altsteinzeitlichen Gruppe einnahmen.
Tipp: Lege eine Tabelle an, damit du besser vergleichen kannst.
b) Wende die Arbeitsschritte „Einen Sachtext lesen und verstehen" (S. 27) auf den Textabschnitt „Männer- und Frauenarbeit" (Z. 18–42) an.

3 Sieh dir M2–M5 an: Was verraten dir die Gegenstände über die Lebensweise und die technischen Kenntnisse der Menschen in der Altsteinzeit?

Welche Bedeutung hatten Kunst und Musik in der Altsteinzeit?

Die Menschen der Altsteinzeit hinterließen keine schriftlichen Quellen, die uns über ihre Lebensweise berichten könnten. Heutige Forscher sind daher auf andere Überreste angewiesen. Dazu gehören nicht nur Waffen und Werkzeuge, sondern auch Höhlengemälde, Figuren oder Musikinstrumente.
● *Wähle ein Material (A, B, C) aus und gehe der Frage in der Überschrift nach.*

Was vermuten die Forscher?

Höhlengemälde, kunstvoll geschnitzte Figuren oder Musikinstrumente sind keine Gegenstände, die man für das alltägliche Leben und Überleben benötigt. Warum die Menschen der Altsteinzeit solche Dinge anfertigten,
5 darüber sind sich Forscher nicht einig. Manche meinen, dass sie Glück bei der Jagd bringen sollten. Andere sagen, dass Schutzgeister angerufen werden sollten.

Mithilfe von Kunst und Musik dachten die Menschen über Tiere und Natur nach, über Götter und Tod. Kunst
10 in der Altsteinzeit wurde lange Zeit nur mit den Jetztzeitmenschen in Verbindung gebracht. Aber auch von Neandertalern haben Archäologen in jüngster Zeit einzelne Kunstwerke gefunden, vor allem als Grabbeigaben.

M 1

Ein Elfenbeinmammut aus der Altsteinzeit

2007 fanden Forscher in der Vogelherdhöhle auf der Schwäbischen Alb eine etwa vier Zentimeter lange Figur aus Elfenbein. Sie stellt ein Mammut dar und ist mit feinen, regelmäßigen Ritzen verziert. Das Werk entstand
5 vor fast 35 000 Jahren. Trotzdem ist es noch fast vollständig erhalten. In benachbarten Höhlen wurden weitere Tierfiguren gefunden, eine davon stellte ein Mischwesen aus Löwe und Mensch dar. Forscher vermuten, dass diese Figuren von Tieren und Fabelwesen
10 mit religiösen Vorstellungen zusammenhängen.

Mammutfigur aus der Vogelherdhöhle, ca. 35 000 Jahre alt

1 Zeichne den Steckbrief des Elfenbeinmammuts in dein Heft (Muster rechts). Fülle ihn mithilfe der Informationen des Darstellungstextes und zeichne die Mammutfigur in die linke Spalte.

	Dargestelltes Tier:
	Jahr des Fundes:
	Fundort:
	Alter:
	Material:
	Größe:
	Verzierungen:
	Forscher vermuten einen Zusammenhang mit:

B

Die Höhle von Lascaux

Vier Jungen entdeckten 1940 auf dem Gutshof Lascaux (sprich: Lasko) in Südfrankreich durch Zufall eine Höhle, die tief im Inneren mit Felszeichnungen bedeckt war. Zu sehen sind Malereien, die meist größere Tiere, wie Hir-
5 sche, Pferde oder Ochsen, aber auch Fabelwesen und eine einzige Person zeigen. Archäologen stellten fest, dass die Bilder aus der Zeit um 15 000 v. Chr. stammen. Ähnliche Felszeichnungen wurden in anderen Höhlen Südfrankreichs und Nordspaniens entdeckt. In Deutsch-
10 land wurden bislang keine Felszeichnungen gefunden.

Felsmalerei in der Höhle von Lascaux, Frankreich, Foto, undatiert

1 **a)** Beschreibe, was du auf dem Bild M2 siehst. Achte dabei auch auf Einzelheiten.
Tipp: Was könnten die Zeichnungen bedeuten, die außer dem Tier zu erkennen sind?

b) Notiere deine Vermutungen: Was wollte der steinzeitliche Künstler mit seinem Bild darstellen und warum hat er es angefertigt?

C

M3

Interview mit Nicholas Conard, Archäologe der Universität Tübingen (2012):

Wie erkannten Sie, dass das, was Sie bei den Ausgrabungen fanden, mal zu einer Flöte gehörte?
Meistens konnten wir an den Teilen noch Spuren von Grifflöchern erkennen. Wie ein Puzzle setzten
5 wir die Flöten dann aus bis zu 31 einzelnen Stücken zusammen. Später bauten wir sie nach und probierten sie sogar aus.
Und wie klingt eine solche Flöte?
Hell und eher hoch ... Die [Steinzeitmenschen]
10 dudelten bestimmt auch mal richtig los.
Wie schwierig war es, eine solche Flöte zu bauen?
Anstrengend – vor allem im Fall der Elfenbeinflöte. Mit einem Steinwerkzeug schnitzten die Menschen zunächst einen runden Stab. Den spalteten sie
15 längs, höhlten ihn aus und bohrten die Grifflöcher hinein. Anschließend fügten sie die Hälften mit einem Naturklebstoff wieder zusammen. Das dauerte viele Stunden oder gar Tage.
Warum betrieben die Menschen so viel Aufwand,
20 *um Musik spielen zu können?*
Vielleicht versuchten sie mit Klängen Gefühle zu transportieren. Womöglich aus religiösen Gründen oder um die Liebsten zu beeindrucken. Ich glaube, Musik gehörte einfach fest zum Alltag.
Geolino extra: Die Steinzeit, Nr. 32 (2012), S. 57.

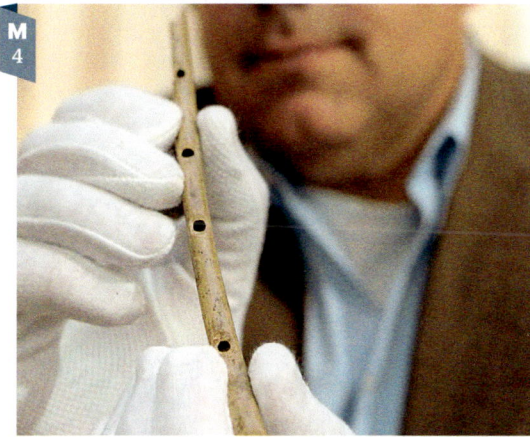

Flöte aus Knochen, etwa 35 000 Jahre alt. Das Instrument wurde 2008 in der Höhle Hoher Fels bei Ulm entdeckt, Foto, 2009

1 **a)** Verfasse eine kurze Anleitung zur steinzeitlichen Herstellung einer Elfenbeinflöte. Gib dabei jeweils an, auf welche modernen Werkzeuge der Hersteller verzichten muss.
b) In seiner letzten Antwort verwendet Conard Wörter wie „vielleicht", „womöglich" und „ich glaube". Finde Gründe, warum er seine Antwort so vorsichtig formuliert.

Aufgabe für alle:
Besprecht gemeinsam, welche Bedeutung die Kunst und Musik für die Menschen der Altsteinzeit hatte.

Warum wurden die Menschen sesshaft?

Am Ende der letzten Eiszeit, um 10 000 v. Chr., wurde es wärmer und die Land-
schaft veränderte sich. Mitteleuropa war um 5500 v. Chr. von dichten Wäldern
bedeckt. In dieser Zeit wandelte sich die Lebensweise der Menschen: Sie wurden
langsam sesshaft und führten ein bäuerliches Leben. Die Jungsteinzeit begann.

M 1

Neue Techniken und Geräte in der Jungsteinzeit, Rekonstruktionszeichnung, 1999. Abgebildet sind Steinbohrer, Pflug, Räderwagen,
Webstuhl, polierte Steinaxt und Töpferware.

Jungsteinzeit: Aus Jägern und Sammlerinnen werden Bauern und Hirten

Die Menschen der Altsteinzeit lebten „mit" der Natur,
das heißt sie zogen jagend und sammelnd auf der Suche
nach Nahrung umher. In der Jungsteinzeit hingegen begannen die Menschen, die Natur für ihre Zwecke zu nut-
5 zen: Sie trieben Ackerbau, züchteten Pflanzen und Tiere
aus ursprünglich wilden Formen, darunter Schafe, Ziegen, Rinder und Schweine. Das älteste Haustier ist der
Hund, der den Menschen schon seit 15 000 Jahren begleitet. Erstmalig leiteten die Menschen Flussläufe um
10 und bewässerten so ihre Felder.
Die neue Form der Selbstversorgung bot große Vorteile.
Jetzt konnten mehr Menschen ernährt und Hungerzei-
ten durch Vorratshaltung überbrückt werden. Bauernge-
sellschaften entstanden unabhängig voneinander in vie-
15 len Teilen der Welt. Die Jungsteinzeit brachte zudem
eine Reihe neuer Techniken und Geräte hervor. Dazu
zählt der hölzerne Hakenpflug, mit dem die Erde nun
tiefer umgegraben werden konnte als vorher. Große Ton-
gefäße nahmen Vorräte auf. Spinnen und Weben, die
20 Technik der Steinbohrung und die Erfindung des Rades
veränderten den Alltag grundlegend.
Das enge Zusammenleben in Dörfern hatte jedoch auch
Nachteile, da sich Krankheiten schneller ausbreiten
konnten. Ratten und andere Schädlinge bedrohten die
25 Vorräte. Außerdem mussten die Dörfer befestigt und gegen Angriffe geschützt werden, denn die Vorräte der
Bauern bildeten ein begehrtes Angriffsziel von Gruppen
immer noch umherwandernder Nomaden.

Das Leben der Menschen vom Federsee

30 Am Ufer des oberschwäbischen Federsees entstanden die ersten Dörfer um 4200 v. Chr. Während für den Beginn der Jungsteinzeit große, langgestreckte Häuser aus Holz typisch waren, scheinen die Häuser, die im Moor am Federsee gefunden wurden, relativ klein und leicht
35 gewesen zu sein – wahrscheinlich wegen des unsicheren Untergrundes. Die Lage zwischen See und Ackerland muss für die Menschen Vorteile gehabt haben, denn obwohl Überflutungen viele Siedlungen zerstörten, zeigen Ausgrabungen, dass es hier bis ca. 2700 v. Chr. Dörfer
40 gab. Kreuz und quer durch das Moor lassen sich heute noch Überreste von Pfosten finden, die für Wege genutzt wurden.

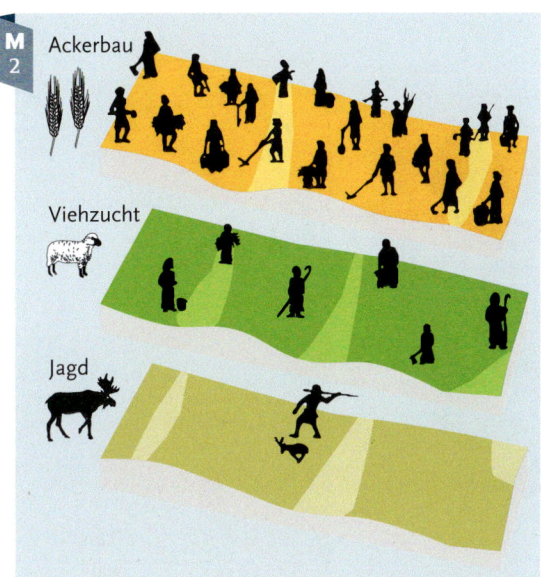

Wirtschaftsweisen der Jungsteinzeit beeinflussten das Leben der Menschen und die Natur. Dargestellt ist die Zahl der ernährten Menschen pro Quadratkilometer.

Rad aus der Jungsteinzeit, Ahorn und Eschenholz, 58 cm Durchmesser, gefunden am Federsee

Eine um 3000 v. Chr. zur Fischerei verwendete Anglerreuse aus Weidengeflecht, gefunden am Federsee

Jungsteinzeit – Neolithische Revolution

Die Jungsteinzeit (griech. Neolithikum) begann im 10. Jahrtausend v. Chr. im Raum des heutigen Irak. Von dort verbreitete sich die neue Lebensform in andere Teile Asiens und nach Europa. Mitteleuropa erreichte sie um 5500 v. Chr. Die Menschen wurden allmählich sesshaft, lebten in Dörfern und ernährten sich von Ackerbau und Viehhaltung. Nach Ansicht vieler Wissenschaftler war der Übergang von der Alt- zur Jungsteinzeit so bedeutsam in der Geschichte der Menschheit, dass sie von der „Neolithischen Revolution" sprechen. Die Jungsteinzeit endete um 2200 v. Chr.

1 Schreibe aus dem Darstellungstext (Z. 1–28) Gründe heraus, warum die Menschen in der Jungsteinzeit sesshaft wurden.

2 Beschreibe mithilfe einer Tabelle die neuen Techniken und Geräte (M1).

Gerät	Funktion

3 Gib in zwei Sätzen die Aussage von M2 wieder.
   Tipp: Nimm den Darstellungstext (Z. 1–28) zu Hilfe.

4 **Partnerarbeit:** Besprecht gemeinsam, warum die Funde vom Federsee (M3 und M4) als Spuren einer sesshaften Lebensweise gedeutet werden.

5 Welche Lebensweise scheint dir attraktiver zu sein: die der Alt- oder der Jungsteinzeit? Begründe deine Meinung.

Der Mann aus dem Eis – eine Fallanalyse

*Im September 1991 fand ein Ehepaar bei einer Bergwanderung in den Alpen eine
mumifizierte Leiche. Bald wurde klar, dass es sich um eine Sensation handelte,
denn der Fund erwies sich als ein Mann aus der späten Jungsteinzeit. In den folgenden Jahren wurde „Ötzi", wie er nach seinem Fundort genannt wurde, zur
bestuntersuchten Mumie und zum Publikumsmagnet des Museums in Bozen.*
* *Was haben Forscher über „Ötzi" herausgefunden?*

Die Leiche des Gletschermannes am Fundort, Foto, 1991

Ötzis Tod – ein Krimi?

Es ist Frühsommer, als der ungefähr 45 Jahre alte Mann
den Südhang der Ötztaler Alpen hinaufsteigt. Seine
Hand umklammert einen Dolch aus Feuerstein. Mit seiner Mütze aus Bärenfell, dem Grasumhang über seinem
5 Fellmantel und den gepolsterten Schuhen aus Hirschle-
der ist er gut gegen die Kälte des Hochgebirges gerüstet.
Da surrt von hinten ein Pfeil heran, dringt tief in seine
Schulter und bleibt in ihr stecken. Trotz innerer Blutun-
gen klettert der Mann weiter. Auf über 3000 Metern
10 Höhe legt er sich entkräftet hin und stirbt. Der einset-
zende Schnee begräbt und gefriert den Mann über die
nächsten 5300 Jahre.

Die Antworten der Wissenschaftler

Ob sich der „Fall Ötzi" genau so zugetragen hat, wissen
15 wir nicht, denn er beruht auf vielen Einzelergebnissen
der Forschung. Es existiert keine Quelle, die über den
Tod des Gletschermannes berichtet. Fest steht, dass Ötzi

vor rund 5300 Jahren starb und damit aus der Kupfer-
zeit (ca. 4300 bis 2200 v. Chr.) stammt. Wegen seines
20 wertvollen Kupferbeils wird der Gletschermann der
gesellschaftlichen Oberschicht zugerechnet.
Untersuchungen ergaben, dass er vor seinem Tod Brot
sowie Rothirsch- und Steinbockfleisch gegessen hatte.
Die Funde sagen nichts über den „Beruf" des Gletscher-
25 mannes aus. Er könnte Hirte gewesen sein, aber auch ein
Jäger oder ein Metallsucher.
Aufgrund der Pflanzenpollen in seinem Magen wissen
wir aber, dass Ötzi im Frühjahr starb. In seinem Magen
wurden auch Reste von Mehl gefunden, das mit Stein-
30 mühlen gemahlen wurde. Seine Kleidung bestand überwiegend aus Fell und Leder. Noch kurz vor seinem Tod
arbeitete er an einem Bogen und an Pfeilen, die halbfer-
tig in seinem Köcher gefunden wurden. In einem Gefäß
aus Birkenrinde transportierte er Glut zum Feuerma-
35 chen. Das mitgeführte Birkenharz ergab gekocht als Teer
den Alleskleber der Jungsteinzeit.

M2 Der Gletschermann, Rekonstruktion von Kleidung und Ausrüstung nach neuesten wissenschaftlichen Erkenntnissen, Südtiroler Archäologiemuseum in Bozen (Italien), Foto, 2011. Die Rekonstruktion ist 154 cm groß, der Gletschermann war bei seinem Tode etwa 45 Jahre alt und wog etwa 50 kg.

M3 Funde in der Nähe von Ötzis Leiche

Pfeile

Werkzeug zum Schärfen der Steingeräte.

Birkenrindenbehälter

Schuhe

Bärenfellmütze

Beil

Dolch mit Scheide

Köcher mit Pfeilen

Gürteltasche

....

1 Beschreibe anhand von M1 Fundort und Zustand des Gletschermannes.

2 Zeige anhand der Ausrüstung des Gletschermanns (M2 und M3), wie er sich versorgte und schützte.

3 **Partnerarbeit:** Besprecht, anhand welcher Informationen es den Forschern gelang, eine Rekonstruktion von Ötzi anzufertigen (Darstellungstext, M2).

4 Erkläre, welche Informationen sich über das Leben im Alpenraum zu Lebzeiten Ötzis gewinnen lassen.

| 4 Mio. v. Chr. | 40 000 v. Chr. | 5500 v. Chr. | 3000 v. Chr. |

Urgeschichte

Altertum/Antike

Erste Begegnung mit Geschichte

Menschen leben in Raum und Zeit

Die Zeit spielt im Leben des Einzelnen und im Leben von Menschen und Staaten eine große Rolle. Sie ist von grundlegender Bedeutung für die Orientierung im eigenen Leben und in der Geschichte. Der Anfang des Wis-
5 sens über Geschichte liegt bei uns und unserer Familie. Das eigene Geburtsjahr, die Geburtsjahre von Eltern und Großeltern reichen Jahre und Jahrzehnte zurück. Ebenso hat die eigene Schule, dein Wohnort oder dein Land seine eigene Geschichte. Die Geschichte der Menschen
10 umfasst Jahrtausende und Jahrmillionen.

Für die Berechnung der Zeit und ihre Einteilung in Jahre und Jahrhunderte haben Menschen verschiedene Zeitrechnungen entwickelt. Die christliche Zeitrechnung teilt die Jahre in die Zeit vor und nach Christi Geburt ein.
15 Die jüdische Zeitrechnung beginnt mit der angenommenen Erschaffung der Welt im Jahre 3761 v. Chr. Danach beginnt im Jahr 2016 n. Chr. das Jahr 5777. Die islamische Zeitrechnung beginnt mit dem Auszug des Propheten Mohammed aus der Stadt Mekka nach Medina im
20 Jahre 622 der christlichen Zeitrechnung.

Epochen und Quellen:
Wie ordnen wir die Vergangenheit?

Um die großen Zeiträume der Geschichte überschaubar zu machen, teilen wir sie in bestimmte Abschnitte, soge-
25 nannte Epochen, ein. Die Epoche der Urgeschichte umfasst die Steinzeit. Darauf folgen mit der ägyptischen Hochkultur das Altertum, die griechische und römische

Antike, das Mittelalter und die Neuzeit, in der die Menschen heute leben.
30 Überreste aus der Vergangenheit nutzen wir als Quellen. Das können schriftliche Dokumente sein wie Urkunden, Briefe, Tagebücher, Zeugnisse, Verträge, Gesetzestexte oder Zeitungen. Diese wurden gedruckt oder früher von Hand auf Tierfelle, Pergament oder Papyrus geschrieben.
35 Sie konnten auch in Wachs oder Ton geritzt oder in Stein gemeißelt werden. Daneben gibt es die nichtschriftlichen Quellen. Dazu gehören Gemälde Zeichnungen, Comics oder Filme. Aus früheren Zeiten stammen Bodenfunde aller Art, Knochen, Waffen, Schmuck, Baudenkmäler
40 oder Kleidungsreste.

Geschichtsforscherinnen und -forscher untersuchen die Quellen und gewinnen dadurch Kenntnisse über die Vergangenheit.

Die Entstehung der Menschen und das Leben in
45 **der Altsteinzeit**

Die ältesten Spuren des Menschen sind 4,5 Millionen Jahre alt. In Afrika entstanden verschiedenste Menschenarten. Die heutigen Menschen gehören zur Art des Homo sapiens sapiens (Jetztzeitmensch), der alle Konti-
50 nente besiedelte und vor 40 000 Jahren Europa erreichte. In der Altsteinzeit, die vor ungefähr zwei Millionen Jahren in Afrika begann, lebten die Menschen als Jäger und Sammlerinnen und zogen als Nomaden von Ort zu Ort. Um besser überleben zu können, organisierten sie sich in
55 kleinen Gruppen. In die Natur griffen sie kaum ein. Die

500 v. Chr.   Christi Geburt   500 n. Chr.   1000 n. Chr.   1500 n. Chr.

Mittelalter   Neuzeit

Menschen stellten Werkzeuge aus Stein, Holz und Knochen her und nutzten das Feuer. Funde von Felsmalereien und kleinen Steinfiguren zeigen, dass die Menschen auch künstlerisch tätig waren. Die genaue Bedeutung
60 der Kunstwerke kennen wir nicht.

Der Übergang von der Altsteinzeit zur Jungsteinzeit (Neolithikum)
Mit dem Ende der letzten Eiszeit um 9000 v. Chr. ging die Altsteinzeit zu Ende. Ausgehend vom heutigen Irak und
65 dann in anderen Teilen Asiens und Europas entwickelten die Menschen eine neue Lebensform: Die Jungsteinzeit begann.

Seit etwa 5500 v. Chr. wurden die Menschen in Mitteleuropa sesshaft. Eine Reihe neuer Techniken und Geräte,
70 wie der Hakenpflug oder das Rad, veränderte ihren Alltag und ihre Lebensweise grundlegend. Die Menschen griffen in die Natur ein, um sie für ihre Zwecke zu nutzen. Sie rodeten Wälder, züchteten Getreide aus wilden Gräsern, zähmten und züchteten Schafe, Ziegen und
75 Rinder. Dabei dehnten sie Acker- und Weideflächen immer mehr aus. Freigelegte Grundrisse von Häusern belegen, dass die Menschen in größeren Gemeinschaften lebten. Aus Jägern und Sammlerinnen wurden Ackerbauern und Viehzüchter (Neolithische Revolution).

1 **Partnerarbeit:**
  a) Lest den zusammenfassenden Text und notiert euch zu jedem Abschnitt Schlüsselwörter.
  b) Gebt abwechselnd jeden Abschnitt eurem Partner mündlich wieder.
2 Finde mithilfe des Textes und der Zeitleiste heraus, in welche Epochen wir unsere Geschichte einteilen.
  Tipp: Beachte auch die Zeitleiste auf der Orientierungsseite (S. 12/13).
3 Suche in diesem Buch nach den dargestellten Personen in der Zeitleiste und finde heraus, um wen es sich handelt. Notiere die Lebensdaten so genau wie möglich.

4 Welche Zeitangaben passen zusammen?

1 170–100 v. Chr.	**a** 14 n. Chr.
2 2. Jt. (= Jahrtausend) v. Chr.	**b** 498 n. Chr.
3 1. Jh. n. Chr.	**c** 8./9. Jh. n. Chr.
4 5. Jh. (= Jahrhundert) n. Chr.	**d** 462–350 v. Chr.
5 7. Jh. n. Chr.	**e** 14. Jh. v. Chr.
6 5./4. Jh. v. Chr.	**f** 622 n. Chr.
7 768–814 n. Chr.	**g** 2. Jh. v. Chr.

In diesem Kapitel konntest du folgende Kompetenzen erwerben:

- dich selbst, aber auch vergangene Ereignisse in Raum und Zeit (Epochen) einordnen
- unterschiedliche Quellenarten benennen und erläutern
- die Arbeitsweise von Geschichtsforscherinnen und -forschern beschreiben

- Ursprung und Ausbreitung der Menschen darstellen
- die Lebensweisen von Menschen der Altsteinzeit und der Jungsteinzeit beschreiben
- Die Neolithische Revolution erläutern
- **Methode:** Einen Sachtext lesen und verstehen

Getreidemühle, um 5000 v. Chr., gefunden in Herxheim, Rheinland-Pfalz

Blick in eine mittelalterliche Küche, Miniaturmalerei, um 1500

Römische Glaswaren aus dem 1. Jh. n. Chr., gefunden in Trier, Foto, 2001

In einer heilkundlichen Schrift, die im 12. Jahrhundert in einem Kloster entstand, hieß es:

Der Mensch muss immer wieder die Zähne ... durch Spülen mit Wasser reinigen; tut er dies nicht regelmäßig, dann entsteht als Folge mitunter im Fleisch um die Zähne ein Livor[1] und
5 vermehrt sich, sodass das Zahnfleisch krank wird. Auch entstehen aus dem Livor schon einmal Zahnwürmer, die ebenfalls das Zahnfleisch anschwellen lassen; so hat der Mensch seinen Zahnschmerz.

Hildegard von Bingen, Heilkunde. Zit. nach Hans-Jochen Markmann, Die mittelalterliche Heilkunde und Hildegard von Bingen: in: Geschichte lernen, Heft 30, 1992, S. 39.

[1] *Fleck*

Richtig oder falsch?

a Der erste Schritt beim Auswerten von Quellen ist, die Erkenntnis zu formulieren.

b Tagebücher und Briefe sind schriftliche Quellen.

c Die Begriffe „Vergangenheit" und „Geschichte" bedeuten dasselbe.

d Alle Menschen leben nach derselben Zeitrechnung.

e Um die Familiengeschichte zu erforschen, genügen Bildquellen.

f Auf die Epoche des Mittelalters folgte die Epoche der Antike.

Der Historiker Yuval Noah Harari über das Leben der Menschen in der Jungsteinzeit, 2013:
Lange wollte uns die Wissenschaft den Übergang zur Landwirtschaft als großen Sprung für die Menschheit verkaufen und erzählte uns eine Geschichte von Fortschritt und Intelligenz. Irgendwann
5 seien die Menschen so intelligent gewesen, dass sie lernten, Schafe zu halten und Weizen anzubauen. Danach gaben sie das entbehrungsreiche und gefährliche Leben der Jäger und Sammler auf und ließen sich nieder, um als Bauern ein angenehmes Da-
10 sein in Wohlstand zu genießen. Das ist jedoch ein Märchen ... Der Alltag der Bauern war härter und weniger befriedigend als der ihrer Vorfahren. Die Jäger und Sammler ernährten sich gesünder, arbeiteten weniger, gingen interessanteren Tätigkeiten nach
15 und litten weniger unter Hunger und Krankheiten.
Yuval Noah Harari, Eine kurze Geschichte der Menschheit, Bonn (Sonderausgabe bpb) 2013, S. 104.

Sachkompetenz

1 Ordne M1–M4 jeweils einer Quellenart zu (siehe Fachbegriff S. 19).

2 Prüfe die Aussagen in M5 auf ihre Richtigkeit. Korrigiere die Fehler und schreibe alle Aussagen richtig in dein Heft.

3 **Partnerarbeit:** Erklärt euch gegenseitig die folgenden Begriffe: Quelle, Epoche, Zeitrechnung, Perspektive, Sesshaftigkeit.

Frage- und Methodenkompetenz

4 Prüfe mithilfe der Zeitleiste S. 36/37, in welche Epochen M1–M4 eingeordnet werden können.

5 Stelle W-Fragen (wer, wo, wann, warum?) zu der Getreidemühle M2.

6 Bearbeite den Sachtext M6 mithilfe der Arbeitsschritte „Einen Sachtext lesen und verstehen" auf S. 27.

Orientierungs- und Reflexionskompetenz

7 Erstelle eine Liste mit der Überschrift „Geschichte auf dem Schulweg". Trage hier möglichst viele Gebäude, Straßennamen und Inschriften usw. ein, an denen du auf deinem Schulweg vorbeikommst. Finde heraus, aus welcher Zeit sie stammen.

8 Überprüfe und erkläre folgende Aussagen:
a) Die ersten Menschen entwickelten sich zeitgleich in verschiedenen Kontinenten.
b) Die Menschen der Steinzeit hatten keine Zeit für kulturelle Leistungen oder technische Erfindungen.
c) Die Archäologie ist ein Fenster in die Vergangenheit.

2
Ägypten – eine Hochkultur

Am Stadtrand von Kairo, der heutigen Haupt-stadt Ägyptens, ragen gewaltige Pyramiden aus dem Wüstensand. Über 4500 Jahre sind die Riesenbauwerke alt. Tag für Tag stehen Tausende von Besuchern aus aller Welt stau-nend vor diesen faszinierenden und zugleich geheimnisvollen Zeugen einer großen Vergan-genheit.

Was könnte uns der abgebildete Fremden-führer wohl über das Alte Ägypten erzählen? Welche Fragen möchtest du ihm auf jeden Fall stellen?

Blick auf die Chephrenpyramide in Ägypten, Foto, 2003

3000 v. Chr.	2500 v. Chr.	2000 v. Chr.

Vereinigung von Ober- und Unterägypten unter einem König

Erfindung der Hieroglyphenschrift

Altes Reich:
Bau der großen Pyramiden als Königsgräber

Mittleres Reich:
Ausdehnung des Reichs nach Nubien im Süden

Hochkultur in Mesopotamien

um 1750 v. Chr. Hammurabi herrscht in Babylon

5500–2200 v. Chr.
Jungsteinzeit in Mitteleuropa; Metallzeit im Vorderen Orient

2200–800 v. Chr.
Bronzezeit in Mitteleuropa

Ägypten – eine Hochkultur

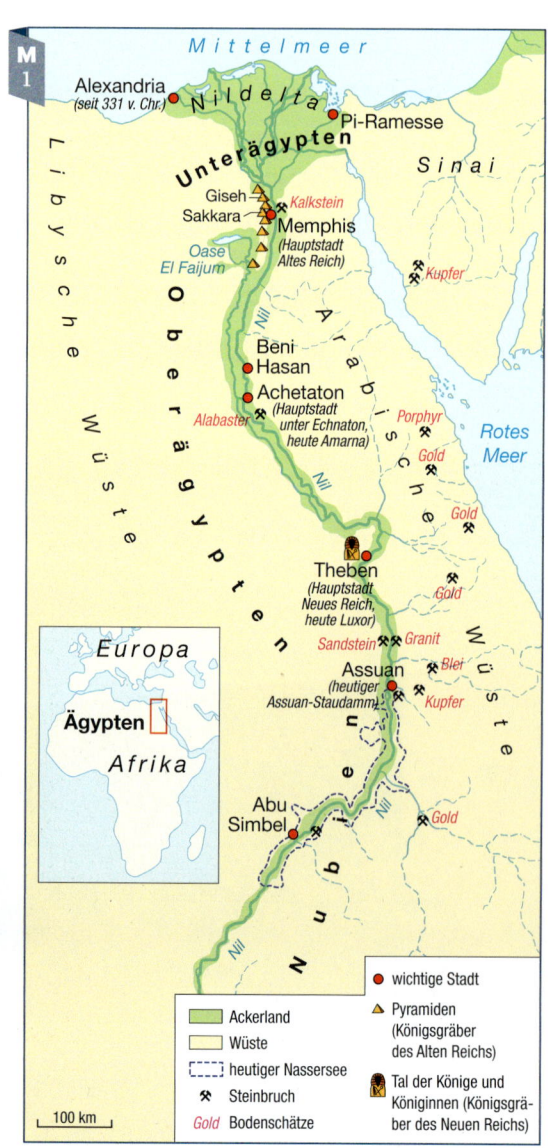

M 1

Ägypten zur Zeit des Neuen Reichs von 1550 bis 1070 v. Chr.

Während die Menschen in Europa in kleinen Dörfern lebten, entstand in Ägypten um 3000 v. Chr. ein großes Reich mit zahlreichen Einwohnern und prächtigen Bauwerken. An der Spitze standen mächtige Könige, die sich
5 seit dem 2. Jahrtausend v. Chr. „Pharao" nannten. Einige von ihnen ließen sich als Grabstätten Pyramiden bauen. Wissenschaftler haben in den zurückliegenden 200 Jahren wertvolle Entdeckungen machen können und eine Vielzahl von Erkenntnissen über das Pharaonenreich
10 gesammelt. Ein Beispiel für eine solche Entdeckung zeigen dir die Fotos auf der rechten Seite. Heute reisen Touristen aus aller Welt nach Ägypten oder sie besuchen die großen ägyptischen Museen in Kairo, Paris, London und Berlin.
15 Zwischen 3500 und 1500 v. Chr. gab es auch in anderen Teilen der Erde große Reiche. Aber die Überreste aus der ägyptischen Vergangenheit sind zahlreicher und haben sich im trockenen Wüstenklima besser erhalten.
In diesem Kapitel untersuchst du,
20 • wie die Hochkultur in Ägypten entstand,
• was die Kennzeichen einer antiken Hochkultur waren.

1 Wählt eine Aufgabe aus:

Partnerarbeit: Bearbeitet eine der folgenden Aufgaben und stellt eure Ergebnisse in einem Kurzvortrag vor (siehe S. 210):

a) Beschreibt, was sich anhand der Karte M1 und des Fotos M1 auf S. 44 über den Lebensraum in Ägypten vor etwa 3000 Jahren sagen lässt. Berechnet auch die Länge des Nils von Abu Simbel bis zur Mündung und die durchschnittliche Breite des „fruchtbaren Kulturlandes" auf dieser Strecke.
Tipp: Beachtet die Angaben in der Kartenlegende.

1500 v. Chr.   1000 v. Chr.   500 v. Chr.

Neues Reich:
Ägypten wird Großmacht

berühmte Königinnen und
Könige: Hatschepsut, Ech-
naton, Nofretete, Tutanchamun, Ramses II.

753 v. Chr.
Gründung
Roms

Sarkophag von
Pharao Tutanch-
amun, 14. Jh. v. Chr.

Grabkammer mit dem Sarkophag von Pharao
Tutanchamun, 14. Jh. v. Chr.

*1922 wurde im Tal der Könige und Köni-
ginnen das unterirdische Grab des Pharaos
Tutanchamun (ca. 1332–1323 v. Chr.) entdeckt. Auf dem Foto blickt man von oben
in das Tal. In der Mitte ist der freigelegte
Grabeingang zu erkennen.*

b) Informiert euch in Sachbüchern (z. B. in eurer
Schülerbücherei) über die Umstände der Entdeckung
des Grabes von Tutanchamun. Entscheidet dann, ob
diese Entdeckung eine „Sternstunde der Archäologie" war.

Webcode: FG642885-043
Tutanchamun

Wie entstand in Ägypten eine Hochkultur?

Als sich vor etwa 9000 Jahren das Klima auf der Erde änderte und es immer wärmer wurde, trockneten große Teile Nordafrikas aus und wurden zur Wüste. Um zu überleben, ließen sich die Menschen als Bauern an den wasserreichen Flussufern des Nils nieder.

- *Welche Bedeutung hatte der Nil für die Ägypter und wie beeinflusste er ihr Leben?*

Nillandschaft heute bei Beni Hasan, Foto, um 2009

Gerät zum Schöpfen von Wasser (arabisch: Schaduf), Aquarell nach einem Wandgemälde im Grab des Ipui in der Arbeitersiedlung Deir-el-Medina im Tal der Könige bei Theben, um 1240 v. Chr.

Die Nilschwemme bietet fruchtbares Land

Im Gebiet der Nilquellen in Äthiopien regnet es im Frühsommer fast unaufhörlich. Bäche und Flüsse wälzen Massen fruchtbarer Erde in den Nil. Der Wasserstand des Nils stieg zwischen Juni und Oktober um bis zu acht
5 Meter an. Das flache Land verschwand unter den Fluten dieser alljährlichen Nilschwemme*. Wenn dann von Oktober bis Dezember der Wasserstand wieder sank und der Nil in sein Flussbett zurückgekehrt war, blieb auf den überschwemmten Flächen der fruchtbare Schlamm zu-
10 rück. Dies nutzten die Menschen aus: Sie pflügten und wässerten die Äcker, säten Getreide und bauten vielerlei Pflanzen an. Vier Monate später konnten das Korn geschnitten, Linsen, Bohnen, Trauben, Datteln und Feigen geerntet werden. Danach lag das Land vier Monate lang
15 brach*.

… und bestimmt das Leben der Ägypter

Der Nil ermöglichte den Ägyptern zwar einen ertragreichen Ackerbau, trotzdem stellte er sie auch vor schwierige Aufgaben: War die Flutwelle zu hoch, so wurden
20 Dörfer und Siedlungen überschwemmt und zerstört, war sie zu niedrig, blieben weite Gebiete trocken, und es drohte eine Hungersnot. Um das Hochwasser zu bändigen, schlossen sich die Menschen zu dörflichen Gemeinschaften zusammen und bauten ein gemeinsames
25 Bewässerungssystem* aus Deichen, Dämmen und Bewässerungskanälen. Mit einfachen Schöpfwerken wurde das Wasser auf die höher gelegenen Felder gebracht. Den Menschen fiel auf, dass die Nilflut immer dann Unterägypten erreichte, wenn im Juni der Stern Sirius kurz
30 vor Sonnenaufgang hell am Horizont erschien.
Für die Ägypter war dies der Jahresanfang. Die Zeit bis zum nächsten Auftauchen des Sterns teilten sie in zwölf Monate auf. So entwickelten die Ägypter erstmals einen Kalender*.

Versorgungssicherheit durch Vorratshaltung

Nach jeder Nilschwemme mussten die Felder neu vermessen werden. Aus dieser „Kunst der Feldvermessung" entwickelte sich eine Wissenschaft, die von den Griechen später Geometrie* genannt wurde. Da die Ernte nicht immer gleich gut war, bewahrte man Getreideüberschüsse aus guten Jahren in Speichern auf. So entstand eine Vorratshaltung* zur Versorgung der Bevölkerung in schlechten Erntejahren.

Ohne Zusammenarbeit vieler Menschen und einer guten Verwaltung mit dem Pharao an der Spitze des Staates wären diese Leistungen nicht möglich gewesen.

Hochkultur

Merkmale einer Hochkultur sind: ein Staat mit zentraler Verwaltung und Regierung, Arbeitsteilung, Schrift, Zeitrechnung, Kunst, Architektur, Anfänge von Wissenschaft und Technik.

Ein ägyptisches Lied über den Nil aus dem 2. Jahrtausend v. Chr.:

Sei gegrüßt, Nil, hervorgegangen aus der Erde, gekommen, um Ägypten am Leben zu erhalten!
Herr der Fische, der die Zugvögel stromauf ziehen lässt, der Gerste schafft und Bohnen entstehen lässt.
Wenn er faul ist, dann werden die Nasen verstopft und jedermann verarmt.
Wenn er habgierig ist, ist das ganze Land krank, Große und Kleine schreien.
Beständig an Regeln, kommt er zu seiner Zeit, Ober- und Unterägypten zu füllen.
Der die Menschen kleidet mit dem Flachs[1], der den Webergott seine Erzeugnisse herstellen lässt und den Salbengott sein Öl.
Alle Erzeugnisse werden aus ihm hervorgebracht.
... Fließe, Nil! Man opfert dir.
Komm nach Ägypten! Auf, Verborgener!
Der Menschen und Tiere am Leben erhält mit seinen Gaben des Feldes.

Zit. nach Jan Assmann (Hg.), Ägyptische Hymnen und Gebete, Zürich (Artemis) 1975, S. 500 ff. Bearb. v. Verf.

[1] Pflanze zur Herstellung von Leinenstoff und Öl

Durch Arbeitsteilung entstehen neue Berufe

Die große Mehrheit der Ägypter waren Bauern und Bäuerinnen. Mit den erwirtschafteten Nahrungsüberschüssen wurden aber auch die Teile der Bevölkerung versorgt, die nicht in der Landwirtschaft arbeiteten. Dadurch konnten diese Menschen andere Aufgaben ausführen: Handwerker stellten z. B. Geräte für die Landwirtschaft her. Arbeiter und Arbeiterinnen waren in Spinnereien und Webereien, im Hafen, in Vorratsspeichern und beim Bau von Großbauten, wie z. B. Tempel und Pyramiden, beschäftigt. Architekten und Landvermesser waren für die Planung der großen Bauvorhaben zuständig, Mathematiker entwickelten die dafür nötigen Grundlagen. Händler kauften und verkauften Produkte aller Art. So entstand eine Arbeitsteilung* zwischen Landwirtschaft, Handwerk, Handel und Wissenschaft. Diese Form des Zusammenlebens entwickelte sich in Ägypten seit etwa 3000 v. Chr. und ist ein wichtiges Merkmal früher Hochkulturen.

1 Beschreibe mithilfe des Darstellungstextes (Z. 1–46) und M1, welche Bedeutung die Nilschwemme für die Menschen hatte.

2 „Der Nil war Segen und Fluch für die Ägypter". Begründe diese Aussage anhand von M3.

3 Wähle eine Aufgabe aus:
a) Erkläre mithilfe des Darstellungstextes (Z. 47–65) den Begriff Arbeitsteilung.
b) Schaue im Atlas nach und notiere, wo die beiden Quellflüsse des Nils entspringen und durch welche heutigen Länder der Nil fließt.

4 Partnerarbeit: Welche Merkmale einer Hochkultur habt ihr bisher am Beispiel Ägyptens kennengelernt? Findet diese Merkmale heraus und erklärt sie euch gegenseitig.

5 Rollenspiel: Dorfbewohner beraten: Bildet Gruppen von jeweils vier bis sechs Schülern und organisiert ein Rollenspiel zu einer der folgenden Situationen:
a) Der Nil führt zu viel Wasser: eine Überschwemmung droht! Was ist zu tun?
b) Der Nil führt zu wenig Wasser: eine Hungersnot droht! Was ist zu tun?
Tipp: Die Anleitung für ein Rollenspiel findet ihr auf S. 211.

Zusatzaufgabe: siehe S. 198

Eine Bildquelle auswerten

Aus alten Kulturen stehen uns als Quellen oft nur Bilder wie Felszeichnungen, Wandmalereien oder Abbildungen z. B. auf Vasen zur Verfügung. Hier lernst du die Methode kennen, wie du Bildquellen möglichst viele Informationen entnimmst. Beachte aber: Auch bei einer gründlichen Untersuchung bleiben immer Fragen offen.

M 1

Grabbild des Amenemhet aus Theben in Oberägypten, Kalkstein mit Bemalung, Höhe 30 cm, Breite 50 cm, um 2000 v. Chr. Die Hieroglyphenzeile drückt eine Bitte für Sach- und Lebensmittelspenden für den Verstorbenen aus.

Bilder erzählen Geschichte(n)

Bilder zeigen Menschen, Dinge oder die Natur nicht immer so, wie sie in Wirklichkeit aussahen. Ein Beispiel: Manchmal ist z. B. eine Person auffallend kleiner gezeichnet als die andere. Ob sie wirklich kleiner war, wis-
5 sen wir aber nicht. Häufig will der Künstler durch die Größe der Personen einen Rangunterschied zeigen.
Bei Bildern aus dem Alten Ägypten muss man beachten, dass sie Menschen nicht naturgetreu darstellen, sondern immer nach einem bestimmten Schema, das heißt:
10 • Der Kopf wird oft in der Seitenansicht (im Profil) abgebildet. Dabei sieht aber ein Auge den Betrachter direkt an (Frontalansicht).

• Der Oberkörper ist oft von vorn zu sehen – Unter-
15 körper, Beine und Füße sind wie der Kopf im Profil gemalt.
• Personen oder Dinge sollten möglichst einzeln, ohne Überschneidung dargestellt und klar erkennbar sein.
• Braune Hautfarbe (Männer) zeigt an, dass man sich viel im Freien aufhält, weil man dort arbeitet. Helle
20 Haut (Frauen) zeigt, dass man vorwiegend im Haus tätig ist.
Schwierig wird es auch dann, wenn der Künstler Bildzeichen (Symbole) benutzt, die eine bestimmte Bedeutung haben. Beispiel: Das Kreuz ist das Symbol des Christen-
25 tums. Bei den Ägyptern war das Zeichen ☥ (anch) das Symbol für „Leben".

1 **„Experiment":** Zwei Schülerinnen und zwei Schüler sollen als „lebendige Puppen" das Bild M 1 so genau wie möglich darstellen. Die anderen formen dieses Standbild durch Anweisung und Vormachen. Achtet hierbei auf die Stellung der Köpfe, der Oberkörper, der Arme, Hände, Beine und Füße. Was fällt euch auf?
Tipp: Die Anleitung für ein Standbild findet ihr auf S. 211.

2 Beschreibe und deute M 1 mithilfe der Arbeitsschritte S. 47. Vergleiche anschließend deine Ergebnisse mit den Lösungshinweisen in der rechten Spalte.
3 Werte mithilfe der Arbeitsschritte die Bildquelle M 2 aus.
4 Untersuche, welche zusätzlichen Informationen der Text M 3 im Vergleich zu M 2 enthält.
Tipp: Achte auf die Arbeitsbedingungen, den Lohn und die Forderung des Arbeiters.

Arbeitsschritte „Eine Bildquelle auswerten"

Einzelheiten des Bildes erfassen	Lösungshinweise zu M1
1. Welche Personen sind dargestellt? 2. Wie sind sie gekleidet? 3. Welche weiteren Gegenstände oder Tiere sind zu sehen? 4. Wo befinden sich die Personen und Gegenstände?	• *Dargestellt sind vier Personen, zwei Männer und zwei Frauen. Die Männer tragen runde Perücken, Halskragen und Armreife; bekleidet sind sie mit einem kurzen Lendenschurz. Die Frauen haben ein langes Kleid an. Sie tragen lange Perücken, Halsschmuck, Arm und Fußreife. Ein Mann hat einen Bart. Die Haut der Männer ist braun, die der Frauen hell. Rechts im Bild ein Tisch mit Speisen.*
Zusammenhänge erklären	
5. In welcher Beziehung stehen die abgebildeten Personen, Tiere oder Gegenstände zueinander? 6. Findest du Merkmale, die auf bestimmte Eigenschaften, Beruf oder gesellschaftliche Stellung der dargestellten Personen hinweisen?	• *Drei Personen, zwei Männer und eine Frau, sitzen eng beieinander und umarmen sich. Die zweite Frau steht in respektvollem Abstand zu den anderen. Jetzt wird der Zusammenhang klar: Es ist ein Familienbild. Der Vater (mit Bart) und seine Ehefrau umarmen ihren Sohn. Die Schwiegertochter steht in gebührendem Abstand an der Seite. Sie gehört auch auf das Bild, aber nicht ganz eng dazu.* • *An der unterschiedlichen Hautfarbe erkennt man die Aufgabenverteilung zwischen Mann und Frau.*
Zusätzliche Informationen heranziehen	
7. In der Bildlegende findest du wichtige Hinweise. Sie gibt dir Auskunft darüber, wer wann für wen warum ein Bild gemalt hat. Manchmal hat das Bild auch einen Titel. 8. Weitere Fragen lassen sich oft durch eine zusätzliche Textquelle klären.	• *Das Bild wurde um 2000 v. Chr. in der Stadt Theben als Grabbild für Amenemhet gemalt. Der Künstler ist unbekannt.* • *Der Grabherr Amenemhet fühlt sich offensichtlich im Kreis seiner harmonischen, glücklich und gut versorgten Familie wohl. Dieses Gefühl möchte er auch im Jenseits genießen.*

M2

Soldaten erhalten einen Teil ihrer Entlohnung in Getreidesäckchen. Malerei aus dem Grab des königlichen Schreibers Userhat, um 1400 v. Chr.

M3

Brief eines Arbeiters aus der Arbeitersiedlung Deir el-Medina an den Wesir[1] Ta (um 1160 v. Chr.):

Ich teile meinem Herrn mit, dass ich an den Gräbern der Königskinder arbeite, deren Errichtung der Wesir befohlen hatte. Wir Arbeiter sind sehr elend geworden. Alle Sachen für uns, die das staatliche
5 Schatzhaus, die Scheune und das Magazin uns liefern sollten, sind nicht verteilt worden. Nicht leicht ist das Tragen von Steinen! Man hat uns auch die 11,5 Sack Gerste fortgenommen, um uns stattdessen 11,5 Sack Dreck zu geben! Möge mein Herr
10 handeln, sodass wir leben können.

Zit. nach Arne Eggebrecht, Das alte Ägypten, München (Bertelsmann) 1984, S. 219.

[1] oberster Beamter in Ägypten

Woran glaubten die Alten Ägypter?

Die Papyruszeichnung M1 war eine Grabbeigabe für den Schreiber Hunefer. Bilder und Hieroglyphen erzählen hier, wie sich die Ägypter das Leben nach dem Tod vorstellten.

- *Lies die Texte dieser Seite und finde heraus, was uns die Zeichnung über den Glauben der Ägypter mitteilt.*

Viele Götter in verschiedenen Gestalten

Nach der Überlieferung waren in Ägypten die Götter für vieles zuständig, wie z. B. für den täglichen Lauf von Sonne und Mond, die Herrschaft des Königs und die Sorge um die Toten. Die zahlreichen Götter wurden als Tiere,
5 als Personen oder auch als Mischwesen halb Mensch, halb Tier dargestellt und in Abbildungen verehrt.

Unter den vielen Göttinnen und Göttern wird die Göttin Maat (sprich: Ma-at) besonders hervorgehoben. Ihr Erkennungszeichen war eine Straußenfeder auf dem zier-
10 lichen Kopf. Maat stand für die Beachtung von Wahrheit und Gerechtigkeit und der richtigen Ordnung in der Welt.

Der Schöpfer- und Sonnengott Re war der König der Götter und auch der Herr von Maat. Und da der Pharao
15 als Sohn des Re galt, war er dafür verantwortlich, dass die Werte von Maat beachtet wurden. Seine Aufgabe war es deshalb, alles Schlechte zu verhindern und die Maat in der Welt zu verteidigen. Je nachdem, wie es dem Land und den Menschen ging, wurde dies als Zeichen
20 dafür betrachtet, ob die Werte von Maat eingehalten wurden oder nicht.

Die verschiedenen Götter wurden in speziell für sie errichteten Tempeln verehrt. Stellvertretend für alle Ägypter führten hier Priester täglich Opferhandlungen
25 vor den Götterabbildungen durch, um die Götter gnädig zu stimmen. Bei religiösen Festen öffneten sich die Tempel, und die Bevölkerung konnte bei Prozessionen den Götterbildern direkt zujubeln.

Leben nach dem Tod – der Totenkult der Ägypter

30 Seit früher Zeit glaubten die Ägypter, dass das Leben nicht mit dem Tod zu Ende sei. Sie stellten sich vor, dass es im Jenseits ähnliche Lebensmöglichkeiten wie im Diesseits gebe. Deshalb gab man den Verstorbenen häufig alles Lebensnotwendige mit in das Grab: Nahrungs-
35 mittel, Kleider, Schmuck, Teller und Krüge, sogar Möbel und Kosmetika. Wohlhabende Ägypter erhielten auch ein Totenbuch als Grabbeigabe. Es enthielt Gebete und Sprüche, die dem Verstorbenen helfen sollten, wenn er sich vor dem Totengericht verantworten musste.
40 Für ein Weiterleben nach dem Tod musste der Körper erhalten werden (siehe S. 62).

Das Totengericht der Ägypter

Die Ägypter glaubten, dass sich jeder Mensch nach seinem Tod bei einem Totengericht vor den Göttern für sein
45 Handeln im Leben verantworten musste.

Wie die Ägypter sich den Ablauf des Totengerichts vorstellten, zeigt das Bild aus dem Totenbuch des Schreibers Hunefer (M1):

- **In der ersten Szene** oben links kniet Hunefer (A) vor
50 14 sitzenden Göttern und sagt Texte auf, in denen er beteuert, in seinem Leben keine Sünden begangen zu haben. Er sagt: „Ich habe kein Unrecht gegen Menschen begangen. Ich habe keine Tiere misshandelt. Ich habe keinen Gott beleidigt. Ich habe nicht getötet. Ich
55 bin rein, ich bin rein, ich bin rein".

Polytheismus/Monotheismus

Nach den griechischen Wörtern polys = viel und theos = Gott die Bezeichnung für den Glauben an viele Götter. Polytheistische Religionen wie die der Alten Ägypter, Griechen und Römer gibt es auch heute noch, z.B. den Hinduismus. Im Gegensatz zum Polytheismus bezeichnet der Monotheismus (griech. monos = einzig) den Glauben an einen einzigen Gott. Das Judentum, das Christentum und der Islam sind monotheistische Religionen.

Totengericht, Papyrus aus dem Grab des Schreibers Hunefer, um 1300 v. Chr.

- **In der zweiten Szene** wird Hunefer von Anubis (B) zur Waage geführt. Anubis trägt den Kopf eines Scha-
- 70 kals und ist für die Mumifizierung zuständig. Über der Waage ist die Maat (D) zu sehen. Auf der rechten Waagschale steht eine Feder als Symbol für die Maat
- 60 (Wahrheit, Gerechtigkeit, Ordnung). Auf der linken Waagschale sieht man ein Herz, stellvertretend für Hunefers Charakter und seine Lebensführung. Gegen-
- 75 einander abgewogen, muss sich beides im Gleichge-
- 65 wicht befinden. Ammit (C, „Totenfresserin") mit dem Krokodilkopf verschlingt den Verstorbenen, falls die-ser die Prüfung nicht besteht (damit würde er ein
- 80 zweites Mal sterben, ohne Aussicht auf ein Weiter-leben im Jenseits). Thot (E) mit dem Ibiskopf schreibt das Ergebnis dieser Prüfung auf.
- **In der dritten Szene** führt Horus (F, mit Falkenkopf), der Sohn des Osiris, den Verstorbenen zur Urteilsver-kündung vor den Thron des Osiris. Osiris (G) ist Herr-scher des Jenseits und trägt die Doppelfederkrone (Herrschaft über Ober- und Unterägypten), Götter-bart, Krummstab und Geißel (Peitsche) als Herr-schaftszeichen. Isis (H) galt als ideale Ehefrau und Beschützerin der Kinder – Nephtys (I) als Beschütze-rin des Sargs. Beide treten auf Grababbildungen oft gemeinsam auf.

1 Begründe mithilfe des Darstellungstextes und des Begriffskastens, weshalb die Religion im Alten Ägyp-ten als eine polytheistische Religion bezeichnet wer-den kann.

2 Suche in M1 alle Götter mit Tierköpfen heraus und notiere mithilfe des Darstellungstextes, welche Auf-gaben ihnen im Totenreich übertragen wurden.

3 **Partnerarbeit:** Erklärt mithilfe des Darstellungstextes Z. 1–28 die besondere Bedeutung der Maat:
  a) für den Pharao
  b) für jeden Einzelnen (am Beispiel Hunefers)

4 Wähle eine Aufgabe aus:
  a) Kopiere M1 und fertige daraus einen Comic mit Denk- und Sprechblasen zu den einzelnen Szenen.
  b) Vergleiche die Vorstellungen der Alten Ägypter vom Leben nach dem Tod mit den Vorstellungen anderer Religionen, die du kennst.

5 **Rollenspiel:** Spielt das Totengericht M1 nach und erfindet dazu eigene Texte (Rollenspiel, siehe S. 211).
  Tipp: Schreibt Rollenkarten zu den Figuren, die auf-treten sollen.

Webcode: FG642885-049
Ägyptische Götter

Herrschaft und Gesellschaft im Alten Ägypten – Lernen an Stationen

Nachdem ihr euch Grundinformationen zur Geschichte des Alten Ägyptens erarbeitet habt, soll es im Folgenden um spezielle Themen gehen. Dafür bietet sich das Stationenlernen an. Es gibt Pflicht- und Wahlstationen. Ob ihr sie in Einzel- oder Partnerarbeit bearbeitet, könnt ihr selbst entscheiden. Eine bestimmte Reihenfolge bei der Bearbeitung müsst ihr nicht einhalten.

Der Laufzettel

Die Grundlage des Stationenlernens ist der Laufzettel (M1). Hier findet ihr eine Übersicht über die Pflicht- und Wahlstationen. Rechts stehen Felder, in denen ihr Notizen zu eurer Arbeit macht. Kopiert und vergrößert den

5 Laufzettel für alle. In diesem Kapitel gibt es insgesamt sieben Stationen: Die ersten vier Stationen sind für alle verbindliche **Pflichtstationen**. Aus den Wahlstationen wählt ihr mindestens eine aus. Die zwei übrigen Wahlstationen könnt ihr je nach Interesse und verbleibender

10 Zeit bearbeiten.

Die Stationen

Die Arbeitsaufgaben findet ihr auf den Seiten der jeweiligen Station. Ihr könnt sie ohne weitere Informationen bearbeiten. Für eine vertiefende Auseinandersetzung

15 mit den Themen könnt ihr die Stationen um weitere Materialien wie Sachbücher und Zeitschriften erweitern. Entscheidet vor Beginn der Arbeit, wie ihr eure Ergebnisse auswerten und präsentieren wollt, z.B.
- als Beitrag für einen Bericht im Radio zur Reihe „Das

20 Alte Ägypten – was wir heute noch darüber wissen",
- als Spiel nach dem Prinzip einer Quizshow,
- als Wandzeitung / Ausstellung zu einzelnen Themen.

Regeln für das Stationenlernen

- Für das Stationenlernen benötigst du einen Ordner/Schnellhefter. Beschrifte den Laufzettel mit deinem Namen und hefte ihn als erste Seite im Ordner ab. Dahinter kommen auf eigenen Blättern deine Aufzeichnungen zu den einzelnen Stationen.
- Bearbeite die Arbeitsaufträge an einer Station in der angegebenen Reihenfolge. Schreibe immer die Aufgabenstellung ab, damit du deine Notizen später eindeutig zuordnen kannst.
- Schreibe deine Ergebnisse gut lesbar und, wenn nicht anders angegeben, in ganzen Sätzen auf.
- Wenn du eine Station bearbeitet hast, notierst du auf dem Laufzettel, wann und mit wem du daran gearbeitet hast. Außerdem notierst du deine persönliche Meinung zum Thema in der entsprechenden Spalte.

M 1 Laufzettel zum Kopieren (120 % = DIN A4)

Herrschaft und Gesellschaft im Alten Ägypten Pflichtstationen	bearbeitet mit ... am ...	meine Meinung zum Thema z. B. war interessant, weil ... Ich war überrascht, dass ... Ich würde gerne mehr erfahren über ... Es fiel mir schwer/leicht, weil ...
Station 1: Wie war die ägyptische Gesellschaft aufgebaut? (S. 52/53)		
Station 2: Was wäre der Pharao ohne seine Beamten? (S. 54/55)		
Station 3: Wie lebten die Menschen im Alten Ägypten? (S. 56/57)		
Station 4: Wie bauten die Ägypter Pyramiden? (S. 58/59)		
Wahlstationen		
Station 5: Welche Rolle hatten die Frauen in der Gesellschaft? (S. 60/61)		
Station 6: Warum gab es Mumien? (S. 62)		
Station 7: Pharao Echnaton schafft die Götter ab (S. 63)		

Station 1: Wie war die ägyptische Gesellschaft aufgebaut?

Der Pharao regierte Ägypten

Wir sprechen heute von den Pharaonen, wenn wir die altägyptischen Könige meinen. Sie selbst nannten sich aber lange Zeit anders und verwendeten den Titel „Herr der beiden Länder". Der Begriff Pharao bedeutet „großes
5 Haus" und bezog sich ursprünglich auf den Königspalast und dessen zahlreiche Bewohner. Erst seit Beginn des Neuen Reichs nannten sich die ägyptischen Könige Pharao.

Als alleiniger Herrscher stand der Pharao an der Spitze
10 des Staates* und entschied mit unbegrenzter Macht über alle wichtigen Angelegenheiten des Königreichs: Er machte die Gesetze und setzte Beamte ein. Er war für die Bewässerung, die Nahrungs- und Vorratsbeschaffung und als höchster Richter für den Frieden im Land verant-
15 wortlich. Als oberster Kriegsherr führte er die Armee gegen ausländische Mächte. Diese Form der Herrschaft heißt Monarchie*.

Die Ägypter gehorchten den Befehlen des Pharaos und erkannten seine herausragende Stellung an, weil er in
20 ihren Augen ein gottähnliches Wesen war. Seit etwa 2500 v. Chr. wurde der Pharao als Sohn des Sonnengottes Re verehrt. Man sah in ihm den Mittler zwischen den Menschen und den Göttern. Deshalb konnte er die Götter um das Lebensnotwendige bitten und seine Unterta-
25 nen vor allen Gefahren schützen. Im Gegenzug musste das Volk ihm dienen, z. B. bei den großen Bauvorhaben, und Abgaben leisten.

Eine hierarchische Gesellschaft

In der ägyptischen Gesellschaft hatte jeder seinen festen
30 Platz, der meist schon mit der Geburt feststand: Die Kinder eines Bauern wurden Bauern, die der Handwerker lernten den Beruf ihres Vaters usw. Dieser klare und streng von oben nach unten geordnete Gesellschaftsaufbau (Hierarchie) hat sich über viele Jahrhunderte
35 nicht verändert.

An der Spitze stand der Pharao. Danach folgten die Mitglieder der Herrscherfamilie und eine kleine Gruppe ausgewählter Berater, die ständig am Königshof lebten und den Pharao in allen wichtigen Fragen berieten.
40 Die Mehrheit der Ägypter lebte als Bauern, Handwerker und Arbeiter. Sie zusammen bildeten den unteren Teil der Gesellschaft. Je mehr sich das Reich ausdehnte, desto wichtiger wurden die Soldaten. Sie stammten ebenfalls aus dieser unteren Gesellschaftsschicht. Durch

Statue von Ramses II. – genannt „der Große" – im Tempel von Luxor, um 1250 v. Chr. Der König trägt die Doppelkrone, in der die Vereinigung der beiden Landesteile Ägyptens symbolisch dargestellt ist: Die äußere Krone steht für die Herrschaft über Unterägypten, die innere Krone steht für die Herrschaft über Oberägypten.

45 die Kriegszüge ab 1500 v. Chr. kamen immer wieder Kriegsgefangene nach Ägypten. Diese wurden zwar teilweise versklavt, spielten aber im Unterschied zum späteren Römischen Reich als Arbeitskräfte keine bedeutende Rolle.
50 Etwas höher gestellt gegenüber der Bevölkerungsmehrheit waren Händler, die im Auftrag des Pharaos wichtige Rohstoffe aus anderen Ländern besorgten (z. B. Holz zum Palast- und Schiffsbau).

Zwischen der Führungsschicht um den Pharao und der
55 Bevölkerungsmehrheit bildeten die Beamten eine Art Mittelschicht. Als wichtige Bindeglieder in der hierarchischen Ordnung gaben die Beamten Befehle und Aufträge von oben nach unten an Händler, Bauern, Arbeiter und Handwerker weiter. Sie überwachten deren Ausführung
60 und erstatteten regelmäßig Bericht darüber nach oben. Der oberste Beamte hieß Tschati oder Wesir. Mehr zur Aufgabe der Beamten erfährst du in Station 2.

Die Priester waren – wie die Beamten – sehr angesehen. Die Priesterschaft umfasste sowohl die Gruppe derer, die
65 im Tempel einfache Hilfsdienste leisteten als auch die hohen Priester in großen Tempeln. Dazu kamen die Priester, die als einflussreiche Berater direkt am Königshof lebten.

M2 So begrüßten die Ägypter Pharao Ramses II. (Regierungszeit 1279–1213 v. Chr.):

Wir kommen zu dir, Herr des Himmels, Herr der Erde, du lebende Sonne des ganzen Landes, Herr der Lebensdauer, du Sonnengott der Menschheit, du Säule des Himmels, du Balken der Erde. Herr
5 vielfacher Speisung. Du, der wacht, wenn alles schläft, dessen Kraft Ägypten errettet, der über die Fremdländer siegt und triumphierend heimkehrt, dessen Stärke Ägypten schützt. Geliebter der Wahrheit, der in seinen Gesetzen in ihr lebt,
10 dessen Schrecken die Fremdländer weichen lässt, du, unser König, unser Herr.

Zit. nach Gottfried Guggenbühl (Hg.), Quellen zur Geschichte des Altertums, Zürich, 1964, S. 16. Bearb. v. Verf.

Monarchie
(griech. monos = einzig und archein = herrschen) bedeutet wörtlich übersetzt „Alleinherrschaft" und beschreibt eine Staatsform, in der eine einzelne Person (Monarch, Monarchin) in der Regel auf Lebenszeit die Herrschaft ausübt.

Hierarchie
(griech. hieros = heilig und archein = herrschen) bedeutet wörtlich übersetzt „heilige Herrschaft" und beschreibt eine streng von oben nach unten gegliederte Rangordnung innerhalb einer Gesellschaft.

M3

Der Pharao Ramses II. als siegreicher Feldherr, dargestellt auf einem bemalten Kalksteinrelief in Abu Simbel, um 1250 v. Chr. Ramses hält in seiner linken Hand eine Streitaxt, mit seiner rechten Hand hat er die Haare von drei Gefangenen ergriffen, deren Hinrichtung durch den Herrscher selbst wohl unmittelbar bevorsteht. Diese Gefangenen stehen stellvertretend für drei von Ramses besiegte Völker: die Nubier im Süden, die Libyer im Westen und die Syrer im Osten.

1 Erläutere mithilfe des Darstellungstextes Z. 1–8 und M1 die verschiedenen Bezeichnungen (Titel) für die ägyptischen Könige.
2 **Wähle eine Aufgabe aus:**
   a) Beschreibe mithilfe des Darstellungstextes Z. 9–27, welche Aufgaben ein Pharao hatte.
   b) Arbeite aus M2 heraus, welche Eigenschaften dem Pharao Ramses II. zugeschrieben wurden.
3 **Partnerarbeit:** Vergleicht eure Ergebnisse aus Aufgabe 2 mit der Darstellung Ramses II. in M3.
4 Die ägyptische Gesellschaft wird gern mit einer Pyramide verglichen. Zeichne eine Pyramide (siehe Muster) in dein Heft. Suche im Darstellungstext alle Personen oder Gruppen der ägyptischen Bevölkerung und trage sie von oben nach unten entsprechend ih-

rem Rang in dein Schaubild ein. Du kannst auch Figuren als Symbole für die Personen zeichnen. Trage am Ende folgende Pfeilarten in dein Schaubild ein:
→ Dienst → Schutz → beraten → beauftragen
→ befehlen → überwachen → berichten

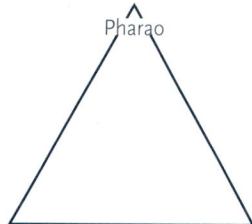

Der Aufbau der ägyptischen Gesellschaft

Zusatzaufgabe: siehe S. 199

Station 2: Was wäre der Pharao ohne seine Beamten?

M 1 Zwei Ausschnitte aus einer Wandmalerei aus dem Grab des Mennah, Beamter unter Pharao Thutmosis IV., um 1400 v. Chr. Der Grabherr war als Beamter in der Landwirtschaft tätig.

Der Pharao herrscht durch seine Beamten

Ein so großes Reich wie Ägypten zu verwalten war nur mithilfe von gut ausgebildeten Beamten möglich. Weil außer ihnen nur wenige Ägypter lesen und schreiben konnten, wurden sie auch einfach nur „Schreiber" ge-
5 nannt. Mehrfach in der ägyptischen Geschichte verwalteten die beiden obersten Beamten (Wesire) die Landesteile Ober- und Unterägypten.

Als Stellvertreter des Pharaos überwachte der Wesir sowohl die Jahr für Jahr notwendige Feldvermessung nach
10 der Nilschwemme als auch die gesamten Steuereinnahmen des ägyptischen Staates. Regelmäßig erstattete er dem Pharao über alle wichtigen Ereignisse und Entscheidungen Bericht. Dem Wesir unterstanden alle höheren und niederen Beamten in den Provinzen, den Städten
15 und den Dörfern: Von oben nach unten wurden so die Befehle des Pharaos im ganzen Land weitergegeben.

Die Beamten übten eine strenge Kontrolle aus über

- Viehzählungen sowie Wasser- und Landzuteilungen;
- Bauern, die Getreideabgaben an den Pharao abzulie-
20 fern hatten oder auf Ländereien des Pharaos arbeiteten;
- Arbeiter und Handwerker, die vom Pharao angestellt und mit Lebensmitteln und Kleidung versorgt wurden, damit sie genügend Werkzeuge, Waffen und Ge-
25 fäße für den täglichen Gebrauch anfertigten oder auf den Großbaustellen arbeiten konnten;

- Fernhändler, Angestellte des Pharaos, die wertvolle Rohstoffe aus anderen Ländern besorgten;
- Ausbildung und Einsatz der Soldaten.

30 **Die Ausbildung der Beamten**

Schreiben zu können war die wichtigste Voraussetzung für eine Beamtenlaufbahn. Deshalb waren die Söhne der Beamten im Vorteil und wählten oft den gleichen Beruf wie ihr Vater. Anfangs unterrichteten die Väter ihre
35 Söhne selber. Als der Staat aber immer mehr Schreiber benötigte, wurde die Ausbildung erfahrenen Beamten übertragen, die sich ganz dieser Aufgabe widmeten. Die Ausbildung zum Schreiber konnte bis zu zehn Jahre dauern. In dieser Zeit lernten die Schüler mehrere hundert
40 Schriftzeichen, die Landeskunde von Ägypten, Mathematik und Geometrie, Astronomie, die Feste der Götter, gerechtes Verhalten gegenüber den Schwachen und Gehorsam gegenüber den Vorgesetzten.

Immer wieder kam es aber auch vor, dass Beamte ihre
45 Stellung für sich selbst missbrauchten. Klagen über nicht ausbezahlte Löhne oder über ungerechte Steuereintreibungen belegen dies (siehe S. 47, M3).

Um 2500 v. Chr. lebten in Ägypten ca. eine Million Menschen. Von ihnen waren etwa 10 000 Schreiber.
50 Bei Ankunft der Römer war die Bevölkerung bereits auf sieben bis acht Millionen angewachsen – für die damalige Zeit eine gewaltige Größe.

M2 **Ratschläge eines Schreibers an seinen Sohn (um 2000 v. Chr.):**

Kaum hat ein Schriftkundiger angefangen heranzuwachsen – er ist noch ein Kind –, so wird man ihn grüßen und als Boten senden; er wird nicht zurückkommen, um sich in den Arbeitsschurz zu stecken. Einen Bildhauer kann man nicht als Boten senden, noch einen Goldschmied, der ausgeschickt würde. Ich habe den Erzarbeiter bei seiner Arbeit beobachtet, an der Öffnung seines Schmelzofens. Seine Finger sind krokodilartig, er stinkt mehr als Fischlaich ... Der Steinmetz graviert mit dem Meißel in allerlei harten Steinen. Hat er die Arbeit vollendet, so versagen ihm seine Arme und er ist müde; wenn er sich abends hinsetzt, sind seine Knie und sein Rücken gebrochen. Der Barbier schert noch spät am Abend ... Siehe, es gibt keinen Beruf, in dem einem nicht befohlen wird, außer dem des Beamten; da ist er es, der befiehlt. Wenn du schreiben kannst, wird dir das mehr Nutzen bringen als alle die Berufe, die ich dir dargelegt habe.

Zit. nach Friedrich Wilhelm v. Bissing, Altägyptische Lebensweisheiten, München (Artemis) 1955, S. 57ff.

....

1 Die Beamten hatten viele wichtige Aufgaben. Stelle diese mithilfe des Darstellungstextes auf S. 54 in Form einer Mindmap dar.

Tipp: Wichtige, hier nicht genannte Aufgaben hast du schon auf S. 52 kennengelernt.

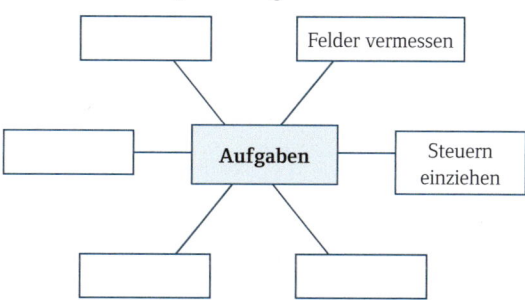

2 **Methode:** Beschreibe und deute das Bild M1 mithilfe der Arbeitsschritte auf S. 47. Welche zwei typischen Aufgabenbereiche eines Beamten kannst du erkennen?

3 **a)** Arbeite heraus, wie der Verfasser von M2 versucht, seinen Sohn vom Beruf des Schreibers zu überzeugen.

b) Beschreibe die Wirkung, die der Schreiber in M3 auf dich hat.

c) Vergleiche diesen Eindruck mit deinen Ergebnissen zu M2.

4 Nenne heutige Berufe, die ähnliche Tätigkeiten erfordern wie die des Schreibers.

5 **Partnerarbeit:** Stellt euch vor, ihr geht auf eine Zeitreise in das Alte Ägypten. Der Wesir muss einige neue Beamte einstellen. Stellt die Eigenschaften und Voraussetzungen zusammen, die Bewerber eurer Meinung nach mitbringen müssen. Sucht euch dann ein anderes Team und führt abwechselnd als Wesire ein Bewerbungsgespräch mit einem Beamten durch.

M3 Schreiberstatue eines Beamten, Kalkstein, um 2450 v. Chr.

Station 3: Wie lebten die Menschen im Alten Ägypten?

Szenen landwirtschaftlicher Arbeit, Malerei aus dem Grab des Nacht, um 1425 v. Chr. Der Verstorbene sitzt rechts vor seinen Nahrungsmittelvorräten.

Der griechische Geschichtsschreiber Herodot (um 485–425 v. Chr.) berichtete nach einer Ägyptenreise:

Denn es ist klar und der Verständige sieht es, ohne dass man es ihm sagt, dass die Gebiete Ägyptens, die von den Hellenen[1] besucht werden, neugewonnen und ein Geschenk des Stromes [Nil] sind ...
5 Heute freilich gibt es kein Volk auf der Erde, auch keinen Landstrich in Ägypten, wo die Früchte des Bodens so mühelos gewonnen werden wie hier. Sie [die Bauern] haben nicht nötig, mit dem Pfluge Furchen in den Boden zu ziehen, ihn umzugraben und 10 die anderen Feldarbeiten zu machen, mit denen die übrigen Menschen sich abmühen. Sie warten einfach ab, bis der Fluss kommt, die Äcker bewässert und wieder abfließt. Dann besät jeder sein Feld und treibt die Schweine darauf, um die Saat einzustamp- 15 fen, wartet ruhig die Erntezeit ab, drischt das Korn mithilfe der Schweine aus und speichert es auf.

Hans Wilhelm Haussig (Hg.), Herodot, Gesamtausgabe, 2. Buch, 4. Aufl., Stuttgart (Kröner) 1971, S. 108 ff. Übers. v. August Horneffer.

....

[1] *Griechen*

In ägytischen Schreibschulen wurden folgende Zeilen als Übungstext eingesetzt:

Werde Schreiber! Dies wird dir die Mühsal ersparen und dich vor jeder Arbeit bewahren. Du brauchst keine Hacke in die Hand zu nehmen und wirst keinen Korb tragen müssen. Du wirst kein Ruder bewegen 5 müssen und von aller Not verschont bleiben.
Denk an die missliche Lage, in die der Bauer gerät, wenn die Beamten kommen, um die Erntesteuer zu schätzen. Schlangen und Nilpferde haben die Hälfte der Ernte verschlungen. Das im Speicher des Bauern 10 verbliebene Getreide ist gestohlen worden. Was er für den gemieteten Ochsen bezahlen muss, kann er nicht bezahlen ... Und genau in dem Moment legt der Beamte am Ufer an, um die Erntesteuer zu schätzen. Es gibt aber kein Getreide und der Bauer 15 wird gnadenlos geschlagen. Seine Frau und seine Kinder werden gefesselt. Der Beamte befiehlt allen. Seine Arbeit wird nicht besteuert; er hat keine Schulden. Merke dir das gut!

Sergio Donadoni (Hg.), Der Mensch des alten Ägypten, übers. v. Asa-Bettina Wuthenow, Frankfurt a. M. New York (Campus) 1992, S. 36.

Wie viel verdiente ein Arbeiter?

Die Überlieferungen der Schreiber von Deir el-Medina, einer Arbeitersiedlung bei Theben in der Nähe des Tals der Könige, enthalten auch Lohnabrechnungen. Der Warenwert ließ sich in Edelmetall messen. Maßeinheit war der Deben (= 90 Gramm Kupfer). Eine Durchschnittsfamilie umfasste acht bis zehn Personen. Hauptnahrungsmittel dieser Menschen war Brot.

Löhne pro Monat:

Ein Vorarbeiter verdiente 7,5 Sack Getreide, dazu 10–11 Deben.

Ein Arbeiter verdiente 5,5 Sack Getreide, dazu

5   10–11 Deben.

1 Sack Getreide enthielt 76 Liter und war 2 Deben wert.

Preise:

Ein Korb kostete 0,5 Deben.

10   Ein kleines Messer kostete 1 Deben.

Ein Paar Sandalen kostete 3 Deben.

Ein Stuhl kostete 12 Deben.

Ein Bett kostete 25 Deben.

Ein Ochse kostete 100 Deben.

15   **Arbeitszeit:**

Täglich ca. 8–10 Stunden; lange Mittagspause wegen der Hitze; der Monat bestand aus drei Arbeitswochen zu zehn Tagen. Mit den Feiertagen gab es im Jahr ca. 65 arbeitsfreie Tage, darun-

20   ter das 24 Tage dauernde „Theben-Fest". Die Arbeiter wurden dreimal im Monat entlohnt.

Zusammengestellt nach Manfred Clauss, Das alte Ägypten, Berlin (Fest) 2001, S. 393f.

 Bemalte Kalksteinfigur aus Ägypten, um 2400 v. Chr.

Herodot von Halikarnassos
(um 484–um 425 v. Chr.) war ein griechischer Geschichtsschreiber, Geograf und Völkerkundler. Mit seinem bis in unsere Zeit überlieferten Geschichtswerk „Historien" gilt er als einer der „Väter der Geschichtsschreibung".

Tipp für diese Station: Lege eine Tabelle an, in der du deine Ergebnisse zu den Aufgaben 1 und 2 notierst.

Bild M1	Herodot M2	Schreiber M3
...	...	...

1   **Methode:** Beschreibe und deute das Bild M1 mithilfe der Arbeitsschritte auf S. 47.

   Tipp: Beachte, dass es in diesem Bild einen Vordergrund und einen Hintergrund gibt.

2   Lies die Quellen M2 und M3 und notiere, was du jeweils über das Leben der Bauern erfährst.

3   Vergleiche mithilfe der Tabelle die drei Materialien M1–M3 über das Leben der Bauern

   Tipp: Nenne Gemeinsamkeiten und Unterschiede, z. B. hinsichtlich der beschriebenen Tätigkeiten, beteiligten Personen und körperlichen Belastungen.

4   Beschreibe M5 und erläutere die dargestellte Tätigkeit.

   Tipp: Nimm die Abbildung auf S. 38, M2 zu Hilfe.

5   **Partnerarbeit:** Lest M4 und rechnet aus, wie viel Getreide ein Arbeiter für ein Paar Sandalen und für ein Bett ausgeben und wie lange er dafür arbeiten musste.

6   **Wähle eine Aufgabe aus:**

   a) Stelle dir vor, du bist ein ägyptischer Bauer. Schreibe einen Brief an Herodot, in dem du über deinen Arbeitsalltag berichtest. Der Brief könnte so beginnen: „Sehr geehrter Herr Herodot! Es stimmt, wir sind jeden Tag dankbar, dass wir den Nil haben. Aber von der Arbeit in der Landwirtschaft haben Sie keine Ahnung …"

   b) Finde eine Antwort auf die Frage, warum der Text von M3 von den Schülern immer wieder abgeschrieben werden sollte.

Station 4: Wie bauten die Ägypter Pyramiden?

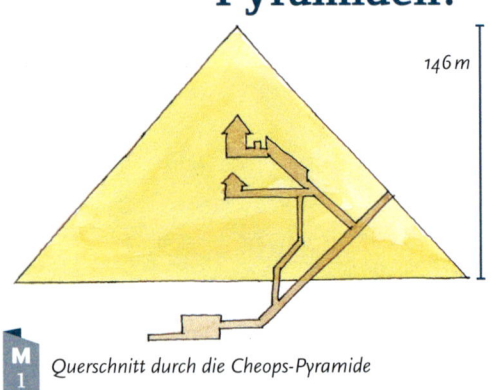

146 m

M 1 Querschnitt durch die Cheops-Pyramide

Bauwerke für die Ewigkeit

Der ägyptische Pharao bestimmte das Leben seiner Untertanen während seiner Regierungszeit und auch nach seinem Tod. Starb er, so stieg er nach den Vorstellungen der Ägypter auf einer Himmelsleiter zu den Sternen auf
5 und wurde selbst ein Gott. Im Alten Reich ließen sich die Könige in Pyramiden bestatten, hoch in den Himmel ragende „Wohnungen für die Ewigkeit". Im mittleren Reich ließen sich die Pharaonen in kleineren Pyramiden bestatten. Die Herrscher des Neuen Reichs fanden dage-
10 gen ihre letzte Ruhestätte in verborgenen unterirdischen Begräbnisstätten im „Tal der Könige und Königinnen" (siehe S. 42/43).

Die Cheops-Pyramide – ein Weltwunder?

Die drei größten Pyramiden wurden um 2500 v. Chr. am
15 Rande des heutigen Kairo erbaut (siehe S. 40). Die größte und älteste von ihnen ist die des Pharaos Cheops. Sie wurde auf einer quadratischen Grundfläche von 230 mal 230 Metern errichtet und war ursprünglich 146 Meter hoch. Etwa 2,3 Millionen Steinblöcke wurden in ihr ver-
20 baut, von denen einer durchschnittlich 2,5 Tonnen wiegt. Im Inneren der Pyramide finden sich sogar Granitblöcke mit einem Gewicht von fast 50 Tonnen. Zum Vergleich: Ein Auto der Mittelklasse wiegt etwa 1,5 Tonnen. Schon in der Antike zählte man die Cheops-Pyra-
25 mide zu den sieben Weltwundern – bis heute ist sie eines der gewaltigsten Steinbauwerke der Erde.

Wer baute die Pyramiden?

Wegen der langen Bauzeit erteilten die Pharaonen den Befehl zum Bau der Pyramiden meist gleich zu Beginn
30 ihrer Herrschaft. Die oberste Bauleitung hatte der Wesir. Er war auch für den Transport des Baumaterials aus den Steinbrüchen im Süden des Landes verantwortlich. Da die Pyramiden mit einfachen Werkzeugen (Hammer, Meißel, Säge, Beil und Schleifstein) gebaut wurden, wa-
35 ren sehr viele Arbeitskräfte erforderlich. Sie wohnten in eigens angelegten Arbeitersiedlungen bei den Pyramidenbaustellen und den Steinbrüchen.
Ob die Arbeit an den Pyramiden freiwillig geleistet wurde, ist nicht eindeutig zu beantworten. Für die meisten
40 einfachen Arbeiter war sie wohl – ähnlich wie die Ernteabgaben der Bauern an den Pharao – verpflichtend als eine Form der Steuerleistung gegenüber dem Pharao. Denkbar ist auch, dass die Arbeit als Dienst für den Pharao angesehen wurde, von dessen Gunst man sich im
45 Leben wie nach dem Tode abhängig fühlte.

Welche Technik wurde angewandt?

Bis heute ist es nicht gelungen, eine technische Erklärung dafür zu finden, wie die Ägypter dieses gewaltige Bauwerk vor der Erfindung von Rad und Kran errichtet
50 haben. Vermutlich wurden die Steinblöcke mithilfe von Rundhölzern auf langen, ansteigenden Rampen aus Schutt und Sand nach oben gezogen. Wie diese Rampen aber aussahen und wie sie sich von unten um die wachsende Pyramide herumwanden, ist umstritten. Der fran-
55 zösische Architekt Jean-Pierre Houdin stellte 2007 eine neue Theorie vor (M4). Die Cheops-Pyramide ist in ihrem Ausmaß und in der Bautechnik aber eine Ausnahme. Die meisten Pyramiden waren etwa 50 bis 60 Meter hoch, in der Regel mit einfachen Lehmziegeln erbaut
60 und mit leuchtend weißen Kalksteinplatten verkleidet. Diese Außenverkleidung fehlt heute bei fast allen Pyramiden. Sie wurde in späterer Zeit abgetragen, um den feinen Kalkstein als Baumaterial bei anderen Bauten zu verwenden.

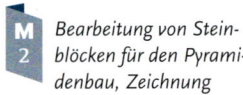
M 2 Bearbeitung von Steinblöcken für den Pyramidenbau, Zeichnung

Der griechische Geschichtsschreiber Herodot (um 485–425 v. Chr.) über den Bau der Cheops-Pyramide:

Cheops hat das Land ins tiefste Unglück gestürzt ... Er hat alle Ägypter gezwungen, für ihn zu arbeiten. Die einen mussten aus den Steinbrüchen im arabischen Gebirge Steinblöcke bis an den Nil schleifen.
5 Über den Strom wurden sie auf Schiffe gesetzt und andere mussten die Steine weiterziehen bis hin zu den sogenannten libyschen Bergen. Hunderttausend Menschen waren es, die daran arbeiteten und alle drei Monate abgelöst wurden. So wurde das Volk
10 bedrückt, und es dauerte zehn Jahre, ehe nur die Straße gebaut war, auf der die Steine dahergeschleift wurden, ein Werk, das mir fast ebenso gewaltig scheint wie der Bau der Pyramide selber. Denn die Straße ist fünf Stadien [890 m] lang, zehn Klafter
15 [18 m] breit, an der höchsten Stelle acht Klafter [14,4 m] hoch und aus geglätteten Steinen hergestellt, in die Tiergestalten eingemeißelt sind ... An der Pyramide selber wurde zwanzig Jahre gearbeitet.

Hans Wilhelm Haussig (Hg.), Herodot, Gesamtausgabe, 2. Buch, 4. Aufl., Stuttgart (Kröner) 1971, S. 164. Übers. v. August Horneffer, bearb. v. Verf.

Der Bau der Cheops-Pyramide nach der Theorie des französischen Architekten Jean-Pierre Houdin, Rekonstruktionszeichnung, 2007.
Links: Baustufe 1 – Transport der Steinblöcke für die unteren Schichten der Pyramide auf einer Außenrampe.
Rechts: Baustufe 2 – Transport der Steinblöcke für den oberen Teil der Pyramide über leicht ansteigende, spiralförmig angeordnete Gänge innerhalb der Pyramide. Das Material der Rampen wurde nach und nach zum Bau der Pyramide mit verwendet.

1 Stelle mithilfe des Darstellungstextes, M1 und M2 Argumente dafür zusammen, die Cheops-Pyramide als ein „Weltwunder" zu bezeichnen.
Tipp: Beachte hierbei z. B. die Wirkung auf den Betrachter, die Aufwendungen für den Bau und den Stand der damaligen Technik.
2 **Wähle eine Aufgabe aus:**
a) Finde mithilfe von M3 und des Darstellungstextes heraus, wie das Baumaterial zur Cheops-Pyramide gelangt ist. Beachte hierzu auch die Karte M1 auf S. 42.
b) „Zum Pyramidenbau gezwungen oder freiwillig mitgearbeitet?" Vergleiche die Antwort des Herodot in M3 mit dem Darstellungstext (Z. 27–45). Stelle dar, wie ein ägyptischer Arbeiter darüber gedacht haben könnte.

3 Stell dir vor, du bist ein Arbeiter auf der Pyramidenbaustelle zur Zeit des Pharaos Cheops. Abends schreibst du deiner Familie einen Brief, in dem du von deinem Arbeitstag berichtest.
Tipp: Denke an deine Tätigkeiten, an die Arbeitsbedingungen (z. B. Hitze, Arbeit mit „bloßen" Händen, Werkzeuge, Gefahren), an die Bedeutung deiner Arbeit für dich und deine Familie etc.
4 **Partnerarbeit:** Erläutert mithilfe von M4 die Theorie von Jean-Pierre Houdin zum Bau der Cheops-Pyramide.

Lesetipp:
Rosa Naumann, Verschollen in der Pyramide, München (dtv junior) 2005

Webcode: FG642885-059
Pyramidenbau

Wahlstation 5: Welche Rolle hatten die Frauen in der Gesellschaft?

Wandmalerei aus dem Grab des Nacht, um 1400 v. Chr.

Wandmalerei aus dem Grab des Sennedjem, um 1290 v. Chr.

Geschichte erzählt: Ein Familienausflug vor ungefähr 3500 Jahren:

Ein hoher Beamter und seine Familie gehen einem beliebten Vergnügen nach: der Jagd auf Wildgänse. Das ist nicht ganz ungefährlich, denn am dicht bewachsenen Ufer des Nils könnten
5 Krokodile lauern. Seiner Frau Tani gehen vielleicht die folgenden Gedanken durch den Kopf:
„Ich bin froh, dass die ganze Familie wieder einmal Zeit miteinander verbringen kann. Das ist leider nicht selbstverständlich. Mein Mann ist ein
10 hoher Beamter beim Pharao und deshalb ist er die meiste Zeit unterwegs. In der Zwischenzeit muss ich mich alleine um unser großes Haus kümmern. Ich teile die Arbeit der Bediensteten ein, organisiere die Empfänge meines Mannes
15 und kümmere mich um die Erziehung unserer beiden Kinder. Nebenher bleibt mir allerdings auch etwas Zeit für mich: Ich betreibe mit sieben Angestellten ein Geschäft für Perücken, denn die sind bei uns groß in Mode. Ich werde von mei-
20 nen Kunden mit Silberstücken oder Lebensmitteln bezahlt. Einen kleineren Teil des Verdienstes muss ich zwar als Steuern abgeben, mit dem übrigen Verdienst kann ich mir aber kaufen, was ich will. Das gibt mir ein Gefühl von Selbstständig-
25 keit und auch ein Stück weit Unabhängigkeit."
Verfassertext nach zeitgenössischen Quellen

Geschichte erzählt: Ein Ehepaar bei der Feldarbeit vor ungefähr 3500 Jahren:

In den Bauernfamilien arbeiteten die Frauen wie ihre Männer in der Landwirtschaft. Gemeinsam mit ihrem Ehemann erntet diese Bäuerin das reife Getreide. Was könnte sie wohl aus ihrem
5 Leben erzählen?
„Mein Name ist Tama. Ich bin eine Bäuerin aus der Nähe von Beni Hasan. Wir leben dort in einem einfachen Lehmhaus mit einer Terrasse auf dem Dach. Mehrmals am Tag mahle ich mühsam
10 Korn zu Mehl zum Brotbacken und Bierbrauen. Das Wasser dazu muss ich in schweren Krügen vom Nil heraufschleppen. Dazu kommt die Feldarbeit, die viel Zeit in Anspruch nimmt. Mehrmals im Jahr müssen die Schafe geschoren und
15 die Wolle anschließend verarbeitet werden. Von der täglichen Arbeit im Haushalt will ich gar nicht reden. Was uns nach den Abgaben von unserer Ernte bleibt, reicht nur für das Nötigste. Wer bei den Abgaben betrügt, der wird von den Beamten
20 schwer bestraft. Meine vier Kinder sind noch klein, aber sie helfen mir, wo sie können. Vielleicht mache ich später, wenn sie älter sind, ein Friseurgeschäft oder einen kleinen Obsthandel als Zubrot zur Landwirtschaft auf.
Verfassertext nach zeitgenössischen Quellen

Die rechtliche Stellung der Frau

Als der griechische Geschichtsschreiber und Weltreisende Herodot (siehe S. 57) im 5. Jahrhundert v. Chr. Ägypten bereiste, kam er aus dem Staunen nicht heraus. Ver-
5 wundert beschrieb er Tätigkeiten und Freiheiten von Frauen, die er sonst nirgendwo in der antiken Welt gesehen hatte. Vor allem deshalb kam er zu der Schlussfolgerung: „Fast alle Sitten und Gebräuche in Ägypten sind der Lebensweise der anderen Menschen entgegengesetzt."
10 Heute wissen wir, dass Herodot richtig beobachtet hatte. Historiker sind sich weitgehend einig, dass Ägypterinnen mehr Rechte besaßen als Frauen in den anderen damaligen Kulturen: Sie vertraten sich selbst vor Gericht und erhielten die gleichen Strafen wie Männer. Sie durf-
15 ten selbstständig Verträge abschließen, einen Beruf ausüben, Vermögen besitzen und ohne Zustimmung ihres Mannes vererben. In einigen Teilen Europas wären solche Rechte noch bis vor 100 Jahren für Frauen unvorstellbar gewesen.

20 Vollkommen gleichberechtigt waren die Frauen aber nicht: Zu öffentlichen Ämtern wurden Frauen selten zugelassen. Ob es Beamtinnen gab, ist umstritten. Grundsätzlich standen die Schreibschulen auch Mädchen offen, doch wissen wir aus den Quellen nur von sehr wenigen
25 Mädchen aus höhergestellten Familien, die tatsächlich zur Schule gingen. Priesterinnen mit unterschiedlichen Aufgaben gab es in allen Epochen der altägyptischen Geschichte.

Die Ehe im Alten Ägypten

30 Im Vergleich zu heute war eine Eheschließung im Alten Ägypten eine recht formlose Angelegenheit: Zog ein Paar zusammen in eine eigene Wohnung, dann galt es als verheiratet. Umgekehrt wurde durch die Auflösung der gemeinsamen Wohnung die Scheidung vollzogen. Die
35 Mehrheit der Ägypter lebte in Einehe. Männer aus der Führungsschicht konnten auch mit zwei und mehr Frauen zusammenleben. Aus Quellen wissen wir, dass es Eheverträge zwischen Eheschließenden gegeben haben muss.

Ägyptischer Ehevertrag (4. Jahrhundert v. Chr.):
Datum – Name der Eheschließenden
Es hat gesagt der Mann zu seiner Ehefrau: Ich habe dich zur Ehefrau gemacht. Gegeben habe ich dir fünf Silberkite[1] als deine Frauengabe[2].

5 *Scheidungsklausel 1:*
Entlasse ich dich als Ehefrau und nehme ich eine andere zur Frau, so werde ich dir fünf Silberkite zusätzlich zu den oben beschriebenen fünf Silberkiten geben, die ich dir als Frauengabe gegeben habe. Dazu
10 gebe ich dir ein Drittel von allem und jedem, was ich für uns erwerben werde … Siehe das Verzeichnis der Sachen, die du mit in mein Haus gebracht hast (es folgt eine Liste mit Hausrat und Kleidern). Bist du

drinnen, sind sie mit dir drinnen. Bist du draußen,
15 sind die Dinge mit dir draußen.

Scheidungsklausel 2:
Wenn du es bist, die geht, indem du mich als Ehemann entlässt, so wirst du mir 2½ Silberkite von den fünf Silberkiten geben, die ich dir als Frauengabe
20 gegeben habe.
Unterschrift und Zeugen

Zit. nach Walther Wolf, Das alte Ägypten, 2. Aufl., München (dtv) 1978, S. 429 f.

....
[1] *Kite = Silberstück von ca. neun Gramm*
[2] *diente zur Absicherung der Frau, etwa im Scheidungsfall*

---

1 **Partnerarbeit:** M1–M4 könnt ihr entnehmen, wie das Leben ägyptischer Frauen vor ungefähr 3500 Jahren ausgesehen hat.
   a) Bearbeitet zuerst in Einzelarbeit M1/M2 oder M3/M4: Stellt zusammen, was ihr jeweils über das Leben der vorgestellten Ägypterin erfahrt.
   b) Stellt euch die beiden Frauen gegenseitig vor und vergleicht eure Ergebnisse.
   Tipp: Beachtet Tätigkeiten, Rolle in Haus und Familie, Erziehung der Kinder, rechtliche Stellung, Selbstständigkeit.

2 **a)** Fasse zusammen, welche Regelungen im Ehevertrag M5 getroffen werden.
   b) Beurteile die Abmachungen im Falle einer Scheidung aus der Sicht des Mannes und aus der Sicht der Frau.

3 „Die Ägypterinnen waren nicht gleichberechtigt, aber auch nicht rechtlos." Besprecht, ob ihr diese Einschätzung teilt.
   Tipp: Argumente findet ihr im Darstellungstext.

Zusatzaufgabe: siehe S. 199

Wahlstation 6: **Warum gab es Mumien?**

Die Technik der „Mumifizierung"

Vor der Zeit der großen Pyramidenbauten bestatteten die Ägypter ihre Verstorbenen in einfachen Gruben im trockenen, salzhaltigen Wüstensand. Das führte dazu, dass die Leichen austrockneten und auf natürliche Wei-
5 se erhalten blieben. Für die ärmeren Menschen blieb es bei dieser „natürlichen Mumifizierung". Als die reichen Ägypter ab etwa 2500 v. Chr. dazu übergingen, ihre Toten aufwendiger in Holzsärgen zu bestatten, gab es keinen direkten Kontakt mehr zwischen der Leiche und
10 dem Wüstensand. Die Folge war, dass der Körper Feuchtigkeit anzog und die Leiche schneller verweste.

Für den Glauben an ein Weiterleben nach dem Tod (siehe S. 48/49) war es aber wichtig, dass der Körper erhalten blieb. Die Seele, die nach dieser Vorstellung den
15 Körper beim Tod verließ, konnte so in den Körper zurückkehren. Aus diesem Grund begannen die Ägypter damit, die Leichen zu mumifizieren. Sie perfektionierten diese Technik so weit, dass selbst in heutiger Zeit ausgegrabene Mumien noch hervorragend erhalten sind.

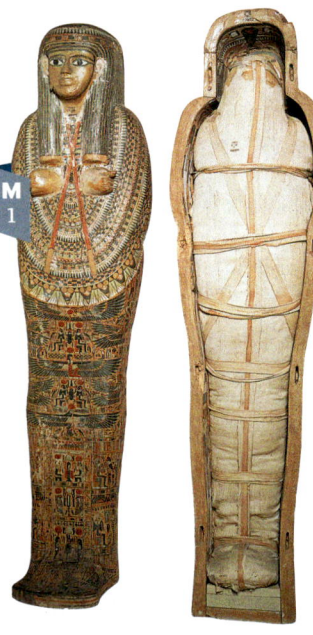

Mumie einer ägyptischen Prinzessin im geöffneten Sarg, um 1000 v. Chr.

Ausgewickelte Mumie des Pharaos Ramses II. im Mumienraum des ägyptischen Museums in Kairo, Foto, 1998

Der griechische Geschichtsschreiber Herodot (um 485–425 v. Chr.) über die Mumifizierung:

Es gibt besondere Leute, die dies berufsmäßig ausüben. Zu ihnen wird die Leiche gebracht ... Zunächst wird mittels eines eisernen Hakens das Gehirn durch die Nasenlöcher herausgeleitet, teils auch mit-
5 tels eingegossener Flüssigkeiten. Dann macht man mit einem scharfen ... Stein einen Schnitt in die Leiche und nimmt die ganzen Eingeweide heraus. Sie werden gereinigt, mit Palmwein und dann mit geriebenen Gewürzen durchspült. Dann wird der Magen
10 mit reiner geriebener Myrrhe, mit Zimt und mit anderem Räucherwerk ... gefüllt und [der Bauch] zuge-

näht. Nun legen sie die Leiche ganz in Natronlauge[1], siebzig Tage lang ... Sind sie vorüber, so wird die Leiche gewaschen, der ganze Körper mit Binden von
15 Leinwand umwickelt und mit Gummi bestrichen, was die Ägypter anstelle von Leim zu verwenden pflegen. Nun holen die Angehörigen die Leiche ab, machen einen hölzernen Sarg in Menschengestalt und legen die Leiche hinein.

Hans Wilhelm Haussig (Hg.), Herodot, Gesamtausgabe, 2. Buch, 4. Aufl., Stuttgart (Kröner) 1971, S. 145f. Übers. v. August Horneffer.

[1] *Salzlösung*

1 Erläutere mithilfe des Darstellungstextes die besondere Bedeutung der Mumifizierung für die Menschen im Alten Ägypten.

2 Beschreibe mithilfe von M1 und M3 den Vorgang einer Mumifizierung.

3 In einem Kairo-Reiseführer steht: „Eine besondere Attraktion für die Besucher ist der sehr gut erhaltene und fast vollständig ausgewickelte Leichnam des Pharaos Ramses II. In jüngster Zeit werden allerdings Stimmen laut, die diese Zurschaustellung des ausgewickelten Leichnams als Störung der Totenruhe verhindern wollen." Wie denkst du darüber? Nimm mithilfe von M2 dazu Stellung und begründe deine Meinung.

Webcode: FG642885-062
Mumifizierung

Wahlstation 7: Pharao Echnaton schafft die Götter ab

Pharao Echnaton (1365–1348 v. Chr.) und seine Frau Nofretete opfern dem Sonnengott Aton Gefäße mit Wasser. Flachrelief aus Achetaton, um 1350 v. Chr.
Der Sonnengott Amun-Re, bisher in menschlicher Gestalt und mit Falkenkopf dargestellt, erscheint nun als Sonnenscheibe (ägyptisch: Aton). Von allen Geschöpfen steht der durch seine Größe hervorgehobene Echnaton dem Sonnengott am nächsten. Aton sendet sein Licht als Sonnenstrahlen aus; mit den offenen Händen an ihren Enden werden sie zum Segen für die gesamte Schöpfung.

Die Sonne als Gott

Die Ägypter verehrten viele Götter, aber als der Pharao Amenophis IV. auf den Thron kam, bestimmte er Aton als einzige Gottheit, als Leben spendende Sonne. Damit wurde er ein Vorläufer der späteren monotheistischen
5 Religionen (Monotheismus, siehe S. 48).
Der König selbst nannte sich jetzt Echnaton (sprich Ach-en-Aton, d. h. „dem Aton wohlgefällig"). Außerdem gründete er die neue Hauptstadt Achetaton (sprich Achet-Aton, d. h. „Horizont des Aton"). Dort entstand
10 das heilige Zentrum der Aton-Religion. Die Tempel der alten Götter wurden geschlossen – ihre Priester und sämtliche bisherigen hohen Beamten wurden entlassen. An ihre Stellen setzte Echnaton ihm und seinem Gott treu ergebene Männer ein.
15 Die Sonnenscheibe war fortan das alleinige Symbol der neuen Religion. Ohne Rücksicht auf die religiösen Ge-

fühle und Bedürfnisse der Bevölkerung wurden die bisherigen Götternamen und tiergestaltigen Götterbilder aus Tempelwänden ausgemeißelt. Wer weiterhin der alten
20 Religion anhing, sah sich vielfach der Verfolgung durch Echnatons Polizeitruppen ausgesetzt.
Die neue Religion hatte nicht lange Bestand. Der übernächste Nachfolger Echnatons, der junge König Tutanchamun ordnete die Rückkehr zum alten Glauben an. Er gab
25 die Stadt Achetaton auf und ließ sie restlos zerstören.

M2 **Aus dem von Pharao Echnaton verfassten Sonnengesang (14. Jahrhundert v. Chr.):**
Schön erscheinst du im Horizont des Himmels, du lebendige Sonne [Aton], die das Leben bestimmt ... Deine Strahlen umfassen die Länder bis ans Ende von allem, was du geschaffen hast
5 ... Am Morgen aber bist du aufgegangen im Horizont und leuchtest als Sonne am Tage; du vertreibst die Finsternis und schenkst deine Strahlen ... Alles Vieh ist zufrieden mit seinem Kraut, Bäume und Kräuter grünen ... Lastschiffe fahren
10 stromab und wieder stromauf, jeder Weg ist offen durch dein Erscheinen. Die Fische im Strom springen vor deinem Angesicht, deine Strahlen sind im Innern des Meeres ... Wie zahlreich sind deine Werke, die dem Angesicht verborgen sind,
15 du einziger Gott, dessengleichen nicht ist ... Kein anderer ist, der dich kennt, außer deinem Sohne [Echnaton], den du dein Wesen und deine Macht erkennen lässt ... Seit du die Welt gegründet hast, erhebst du sie für deinen Sohn, der aus deinem
20 Leib hervorgegangen ist, den König Beider Ägypten ... Echnaton, groß in seiner Lebenszeit."
Zit. nach Erik Hornung, Echnaton. Die Religion des Lichtes, 2. Aufl., Düsseldorf und Zürich (Patmos/Artemis & Winkler) 2001, S. 88ff.

....
1 Wähle eine Aufgabe aus:
a) Liste die Eigenschaften der Sonne auf, die im Sonnengesang M2 beschrieben werden.
b) Finde mithilfe von M1 und M2 heraus, welche Bedeutung Echnaton in dieser neuen Religion hatte.
2 Schreibe aus der Sicht eines Priesters der bisherigen Religion einen Beschwerdebrief an Echnaton. Nimm dazu den Darstellungstext, M1 und M2 zu Hilfe.

Das Internet nutzen

Wie gehst du vor, wenn du mehr über ein Thema wissen willst? Wenn du im Internet suchst, erhältst du oft eine Fülle an Suchergebnissen, und die richtige Auswahl geeigneter Adressen kostet viel Zeit. Deshalb lernst du hier, wie du bei einer Internetrecherche (Recherche = Untersuchung, Nachforschung) am zweckmäßigsten vorgehst.

Arbeitsschritte „Das Internet nutzen"

Suche beginnen	Lösungshinweise
1. Welche Internet-Suchmaschine wähle ich aus?	• *z. B. Google oder eine Kindersuchmaschine wie Blinde Kuh oder Frag Finn* **Webcode:** FG642885-064
2. Welche Internethinweise gibt das Schulbuch?	• *Webcodes aus deinem Schulbuch anklicken, z. B. S. 59*
Suchabsicht festlegen	
3. Welche Suchwörter helfen mir zur Beantwortung meiner Fragen weiter?	• *eine Liste mit möglichen Suchwörtern festlegen, bei Gruppenarbeit festlegen, wer welche Teilthemen/Suchwörter bearbeitet.* • *Suchbegriffe in das Suchfeld der Startseite der Suchmaschine eingeben*
Überblick über das Suchergebnis bekommen	
4. Welche Links sind interessant und brauchbar für mich? 5. Welche Links stammen von glaubwürdigen Anbietern?	• *Überschriften und Kurzerläuterungen der Links lesen* • *prüfen, wer die Webseiten mit welchem Interesse betreibt (private Webseite, Webseite eines Unternehmens, Webseite einer Schule, eines Museums oder einer Universität)* • *brauchbar erscheinende Links für die Auswertung auswählen und als Favoriten/Lesezeichen auf dem PC sammeln* • *ein Zeitlimit für die Recherche festlegen*
Ergebnisse ordnen	
6. Wie gehe ich mit den Informationen einer Webseite um?	• *ausgewählte Webseite lesen und die Informationen auswählen, die für die Aufgabenstellung hilfreich und auch verständlich sind (ggf. unverständliche Sachverhalte klären)*
Informationen sichern und auswerten	
7. Wie halte ich die gefundenen Informationen fest?	• *interessante Textteile und Bilder mit vollständiger Internetadresse und Entnahmedatum (= Quellenangabe) als Dateien auf dem PC speichern;* • *mit handschriftlichen Notizen die Inhalte zusammenfassen*

Um das **Ziel** und die **Zeit** bei einer Internetrecherche nicht aus den Augen zu verlieren, kann dir das Führen eines **Rechercheprotokolls** helfen. Du kannst ein solches Protokoll nach folgendem Muster erstellen – es orientiert sich an den Arbeitsschritten auf der linken Seite. Als Beispiel ist hier die Internetrecherche **„Theorien zum Bau der Cheops-Pyramide"** dargestellt.

Protokoll Internetrecherche

Thema	Bau der Cheops-Pyramide
Datum der Recherche	21. Juni 2014
Dauer der Recherche	45 Minuten
Internet-Suchmaschine	www.google.de
Ich suche nach ...	Theorien zum Bau der Cheops-Pyramide; Suchbegriffe: Ägypten - Pyramide - Cheops - Technik - Theorie
brauchbare Links (Favoriten)	**Kinderzeitmaschine - Ägypten - Die Cheops-Pyramide: ist ...** www.kinderzeitmaschine.de/.../aegypten/.../die-cheops-pyramide-ist-sie-... Die Höhe der Cheopspyramide betrug einmal exakt 146,60 Meter. Dann verlor sie aber ihre Spitze und damit verringerte sich ihre Höhe auf 137,50 Meter. **Planet Wissen - Cheops-Pyramide** https://www.planet-wissen.de/.../aegypten/pyramidenbau/cheops_pyramide... Die geheimnisvollen Schächte der Cheops-Pyramide ... technischer Raffinesse ließen sich altägyptische Ingenieure Mechanismen einfallen, die komplette Teile ... **Neue Theorie zur Technik des Pyramidenbaus kommt aus ...** blog.selket.de/.../neue-theorie-zur-technik-des-pyramidenbaus-kommt-a... 13.10.2013 - Neue Theorie zur Technik des Pyramidenbaus kommt aus Berlin. Sonntag ... Dann unterstütze selket.de und empfehle diesen weiter. Ich freue ... **Pyramiden** von Gizeh Ägypten Weltwunder der Antike www.weltwunder-online.de/antike/pyramiden.htm Die Pyramiden von Gizeh in der Nähe von Kairo in Ägypten sind mit einem ... Bis in das Mittelalter hinein war die Cheops Pyramide das höchste Gebäude der ...
ausgewählte Webseiten für die weitere Auswertung	http://www.planet-wissen.de/geschichte/antike/pyramidenbau/ pwvideoplanetwissenvideopyramidenbau100.html (14. März 2016) Videoclip mit Modell zu einer Bau-Theorie; vertrauenswürdige Webseite (öffentlich-rechtlicher Rundfunk); hilfreiche Link-Tipps http://www.spiegel.de/wissenschaft/mensch/cheops-pyramide-architekt-will-uraltes-bau-raetsel-geloest-haben-a-475196.html (4. April 2016) Erläuterung zur Theorie des Architekten Jean-Pierre Houdin, siehe Abbildung im Schulbuch S. 59

1 **a) Partnerarbeit:** Stellt „Hitlisten" mit fünf besonders guten Internetseiten zum Thema „Altes Ägypten" zusammen. Denkt daran, die Internetadressen genau anzugeben, damit auch andere die Seite finden können.

b) Begründet in einem kurzen Text, warum euch die Seiten gefallen haben.

c) Vergleicht die Ergebnisse in der Klasse.

2 **Gruppenarbeit:** Pyramiden gehören zu den „Sieben Weltwundern". Führt mithilfe der Arbeitsschritte auf S. 64 eine Internetrecherche zu den anderen sechs Weltwundern durch. Haltet eure Ergebnisse in einem Rechercheprotokoll fest (siehe M1)

3 Probiere einen „Webcode" aus diesem Kapitel aus und berichte in der Klasse über das Ergebnis.

Was geschah zur gleichen Zeit in Europa?
… um 2500 v. Chr.

„Primitive Jungsteinzeit" in Europa und „beginnende Hochkultur" in Ägypten – krasser kann der Gegensatz eigentlich nicht ausgedrückt werden.

- *Lassen sich diese beiden Lebenswelten überhaupt vergleichen?*

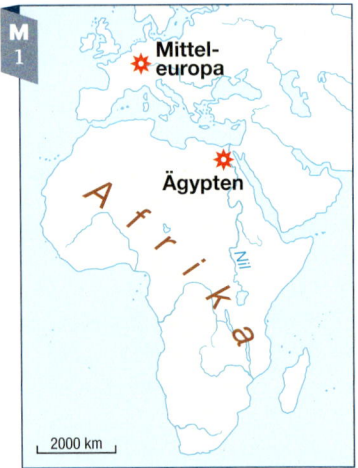

....

1 Stell dir vor: Menschen aus Mitteleuropa kommen um
   2500 v. Chr. in dieses Dorf in Ägypten (M2): Notiere alles,
   was die Menschen der Jungsteinzeit hier vermutlich
   … nicht kennen,
   … als bekannt wiedererkennen.

Querschnitt durch das Niltal, Rekonstruktionszeichnung

Bau eines Langhauses in der Jungsteinzeit, Rekonstruktionszeichnung aufgrund von Grabungsergebnissen

Siedlungen der Jungsteinzeit in Mitteleuropa

Die Jungsteinzeit begann um 9000 v. Chr. im heutigen Irak und verbreitete sich bis 5500 v. Chr. bis nach Mitteleuropa. In der Jungsteinzeit änderte sich das Leben der Menschen grundlegend. Waren sie in der Altsteinzeit als
5 Nomaden umhergezogen, begannen sie nun, die Natur für ihre Zwecke zu nutzen und zu gestalten. Da sie sich von Ackerbau und Viehhaltung ernährten, rodeten sie für die benötigten Felder und Wiesen große Waldflächen. Mit dem gerodeten Holz bauten sie Siedlungen.
10 Die damals üblichen Langhäuser boten mit ihren ca. 40 Metern Länge Platz für mehrere Familien und wahrscheinlich auch das Vieh. Archäologische Überreste zeigen, dass diese Siedlungen in der Regel rund 70 solcher Langhäuser umfassten.

15 Technischer Fortschritt erleichtert das Leben

Erstmalig leiteten die Menschen Bäche und kleinere Flüsse um und bewässerten so ihre Felder. Technische Erfindungen wie der hölzerne Hakenpflug und der Holzspaten erleichterten zudem die Feldarbeit.

20 Die Menschen fertigten Gefäße aus Ton, die eine Vorratshaltung ermöglichten. Andere wichtige Erfindungen waren das Spinnen und das Weben der Schafswolle. Da die Arbeit mit den Werkzeugen viel Geschick erforderte, spezialisierten sich die Menschen mehr und mehr auf be-
25 stimmte Tätigkeiten: z. B. auf den Bau von Werkzeugen, das Spinnen und Weben, das Töpfern, Ackerbau und Viehzucht, die Fischerei und Jagd. Bald konnten sie durch diese Arbeitsteilung mehr erwirtschaften, als sie für sich selbst zum Überleben brauchten. Daher wird da-
30 von ausgegangen, dass in der Jungsteinzeit der Tauschhandel in und zwischen den Siedlungen begann.

Offene Fragen

Auch das Zusammenleben musste organisiert werden – in der Familie, in der Sippe, im Dorf. Über die Organisation
35 in dieser frühbäuerlichen Gesellschaft wissen die Forscher allerdings noch wenig – es gibt keine schriftlichen Überlieferungen aus dieser Zeit: Gab es z. B. einen Dorfvorsteher oder eine Dorfvorsteherin? Wie wurden die Entscheidungen gefällt? Wie wurde Streit geschlichtet?

....

2 **Partnerarbeit:** Vergleicht mithilfe des Darstellungstextes, M2 und M3 das Alte Ägypten um 2500 v. Chr. und die zeitgleiche Jungsteinzeit in Mitteleuropa. Legt dazu eine Tabelle an.
Tipp: Mögliche Gesichtspunkte für den Vergleich könnten z. B. sein: Natur und Klima, Landschaft, Technik, Ernährung, Zusammenleben.

3 Und nun bist du dran: „Primitive Jungsteinzeit" hier und „beginnende Hochkultur" dort – zu welchem Urteil kommst du?
Tipp: Du kannst deine Antwort so beginnen: „Dieser Feststellung stimme ich zu/nicht zu, weil ..." Nutze die Ergebnisse aus Aufgabe 2, um dein Urteil zu begründen.

Was geschah zur gleichen Zeit in Europa?
… um 1500 v. Chr.

Metalle veränderten das Leben der Menschen grundlegend: Auf die Jungsteinzeit folgte die Metallzeit. Wieder nahm die Entwicklung ihren Ausgang im heutigen Irak und kam mit einiger Verzögerung in Mitteleuropa an. Zwischen 2200 und 800 v. Chr. war hier die Bronze das vorherrschende Metall und gab diesem geschichtlichen Zeitraum seinen Namen: Bronzezeit.

- *Auf dieser Doppelseite kannst du herausfinden, wie sich in der Bronzezeit das Leben der Menschen veränderte.*

M 1 *Funde aus der mitteleuropäischen Bronzezeit, 1500 bis 1000 v. Chr.*

„Kupfer + Zinn = Bronze"

Metalle kommen in bestimmten Gesteinen (den „Erzen") vor, die in der Erde lagern und in Bergwerken abgebaut werden. Aus diesen Erzen werden bei hohen Temperaturen die Metalle herausgeschmolzen. Anschließend kön-
5 nen sie in Formen gegossen, geschmiedet und weiter bearbeitet werden.

Kupfer war das erste Metall überhaupt, das Menschen aus Erzen gewannen. Dies gelang erstmals im 6. Jahrtausend v. Chr. in Mesopotamien, dem heutigen Irak. Da
10 Kupfer relativ weich ist, suchten die Menschen bald nach anderen Möglichkeiten. Um 3000 v. Chr. fanden sie heraus, dass eine Mischung aus Kupfer und Zinn im Verhältnis 9 : 1 ein härteres Metall ergibt: die Bronze, hart genug für eine Vielzahl von Waffen und Geräten.

Veränderungen in der Gesellschaft Mitteleuropas

15 In Mitteleuropa gab es die Bronze seit ca. 2200 v. Chr. Da die Metallgewinnung und Metallverarbeitung Fachwissen erforderten, entwickelten sich Arbeitsteilung und Spezialisierung gegenüber der Jungsteinzeit weiter. Es
20 bildeten sich Handwerksberufe heraus, wie Bergmann und Schmied. Händler transportierten und tauschten die Rohstoffe und Produkte, oft auch über große Entfernungen hinweg.

Durch die Spezialisierung waren die Menschen in der
25 Lage, mehr als nur für den Eigenbedarf zu produzieren. Durch Tausch und Handel konnte Vermögen angesammelt werden, und in der Gesellschaft entstand eine Hierarchie: Die Reichsten und Mächtigsten beanspruchten, an der Spitze zu stehen.

3 *Das Erz wird von minderwertigem Gestein getrennt.*

M 2 *Erzbergbau in der Metallzeit, Rekonstruktionszeichnung, 1999*

1 *Zuerst werden die Erzgänge mit Feuer und kaltem Wasser rissig gemacht. Danach werden die Brocken herausgeschlagen.*

2 *Die Erzbrocken werden in Körben nach oben transportiert*

Zeichnung nach einer Wandmalerei aus dem Grab des Wesirs Rechmire, um 1420 v. Chr.

30 **Ägypten um 1500 v. Chr.:**
Wohlstand durch Metall?

Ägypten verfügte über große Vorkommen an Gold, Kupfer und Blei, die aber alle mühsam in entfernten Wüstengegenden gewonnen und ins Niltal transportiert wer-
35 den mussten. Eisenerz gab es nur in geringen Mengen, manchmal als „Himmelsmetall" aus Meteoriteneinschlägen. Die Grundlagen der Techniken der Metallverarbeitung übernahmen die Ägypter aus Kleinasien und Mesopotamien, verfeinerten sie jedoch ständig. Aus
40 Gold fertigte man vorwiegend Schmuck und Luxusgüter. Kupfer und Bronze dienten vor allem für die Herstellung von Werkzeugen, da diese wesentlich besser waren als die primitiven Steinwerkzeuge. Das für die Bronzeherstellung notwendige Zinn führte man als wichtiges
45 Handelsgut per Schiff aus Syrien ein. Dazu kamen Lastschiffe zum Einsatz, die auch nilaufwärts segeln konnten. Insbesondere die im Nildelta gelegene, vom Pharao Ramses II. ausgebaute Residenzstadt Pi-Ramesse entwickelte sich zu einem Zentrum der Metallverarbeitung in
50 der Zeit des Neuen Reichs.

....

1 Beschreibe mithilfe von M2 den Abbau von Erzen in der Metallzeit in Mitteleuropa.

2 Erläutere mithilfe des Darstellungstextes (Z. 15–29) und M1, wie sich in der Bronzezeit das Leben der Menschen in Mitteleuropa verändert hat.

3 Erstelle mithilfe des Darstellungstextes, M3 und M4 einen Stichwortzettel für einen Kurzvortrag (siehe S. 210) über die Bronzeherstellung in Ägypten.
Tipp: Unbekannte Begriffe musst du im Lexikon nachschlagen.

4 „Wohlstand durch Metall?" Beurteile die Bedeutung der Metallproduktion für das Ägyptische Reich.

5 **Partnerarbeit:** „Bronzezeit in Mitteleuropa und in Ägypten um 1500 v. Chr. im Vergleich" Welche Gemeinsamkeit und welche Unterschiede könnt ihr feststellen?

M4 Zeitungsbericht über Bronzeherstellung in Ägypten (1996):

Auf der Malerei des Rechmire in den Jahren nach 1450 v. Chr. schüren und belüften kräftige Männer im Lendenschurz die Flamme, wuchten die Schmelztiegel und die Topfgebläse, beugen sich
5 über Erz, Schlacke[1] und Holzkohle, senken den Tiegel[2] mit Rutenzangen ins Feuer und gießen endlich Schmelze in die Gussform. Von rechts rollt der Nachschub, dazwischen durcheilen die Gießmeister die Szene. Und am Rande wacht …
10 in Schreibertracht … Rechmire persönlich. Eine Grabungsmannschaft des Hildesheimer Pelizaeus-Museums wirft nun ein neues, überraschendes Licht auf das antike Verfahren des Metallgusses … Denn im Nildelta, in der Ramses-
15 stadt Pi-Ramesse, glühten die Öfen in großem Stil. „Unsere Ausgrabungen in Ramsesstadt haben die größte Anlage zur Metallverarbeitung freigelegt, die wir bislang aus der Antike kennen", begeistert sich Grabungsleiter Edgar Pusch. „Das
20 hatte geradezu industrielle Dimensionen[3] … In diesen Werkstätten konnte weit über eine Tonne Bronze pro Tag verarbeitet werden", berichtet Pusch.

Joachim Fritz-Vannahme, Die Metallurgen des Pharaos, in: Die Zeit, 05. 04. 1996, S. 33.

....

[1] *Abfall beim Erzschmelzen*
[2] *flaches rundes Gefäß aus Ton*
[3] *Ausmaße*

Die Schrift – wichtiges Merkmal einer Hochkultur

Ohne Buchstaben wäre unser Leben nur schwer vorstellbar: Schreiben ist das Erste, was Kinder in der Schule lernen. Um z. B. ein Smartphone zu benutzen, brauchst du Buchstaben und Zeichen. Auch Forschungsergebnisse werden schriftlich festgehalten. Die Erfolgsgeschichte der Schrift hat um 3000 v. Chr. voneinander unabhängig in Ägypten und Mesopotamien begonnen.
- *Welche Bedeutung hatte die Schrift für diese beiden Hochkulturen?*

M1

Hieroglyphenschrift

Ägyptens Hieroglyphen – rätselhafte Zeichen?

Wie die Schrift in Ägypten entstanden ist, weiß bis heute niemand genau. Benutzt wurde diese Schrift über drei Jahrtausende. Bis heute sind die Schriftzeichen an Wänden von Tempeln und Gräbern erhalten. Wir kennen sie
5 unter der griechischen Bezeichnung Hieroglyphen (=„heilige Einritzungen“).
Den Kern der Hieroglyphenschrift bildeten einfache Bildzeichen, die zunächst einmal den abgebildeten Gegenstand bezeichneten, z. B. Wellen für Wasser. Schwie-
10 rigere Begriffe stellte man durch die Kombination mehrerer Bildzeichen dar. Darüber hinaus konnten Hieroglyphen aber auch einzelne Laute ausdrücken. Meist wurden nur Konsonanten geschrieben, Vokale mussten mitgedacht werden. Von Anfang an war diese
15 Hieroglyphenschrift eine uns heute sehr kompliziert erscheinende Kombination von mehreren Tausend Bild- und Lautzeichen. Im Alltag wurde auf Tonscherben, auf Stein-, Wachs- und Holztafeln und später vor allem auf Papyrus geschrieben (siehe S. 48, M1). Dieses aus der
20 Papyruspflanze im Niltal gewonnene „Papier der Antike“ erleichterte den Schriftverkehr und die Aufzeichnung wichtiger Informationen.
Die Bedeutung der Hieroglyphen war lange ein Rätsel, bis es dem Franzosen Jean-François Champollion 1822
25 gelang, sie zu entziffern. Auf einem Stein aus dem Nildelta („Stein von Rosette“) war im Jahr 196 v. Chr. ein Text in Hieroglyphen und in der bekannten griechischen Sprache eingemeißelt worden. Ausgehend von der Annahme, dass es sich hier um ein und denselben Text handelte, konnte Champollion die Bedeutung zahlreicher
30 Hieroglyphen entschlüsseln.

M2 **Auswahl von Hieroglyphen, die den Lauten unseres Alphabets ungefähr entsprechen:**

Hieroglyphe	Bildbedeutung	Aussprache
	Geier	a
	Bein	b
	Hand	d
	Arm	a oder e
	Viper	f
	Krugständer	g
	Hof(-grundriss)	h
	Schilfblatt	i oder j
	Abhang	k oder q
	Henkelkorb	k
	Löwe	l
	Eule	m
	Wasser	n
	Hocker	p
	Mund	r
	gefalteter Stoff	s
	Teich(-grundriss)	sch
	Seil	tsch
	Brotlaib	t
	Wachtküken	w
	Seil und gefalteter Stoff	z
	Zeichen für Frauen/Mädchen vor oder nach dem Namen	
	Zeichen für Männer/Jungen vor oder nach dem Namen	
	Kartusche = Umrahmung für Herrschernamen	

Mesopotamiens Keilschrift – die „internationale Schrift" des alten Orients

Etwa zur gleichen Zeit wie in Ägypten entstand auch in
Mesopotamien eine Hochkultur. Mesopotamien bedeutet „Land zwischen den Strömen" oder kurz „Zweistrom-
land". Gemeint ist die sehr fruchtbare Landschaft um die
Flüsse Euphrat und Tigris. Heute befinden sich dort die
Länder Irak, Iran und Syrien (siehe Karten 1 und 4 im
Umschlag). Wie in Ägypten hatten die Menschen auch
hier gelernt, die Flüsse zu beherrschen und für sich nutz-
bar zu machen. Im Unterschied zum Flächenstaat Ägypten entstand in Mesopotamien jedoch zunächst kein
großes zusammenhängendes Reich. Die vor allem im
Süden ansässigen Sumerer schlossen sich seit etwa

Bei der Keilschrift hinterließ das Schreibwerkzeug einen keilförmigen Eindruck in den wei-chen Tontafeln.

3000 v. Chr. in kleineren Stadtstaaten zusammen, wie
z. B. Uruk, von denen aus das umliegende Gebiet durch
Könige, Priester und Beamte regiert wurde. Um ihre
Städte zu verwalten, entwickelten die Sumerer um
2900 v. Chr. die Keilschrift*. Diese aus etwa 600 Zeichen
bestehende Schrift entwickelte sich zur internationalen
Schrift des Alten Orients. Sie wurde über 3000 Jahre
lang benutzt, sogar am ägyptischen Königshof.

Grundriss eines Hauses mit Angaben in Keil-schrift zu Bestimmung und Größe der Räume (Wohnraum 4 x 6 m, Empfangshalle 3 x 6 m, Empfangshof 4,5 x 6 m, Eingangshalle 7 x 3 m), Lagasch, um 2400 v. Chr.

Ein Statthalter berichtet über einen Deichbruch des Euphrat-Kanals bei der Stadt Mari. Tontafel mit Keilschrift (Höhe 7,1 cm, Breite 4,3 cm), Mari, um 1770 v. Chr.

Vertrag über den Verkauf eines Erbteils zwischen zwei Brüdern, Tontafel mit Keilschrift und Siegelabdrücken der Vertragspartner (Höhe 7,5 cm, Breite 8,7 cm), Nordsyrien, um 1800 v. Chr.

1 Finde mithilfe von M2 heraus, welches Wort sich
hinter M1 verbirgt.

2 **Partnerarbeit:** Jeder schreibt mithilfe von M2 eine
Inschrift in Hieroglyphenschrift. Versucht gegenseitig, eure Inschriften zu entschlüsseln.

3 Nenne Vorteile unserer heutigen Buchstabenschrift
gegenüber der Hieroglyphenschrift. Lies dazu den
Darstellungstext S. 70.

4 **Wähle eine Aufgabe aus:**
  a) Erläutere mithilfe der Funde M4–M7, welche
  Bedeutung die Schrift in frühen Hochkulturen hatte.
  b) Lies den Darstellungstext Z. 32–53 und notiere
  Gründe, warum die Sumerer eine Schrift benötigten.

5 „Von allen großen Fortschritten der Menschheit ist
die Entwicklung der Schrift vielleicht die größte."
Nimm zu dieser Aussage Stellung.

Zusatzaufgabe: siehe S. 200

Ortsverzeichnis von Städten und Dörfern in Syrien und Nord-mesopotamien; Tontafel mit Keilschrift (Höhe 18 cm, Breite 18 cm); Nordsyrien, um 2400 v. Chr.

Hammurabi lässt Gesetze aufschreiben

M1 Oberer Teil der Gesetzessäule des Hammurabi, um 1700 v. Chr. Hammurabi (links) erhält von dem thronenden Gott der Sonne und des Rechts Samasch Ring und Stab als Zeichen der Herrschaft. Darunter stehen die mit Keilschrift eingemeißelten 282 Gesetzestexte. Die Säule aus Basaltstein ist 2,25 m hoch. Weitere Abschriften dieser Gesetzestexte wurden an verschiedenen Orten in Mesopotamien gefunden.

Hammurabi von Babylon und das Recht

Hammurabi (um 1792–1750 v. Chr.) war einer der mächtigsten Könige Mesopotamiens. Durch Eroberungen gelang es ihm, das ganze Gebiet zwischen Euphrat und Tigris unter seiner alleinigen Herrschaft in einem Großreich zu vereinen. In den großen Städten setzte er Statthalter als seine Stellvertreter ein. Mithilfe schriftkundiger Beamter verwaltete und regierte er sein Reich von der prachtvoll ausgebauten Hauptstadt Babylon aus. Hammurabi war der erste Herrscher, der das gültige Recht geordnet aufschreiben ließ, um so das Zusammenleben seines Volkes zu regeln („Codex Hammurabi"). Statt der bis dahin oft willkürlichen Entscheidungen wurde nun eine gerechtere Rechtsprechung möglich. Diese beruhte allein auf den geschriebenen und damit für alle gültigen Gesetzen.

M2 **Aus den Gesetzen König Hammurabis:**

§22 Wenn ein Bürger einen Raub begangen hat und ergriffen wird, so wird dieser Bürger getötet.

§23 Wenn der Räuber nicht ergriffen wird, ... ersetzt [die Gemeinde dem beraubten Bürger] das abhanden gekommene Gut.

§53 Wenn ein Bürger ... seinen Deich nicht befestigt hat, ... ersetzt der Bürger das Getreide, das er [dadurch] vernichtet hat.

§128 Wenn ein Bürger eine Ehefrau genommen hat, aber keine vertragliche Abmachung über sie aufgesetzt hat, so ist diese Frau keine Ehefrau.

§195 Wenn ein Sohn seinen Vater schlägt, haut man ihm die Hände ab.

§200 Wenn ein Bürger einem Bürger seines Standes einen Zahn ausschlägt, so schlägt man auch diesem einen Zahn aus.

§201 Wenn er den Zahn eines Untergebenen ausschlägt, so zahlt er ein Drittel Mine Silber. [1 Mine entspricht ca. 500 g]

§229 Wenn ein Baumeister einem Bürger ein Haus baut, ... das Haus aber einstürzt und er dadurch den Hauseigentümer ums Leben bringt, so wird dieser Baumeister getötet.

Dies sind Rechtssprüche der Gerechtigkeit, die Hammurabi, der tüchtige König, festgesetzt und durch die er dem Lande rechte Leitung und gute Führung verschafft hat.

Zit. nach Wilhelm Eilers, Gesetzesstele Chammurabis, in: Der alte Orient, Bd. 31, H. 3/4, Leipzig 1932, S. 19ff. Bearb. v. Verf.

1 Nenne mögliche Gründe, warum Hammurabi in M1 mit der obersten Gottheit abgebildet wurde.

2 Wähle eine Aufgabe aus:
   a) Wähle aus M2 vier Paragrafen, die dir besonders auffällig erscheinen, und erläutere sie.
   b) Zeige an Beispielen, wer aus den Gesetzen M2 Nutzen zog.

3 **Partnerarbeit:** Diskutiert darüber, was man unter der Herrschaft Hammurabis unter einer gerechten Strafe verstanden hat.

3000 v. Chr.	2500 v. Chr.	2000 v. Chr.	1500 v. Chr.	1000 v. Chr.	500 v. Chr.

um 3000 v. Chr.
Entstehung von Hochkulturen in Ägypten (Hiero-glyphenschrift) und Mesopotamien (Keilschrift)

1750 v. Chr.
Hammurabi

332 v. Chr.
Ägypten wird griechisch

30 v. Chr.
Ägypten wird römische Provinz

Altes Reich
(2700–2155 v. Chr.)
Bau der großen Pyramiden

Mittleres Reich
(2134–1785 v. Chr.)
Bewässerungs-techniken

Neues Reich
(1550–1070 v. Chr.)
Ägypten wird Groß-macht, Blütezeit von Kunst und Architektur

Ägypten – eine Hochkultur

Leben nach den Regeln des Nils

Als etwa um 9000 v. Chr. die Warmzeit begann, zogen sich die als Jäger und Sammler lebenden Menschen aus den allmählich austrocknenden Grasländern Nordafrikas an die wasserreichen Ufer des Nils zurück. Sie gaben das
5 Leben als Nomaden auf, wurden sesshaft und schlossen sich in Dorfgemeinschaften zusammen. Sie bauten Deiche und Bewässerungsanlagen und nutzten so das lebenswichtige Wasser für die Landwirtschaft. Ernteüberschüsse legten sie vorausschauend in Vorräten an
10 (Vorratshaltung). Das Leben wurde vom Rhythmus des Nils bestimmt: Einerseits nutzten die Ägypter den angeschwemmten fruchtbaren Boden nach der alljährlichen Nilschwemme, andererseits die Kraft des Wassers für ihr Bewässerungssystem und die Schifffahrt. Mit dem Bau
15 von Kanälen griffen sie in die Landschaft ein.

Herrschaft und Staat

Um 3000 v. Chr. wurden die Reiche von Ober- und Unterägypten zu einem Staat vereinigt (Flächenstaat). An der Spitze stand der König (Pharao), der mit unbegrenz-
20 ter Macht regierte (Monarchie). Er wurde von den Ägyptern wie ein Gott verehrt und im Alten Reich in Pyramiden begraben. Eine leistungsstarke Verwaltung mit zahlreichen Beamten setzte seine Befehle um. Als wichtiges Hilfsmittel hierfür entwickelten die Ägypter
25 die Hieroglyphenschrift.

Gesellschaft und Wirtschaft

Der größte Teil der Bevölkerung lebte als Bauern, Arbeiter und Handwerker. Die Vorratshaltung ermöglichte es, dass nicht mehr alle Menschen ständig in der Landwirt-
30 schaft arbeiten mussten. So konnten sie andere Tätigkei-

ten ausüben und es entstand eine arbeitsteilige Gesellschaft. Eine mächtige Stellung hatten die Schreiber (Beamte), die unterschiedliche Verwaltungstätigkeiten ausführten. Anordnungen wurden von oben nach unten
35 erteilt. Es entstand eine hierarchische Gesellschaftsordnung. Frauen hatten vergleichsweise mehr Rechte als in anderen damaligen Kulturen – gleichberechtigt waren sie aber nicht.

Religion

40 Die Religion war geprägt von der Vorstellung, dass das Leben der Menschen nach dem Tod nicht zu Ende sei. Deshalb waren Grabbau, Grabausstattung und Mumifizierung von großer Bedeutung. Allen Menschen gemeinsam war die polytheistische Religion. Die Anzahl
45 der verehrten Götter war groß. Besondere Bedeutung genoss die Göttin Maat. Sie verkörperte Wahrheit, Gerechtigkeit und Ordnung. Das Weiterleben nach dem Tod konnte nach dem Glauben der Ägypter nur erlangen, wer im Totengericht nachwies, dass er im Diesseits nichts
50 Unrechtes getan hatte.

Hochkulturen

In Ägypten entstand seit etwa 3000 v. Chr. eine Hochkultur: ein Staat mit zentraler Regierung und Verwaltung, Arbeitsteilung, Schrift, Zeitrechnung (Kalender),
55 Kunst, Architektur und Anfänge von Wissenschaft (z. B. Geometrie) und Technik.
Zeitgleich entstand an den Flüssen Euphrat und Tigris die Hochkultur Mesopotamiens. Als erster Herrscher erließ der Babylonierkönig Hammurabi eine für alle gültige
60 Rechtsordnung in Schriftform (Keilschrift).

In diesem Kapitel konntest du folgende Kompetenzen erwerben:

- den Einfluss der Nilschwemme auf das Leben der Menschen im Alten Ägypten erklären
- Merkmale des altägyptischen Staates nennen und die Stellung der Pharaonen beurteilen
- den Aufbau der altägyptischen Gesellschaft darstellen
- die Rolle der Frauen in der Gesellschaft erläutern
- die Bedeutung der Religion für die Ägypter beurteilen
- die Funktion der Pyramiden erläutern

- Merkmale einer frühen Hochkultur am Beispiel Ägypten nennen
- das Alte Ägypten mit der Jungsteinzeit in Mitteleuropa vergleichen
- die Bedeutung des Rechts am Beispiel des Codex Hammurabi charakterisieren
- **Methode:** Eine Bildquelle auswerten
- **Methode:** Das Internet nutzen

M 1 *Viehzählung: In einer Laube sitzen der Aufseher und vier Schreiber. Ein Hirte wird geprügelt. Holzmodell aus dem Grab eines hohen Beamten, um 2000 v. Chr.*

M 3

1 Nil	**a** heilige Einritzungen
2 Herodot	**b** Gesellschaftsord-nung von oben nach unten geordnet
3 Pharao	**c** Gott des Jenseits
4 Beamter	**d** Grabmal von Pharaonen
5 Papyrus	**e** griechischer Geschichtsschreiber
6 Codex Hammurabi	**f** König in Ägypten
7 Osiris	**g** Pflanze, Grundlage für Schreibmaterial
8 Hieroglyphe	**h** altbabylonische Gesetzessammlung
9 Pyramide	**i** Fluss in Ägypten
10 Hierarchie	**j** Schreiber

M 4 Geschichtstabu

Pharao
König
Monarch
Ägypten
Pyramide
Mumie

Ein Team besteht aus ca. fünf Personen.
Zwei Teams spielen gegeneinander.

Spielkarten: Oben auf der Karte steht der zu erratende Begriff; die darunter notierten „Tabuwörter" dürfen bei der Umschreibung nicht benutzt werden (siehe Beispielkarte).

Ablauf: Abwechselnd muss jeweils ein Teammitglied den anderen seines Teams einen Begriff umschreiben. Dazu setzt sich dieser Spieler zum gegnerischen Team. Sowohl er als auch das gegnerische Team dürfen die Karte sehen.

Zeitvorgabe: möglichst viele Karten in 1 bis 5 Minuten – die Zeitmessung erfolgt durch ein Mitglied des gegnerischen Teams!

Ziel: Das Team mit den meisten erratenen Begriffen hat gewonnen.

Wichtig:
- Die Benutzung von Armen, Händen und Beinen ist verboten!
- Nur vollständige Sätze sind erlaubt!
- Das gegnerische Team achtet auf die Einhaltung der Spielregeln!
- Bei einem Fehler wird „Stopp!" gerufen; der Punkt ist dann verloren und die gegnerische Mannschaft ist am Zug.

Sachkompetenz

1 In M2 findest du Abbildungen, die aus diesem Kapitel stammen. Sie zeigen wichtige Merkmale einer Hochkultur. Finde heraus, welche Merkmale dies sind. Aufgepasst! Eine Abbildung aus einem anderen Kapitel ist versehentlich dazwischengeraten. Welche ist es?

2 Wähle eine Aufgabe aus:
a) Einzelarbeit: Ordne den Begriffen aus M3 die jeweils passende Erklärung zu.
b) Partnerarbeit: Erklärt euch gegenseitig die Begriffe Pharao, Hieroglyphe, Wesir, Schreiber, Hierarchie, Totenkult, Polytheismus und Hochkultur.

3 Erkläre, welche Bedeutung die Schrift für die Verwaltung des Ägyptischen Reichs hatte.

Frage- und Methodenkompetenz

4 Betrachte das Holzmodell genau und notiere W-Fragen (z. B. Wer, Wann, Warum …) zu dieser Quelle.

5 Methode: Finde mithilfe einer Internetrecherche heraus, welche Technik ägyptische Bauern heute nutzen, um ihre Felder zu bewässern. Orientiere dich hierbei an den Arbeitsschritten S. 64.

6 Gruppenarbeit: „Tabu" – Bildet Teams von vier bis fünf Personen. Jedes Team gestaltet 10 Spielkarten wie in M4 angegeben. Spielt nach den Regeln von M4 gegen verschiedene Teams.

Reflexionskompetenz

7 Wählt eine Aufgabe aus:
„Ägypten – ein Geschenk des Nils" – so lautet sinngemäß das Urteil des Griechen Herodot um 450 v. Chr. Bearbeitet in **Partnerarbeit** entweder **a)** und **b)** oder **a)** und **c)**:

a) Nennt und beschreibt drei „Dinge" (Vorteile, Errungenschaften), welche die Ägypter diesem besonderen Fluss verdanken.
b) Setzt euch mit dem Urteil Herodots auseinander und formuliert eine zusammenfassende Antwort. Überlegt dabei auch: Hat Herodot die Leistung der Menschen genug berücksichtigt?
c) Beurteilt folgende Behauptung: „Ägypten ist nicht ein Geschenk des Nils, Ägypten ist ein Geschenk der Ägypter!"

3
Leben im antiken Griechenland

So wie auf dieser Zeichnung könnte die griechische Stadt Athen um 400 v. Chr. ausgesehen haben. Athen galt in seiner Blütezeit als eine der schönsten und wichtigsten Städte des Mittelmeerraums. Etwa 100 000 Menschen lebten dort auf engstem Raum, meist in einfachen Häusern, alle ohne fließendes Wasser, ohne Kanalisation. Noch mehr Menschen wohnten in der fruchtbaren Landschaft Attikas vor den Mauern der Stadt.
Athen und Attika bildeten den Stadtstaat Athen. In Athen entschieden die Bürger über die politischen Angelegenheiten. Dafür versammelten sie sich auf der Pnyx, einem halbrunden Platz, der auf der Zeichnung gut zu erkennen ist. Auf der Akropolis, einem befestigten Hügel mitten in der Stadt, stand der größte Tempel für die Göttin Athene.

Was mussten die Athener Bürger in ihrem Stadtstaat regeln?

Rekonstruktionszeichnung von Peter Connolly, 1998

1500 v. Chr.   1000 v. Chr.   500 v. Chr.

um 1000 v. Chr.
Beginn der Antike

2200–800 v. Chr.
Bronzezeit in Mitteleuropa

Entstehung griechischer Stadtstaaten

ab 3000 v. Chr.
Hochkultur in Ägypten

750–550 v. Chr.
griechische Kolonisation
776 v. Chr.
erste nachweisbare Olympische Spiele
700 v. Chr.
Homer schreibt die „Odyssee" und die „Ilias"
753 v. Chr.
Gründung der Stadt Rom

Leben im antiken Griechenland

Im antiken Griechenland gab es viele kleine, voneinander unabhängige Stadtstaaten. Sie wurden von Königen und Adligen oder auch von den Bürgern regiert. Der
Stadtstaat Athen ist für uns heute besonders wichtig.
5 Hier entwickelte sich erstmals eine besondere Form der
Regierung, die Volksherrschaft („Demokratie").
Einen Herrscher, der über ganz Griechenland regierte,
hatten die Griechen lange Zeit nicht. Dies änderte sich
erst im 4. Jahrhundert v. Chr. mit König Philipp von
10 Makedonien und seinem Sohn Alexander dem Großen.
Obwohl jeder Stadtstaat politisch und wirtschaftlich ei-
genständig war, gab es unter den Griechen ein starkes
Gefühl der Zusammengehörigkeit: Alle Griechen sprachen die gleiche Sprache und jeder kannte die Dichtungen
15 des Schriftstellers Homer: die Geschichte vom Trojanischen Krieg („Ilias") und die Irrfahrten des Odysseus
(„Odyssee"). Zudem kamen die Menschen bei gesamtgriechischen Festen wie den Olympischen Spielen zusammen, um ihre Götter zu ehren.
20 • Wie sah das tägliche Leben der Menschen im antiken Griechenland aus?
• Wie funktionierte die athenische Demokratie?
Am Ende des Kapitels kannst du beurteilen, wie die griechische Kultur unser heutiges Leben beeinflusst hat.

Siedlungsraum der Griechen um 750 v. Chr.

1 Finde in der Karte M1 Athen, Olympia und die
Landschaften Attika und Peloponnes.
2 **Partnerarbeit:** Beschreibt euch gegenseitig M2, M3
und M4. Was erscheint euch fremd, was vertraut?

3 Tauscht euch mit der Methode Kugellager (siehe
S. 210) über euer Vorwissen zum antiken Griechenland aus.

Christi Geburt | 500 n. Chr.

5./4. Jh. v. Chr.
Demokratie in Athen

um 500 n. Chr.
Beginn des Mittelalters

334–323 v. Chr.
Alexander der Große
erobert ein Weltreich

148 v. Chr.
Griechenland wird Teil
des Römischen Reichs

M2 Unterrichtsszene, athenische Schale, um 400 v. Chr. Ein Lehrer (Mitte) hält eine Schriftrolle mit dem Anfang der „Odyssee"; am Bildrand rechts sitzt ein Erzieher, der den Schüler zum Unterricht begleitet hat.

M3 Wettkampfszene, athenische Vase, 4. Jh. v. Chr. Gezeigt wird der Allkampf, eine Disziplin bei den Olympischen Spielen. Erlaubt war alles außer Beißen und Angriffe auf die Augenhöhlen. Rechts im Bild der Schiedsrichter

M4 Ringkampf zwischen Elif Jale Yeşilirmak (Türkei) und Katerina Vidiaux Lopez (Kuba), Foto von den Olympischen Spielen in London 2012.

Wie beeinflusste die Landschaft das Zusammenleben der Griechen?

Die Landschaften Griechenlands – das sind spektakuläre Gebirge, endlose Küsten, traumhafte Inseln und Sonne pur. Die Schönheit des Landes lockt zahlreiche Touristen an. Sie bildet die Grundlage für viele Arbeitsplätze. In der Antike war diese Landschaft eher Fluch als Segen. Das Überleben in den regenarmen, gebirgigen Tälern war nicht einfach.

• *Untersuche, wie unter diesen Bedingungen griechische Stadtstaaten entstanden.*

Blick auf die Hafenstadt Livadia auf der Insel Thilos, Foto, 2013

Inseln und Gebirge

Gewaltige Bergketten durchqueren Griechenland. Ihr Gestein besteht aus Kalk, der das Wasser nicht speichern kann. Deshalb sind die Böden hart und steinig. Die Gebirge setzen sich im Meer fort: Die vielen Inseln bilden
5 die Spitzen der Bergketten.
Der Kontakt zwischen den griechischen Siedlungen war wegen der vielen Gebirge schwierig. Wenn ihre Bewohner Handel trieben, bevorzugten sie den schnelleren Seeweg. Seltener traten sie den beschwerlichen Marsch
10 zu Fuß und mit Lasteseln über hohe Bergpässe an.
Um 1000 v. Chr. lebten vier Volksgruppen in Griechenland und an der kleinasiatischen Küste. Auf der Suche nach fruchtbarem Land waren sie durch Griechenland gewandert, hatten sich bekämpft, aber auch miteinander
15 vermischt. Trotz aller Unterschiede fühlten sie sich miteinander verbunden. Sie nannten sich selbst Hellenen (= Griechen). Völker, die kein Griechisch konnten, sprachen in den Augen der Griechen ein unverständliches Kauderwelsch. Das klang für sie wie „bar-bar-bar", da-
20 her bezeichneten die Griechen Fremde als „Barbaren".

Freie Bauern und Adlige

Um 900 v. Chr. lebten die meisten Griechen in verstreut liegenden Bauernhöfen. Das Haus, die dazugehörige Familie und der Landbesitz waren Bestandteile einer Haus-
25 gemeinschaft (griech. Oikos*). Hier fanden die Menschen Schutz, Nahrung und Kleidung. Der Hausherr bestimmte über alle Mitglieder seines Oikos. Bei einem einfachen Bauern waren dies meist nur seine Ehefrau und Kinder. Gemeinsam erwirtschafteten sie gerade ge-
30 nug zum Überleben. Ganz anders bei den Adligen: Zu ihrem Oikos gehörten neben der Großfamilie zahlreiche Sklaven und Diener, die die großen Ländereien bebauten. Nur Adlige konnten sich Pferde leisten. Wie Könige herrschten sie über ihre kleinen Gebiete. Untereinander
35 stritten sie um Ruhm und Ehre, besuchten sich aber auch gegenseitig und veranstalteten Gastmähler*. Leitspruch der Adligen war: „Immer der Beste sein und anderen überlegen."

Bauern beim Pflügen und Säen, Vasenabbildung, 6. Jh. v. Chr.

Die Polis – ein Staat im Kleinen

40 Die Bevölkerung Griechenlands wuchs im 9. Jahrhundert v. Chr. und die Bauern ließen sich in den fruchtbaren Gegenden an den Küsten oder in Flusstälern nieder. Zum Schutz vor Feinden bauten die Menschen ihre Höfe eng zusammen und umgaben sie mit einem Mauerring. Das
45 Ackerland lag damit oft außerhalb der Mauern. Diese neue Form der Siedlung, eine Stadt mit zugehörigem Umland, nannten die Griechen Polis* (Stadtstaat, Mehrzahl Poleis).

Gemeinsam regelten die Bürger, d. h. Männer mit Landbesitz, die Angelegenheiten ihrer Polis. In Versammlun-
50 gen auf dem Marktplatz (griech. Agora*) diskutierten sie z. B. darüber, ob ein neuer Weg angelegt werden sollte, oder sie versuchten sich beim Streit um fruchtbares Land zu einigen. Wichtige Regelungen schrieben sie auf: So
55 entstanden Gesetze. Fremde, Frauen, Kinder und Sklaven waren keine Bürger und durften nicht mitbestimmen. Mit Tempeln, meist in der Oberstadt gelegen (griech. Akropolis), verehrten die Polisbewohner ihre Götter.
60 Im antiken Griechenland entwickelten sich ca. 250 voneinander unabhängige Poleis. Oft lebten nur rund 2000 bis 3000 Menschen in einem Stadtstaat. Die ca. 400 bis 900 Bürger kannten sich untereinander. Deutlich größer waren die Poleis Athen, Sparta, Korinth und Milet.

Ansicht der Polis Smyrna (heute Izmir, Türkei) im 7. Jahrhundert v. Chr. Sie war vermutlich die Heimat des Dichters Homer. Die Gebäude mit rundem Dach waren Speicher. Rekonstruktionszeichnung, 2014

- -

1 **Wähle eine Aufgabe aus:**
Lies den Darstellungstext Z. 1–38.
a) Beschreibe mithilfe der Karte S. 78 das Siedlungsgebiet der Griechen.
b) Erkläre mit eigenen Worten, welche Folgen die Landschaftsform für das Zusammenleben der Griechen hatte.

2 Finde im Darstellungstext und in M2 Informationen zum Leben der Bauern und der Adligen. Halte die Unterschiede in einer Tabelle fest.

3 **Partnerarbeit:** Listet anhand von M3 die Merkmale einer Polis auf.
Tipp: Nehmt den Darstellungstext Z. 39–64 zu Hilfe.

4 Archäologen fanden in Alt-Smyrna große Vorratsbehälter für Öl und Getreidespeicher. Finde dafür eine Erklärung.

Bauern	*Adlige*

Griechen wandern in die Fremde aus

*Bist du da geboren, wo du heute lebst? Viele Griechen der Antike hätten diese
Frage mit Nein beantwortet. Besonders vom 8. bis 6. Jahrhundert v. Chr. brachen
zahlreiche Griechen in andere Länder auf und siedelten sich fern ihrer Heimat an.*
- *Welche Gründe und welche Folgen hatte ihre Auswanderung?*

Nachbau des sagenumwobenen Schiffes Argo im Hafen von Volos. Forscher segelten 2007 mit diesem Fünfzigruderer – wie in der Sage
Jason mit seinen Argonauten – von Griechenland zum Schwarzen Meer. Foto, 2007

Ursachen der Auswanderung

Zwischen 750 v. Chr. und 550 v. Chr. entstanden im gesamten Mittelmeerraum und am Schwarzen Meer griechische Stadtstaaten. Ihre Bewohner waren aus anderen
Stadtstaaten ausgewandert. Dafür gab es vielfältige
5 Gründe: Manche mussten ihre Heimat verlassen, weil die
Bevölkerung stark angestiegen war und bei schlechten
Ernten die Nahrung nicht mehr für alle Einwohner einer
Polis ausreichte. Auch Streitigkeiten zwischen den führenden Adligen oder Kriege zwangen Menschen zur
10 Auswanderung. Viele Händler siedelten sich freiwillig an
fernen Orten an, da sie sich größere Gewinne erhofften.
Andere wollten Abenteuer erleben. Die neuen Siedlungen in der Fremde werden Kolonien genannt, der Vorgang der Besiedlung heißt Kolonisation*.

Die Gründung von Kolonien

Meist schlossen sich Menschen, die aus einem Stadtstaat
kamen, unter der Führung von Adligen zusammen und
gründeten in der Fremde einen kleinen Handelsstütz-
punkt. Dies führte häufig zu Kämpfen mit der einhei-
20 mischen Bevölkerung, die ihr Land oder die dort befind-
lichen Rohstoffe nicht teilen wollten. Manchmal mussten
die Siedler dann weiterziehen. Aber in vielen Fällen
wurden die Griechen freundlich aufgenommen, mit

ihnen Waren getauscht und Kontakte geknüpft. Waren
25 die Lebensbedingungen in der Kolonie günstig, zogen
immer mehr Menschen aus der Heimatpolis, der sogenannten Mutterstadt, nach und es entstanden eigen-
ständige Poleis. Viele waren bald größer und mächtiger
als die Mutterstädte. Ein Beispiel dafür ist Kyrene, eine
30 sehr wohlhabende Kolonie, in der sich Griechen aus ver-
schiedensten Mutterstädten ansiedelten. Die Umgebung
Kyrenes war reich an Getreide, Öl, Wolle und der Heil-
pflanze Silphion.

Die Siedler hielten Kontakt zu ihrer Mutterstadt und
35 reisten bei wichtigen religiösen Festen dorthin. Zudem
nahmen sie an gesamtgriechischen Festen wie den
Olympischen Spielen teil. Durch die Kolonisation verbreiteten sich die Staatsform der Polis und die griechische Kultur im gesamten Mittelmeerraum. Aber die Grie-
40 chen übernahmen auch viele Elemente von den Völkern,
mit denen sie in Kontakt kamen.

In der Forschung ist umstritten, welche Rolle Frauen bei
der griechischen Kolonisation spielten. Manche Historiker gehen davon aus, dass sich zunächst nur griechische
45 Männer auf den Weg machten, gemeinsam eine neue
Siedlung anlegten und mit Frauen einheimischer Völker
neue Familien gründeten. Andere vermuten ein späteres
Nachziehen der Frauen aus den Mutterstädten.

Das Orakel von Delphi

Eine große Rolle bei der Kolonisation spielte das Orakel von Delphi. Da die Griechen glaubten, dass die Götter für ihr Glück und Unglück „zuständig" seien, wurden diese bei wichtigen Entscheidungen im Leben wie einer Schiffsfahrt oder Auswanderung um Rat gefragt. Dazu musste ein heiliger Ort aufgesucht werden, zum Beispiel Delphi. Dort saß die Priesterin Pythia über einer Erdspalte, aus der berauschende Dämpfe aufstiegen. Pythia entnahm, so glaubte man, den Dämpfen Vorhersagen des Gottes Apoll. Orakelsprüche waren häufig rätselhaft formuliert und mussten gedeutet werden, manchmal waren sie aber auch konkret und eindeutig.

Die Pythia weissagt einem König, attische Trinkschale, 5. Jh.

Die Gründung der Kolonie Kyrene

Der griechische Geschichtsschreiber Herodot (um 485–425 v. Chr.) berichtete, wie die Bewohner der griechischen Insel Thera (heute Santorin) im Jahr 631 v. Chr. die Kolonie Kyrene gründeten:
Als sich Grinnos, der König von Thera, ein Orakel über ganz andere Dinge sagen ließ, gab ihm die Pythia die Antwort, er solle in Libyen eine Stadt gründen. Darauf antwortete Grinnos: „Herr [Apollon],
5 ich bin zu alt und schwerfällig, mich auf den Weg zu machen. Aber fordere doch einen von diesen Jüngeren dazu auf!" Während dieser Worte wies er auf Battos. Weiter geschah damals nichts. Nach ihrer Heimkehr ließen sie den Orakelspruch ganz unbe-
10 achtet; denn sie wussten nicht, wo in aller Welt Libyen liegt, und wollten es nicht gern wagen, Siedler ins Ungewisse auszusenden.
Nun blieb sieben Jahre lang der Regen in Thera aus. Während dieser Zeit verdorrten alle Bäume auf der
15 Insel mit Ausnahme eines einzigen. Auf ihre Anfrage

beim Orakel erinnerte die Pythia sie an die Kolonisation in Libyen ...
Die Theraier bestimmten, dass aus allen sieben Gemeinden der Insel immer je einer von zwei Brüdern
20 um die Auswanderung losen sollte. Führer und König der Auswanderer sollte Battos sein. So schickten sie zwei Fünfzigruderer nach Platea [einer Insel vor der libyschen Küste] ...
[Da es ihnen dort nicht gut ging, fragten sie nach
25 zwei Jahren erneut bei der Pythia nach. Diese erinnerte sie an die Ansiedlung in Libyen.]
Als Battos und seine Leute dies hörten, segelten sie wieder zurück; denn offenbar ersparte ihnen der Gott die Ansiedlung nicht, bis sie nach Libyen selbst
30 gekommen seien. Sie ... siedelten sich auf dem libyschen Festland gegenüber der Insel an. Die Landschaft heißt Aziris ... Im siebten Jahr erboten sich die Libyer, sie an einen noch schöneren Platz zu führen. Sie entschlossen sich mitzugehen [und gründe-
35 ten Kyrene].

Herodot, Historien, IV 150–158, hg. und übers. v. Josef Feix, München und Zürich (Artemis), 4. Aufl., 1988, S. 613 ff. Bearb. v. Verf.

---

1 Nenne anhand des Darstellungstextes Gründe für die Auswanderung der Griechen von 750 bis 550 v. Chr.
2 Bis die Bewohner Theras in Kyrene eine neue Heimat gefunden hatten, dauerte es lange. Notiere im Heft die einzelnen Etappen in der zeitlich passenden Reihenfolge (M3):

Ort	Ereignisse/Lebensumstände
Delphi	*Orakel: Ansiedlung in Libyen*
Thera	*Hungersnot, ...*

3 **Gruppenarbeit:** Erarbeitet ein oder zwei Standbilder zu jeder Etappe der Gründungsgeschichte Kyrenes (M3). Baut, wenn möglich, auch die einheimischen Libyer ein (siehe Methode Standbild S. 211).
4 Schreibe aus der Sicht eines Kindes, das im Jahr 600 v. Chr. mit seiner Familie nach Kyrene übergesiedelt ist, einen Brief an einen Freund in der Mutterstadt und erzähle von der neuen Heimat.
5 Tragt im Gespräch zusammen, aus welchen Gründen Menschen heute auswandern, und vergleicht diese mit den Gründen im alten Griechenland.

Eine Geschichtskarte auswerten

Auf dieser Seite lernst du Geschichtskarten kennen. Geschichtskarten zeigen, wie sich Menschen in einem bestimmten Raum zu einer bestimmten Zeit verhalten haben. Um eine Karte zu entwerfen, werten Historiker nicht nur Quellen aus, sondern greifen auch auf schriftliche Darstellungen und andere Geschichtskarten zurück. Manche Geschichtskarten zeigen einen Zustand (statische Karten), manche verdeutlichen Entwicklungen (dynamische Karten).

Die bedeutendsten griechischen Kolonien im Mittelmeerraum ca. 750–550 v. Chr.

Griechischer Tempel in Akragas, erbaut im 5. Jh. v. Chr., Foto, 2012

M 3 *Bronze-Delphine, die als Geldmünzen verwendet wurden, gefunden in einer griechischen Siedlung bei Olbia, 6. Jh. v. Chr.*

Arbeitsschritte „Eine Geschichtskarte auswerten"

Den Kartentitel auswerten	Lösungshinweise zu M1
1. Welche Informationen kannst du dem Kartentitel entnehmen?	• *Der Kartentitel informiert über das Thema, den Zeitraum und das Gebiet. In diesem Fall lautet der Kartentitel „Die bedeutendsten griechischen Kolonien im Mittelmeerraum ca. 750–550 v. Chr.". Die Karte informiert also über ...*

Die Kartenlegende entschlüsseln und den Maßstab feststellen

2. Nimm dir Zeit, die Legende genau zu studieren. Sie ist der Schlüssel zum Verständnis der Karte: Wofür stehen die verwendeten Symbole?	• *Beschreibe die Elemente der Legende mit eigenen Worten. Beginne so:* *Die Legende enthält verschiedene Symbole für Mutterstädte und Kolonien. Quadrate kennzeichnen ... Kreise stehen für ... Gleiche Farben zeigen an, dass ...*
3. Welche Bedeutung haben die kursiv gesetzten Namen?	• *Sie stehen für die ...*
4. In welchem Maßstab ist die Karte angefertigt?	• *Der Maßstab wird in Geschichtskarten meist als Entfernungsleiste mit Kilometerangaben dargestellt. 1000 km entsprechen ... cm auf deinem Lineal.*

Die Karte lesen

5. Häufig gehst du von vorformulierten Fragen aus, manchmal stellst du selbst Fragen an die Karten.	• *Mögliche Fragen:* *In welchen Gegenden wurden Kolonien gegründet? ...*
6. Was ist die Hauptaussage der Karte?	• *Um 550 v. Chr. siedelten Griechen ...*

Weitere Fragen zur Karte stellen

7. Karten können nicht alle wichtigen Informationen zu einem Thema aufnehmen, da sie ansonsten mit Symbolen überfrachtet und kaum mehr lesbar wären. Ausgehend von einer Karte ergeben sich deshalb oft Fragen, zu deren Klärung du weitere Hilfsmittel benötigst.	• *In diesem Fall liefert die Karte z. B. keine Angaben über die Gründe der Auswanderung oder das Leben in den Kolonien.* • *Finde in deinem Schulbuch, in Sachbüchern oder im Internet Informationen dazu.*

1 Werte die Karte M1 mithilfe der Arbeitsschritte aus. Ergänze die Lösungshinweise an den markierten Stellen (…).

2 Berechne die Länge des Seewegs von Thera nach Kyrene.
Tipp: Bei antiken Seefahrten wurde meist die Nähe der Küste gesucht.

3 **Partnerarbeit:** Listet in einer Tabelle Siedlungsräume, Anzahl der Kolonien und jeweils ein Beispiel auf. Fasst anschließend eure Ergebnisse zusammen.

Siedlungsraum	Anzahl	Beispiel
Sizilien	9	Syrakus

Woran glaubten die Griechen?

Eine Sportmarke heißt wie die griechische Siegesgöttin; ein Paketdienst benennt sich nach dem griechischen Götterboten – die griechischen Götter scheinen tatsächlich unsterblich zu sein.

- *Hier lernst du in einer Erzählung die wichtigsten Götter der Griechen kennen. Mithilfe von Quellen findest du heraus, wie die Griechen ihre Götter verehrten.*

M1 Griechische Götter des Olymp, Zeichnungen, 2012

 M2

Göttermahl auf dem Berg Olymp

Zeus wollte wieder einmal seine Kinder und Geschwister beim Göttermahl vereint sehen. Daher ließ er Hermes, den Götterboten, zu sich kommen und befal ihm: „Ziehe deinen Flügelhelm an und
5 rufe mir deine Brüder und Schwestern herbei! Ich will mit Hera, meiner Frau, ein Mahl geben." Hermes flog zuerst zu Hephaistos, dem Gott des Feuers. Der schmiedete großartige Waffen. Seine Frau war die schöne Aphrodite. Sie warf noch einen Blick
10 in den Spiegel und machte sich dann auf den Weg zum Olymp, dem Sitz der Götter. Ihr hinkender Mann konnte mit ihr nicht Schritt halten. Athene, die Lieblingstochter des Zeus, traf Hermes in der Stadt, deren Einwohner sie zur Schutzgöttin erwählt
15 hatten. Sie nahm Lanze und Schild und eilte zu ihrem Vater. Artemis jagte gerade auf der Halbinsel Peloponnes. Nicht weit davon entfernt traf der Göt-

terbote ihren Bruder Apollo. Auf den Befehl des Hermes hin ergriff er sein Musikinstrument, eine Leier,
20 und suchte mit seiner Schwester seinen Vater auf. Dionysos, der Gott des Weines, schloss sich ihnen an. Zuletzt fand Hermes den Gott des Krieges, Ares. Wie er ihn antraf – mit Schild und Lanze –, so brachte ihn Hermes zu seinen Geschwistern auf den
25 Olymp.
Auch die Brüder des Zeus waren gekommen: Poseidon mit seinem Dreizack, der Gott des Meeres, und Hades, der Gott der Unterwelt, der seinen Richterstuhl verlassen hatte, um der Einladung zu folgen.
30 Kerberos, den mehrköpfigen Hund, ließ er als Wächter der Unterwelt zurück.
Bei Nektar* und Ambrosia* unterhielten sich die Götter und teilten Zeus ihre Sorgen mit.

Hans Geert Oomen (Hg.), Entdecken und Verstehen NRW, Bd. 1, Berlin (Cornelsen) 2012, S. 88.

Die Griechen und ihre Götter

Die griechische Götterwelt ist fast unüberschaubar. Über 300 Götter kennen wir heute noch namentlich. Die wichtigsten waren die zwölf olympischen Götter: die Götterfamilie, die auf dem Berg Olymp lebte mit Göttervater Zeus als Mittelpunkt. Die Unsterblichen, wie die Griechen ihre Götter nannten, kannten Gefühle: Sie verliebten sich, wurden zornig oder übten Rache. Naturerscheinungen wie Gewitter erklärten sich die Griechen als Zeichen der Götter. Wenn es blitzte, glaubten sie, dass Zeus wütend Blitze auf die Erde schickte. Die mündlich überlieferten Sagen von Göttern und Helden werden Mythen genannt (Einzahl Mythos*). In ihnen wird oft geschildert, wie Götter unterschiedliche Tier- und Menschengestalten annahmen und sich unter die Menschen mischten.

Die Menschen begegneten ihren Göttern mit großem Respekt und Ehrfurcht. Sie opferten täglich am Hausaltar meist einfache Speisen wie Brot und dazu Wein, um die Götter günstig zu stimmen. Außerdem nahmen sie regelmäßig an Festen zu Ehren der Götter teil, die in jeder Polis stattfanden. Bei diesen Festen wurden auf einem Altar der Agora* Tiere geopfert. Ein Teil des Opfertiers wurde verbrannt, denn nach der Vorstellung der Menschen brauchten die Götter den Rauch zum Leben. Der Rest wurde gebraten und von den Bürgern gemeinsam verspeist.

Odysseus lauscht den Sirenen. Mit ihrem Gesang locken die weiblichen Fabelwesen Seefahrer auf ihre Insel, wo diese sterben. Odysseus lässt sich an den Schiffsmast binden, damit er dem Sirenen-Gesang nicht folgen kann. Er ist ein Liebling der Göttin Athene, Poseidon hingegen macht ihm das Leben durch ungünstige Winde schwer. Vasenmalerei, 480 v. Chr.

Hörtipp:
Dimiter Inkiow, Die Abenteuer des Odysseus, Hörbuch (Igel Records) 1998.
Die Sagen, vor allem Homers „Odyssee"* und „Ilias"*, bildeten die Grundlage für den Götterglauben der Griechen.

Webcode: FG642885-087
Zum Anhören: Die Entführung der Europa

Der griechische Dichter Xenophanes (570–475 v. Chr.) über den Götterglauben der Griechen:

Aber die Menschen meinen, Götter würden geboren und hätten Kleidung, Stimme und Körper wie sie selbst …
Alles haben Homer und Hesiod[1] den Göttern zugeschoben, was bei den Menschen Schuld und Tadel ist, Stehlen und Ehebrechen und einander Betrügen.

Xenophanes, Fragmente und Werk. Zit. nach M. Laura Gemelli Marciano (Hg.), Die Vorsokratiker I, Regensburg (Artemis & Winkler) 2007 (= Sammlung Tusculum), S. 249 ff.

[1] griechische Dichter

1 Lies die Erzählung M2 und finde heraus, welche Götter in M1 abgebildet sind.
2 Beschreibe mithilfe des Darstellungstextes und M3 das Verhalten der Götter. Überprüfe anschließend, welche der beigefügten Adjektive zu den Göttern passen: *gütig – allmächtig – unbeherrscht – unsterblich*.
3 Erkläre, was Xenophanes am Götterglauben kritisierte (M4). Was erscheint uns heute fremd am Götterglauben der Griechen?
4 **Partnerarbeit:** Sammelt Beispiele für die Verwendung griechischer Götternamen in der Gegenwart und erklärt, warum die griechischen Götter gerne zu Werbezwecken verwendet werden.

Zusatzaufgabe: siehe S. 200

Olympia: Ist Dabeisein alles?

„Dabeisein ist alles", antworten heute viele Sportlerinnen und Sportler auf die Frage, was ihnen die Teilnahme an den Olympischen Spielen bedeute.
* *Untersuche, wie es im alten Griechenland war, wo die Olympischen Spiele zuerst gefeiert wurden.*

Ein Weitspringer mit Sprunggewichten, attische Vasenmalerei, um 500 v. Chr.

Wagenrennen, Vasenmalerei, 6. Jh. v. Chr.

Die Olympischen Spiele – mehr als ein Sportfest

In Griechenland gab es viele sportliche Wettbewerbe, alle in Zusammenhang mit religiösen Festen. Die wichtigsten davon waren die Olympischen Spiele, die zu Ehren des Gottes Zeus alle vier Jahre abgehalten wurden.
5 Sie fanden spätestens ab dem Jahr 776 v. Chr. in Olympia statt. Jeder freie männliche Grieche konnte als Sportler teilnehmen. Sklaven, Frauen und Nichtgriechen waren ausgeschlossen. Vermutlich waren die meisten Athleten Adlige. Denn nicht jeder konnte es sich leisten, monate-
10 lang nur zu trainieren, um sich auf die Wettkämpfe vorzubereiten. Zudem war Reisen nicht nur beschwerlich, sondern auch teuer.
Aus allen griechischen Poleis, selbst aus weit entfernten Kolonien, begaben sich Sportler und Zuschauer nach
15 Olympia. Das stärkte das Gefühl der Zusammengehörigkeit. Schätzungen zufolge konnten im Stadion bis zu 40 000 Menschen die Wettbewerbe verfolgen. Um eine sichere Anreise zu ermöglichen, verkündeten Boten bereits Monate vor den Spielen den „Gottesfrieden". Da-
20 raufhin ließen die griechischen Poleis die Waffen ruhen. Im Fall eines Sieges wurde dem Besten einer Sportart ein Olivenzweig überreicht. In seiner Heimat erhielt der Sieger weitere Geschenke oder besondere Rechte, etwa lebenslange Befreiung von der Steuer. Denn für jede Polis
25 war es eine große Ehre, einen Olympiasieger vorweisen

zu können. Die Olympischen Spiele waren für die Griechen so wichtig, dass sie sie zur Grundlage ihres Kalenders machten. Den Zeitraum zwischen den Spielen nannten sie Olympiade.

Ablauf der Olympischen Spiele im 5. Jh. v. Chr.:
1. Tag: Feierliche Eröffnung mit einem Opfer am Altar des Zeus; Eid der Athleten, ihrer Brüder, Väter und Trainer im Rathaus: Versprechen, sich an die olympischen Regeln zu halten; Zusam-
5 menstellung der Kämpfer und Pferde in Altersgruppen durch die Schiedsrichter
2. Tag: Wettkämpfe der Jugend (Laufen, Ringen, Faustkampf)
3. Tag: Pferde- und Wagenrennen, nachmittags
10 Fünfkampf (Weitsprung, Diskus, Speerwurf, Wettlauf, Ringkampf), abends Opfer für König Pelops
4. Tag: Tag des Vollmonds, Festzug zum Altar des Zeus, Opfer, abends Festmahl
5. Tag: morgens Laufwettbewerbe in unter-
15 schiedlichen Längen, nachmittags Kampfsportarten (Ringkampf, Faustkampf, Allkampf)
6. Tag: Ehrung der Sieger mit Olivenzweigen im Zeustempel, Festmahl der Sieger
Zusammengestellt v. Verf.

Webcode: FG642885-088
Olympia

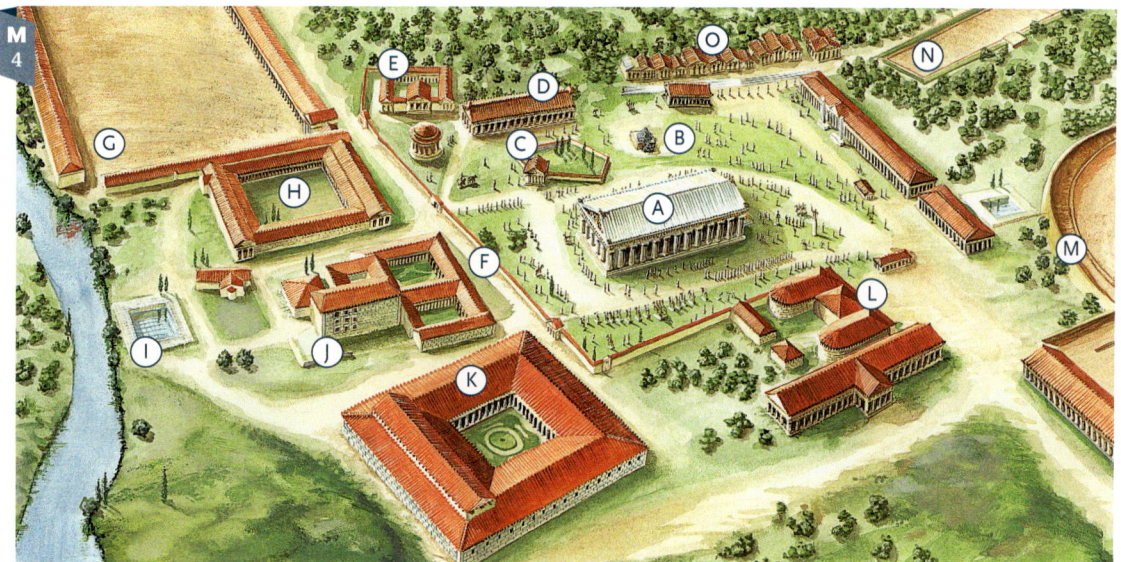

Olympia im 1. Jahrhundert v. Chr., Rekonstruktionszeichnung, 1995, beschriftet sind die wichtigsten Gebäude; A Zeustempel mit Zeus-statue; B Zeusaltar; C Grab des Königs Pelops; D Heratempel; E Prytaneion: Amtssitz hoher Verwaltungsbeamter (Ort der Festmähler); F Mauer um den heiligen Bezirk, der nur von griechischen Bürgern betreten werden durfte; G Gymnasion (Sportplatz); H Trainingsplatz für Kampfsportler; I Schwimmbad mit Badehaus; J Werkstatt des Bildhauers Phidias (hier wurde die Zeusstatue, die als Weltwunder galt, hergestellt); K Gästehaus; L Rathaus (Ort des Olympischen Eids); M Pferderennbahn; N Stadion (192 m Länge, Lauf- und Kampf-wettbewerbe); O Schatzhäuser einzelner Poleis (hier wurden Weihegaben* für die Götter aufbewahrt)

Milon von Kroton

Ein bekannter Athlet des Altertums war Milon von Kro-ton aus Unteritalien. Im Jahr 540 v. Chr. gewann er den Ringwettkampf der Jugendlichen in Olympia. Als Erwach-sener siegte er dort fünfmal nacheinander, hinzu kamen viele Siege bei anderen Wettbewerben. Überlieferungen zufolge soll Milon einen Ochsen durch das Stadion von Olympia getragen und später alleine verspeist haben.

Der Geograf Pausanias berichtete 174 n. Chr., dass Frauen die Todesstrafe drohte, wenn sie bei den Olympischen Spielen zusahen:

Es soll aber noch keine ertappt worden sein au-ßer allein Kallipateira ... Sie richtete sich, als ihr Mann gestorben war, ganz wie ein Sportlehrer her und brachte ihren Sohn zum Mitkämpfen
5 nach Olympia. Als Peisirodos siegte, übersprang Kallipateira die Umfriedung [Zaun], in der man die Sportlehrer abgetrennt hielt, und entblößte sich dabei. Obwohl sie nun als Frau ertappt war, bekam sie keine Strafe, aus Rücksicht auf ihren
10 Vater und ihre Brüder und ihren Sohn. Sie alle hatten olympische Siege erfochten und daraufhin machte man ein Gesetz, dass in Zukunft die Sportlehrer nackt zum Kampf antreten müssten.
Pausanias, Reisen in Griechenland, V 6,7–9, Gesamtaus-gabe in drei Bänden, übers. v. Ernst Meyer, hg. v. Felix Eck-stein, Bd. 2, Zürich und München (Artemis), 3. Aufl., 1986, S. 18f. Bearb. v. Verf.

1 Ist Dabeisein alles? Beantworte die Frage mithilfe des Darstellungstextes.
2 Erläutere anhand von M4, dass die Olympischen Spiele der Antike aus religiösen Gründen stattfanden.
3 **Partnerarbeit:** Beschreibt aus Sicht eines Athleten den Ablauf der Olympischen Spiele. Geht von M3 aus und verdeutlich euch an M4 die Wege eines Athleten. Beginnt so: „Am ersten Tag begab ich mich mit allen anderen Teilnehmern zum Altar des Zeus (B). Dieser liegt mitten im heiligen Bezirk …"
4 **Gruppenarbeit:** Die Olympischen Spiele in der Antike und heute – stellt Gemeinsamkeiten und Unterschiede zusammen.
Tipp: Geht dabei auf Sinn, Ablauf, Teilnehmer, einzel-ne Sportarten und Ehrungen ein. Nutzt dazu M1, M2, M5 und S. 79.
5 Es gibt viele Stimmen, die fordern, die Sportart Rin-gen aus dem Programm der Olympischen Spiele zu nehmen. Finde Gründe dafür und dagegen.

Zusatzaufgabe: siehe S. 201

Ein Kunstwerk entschlüsseln

Kunstwerke wie Tempel, Statuen oder Gemälde verraten uns viel über das Leben im antiken Griechenland, über den Alltag oder die Politik. Damit sie zu uns „sprechen", müssen wir sie entschlüsseln und Fragen stellen. Warum z. B. senkt die Dame auf M1 ihren Kopf? Mithilfe der Arbeitsschritte kannst du ihrem Geheimnis auf die Spur kommen und die Statue eines Faustkämpfers selbstständig deuten. Nicht immer gibt es eine eindeutige Lösung.

M1

Marmorrelief, 54 cm hoch, 35 cm breit, um 460 v. Chr., Hintergrund einst blau bemalt, gefunden auf der Akropolis in Athen

M2

Faustkämpfer, Bronzestatue, 128 cm hoch, 1. Jh. v. Chr., gefunden in Rom, Stein modern, vermutlich ursprünglich an einem öffentlichen Platz aufgestellt, da Abriebstellen an den Füßen auf die Berührung vieler Menschen hinweisen. Der Ausschnitt zeigt die Spuren der Kämpfe.

Arbeitsschritte „Ein Kunstwerk entschlüsseln"

Einzelne Elemente beschreiben	Lösungshinweise zu M1
1. Welche Art von Kunstwerk liegt vor?	• Es handelt sich um ein Relief (eine Darstellung, die sich plastisch vom Hintergrund abhebt). Zu sehen ist links eine Frau, die sich auf einen Stab stützt, rechts ein Steinblock.
2. Was ist dargestellt (Personen oder Gegenstände)?	
3. Welche Einzelheiten (z. B. Körperhaltung, Gesichtsausdruck, Kleidung, Frisur) sind zu erkennen?	• Die Frau trägt einen Helm und ein langes, in der Mitte gegürtetes Gewand, sie ist barfüßig dargestellt. Ihr Kopf ist stark nach unten geneigt, sie wirkt ernst. Unklar ist, ob der Steinblock von vorne oder von der Seite zu sehen ist und ob er beschriftet ist.
4. Was erscheint mir merkwürdig oder fremd?	

Bildunterschrift auswerten und weitere Informationen hinzuziehen	
5. Welche Hinweise gibt die Bildunterschrift?	• Das Relief ist aus Marmor gefertigt und 54 cm hoch. Es entstand um 460 v. Chr. und wurde auf der Akropolis in Athen gefunden.
6. Welche Kenntnisse habe ich bereits über Entstehungszeit, -ort und das Dargestellte?	• Athen war eine der wichtigsten Poleis. Deren Schutzgöttin Athene wird häufig bewaffnet dargestellt.
7. Welche weiteren Informationen brauche ich?	• Die Bedeutung des Steinblocks lässt sich nicht ohne weitere Informationen erklären (Internet, Bibliothek).

Kunstwerk deuten	
8. Um wen handelt es sich bei den dargestellten Personen? Welche Bedeutung haben die Gegenstände?	• An den typischen Zeichen (Lanze, Kriegshelm) ist die Göttin Athene zu erkennen. Auch der Fundort weist auf Athene hin.
9. Welche Gesamtaussage lässt sich formulieren?	• Athene ist entweder nachdenklich oder traurig dargestellt. Der Stein rechts könnte als Grabstein oder als Pfosten/Pfeiler gedeutet werden. Im Fall eines Grabsteins wäre klar, dass Athene um einen Toten trauert. Das Relief insgesamt könnte ursprünglich Teil eines Grabsteines gewesen sein – Form und Größe sprechen dafür.
10. Welche Fragen bleiben offen?	
	• Pfosten wurden aber auch in Sportstadien als Start- und Zielmarke benutzt. Sehen wir hier also doch eine nachdenkliche Athene, etwa weil sie über Wettkämpfe nachdenkt, die ihr zu Ehren in Athen abgehalten werden? Wir wissen es nicht (und auch die Wissenschaftler konnten sich bisher nicht einigen).

M3 Aus einem Lexikon der Antike (2006):
Boxkämpfe
Ein Boxkampf [= Faustkampf] war nicht in Runden eingeteilt, sondern verlief ohne Unterbrechung, bis einer der Kämpfer k.o. geschlagen war oder eine Hand zum Zeichen der Aufgabe hob.
Reclams Lexikon der Antike, hg. v. Margaret C. Howatson, Stuttgart (Philipp Reclam jun.) 2006, S. 93.

1 Bemale eine Kopie von M1 und vergleiche die Wirkung zwischen bemalter und unbemalter Fassung.
2 Recherchiere im Internet Bilder von alten griechischen Grabsteinen und Grenzsteinen
3 **Partnerarbeit:** Deutet M2 mithilfe der Arbeitsschritte. Nehmt M3 zu Hilfe. Diskutiert, ob der Bildzusatz „Nach dem Sieg" eurer Meinung nach zur Statue passen würde.
4 Erkläre, warum griechische Kunstwerke Künstlern bis heute als Vorbild dienen können.

Athen auf dem Weg zur Demokratie

Das Recht, dass alle Bürgerinnen und Bürger in der Politik mitbestimmen sollen, ist für uns heute in Deutschland selbstverständlich. Diese Vorstellung ist in der Polis Athen entstanden. Die Athener nannten ihre Staatsform Demokratie.
- *Wie ist die athenische Demokratie entstanden?*

Silbermünze aus Athen, 5. Jh. v. Chr.

Tonscherben als „Wahlzettel", Athen, 470 v. Chr.

Die Anfänge Athens

Athen wurde anfangs von Königen regiert. Diese lebten auf der Akropolis, sehr viel mehr wissen wir nicht über sie. Die Griechen nannten diese Form der Herrschaft Monarchie.

5 Im 8. Jh. v. Chr. wurden die Könige von Adligen entmachtet. Die Adligen traten von da an regelmäßig in einem Rat (Areopag*) zusammen und fällten gemeinsam die wichtigsten Entscheidungen für die Polis. Ihre Herrschaft bezeichnet man als Aristokratie.

Schwere Zeiten

10 Im 7. Jahrhundert v. Chr. verarmten viele Bauern der Polis Athen: Sie bearbeiteten nur kleine Anbauflächen, weil ihr Land immer wieder unter den erbberechtigten Söhnen aufgeteilt wurde. Hinzu kamen schlechte Ernten. In ihrer Not liehen sich die Bauern Saatgut von reichen Adligen, konnten ihre Schulden aber nicht immer zurückzahlen. Im schlimmsten Fall mussten sie ihre Frauen, Kinder und schließlich sich selbst als Sklaven an Adlige verkaufen und verloren ihr Land. Man nannte 20 diese Abhängigkeit der Bauern von den Adligen Schuldknechtschaft*. Als ein Bürgerkrieg drohte, wählten die Athener um 600 v. Chr. den angesehenen Adligen Solon zum „Schiedsrichter".

Der griechische Schriftsteller Aristoteles über den Athener Solon:

Als Adliger besaß Solon viel Land und musste nicht arbeiten. Er schrieb Gedichte und sang sie seinen Freunden vor. Aber seine Lieder wur-
5 den traurig, denn er machte sich Sorgen um Athen: Immer mehr Bauern wurden zu unfreien Schuldknechten, manche wurden sogar in die Fremde verkauft. Einst freie Bürger, nun Sklaven!
Da gaben die Athener ihm den Auftrag, den Streit
10 zwischen Bauern und Adel zu schlichten. Zuerst verbot Solon die Schuldknechtschaft für alle Zeiten: Die versklavten Bauern und ihre Familienangehöri-
gen erhielten ihre Freiheit und ihr Land zurück. Die entsprechenden Gesetze ließ er sogleich in Stein
15 meißeln und öffentlich aufstellen. Und schließlich teilte er die Bürger in vier Vermögensklassen ein: Vom Besitz hing ab, wie viele Rechte und Pflichten jemand hatte. Zwar konnten die Bürger der untersten Vermögensklasse keine politischen Ämter über-
20 nehmen, aber sie durften mit den anderen Bürgern in der Volksversammlung über Gesetze abstimmen und über Krieg und Frieden entscheiden. Eine Forderung der Bauern erfüllte Solon jedoch nicht: Das Land Attikas wurde nicht völlig neu verteilt. Er be-
25 schützte also den Adel und die Bauern, ließ keinen von ihnen siegen.
Verfassertext nach Aristoteles, Staat der Athener 5,1-11,2

Politische Ämter für alle Bürger

25 Noch zu Lebzeiten Solons, im Jahr 561 v. Chr., riss der Adlige Peisistratos die Herrschaft gewaltsam an sich und herrschte allein (Tyrannis*), bis die Athener 510 v. Chr. seinen Sohn vertrieben. Danach setzte der Adlige Kleis-
30 thenes ab 508 v. Chr. Reformen durch. Er führte das Scherbengericht* ein. Bei diesem ritzten die Bürger den Namen eines Mannes auf eine Scherbe, den sie verdächtigten, dass er die Herrschaft allein an sich reißen wollte. Zudem erreichte Kleisthenes, dass Bürger der untersten Vermögensklasse erstmals das Recht bekamen, politi-
35 sche Ämter zu übernehmen. Damit Reiche sich keinen Vorteil verschaffen konnten, bestimmte fast immer das Los*, wer ein Amt ausübte. Nur Heerführer, Architekten, Schreiber bei der Volksversammlung und Aufseher für öffentliche Bauten wurden gewählt. Alle Ämter wur-
40 den jährlich neu vergeben.

Seit Kleisthenes versammelten sich die Athener Bürger auf der Pnyx (siehe S. 77 f.), wenn etwas zu entscheiden war. Die Agora, der Platz im Zentrum Athens, war für die Volksversammlung zu klein geworden.

45 ## Bezahlung für politische Tätigkeit?

Ärmere Bürger hatten das Problem, dass sie nicht arbeiten konnten, während sie ein politisches Amt ausübten. Deshalb wurden ab 462 v. Chr. Tagegelder (Diäten) für Bürger mit Ämtern, um 400 v. Chr. auch für Teilnehmer
50 der Volksversammlung eingeführt. Nun erst stand die Politik allen Bürgern offen. Ausgeschlossen waren nach wie vor Frauen, Sklaven und Fremde.

M4 Der Historiker Plutarch (45–125 n. Chr.) über das Scherbengericht:

Jeder Bürger nahm eine Scherbe, schrieb darauf den Namen des Mannes, den er verbannen wollte und brachte ihn an einen Ort auf die Agora, der rings mit Schranken umschlossen war.
5 Die Amtsträger zählten zuerst die gesamten abgelieferten Scherben durch; denn wenn die Abstimmenden weniger als sechstausend waren, dann war das Verfahren ungültig; dann ordneten sie die Scherben nach den Namen und verbann-
10 ten den Mann, den die meisten aufgeschrieben hatten, auf zehn Jahre, doch so, dass er im Genusse seines Vermögens blieb.

Plutarch, Aristeides 7, 5f. Zit. nach www.gnomon.ku-eichstaett.de/LAG/qvl99_00/text.pdf. Übers. v. Gregor Weber 2000 (Stand: 3. 12. 2014). Sprachl. bearb. v. Verf.

Aristokratie

Nach den griechischen Wörtern aristoi (= die Besten) und kratein (= herrschen) Bezeichnung dafür, dass die Herrschaft in einem Staat von einer adligen Oberschicht ausgeübt wird.

Demokratie

Nach den griechischen Wörtern demos (= Volk) und kratein (= herrschen) Bezeichnung für eine Staatsform, in der das Volk über die Politik eines Staates entscheidet. In den meisten modernen demokratischen Staaten wählen alle erwachsenen Frauen und Männer ein Parlament, das ihre Interessen vertritt.

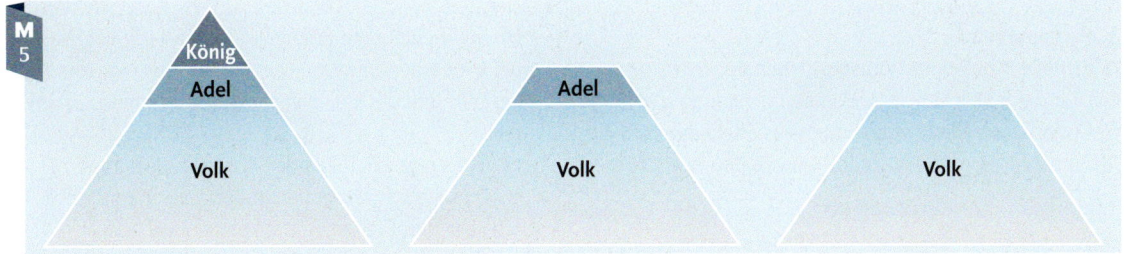

Die Herrschaftsformen in der Polis Athen

1 **Gruppenarbeit:**
   a) Stellt mithilfe des Darstellungstextes und M3 die Maßnahmen Solons in einer Liste zusammen.
   b) Entwerft ein Streitgespräch zwischen Solon, einem Adligen und einem Bauern nach der Reform.
2 Charakterisiere die Reformen des Kleisthenes (Darstellungstext, M2, M4).

3 **Wähle eine Aufgabe aus:**
   a) Am Scherbengericht wurde kritisiert, dass nicht nur besonders einflussreiche, sondern auch sehr fähige Politiker verbannt wurden. Erkläre dies.
   b) Wäge Vor- und Nachteile des Scherbengerichts ab.
4 Erkläre die Entwicklung Athens zur Demokratie mithilfe von M5. Was könnte man ergänzen?

Wie funktionierte die Demokratie in Athen?

Hier lernst du einen athenischen Bürger kennen, den es wirklich gegeben hat: Sein Name ist Smikythos. Im Jahr 427 v. Chr. war er Mitglied im Rat der 500 und leitete eine Volksversammlung.

- *Am Beispiel von Smikythos kannst du herausfinden, wie die athenische Demokratie funktionierte.*

Smikythos wird Mitglied im Rat der 500:

Smikythos wurde im Sommer des Jahres 427 v. Chr. Mitglied im Rat der 500. Dafür konnte sich jeder Bürger Athens, der mindestens 30 Jahre alt war, bewerben. Smikythos hatte aus dem großen Topf
5 mit weißen und schwarzen Bohnen eine weiße gezogen. Damit war er ausgelost.
Jeder Athener durfte nur zweimal in seinem Leben Mitglied im Rat der 500 werden. Zwischen den einjährigen Amtszeiten mussten mindestens zehn Jah-
10 re liegen. Nach der Wahl wurde jeder Kandidat befragt, ob auch seine Vorfahren bereits das Bürgerrecht in Athen besessen hatten und ob er selbst seine Bürgerpflichten regelmäßig erfüllte.
Im Juli traten die Ratsmitglieder erstmals zusam-
15 men. Sie tagten im Rathaus an der Agora. Die Sitzordnung wurde ausgelost.
Was mussten die Ratsmitglieder alles erledigen?
Sie überwachten die Einnahmen und Ausgaben der Staatskasse. Zudem kontrollierten sie die Tätigkeit
20 der Beamten, die für die öffentliche Ordnung, die

Tempel und die städtischen Gebäude zuständig waren. Die wichtigste Aufgabe des Rates war es, die Volksversammlung vorzubereiten. Der Rat arbeitete dazu Vorschläge für neue Gesetze aus, die der Volks-
25 versammlung vorgelegt wurden. Dabei berücksichtigte er auch schriftliche Anträge von Bürgern.
Die Ratsmitglieder trafen sich täglich. Wer vom Land kam, musste sich eine Wohnung in Athen mieten oder bei Verwandten unterkommen. Damit auch
30 ärmere Bürger diese zeitaufwändige Tätigkeit ausüben konnten, erhielt jedes Ratsmitglied pro Sitzungstag fünf Obolen – das entsprach dem Tageslohn eines Arbeiters. Reich werden konnte man davon nicht.
35 Alle neun bis zehn Tage berief der Rat eine Volksversammlung ein. Unter den Ratsmitgliedern wurde ausgelost, wer die nächste Volksversammlung leiten sollte. Das Los fiel auf Smikythos.

Nach Elke Stein-Hölkeskamp, Demokratie – die „herrschende Hand des Volkes", in: Dies./Karl-Joachim Hölkeskamp (Hg.), Die griechische Welt. Erinnerungsorte der Antike, München (Beck) 2010, S. 487–509. Bearb. v. Verf.

---

1 Partnerarbeit:

a) Jede/r bearbeitet zunächst einen der Texte „Rat der 500" (M1) und „Volksversammlung" (M3): Notiert euch alle Informationen zu Mitgliedern bzw. Teilnehmern, zum Tagungsort und zu den Aufgaben.

b) Stellt euch eure Ergebnisse gegenseitig vor, fragt bei Unklarheiten nach. Klärt gemeinsam, wie der Rat der 500 und die Volksversammlung zusammenarbeiteten.

c) Übertragt das folgende Schema in euer Heft, ergänzt die Informationen in den Kästen und beschriftet den Pfeil mit einem passenden Verb.

Rat der 500		**Volksversammlung**
Mitglieder: _____	Vorsitzender _____ ⟶	Teilnehmer: _____
Tagungsort: _____		Tagungsort: _____
Aufgaben: _____		Aufgaben: _____

ohne politische Rechte:

Frauen und Kinder der Athener Bürger	Fremde (Metöken)	Sklavinnen und Sklaven

Volksversammlung auf der Pnyx, Zeichnung, 2014

Smikythos leitet die Volksversammlung:

Smikythos hatte schon an vielen Volksversammlungen teilgenommen, heute würde er sie zum ersten Mal leiten. Er wollte keinen Fehler machen, sonst würde ihn die Menge verspotten. Im schlimmsten
5 Fall musste er sich sogar vor Gericht verantworten. Noch vor Tagesanbruch machte er sich auf den Weg zur Pnyx, einem felsigen Platz, auf dem die Volksversammlung vierzigmal im Jahr stattfand. Die Pnyx bot Platz für höchstens 6000 Bürger, das war nur ein
10 kleiner Teil der Bürgerschaft. Bei wichtigen Fragen, etwa bei drohendem Krieg, marschierten viele Bürger bis zu 60 Kilometer nach Athen und es wurde eng auf der Pnyx.
Die Volksversammlung begann mit Gebeten und
15 einem Tieropfer. Dann nahm Smikythos in der Nähe der Rednertribüne Platz. Zunächst fragte er die Bürger, ob sie mit den Beamten zufrieden waren. Beamte, denen man misstraute, wurden sofort abgesetzt. Danach konnten die Bürger über politische Fragen
20 diskutieren und Beschlüsse fassen. Smikythos trug den ersten Vorschlag des Rates der 500 vor. Jeder Bürger durfte sich zu Wort melden und seine Meinung frei äußern. Allerdings sollte er nur einmal zu jedem Punkt sprechen, nicht abschweifen und nie-
25 manden beleidigen. Smikythos rief die Redner nacheinander auf. Ungeübte Redner wirkten nervös vor der tausendköpfigen Menge. Meist sprachen bekannte Bürger, die nach politischem Einfluss strebten. Wenn sich keiner mehr zu Wort meldete, wurde
30 mit Handzeichen abgestimmt. Dann schätzten Smikythos und seine Helfer erst die Jastimmen, dann die Neinstimmen. Gezählt wurde nicht – das gab es nur beim Scherbengericht. Ein Schreiber notierte den Beschluss, der später auf einer Tafel an der
35 Agora veröffentlicht wurde. Als Smikythos abends die Pnyx verließ, war er zufrieden: Die Sitzung war vorschriftsgemäß abgelaufen. Nun musste der Rat der 500 dafür sorgen, dass die Beschlüsse ausgeführt wurden.
Nach Elke Stein-Hölkeskamp, Demokratie, siehe M1.

---

2 Als athenischer Bürger willst du erreichen, dass Tagegelder für die Teilnehmer der Volksversammlung eingeführt werden. Wie gehst du vor?

Zusatzaufgabe: siehe S. 201

3 Vergleiche die athenische Demokratie mit der heutigen Form der Demokratie. Verwendet dabei folgende Stichpunkte: Losverfahren, Wahl, Politiker, Bürger, Frauen.
Tipp: Beginne deine Sätze so: „Das Losverfahren spielte in Athen eine große Rolle …. Heute hingegen … "

Eine schriftliche Quelle untersuchen

Um 450 v. Chr. stieg Perikles zum einflussreichsten Politiker in Athen auf. Über seine Person wissen wir heute deshalb so gut Bescheid, weil bereits in der Antike viel über ihn geschrieben wurde. Den Text auf dieser Seite hat der Historiker Plutarch geschrieben. Was erfahren wir aus dieser Quelle? Was musst du beachten, damit du sie verstehst und richtig einschätzen kannst? Die Arbeitsschritte leiten dich an.

Der Geschichtsschreiber Plutarch (45–125 n. Chr.) über Perikles

Plutarch lebte in Griechenland und verfasste zwischen 105 und 115 n. Chr. Lebensbeschreibungen berühmter griechischer und römischer Männer:

In jungen Jahren hielt sich Perikles dem Volke vorsichtig fern. Seine äußere Erscheinung erinnerte nämlich an den Tyrannen[1] Peisistratos, und alte Leute bemerkten mit Entsetzen eine weitere Ähnlich-
5　keit: die wohllautende Stimme und die Fähigkeit, rasch und gewandt zu sprechen. Da er überdies reich war, einer vornehmen Familie entstammte und einflussreiche Freunde besaß, fürchtete er die Verbannung durch das Scherbengericht. So mied er
10　die Politik, im Felde hingegen bewährte er sich als tapferer, wagemutiger Soldat. Als aber Aristeides gestorben, Themistokles verbannt und Kimon[2] fast immer durch auswärtige Kriege von Griechenland ferngehalten war, tat er endlich den Schritt ins öf-
15　fentliche Leben. Er verschrieb sich aber nicht der Sache der reichen Aristokraten*, sondern schlug sich auf die Seite des armen Volkes, allerdings entgegen seiner eigenen Natur, die ihn keineswegs zum Volksmann geschaffen hatte. Allein er hegte offenbar
20　die Befürchtung, man werde ihn des Strebens nach der Tyrannis verdächtigen, und da er zudem bemerk-

te, wie beliebt sich Kimon als guter Aristokrat bei den Vornehmen gemacht hatte, suchte er Rückendeckung bei der Masse. Er gewann dadurch per-
25　sönliche Sicherheit und eine starke Position gegenüber Kimon.
Sogleich gab er seinem Leben eine andere Ordnung. In der Stadt sah man ihn nur noch einen Weg gehen, auf die Agora und zum Rathaus. Er schlug alle Ein-
30　ladungen aus, verzichtete ganz auf fröhliche Geselligkeit. Während all der langen Jahre, da er an der Spitze des Staates stand, war er bei keinem seiner Freunde zu Gaste … Er hütete sich vor dem beständigen Kontakt mit dem Volk … Er vermied es, bei
35　jeder Gelegenheit das Wort zu ergreifen oder vor der Menge aufzutreten, sondern gab sich … nur für die wichtigsten Geschäfte her, die anderen ließ er durch seine Freunde und ihm ergebene Redner erledigen. … In der Redekunst übertraf er alle. Daher soll er
40　auch den Beinamen „der Olympier" erhalten haben.
Plutarch, Perikles, 7–8, in: Ders.: Große Griechen und Römer, hg. und übers. v. Konrat Ziegler, Bd. 2, Zürich und Stuttgart (Artemis) 1955, S. 114f., Bearb. d. Verf.

[1] *Tyrann = Alleinherrscher. Tyrannis siehe S. 93*
[2] *Aristeides, Themistokles und Kimon waren athenische Politiker.*

Perikles

Perikles lebte um 490 bis 429 v. Chr. in Athen. Zwischen 443 und 429 v. Chr. wählte ihn die Volksversammlung jedes Jahr zum Strategen, also zu einem der zehn Beamten, die das Heer und die Flotte* Athens führten. Er regte an, dass die durch die Perser zerstörte Akropolis wieder neu aufgebaut wurde. Zudem setzte er sich dafür ein, dass Bürger Tagegelder erhielten, wenn sie politische Ämter übernahmen. Er starb in Athen an der Pest.

1　Untersuche M1 mithilfe der Arbeitsschritte. Ergänze die Lösungshinweise mit deinen eigenen Ergebnissen, besonders an Stellen, wo du Auslassungszeichen siehst (…).

2　**Gruppenarbeit:** Verfasst für ein Schülerlexikon einen Artikel über Perikles. Nutzt die Informationen zu seiner Person und ergänzt sie durch wichtige Informationen aus der Quelle M1. Achtet darauf, dass der Artikel sachlich geschrieben ist.
Tipp: Ein Beispiel für einen Lexikonartikel findet ihr auf S. 91.

Arbeitsschritte „Eine schriftliche Quelle untersuchen"

Textquelle gründlich lesen	Lösungshinweise zu M1
1. Lies den Text gründlich.	**Tipp:** Falls dir eine Kopie vorliegt, kannst du die wichtigsten Informationen unterstreichen und unklare Stellen mit einem Fragezeichen markieren.

Informationen zum Autor und der Entstehungszeit herausarbeiten	
2. Wer war der Autor/die Autorin der Quelle?	• *der Geschichtsschreiber Plutarch*
3. Wann und wo wurde die Quelle geschrieben?	• *zwischen 105 und 115 n. Chr. in Griechenland*
4. Um welche Art von Text handelt es sich? (z. B. Tagebuch, Brief, Rede, Zeitungsartikel)	• *Ausschnitt aus einem historischen Werk: Lebensbeschreibung*
5. An wen war der Text gerichtet?	• *Vermutung: Plutarch möchte der Nachwelt Kenntnisse über Perikles überliefern.*

Inhalt der Textquelle zusammenfassen und erklären	
6. Welche Begriffe muss ich klären?	• *hier z. B. Volksmann Z. 19, Tyrannis Z. 21, Agora Z. 29, ...*
7. Wie ist die Quelle aufgebaut? Finde Überschriften für die wichtigsten Abschnitte.	*1) Perikles' Aufstieg zum Politker (Z. 1–15)* *2) ...*
8. Welche Stellen sind erklärungsbedürftig? Stelle passende Warum-Fragen und versuche sie zu beantworten.	• *Warum schlug sich Perikles auf die Seite der Armen? Er versprach sich hiervon die Möglichkeit zu politischem Einfluss.* • *Warum ging Perikles immer den gleichen Weg? Dies zeigt, dass er sich ganz auf seine politische Tätigkeit konzentriert hat.* • *Perikles will sich nicht vorwerfen lassen, Geschenke anzunehmen und als bestechlich zu gelten. Daher meidet er ...*
9. Was ist die Hauptaussage des Textes? Fasse sie in 1–2 Sätzen zusammen.	• *Perikles wollte politischen Einfluss in Athen erringen, hatte aber Angst, verbannt zu werden. Durch sein kluges Verhalten und ...*

Absicht des Autors erläutern und die Textquelle beurteilen	
10. Welche Absicht verfolgte der Autor?	• *Plutarch wollte eine genaue Lebensbeschreibung entwerfen. Er stellte Perikles als machtbewussten Politiker dar, der seine Karriere genau geplant hat.*
11. Wie zuverlässig erscheinen die Aussagen der Quelle? Berücksichtige dabei auch die Informationen zum Autor und der Entstehungszeit.	• *Plutarch berichtet viele Einzelheiten über Perikles; offensichtlich konnte er auf hilfreiche Quellen zurückgreifen. Allerdings ... Insgesamt erscheinen die Aussagen ...*
12. Welche Meinung vertrittst du zum Thema der Quelle?	• *Ich finde, dass Perikles ... Denn ...*

Frauen, Fremde und Sklaven: Einwohner ohne Rechte?

In der Polis Athen gab es rund 40 000 Bürger, aber die Einwohnerzahl war etwa siebenmal so hoch. Neben den Frauen und Kindern lebten in Athen viele Familien, die von außerhalb zugezogen waren, um hier zu arbeiten. Das waren die „Metöken" (griech. = Mitbewohner). Die weitaus größte Bevölkerungsgruppe Athens aber waren die Sklaven. Frauen, Fremde und Sklaven durften weder wählen noch gewählt werden, aber sie bestimmten den Alltag in Athen.
Bearbeitet mit einem Gruppenpuzzle die folgenden Fragen:
- *Welche Rechte hatten diese Einwohner Athens?*
- *Welchen Tätigkeiten gingen sie nach?*

M1 Der Historiker Peter Funke über Metöken (2013):

Eine besondere Gruppe bildeten fremde Staatsbürger, die häufig – gemeinsam mit ihren Familien – in einer Polis ihren festen Wohnsitz genommen hatten. Diese wurden Metöken, Mit-
5 bewohner, genannt. In Athen gab es kaum einen Wirtschaftszweig, in dem nicht Metöken tätig waren. Man findet sie in allen Bereichen des Handwerks und Handels und als Stadtärzte, Bauleiter etc. Große Handelshäuser und Waffenfabriken
10 waren ebenso in ihrer Hand wie Schifffahrtsunternehmen; und selbst das athenische Bankwesen wurde zu großen Teilen von Metöken kontrolliert. Auch viele Künstler, Literaten und Wissenschaftler lebten als Metöken in Athen und prägten
15 nachhaltig das kulturelle Leben der Stadt.
In ihrer beruflichen Tätigkeit waren die Metöken rechtlich nicht eingeschränkt. Sie durften jedes Geschäft selbst tätigen und sich vor Gericht selbst vertreten. Wie Bürger waren sie zu Kriegs-
20 dienst verpflichtet und mussten sich in Notfällen an besonderen Zahlungen für die Polis beteiligen. Allerdings wurde ihre Stellung als Fremde dadurch deutlich, dass sie jährlich eine besondere Steuer zahlen mussten und keinen Grundbe-
25 sitz erwerben durften. Zudem musste sich jeder Metöke einen Bürger wählen, der ihn vor der Bürgerschaft vertrat.
Quellenangabe siehe M6.

Schuhmacherwerkstatt, Vasenmalerei, um 500 v. Chr. Handwerkerfamilien gehörten meistens zu den Metöken. Einzelne Metöken konnten Bürger werden, falls die Volksversammlung zustimmte. Metöken, die ihre Steuern nicht zahlten, wurden manchmal versklavt.

1 Gruppenpuzzle:

Phase 1: Bearbeitet in Gruppen die Rechte und Tätigkeiten der Metöken (M1, M2), der Sklaven (M3, M4) oder der Frauen (M5, M6). Ihr seid nun Experte für euer Thema.

Phase 2: Findet euch in Dreiergruppen zusammen, in denen immer ein Experte für jedes Thema die Ergebnisse vorstellt.

Phase 3: Übertragt folgende Tabelle in euer Heft und füllt sie gemeinsam aus:

	Rechtliche Stellung	*Tätigkeiten (Beispiele)*
Frauen (Bürgerinnen)	*unterstehen Vormund, …*	
Metöken		
Sklaven		

Freier – Sklave

Als Freie galten in Griechenland Bürger mit ihren Familien und Metöken. Sklaven waren unfrei, d. h. sie verfügten über keinerlei Rechte.

Zusatzaufgabe: siehe S. 201

Bergwerkssklave, Vasenmalerei, um 480 v. Chr. Viele Sklaven kamen als Kriegsgefangene nach Athen oder wurden dort als Kinder von Sklaven geboren. Freilassungen aus dem Sklavenstand waren selten.

Eine reiche Athenerin bei der Körperpflege, Vasenmalerei, um 500 v. Chr. Reiche Bürgerinnen wie sie stellten Stoffe her und beaufsichtigten den Haushalt. Tätigkeiten wie Einkaufen oder Wasserholen erledigten Sklavinnen.

Der Historiker Peter Funke über die Stellung der Sklaven (2013):

Von Rechts wegen galten die Sklaven nicht als Menschen. Sie wurden als „Menschenfüßler" bezeichnet und damit auf eine Stufe mit den Tieren, den „Vierfüßlern", gestellt. Sklaven waren
5 Eigentum ihres Herrn, der allein über sie verfügen durfte. Er konnte sie vermieten, verpfänden und verkaufen sowie vererben.

Vor beliebiger Grausamkeit seines Herrn war ein Sklave geschützt, weil der Kauf eines Sklaven im
10 mer eine teure Anschaffung war. Daher musste der Herr ein Interesse daran haben, die Arbeitskraft des Sklaven möglichst lange zu erhalten. Sklaven wurden in der Landwirtschaft und im Haus eingesetzt. Dort hatten sie die alltäglichen
15 Dinge – vom Einkaufen, Kochen, Putzen bis hin zur Kindererziehung – zu erledigen. Die meisten Sklaven waren in der Wirtschaft tätig und in allen Teilbereichen – vom Hafenarbeiter bis zum Bankangestellten – anzutreffen. Sie arbeiteten als einfa
20 che Hilfsarbeiter ebenso wie als hochspezialisierte Fachleute. Die Anzahl der in einzelnen Betrieben tätigen Sklaven war überschaubar. Nur in Bergwerken arbeiteten bis zu 20 000 Sklaven unter erbärmlichsten Bedingungen.

Wie angesehen ein Sklave war, hing von der Art seiner Tätigkeit ab.

Quellenangabe siehe M6.

Der Historiker Peter Funke über die Bürgerinnen Athens (2013):

Die Athenerin war ihr Leben lang abhängig von einem Vormund[1]. Dies war zunächst ihr Vater und nach dessen Tod der älteste Bruder oder ein anderes männliches Familienmitglied. Bei der
5 Heirat gingen die Vormundschaftsrechte auf den Ehemann über, fielen aber im Falle einer Scheidung wieder an die Familie der Frau zurück. Eine Frau hatte in der Regel nicht das Recht, etwas zu erben. Größere Geschäfte durfte sie nur über
10 ihren Vormund tätigen, der sie auch vor Gericht zu vertreten hatte.

Es wäre aber falsch, aus dieser Rechtsstellung auf eine entsprechend untergeordnete Stellung der Frauen in der Öffentlichkeit und im Alltagsleben
15 zu schließen. Abgesehen von der Bürgerin, [die das Haus möglichst nicht verlassen sollte], konnten sich die meisten Frauen in der Öffentlichkeit frei bewegen.

Peter Funke, Die griechische Staatenwelt in klassischer Zeit (500–336 v. Chr.), in: Hans-Joachim Gehrke/Helmuth Schneider (Hg.), Geschichte der Antike, 4. Aufl., Stuttgart, Weimar (J.B. Metzler) 2013. M1: S. 186, M4: S. 186f., M6: S. 184f. Bearb. v. Verf.

....

[1] *rechtlicher Fürsprecher*

Wie lebten Kinder und Jugendliche in Athen?

Auf vielen griechischen Vasen finden wir Szenen, die vom Leben der Kinder und Jugendlichen berichten. Die meisten von ihnen zeigen den Alltag in den Familien der Athener Bürger. Über das Leben der Kinder von Sklaven ist dagegen fast nichts überliefert.
- *Auf dieser Doppelseite entscheidest du selbst, mit welchen Materialien du arbeiten willst: A Kindheit und Kinderspiele, B Ausbildung der Mädchen, C Ausbildung der Jungen.*

Aufgabe für alle:
Vergleicht euer Leben mit dem athenischer Kinder und Jugendlicher.

Kindheit und Jugend

In Griechenland war es wie in allen anderen antiken Kulturen außer Ägypten üblich, dass der Vater entschied, ob ein Neugeborenes angenommen oder ausgesetzt wurde. Trug er das Baby um den Herd des Oikos*, galt es als
5 Familienmitglied und erhielt einen Namen. Ausgesetzt wurden schwache oder behinderte Kinder. Dennoch belegen viele Quellen, dass Eltern zu Kindern auch damals ein herzliches Verhältnis entwickelten.

Im Alter von sieben bis achtzehn Jahren gingen die
10 Söhne der Athener Bürger in die Schule, sofern der Vater dies bezahlen konnte. Eine wichtige Rolle spielte der Unterricht in der Redekunst (griech. Rhetorik). Mädchen aus reichem Haus erhielten daheim Unterricht in Lesen und Schreiben. Zudem wurden die Mädchen auf
15 die Aufgaben im eigenen Haushalt vorbereitet. Sie heirateten oft schon mit 12–14 Jahren. Ihre Ehemänner waren manchmal doppelt so alt wie sie.

 A

 M2 **Aus einem Lexikonartikel (1979):**
Es gab Spiele mit Abzählversen, mit Puppen. Man spielte außer „Mutter und Kind" oft „Priesterin und Göttin", Reifen, Kreisel, Ball, es gab Huckepack, Verstecken und Hüpfen auf einem Bein,
5 als Spielzeug dienten Steckenpferd und Peitsche, Wägelchen, Tiere, Schaukel, Drehscheiben („Jojo"), Wippe, kleines Geschirr usw.
Der Kleine Pauly. Lexikon der Antike, hg. v. Konrat Ziegler/Walther Sontheimer/Hans Gärtner, Bd. 5, München (dtv © Alfred Druckenmüller Verlag) 1979, S. 310. Bearb. v. Verf.

1 Arbeite aus M1 heraus, was die Abbildung über die Kindheit in Griechenland verrät.
2 Verfasse einen Lexikonartikel zum Thema Kindheit in Griechenland. Nutze hierfür den Darstellungstext, M1 und M2.

 M1 *Eine Dienerin bringt einen Säugling zur Mutter, Vasenmalerei aus Athen, um 450 v. Chr.*

B

Der Grieche Isomachos zum Philosophen Sokrates über seine Frau (5. Jh. v. Chr.):

Sie war doch noch nicht fünfzehn Jahre alt, als ich sie heiratete. Die Zeit vorher hatte man fürsorglich auf sie aufgepasst, dass sie möglichst wenig sah, hörte und fragte. Ich war schon damit
5 zufrieden, dass sie bei ihrem Kommen bereits verstand, mit Wolle umzugehen und ein Gewand anzufertigen, und dass sie auch schon bei der Spinnarbeit der Dienerinnen zugesehen hatte. Außerdem war sie in der Magenfrage ganz vor-
10 züglich erzogen, mein lieber Sokrates, was mir bei Mann und Frau die wichtigste Erziehungsfrage zu sein scheint.

Xenophon, Die Hauswirtschaftslehre 7,5, in: Die Sokratischen Schriften, hg. und übers. v. Ernst Bux, Stuttgart (Kröner) 1956, S. 259.

Ein tanzendes Mädchen und eine Flötenspielerin, Vasenmalerei aus Athen, um 425 v. Chr.

1 Notiere aus M3 die Fähigkeiten der 14-Jährigen.
2 Finde mithilfe von M4 und des Darstellungstextes heraus, welche weiteren Fähigkeiten ein Mädchen aus reichem Haus in die Ehe mitbrachte. Erkläre, warum Isomachos (M3) darauf nicht eingegangen ist.

3 Die Ehefrau des Isomachos mischt sich in das Gespräch ein und erzählt über sich als 14-Jährige. Gestalte diesen Text in der Ich-Form. Nutze dabei deine Erkenntnisse aus Aufgabe 2.

C

Ein Athener Pädagoge zu dem Vater eines Schülers:

Ich möchte meinen, dass du in den ersten zwanzig Jahren nicht die Freiheit hattest, dich ohne deinen Pädagogen auch nur einen Finger breit vom Hause zu entfernen. Kamst du nicht schon vor Sonnenauf-
5 gang in die Palästra[1], verhängte der Vorsteher des Gymnasions[2] eine nicht geringe Strafe über dich ... Sie übten sich dort im Laufen, im Ringen, im Speerwurf, im Diskusschleudern und Faustkampf, mit dem Ball, im Sprung .... Dort verbrachten sie ihre Ju-
10 gendzeit und nicht in Schlupfwinkeln. Wenn du dann von der Reitbahn oder dem Sportplatz nach Hause

kamst, dann setztest du dich, ordentlich gegürtet, auf einen Stuhl zum Erzieher, und machtest du beim Lesen im Buch auch nur bei einer Silbe einen Fehler,
15 wurde dir die Haut [durch Schläge] so fleckig wie das Kleid der Amme* .. Aber heutzutage, bevor einer sieben Jahre ist, wenn man ihn als Pädagoge nur mit der Hand berührt, dann wirft der Junge einem gleich die Schreibtafel an den Kopf.

Plautus, Bacchides III/3, übers. v. Susanne Tschirner, in: Praxis Geschichte, H. 6., 1989, S. 17.

[1] *Trainingsplatz für Kampfsportler*   [2] *Sportplatz*

Pädagoge

Der Pädagoge (griech. pais = Kind und ágein = führen) war ursprünglich ein Hausklave, der das Kind auf dem Schulweg begleitete. Da der Pädagoge die Aufgabe hatte, das Kind zu beaufsichtigen und ihm gutes Benehmen beizubringen, erhielt der Begriff schon im alten Griechenland die Bedeutung „Erzieher". In diesem Sinne verwenden wir das Wort noch heute.

1 Arbeite aus M5 heraus, in welchen Fächern Jungen Unterricht erhielten. Nutze dazu auch den Darstellungstext.
2 Erkläre, worüber sich der Pädagoge beschwert.
3 Stelle aus der Sicht des Pädagogen Verhaltensregeln für junge Griechen zusammen. Beginne wie folgt: „1. Gehe nie ohne deinen Pädagogen aus dem Haus!"

Warum wurde Athen zum Zentrum des Handels?

Alle Waren, die im antiken Griechenland pro Jahr quer durch das Mittelmeer und das Schwarze Meer transportiert wurden, würden heute auf ein einziges modernes Containerschiff passen. Dennoch staunen wir angesichts der Größe der damaligen Schiffe über die Fülle der transportierten Güter. Hier findest du heraus, warum gerade Athen so wichtig für den Handel wurde.

Eine Unterwasserarchäologin findet Überreste von Amphoren, in denen in der Antike Handelsgüter transportiert wurden. Sie gehörten zur Fracht eines griechischen Handelsschiffes, das vor der Insel Paros gesunken ist. Foto, 21. Jh.

Zentrum Athen und Attika

Wir befinden uns im Jahr 430 v. Chr. Im Hafen von Piräus treffen täglich Handelsschiffe ein, die mit Waren angefüllt sind. Diese Segelschiffe können bis zu 100 Tonnen Ladung transportieren. Noch im Hafen schätzen Zöllner
5 den Wert der Ware und legen die Geldsumme fest, die die Händler für den Verkauf der Ware in Athen an die Stadtkasse zahlen müssen.

Bald nach dem Entladen werden die Schiffsbäuche wieder mit Waren gefüllt, denn die Handwerker Athens pro
10 duzieren viele Produkte für die Ausfuhr (Export): Besonders bekannt sind die Athener Töpferwaren. Hochbeladen verlassen die Schiffe Athen. Von Piräus nach Rhodos zum Beispiel brauchen sie dreieinhalb Tage, zur Küste Nordafrikas mehr als sieben Tage.

15 **Warum ist die Wareneinfuhr für Athen so wichtig?**
In Attika leben zu dieser Zeit etwa 300 000 Menschen. Sie müssen vor allem mit Getreide versorgt werden, denn der eigene Ernteertrag reicht bei Weitem nicht für die ganze Bevölkerung aus. Aber auch andere Waren sind in
20 Athen begehrt. Die Athener benötigen Geld, um die Einfuhr (Import) dieser Waren zu bezahlen. Deshalb ist der Export ihrer Güter für sie lebensnotwendig.

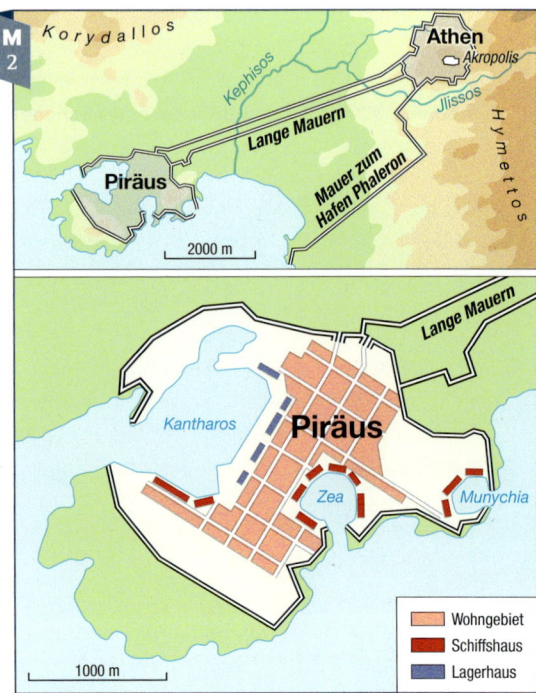

Athen und sein Hafen Piräus im 5. Jh. v. Chr. Insgesamt konnten im Hafen etwa 400 Schiffe liegen. Er war ummauert und der Weg in die Stadt Athen durch die „langen Mauern" geschützt.

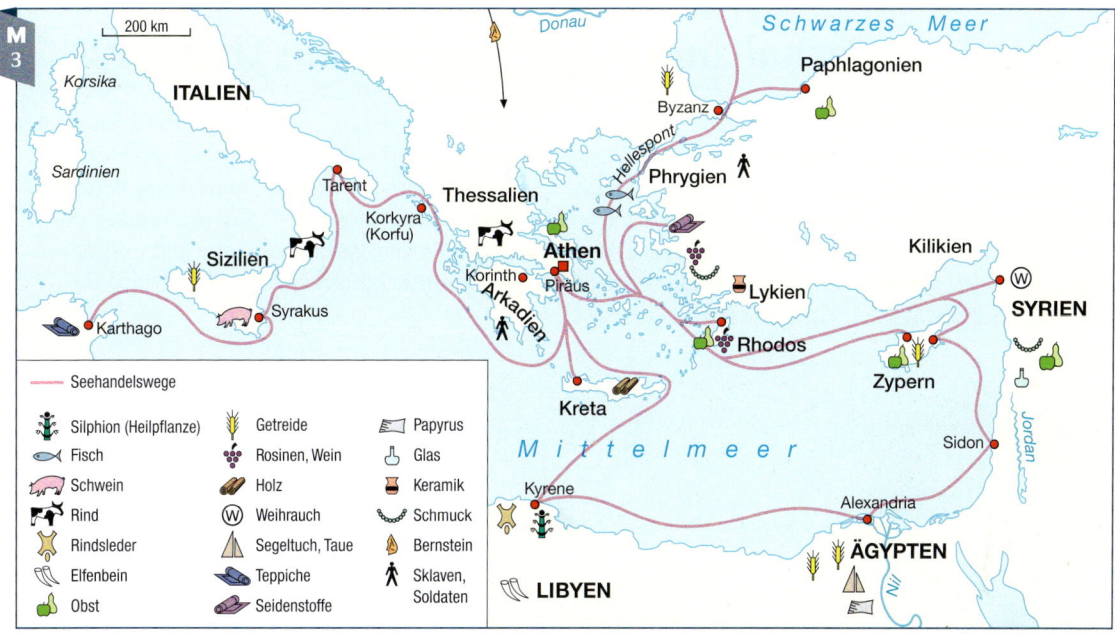

Der Importhandel Athens im 5. Jahrhundert v. Chr.

M 4

Ein Gelehrter schrieb um 430 v. Chr. über die Handelsmacht Athen:

Nur die Athener können über die Erzeugnisse aller Griechen und Barbaren verfügen. Wie will eine andere Stadt ihre Überschüsse an Schiffs-holz, Eisen, Kupfer und Flachs ausführen, ohne
5 dass das seebeherrschende Athen zustimmt oder die Waren abnimmt? Würde sie gegen den Willen Athens Waren verfrachten, würde ihr die herr-schende Seemacht die Handelswege abschnei-den. Außerdem trifft eine Missernte die See-
10 macht weniger als die Landmacht. Denn da Missernten nicht überall gleichzeitig auftreten, kann die herrschende Seemacht immer noch Ern-teerzeugnisse aus Überschussländern einführen.

Pseudo-Xenophon 1, 11–14, hg. u. übers. v. Ernst Kalinka. Zit. nach http://www.demokratia.org/files/Oligarch.pdf (Stand 9. 12. 2014).

M 5

Händler beim Abwiegen von Ware, Vasenmalerei, um 550 v. Chr.

---

1 Partnerarbeit:

a) Beschreibt die Lage und die Sicherung von Athen und Piräus (M2).

b) Begründet, warum Athen auf die Einfuhr von Gütern angewiesen war. Denkt auch an die Land-schaft Attikas.

c) Zeichnet eine Tabelle mit den Spalten „Ware" und „Herkunftsland" und füllt sie mithilfe von M3 aus.

d) Erläutert die Verwendung der Güter.

2 a) Methode: Untersuche M4 mithilfe der Arbeits-schritte S. 97.

b) Erkläre, wie Handel und militärische Macht zusammenhingen.

3 Notiere, welche Informationen über den Handel du M1 und M5 entnehmen kannst.

4 Recherche: Erkundet, welche Produkte aus Grie-chenland bei uns im Handel sind. Fragt zu Hause nach und achtet beim Einkauf darauf.

Mehr als Unterhaltung – das griechische Theater

Athen im März 458 v. Chr. Endlich sind die wilden Winterstürme vorbei, Schiffe können wieder im Hafen Piräus landen. Obwohl es noch früh am Morgen ist, herrscht dichtes Gedränge in den Straßen. Alt und Jung, Einheimische und Fremde, alle streben zum Dionysos-Theater am Fuße der Akropolis. Bei den Großen Dionysien zu Ehren des Gottes Dionysos werden heute wieder den ganzen Tag Theaterstücke aufgeführt. Ausgerüstet mit Süßigkeiten, getrocknetem Obst und verdünntem Wein, suchen sich die Zuschauer einen Platz. Noch unterhalten sich alle lautstark, da beginnt das erste Stück: „Agamemnon" …

M1 Maske, die einen Sklaven darstellt, 4. Jh. v. Chr.

M2

Die **Schauspieler** (nur Männer) wurden aus der Staatskasse bezahlt und wechselten die Rollen durch andere Kleidung und Masken. Sie spielten auch weibliche Rollen. Die Mundöffnung der Masken ver-
5 stärkte wie durch einen Trichter die Stimme der Spieler.

Skenengebäude mit bemalter Kulisse. Eine Plattform für besondere Effekte konnte aus einer Tür des Gebäudes herausgefahren werden. Feuer, Rauch und Donnergetöse erzeugten spezielle Effekte. Der Kran erlaubte das
10 Herabschweben der Götter am Schluss.

Im Stück „Agamemnon" zog die Hauptperson zu Beginn des Stückes mit Pferd und Wagen als Sieger des Trojanischen Krieges auf die Bühne. Seine Ermordung wurde nicht dargestellt, wohl aber seine Leiche auf der Plattform
15 wirkungsvoll an den Bühnenrand nach vorne gerollt.

Der Chor im Halbrund des Theaters (Orchestra) sang, sprach und tanzte, begleitet von Flötenmusik. Der Chor kommentierte die Handlung. In der Tragödie* „Agamemnon" fasste er z. B. die Vorgeschichte und den Verlauf des Trojanischen Krieges zusammen.

In Athen konnte sich jeder männliche Bürger für den Chor bewerben. Die Ausgewählten erhielten Verpflegung und Geld für den Verdienstausfall von dem Bürger, der das Theaterstück finanzierte.

Das Dionysos-Theater Athen, 15 000 Plätze, ausgezeichnete Akustik. Der Theaterbesuch war für die Bürger eine politische und religiöse Pflicht. Umstritten ist, ob Frauen zusehen durften. Seit Perikles bekamen bedürftige Bürger einen Zuschuss zum Eintrittsgeld. Zehn aus dem Publikum ausgeloste Preisrichter entschieden am Ende, welcher Dichter das beste Stück geschrieben hatte. Dieser erhielt ein ansehnliches Preisgeld. Geehrt wurde auch der Bürger, der die Aufführung gesponsert hatte. Das Sponsoring verbesserte seine Chancen, bei den Wahlen in der Volksversammlung ein wichtiges Amt zu erhalten.

 Ablauf der großen Dionysien in Athen:
1. Festtag: Feierliche Prozession durch die Stadt, die vor dem Dionysostempel endete, Darbringung von Opfern und Gang ins benachbarte Theater, wo politische Ehrungen vorgenommen wurden. Aufführungen von Männer- und Knabenchören am Nachmittag.
2. Festtag: Wettbewerb von fünf Komödien*, die jeweils etwa zwei Stunden dauerten.
3.–5. Festtag: Wettbewerb der Tragödien. Jeder der drei Tragödiendichter hatte einen ganzen Tag zur Verfügung, an dem drei bis vier Stücke von ihm zur Aufführung kamen, die insgesamt bis zu sieben Stunden dauern konnten.

Ute Preuße-Hüther, Das griechische Theater, in: Geschichte lernen. Sammelband Antike, Seelze (Friedrich Verlag) 1996, S. 37. Bearb. v. Verf.

Theater
Theater leitet sich vom griechischen Wort für „schauen" ab. Es bezeichnet den Raum oder auch das in ihm aufgeführte Spiel. Das Dionysos-Theater entstand im 6. Jh. v. Chr. und ist das ältestes Theater Griechenlands. Athen gilt damit als Geburtsstätte des Theaters.

Aischylos (525–456 v. Chr.)

Der griechische Theaterdichter erhielt für seine Tragödien bei den großen Dionysien dreizehnmal den ersten Preis, unter anderem im Jahr 458 v. Chr. für die „Orestie". Diese besteht aus drei Tragödien: In der ersten – „Agamemnon" – wird das Schicksal des Königs Agamemnon dargestellt, der aus dem trojanischen Krieg zurückkehrt und von seiner Frau Klytämnestra und deren Geliebten ermordet wird; die beiden folgenden Teile handeln von seinem Sohn Orest, der seinen Vater rächt, indem er seine Mutter ermordet, dann aber deshalb von den Rachegöttinnen verfolgt wird. Von Aischylos' 70 Stücken sind nur sieben erhalten.

1 **a)** Gestalte mithilfe der Materialien dieser Doppelseite eine Mindmap zum griechischen Theater.
b) Wähle eine Figur aus der Zeichnung und schreibe die Erzählung aus dem Moderationstext in der Ich-Form weiter.

Sparta: Ganz anders als Athen?

Sparta war im 6. Jahrhundert v. Chr. die führende Polis Griechenlands. Mit dem Aufstieg Athens wurden beide Stadtstaaten zu Konkurrenten, die sich später mehrfach erbittert bekriegten.

- *Verschaffe dir einen Überblick über das Leben in Sparta und vergleiche es mit dem in Athen.*

Soldaten in Sparta, Vasenmalerei, um 640 v. Chr. Im 7. Jh. v. Chr. entwickelten die Spartaner eine neue Kampftaktik, die Phalanx („Walze"), die von allen Griechen übernommen wurde und mit Veränderungen bis in die Römerzeit in Gebrauch blieb. Die Soldaten standen in mehreren dicht gestaffelten Schlachtreihen. Der linke Teil des Schildes schützte die rechte Seite des Nebenmannes, so wurde die Reihe wie eine undurchdringliche Mauer. Fiel ein Hoplit aus der ersten Reihe, sprang ein Soldat aus der Reihe dahinter an seinen Platz. Wichtigste Waffe war der lange Stoßspeer. Die Rüstung bestand aus Bronze. Flötenspieler begleiteten die Soldaten.

Spartiaten, Periöken und Heloten

Anders als die meisten griechischen Poleis blieb Sparta ein Königtum mit gleichzeitig zwei Königen an der Spitze. Die Spartaner eroberten im 7. Jahrhundert v. Chr. die umliegenden Landschaften Lakonien und Messenien auf der
5 Halbinsel Peloponnes. Etwa 9000 Spartaner besaßen das Bürgerrecht (Spartiaten*). Sie teilten das Land unter sich auf, arbeiteten aber nicht selbst in der Landwirtschaft. Den Boden bewirtschafteten 140 000 bis 200 000 Heloten*. Heloten waren Kriegsgefangene, die die Spartaner
10 zu Sklaven gemacht hatten. Sie waren Eigentum der gesamten Polis. Die Heloten durften aber nicht, wie es an anderen Orten in Griechenland mit Sklaven üblich war, verliehen oder verkauft werden, denn Spartiaten war es verboten, Handel zu treiben. Auch Geld war in Sparta
15 unbekannt.

Die Männer in Sparta sollten sich ganz und gar dem Kriegsdienst widmen. In Zeltlagern wurden sie entsprechend erzogen: Sie lebten dort in Gruppen, die ihre Zeit mit sportlichem und militärischem Training verbrachten.
20 Erst ab dem 30. Lebensjahr durften die Spartiaten wieder in Häusern wohnen. Die Gruppen, die in Friedenszeiten zusammen trainierten und aßen, bildeten im Krieg gemeinsam eine Phalanx (siehe M1).

Außer den Spartiaten und den Heloten siedelten in
25 Sparta 40 000 bis 60 000 Periöken („Umwohner"). Sie waren freie Bauern und Handwerker. Die Periöken mussten später in der spartanischen Armee kämpfen, durften aber nicht an den Volksversammlungen teilnehmen.

Im 7. Jahrhundert gründete eine kleine Gruppe von
30 Spartanern in Tarent (Unteritalien) die einzige Kolonie Spartas. Die Auswanderer hatten sich bei der Verteilung des eroberten Landes auf der Peloponnes ungerecht behandelt gefühlt.

Frauen in Sparta

Anders als im übrigen Griechenland war der Alltag der spartanischen Frauen nicht ausschließlich von der Familie bestimmt. Die Ehefrau eines Spartiaten überließ den größten Teil ihrer Hausarbeit den Heloten. Für die Erziehung der kleinen Kinder gab es staatliche Ammen, die die Säuglinge bald nach der Geburt an sich nahmen. Die Frauen hatten Zeit für andere Aufgaben: Sie verwalteten die Ländereien ihrer Familie und traten in öffentlichen Chören auf. Die spartanischen Frauen wurden zwar nicht für den Kriegsdienst ausgebildet, sie waren aber wie die Männer von Kindheit an damit beschäftigt, ihren Körper zu trainieren. Politische Rechte hatten sie ebenso wenig wie die Athenerinnen.

Der Historiker Robin L. Fox über Erziehung in Sparta (2013):

In der Kindererziehung begann für die Söhne von Spartiaten im Alter von sieben Jahren ein furchterregendes obligatorisches[1] Training. Es gab viele Merkwürdigkeiten, die jeden Außenseiter verblüfften. So konnten sich mehrere spartanische Brüder eine einzige Ehefrau teilen, wohl weil sie eine reiche Erbin war. Auch Mädchen ließ man im Laufen, Ringen und in anderen ... Sportarten üben, wohl um sie zu Müttern von kräftigen, gesunden Kindern zu erziehen. Alle männlichen Spartaner aßen in Mahlgemeinschaften, Gruppen von etwa 15 Männern. Gegessen wurden einfache Speisen, unter anderem die berüchtigte schwarze Blutsuppe. Die Achtung vor Höherrangigen war Kernbestandteil der gemeinsamen sozialen Werte ...

Mit sieben Jahren wurden die Jungen der Obhut[2] ihrer Familien entzogen und gezwungen, barfuß zu trainieren, im Freien zu schlafen und als „Pflichtabenteuer" Diebstahl zu begehen. Sie durchliefen klar definierte Altersgruppen, auf jeder Stufe gab es Auslese und Wettbewerb. Unter den Zwanzigjährigen wurde eine kleine Gruppe ausgewählt, als „Ritter" in der Leibwache der Könige zu dienen. Sie wurden später zu den weltberühmten „300", die 480 v. Chr. bei den Thermopylen gegen das gesamte persische Heer antraten.

Robin Lane Fox, Die klassische Welt, Stuttgart (Klett-Cotta) 2013, S. 85f.

....

[1] *verpflichtend*
[2] *Fürsorge*

Spartanisches Mädchen, Bronzestatue, um 550 v. Chr. Das kurze Gewand erlaubt einen Blick auf die Muskulatur, die ein regelmäßiges Training erkennen lässt. Als Erwachsene trugen die Spartanerinnen wie alle anderen Griechinnen lange Gewänder.

1 Beschreibe die Lage Spartas auf der Karte S. 78.
2 Erkläre mithilfe des Darstellungstextes die Begriffe Spartiaten, Heloten, Perioken.
3 Erläutere Unterschiede zwischen Einzelkampf und Phalanx (M1).
4 **Wähle eine Aufgabe aus:**
   a) Notiere mithilfe von M2, wie Kinder und Jugendliche in Sparta erzogen wurden. Stelle deine Ergebnisse in einen Kurzvortrag vor (Kurzvortrag siehe S. 210).
   b) Lies M2 und vergleiche das Leben der Mädchen und Jugendlichen in Sparta mit denen in Athen. Nimm dafür S. 100f. zu Hilfe.
5 Wenn heute jemand „spartanisch" eingerichtet ist, dann verfügt er nur über die nötigsten Einrichtungsgegenstände und verzichtet auf jeden Luxus. Besprecht in der Klasse, wo der Ursprung dieser Bezeichnung lag.

Zusatzaufgabe: siehe S. 201

Alexander von Makedonien – der Große?

Nur 1,60 m groß und dennoch ein Großer? Der makedonische König Alexander war so groß wie die meisten Männer seiner Zeit, hatte aber eine unglaubliche Wirkung auf seine Zeitgenossen. Schon bald nach seinem Tod erhielt er den Ehrentitel „der Große".

- *Urteile selbst, ob Alexander den Titel „der Große" verdient.*

Alexandermosaik, Pompeji, um 150 v. Chr. Das Mosaik ist die römische Kopie eines verlorenen griechischen Originals. Es zeigt den entscheidenden Moment der Schlacht bei Issos oder Gaugamela: Alexander (links) auf seinem Pferd Bukephalos stürmt ins Zentrum des Perserheeres, Dareios III. (rechts) auf einem Streitwagen beginnt zu fliehen. In beiden Schlachten konnte Dareios entkommen, wurde 330 v. Chr. aber von einem eigenen Gefolgsmann umgebracht. Alexander sorgte für ein ehrenvolles Begräbnis seines Feindes und ließ dessen Mörder hinrichten.

Alexander: König, Pharao …

Die Makedonen waren ein kleiner Volksstamm im Norden Griechenlands. Ihr König Philipp von Makedonien (359–336 v. Chr.) unterwarf nach mehreren Kriegszügen alle griechischen Stadtstaaten außer Sparta. Damit en-
5 deten deren Freiheit und die Demokratie in Athen. König Philipp bewunderte die griechische Kultur. Deshalb ließ er seinen Sohn Alexander von dem Philosophen Aristoteles erziehen. Dieser machte den Jungen mit den griechischen Tragödien und den Werken Homers ver-
10 traut. Nach dem gewaltsamen Tod seines Vaters im Jahr 336 v. Chr. bestieg Alexander mit 20 Jahren den Königsthron. Zwei Jahre später begann er einen Feldzug gegen das Großreich der Perser. In den Schlachten am Fluss Granikos (334 v. Chr.) und bei Issos (333 v. Chr.) besiegte
15 er durch eine neue Kriegstaktik das dreimal so große persische Heer unter König Dareios III. Danach besetzte er Ägypten, das in persischer Hand war. Dort ließ er sich als Befreier feiern und zum Pharao krönen.

… und persischer Großkönig

20 Alexander besiegte Dareios III. endgültig 331 v. Chr. in der Schlacht bei Gaugamela. Nun war er auch persischer Großkönig, nannte sich aber „Herrscher Asiens". Noch immer war Alexander nicht zufrieden. Er hatte vor, die Grenzen seines Reiches weiter auszudehnen. Er drang
25 mit seinem Heer in völlig unbekannte Welten vor. In Indien gelang es ihm, König Poros und dessen mächtige Kriegselefanten zu schlagen. Doch im strömenden Tropenregen verweigerten seine Soldaten das weitere Vordringen. Seit acht Jahren waren sie fern der Heimat und
30 Alexander musste umkehren. Ein Teil der Truppen fuhr mit Schiffen den Indus hinab bis zum Indischen Ozean. Alexander selbst marschierte mit 40 000 Mann durch die Wüsten Irans (Gedrosien), wo der größte Teil seiner Truppen verdurstete. Die Regierungszeit des Königs en-
35 dete unerwartet: Alexander erkrankte vermutlich an Malaria und starb 323 v. Chr. in Babylon. Sein Reich zerfiel.

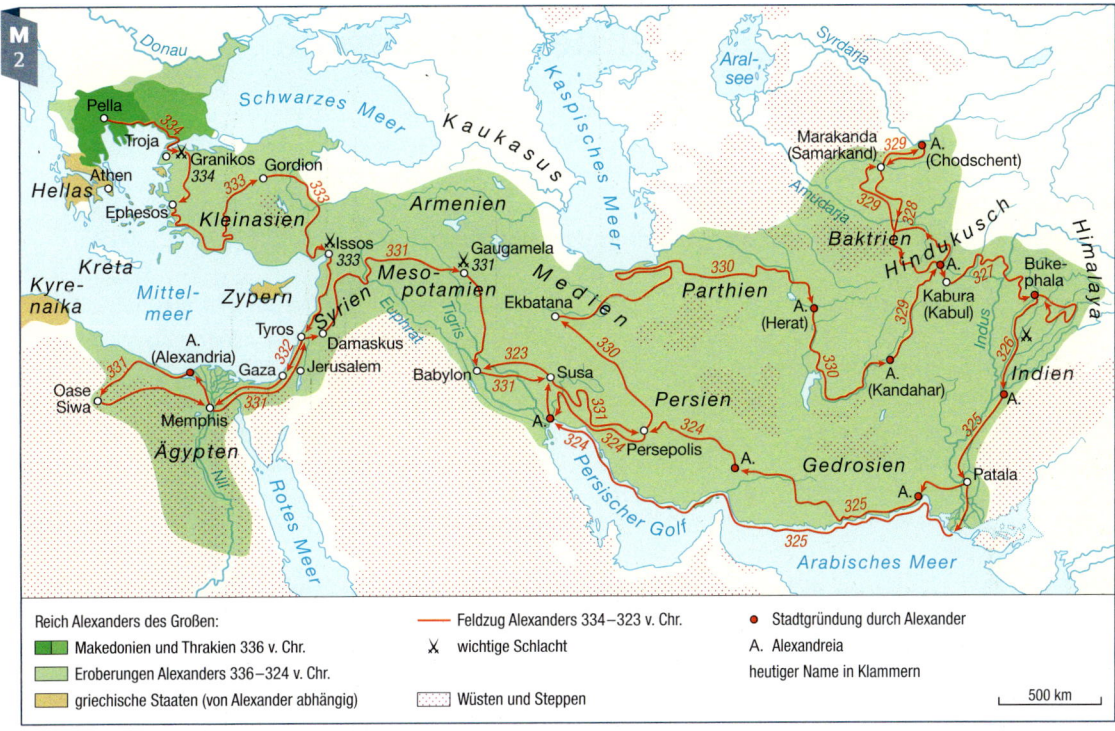

Der Zug Alexanders des Großen und die Ausdehnung seines Reichs

Zwei Urteile über Alexander

A *Der griechische Geschichtsschreiber Diodor urteilte im 1. Jh. n. Chr.:*

In kurzer Zeit hat dieser König große Taten vollbracht. Dank seiner Klugheit und Tapferkeit übertraf er an Größe der Leistungen alle Könige, von denen die Erinnerung weiß. In nur zwölf Jahren hatte er
5 nämlich nicht wenig von Europa und fast ganz Asien unterworfen und damit zu Recht weitreichenden Ruhm erworben, der ihn den alten Heroen und Halbgöttern gleichstellte.

B *Der römische Philosoph Seneca schrieb im 1. Jh. n. Chr.:*

Den unglücklichen Alexander trieb seine Zerstörungswut sogar ins Unerhörte … Nicht zufrieden mit der Katastrophe so vieler Staaten, die sein Vater Philipp besiegt oder gekauft hatte, wirft er die einen
5 hier, die anderen dort nieder und trägt seine Waffen durch die ganze Welt. Und nirgends macht seine Grausamkeit erschöpft Halt, nach Art wilder Tiere, die mehr reißen, als ihr Hunger verlangt.

Zit. nach Hans-Joachim Gehrke, Alexander der Große, München (C. H. Beck) 1996, S. 9 und S. 100f.

1 **Wähle eine Aufgabe aus:**
   a) Partnerarbeit: Jeder notiert drei Fragen, auf die der Darstellungstext eine Antwort gibt. Stellt die Fragen eurem Partner, der die Antwort finden muss.
   b) Vergleiche die abgebildete Karte mit einer modernen politischen Karte (siehe Umschlagkarte 1) und stelle fest, wie viele heutige Staaten Alexander beherrscht hätte. Nimm Stellung zur Frage, ob man von einem Weltreich sprechen kann.

Webcode: FG642885-109
Kartenanimation: Alexanderzug

2 **a) Methode:** Beschreibe M1 mithilfe der Arbeitsschritte „Bildquelle" (siehe S. 47).
   b) Auf M1 haben beide Herrscher Blickkontakt. Was könnten sie in dem entscheidenden Moment der Schlacht gedacht haben? Schreibe ihre „Gedankenblasentexte" in dein Heft.
3 Die beiden Schriftsteller in M3 beurteilen Alexander unterschiedlich.
   a) Stelle dar, wie sie ihr Urteil jeweils begründen.
   b) Lies ergänzend den Darstellungstext und formuliere ein eigenes Urteil.

Zusatzaufgabe: siehe S. 202

Die Griechen: Begründer der Philosophie

„Philosophie" heißt aus dem Griechischen übersetzt Liebe zur Weisheit. Die Griechen gelten als Begründer der Philosophie. Vor keiner noch so schwierigen Frage schrecken Philosophen zurück: Wie entstand die Welt? Wie sollen wir leben? Wie denken wir?

- *Wie haben griechische Philosophen auf diese Fragen geantwortet?*

Eine neue Sicht auf die Welt

Anfangs prägten die Mythen* das Weltbild der Griechen: Erscheinungen in der Natur wurden mit dem Wirken der Götter erklärt. Aber schon im 6. Jahrhundert v. Chr. stellten einige Philosophen diese Auffassung in-
5 frage und suchten die Ursache für die Entstehung der Welt und der Menschen in der Natur selbst. Sie beriefen sich dabei auf ihre Beobachtungen und auf logisches Denken (griech. logos = Sprache, Vernunft). Viele Bürger in Griechenland lehnten die Tätigkeit der Philosophen
10 zunächst als nutzlos, gefährlich und gottlos ab. Langfristig aber überzeugten die Erkenntnisse die Menschen, sodass die Philosophen ab dem 4. Jahrhundert immer mehr Schüler um sich versammelten.

M 1 Wie sich diese griechischen Philosophen vielleicht vorgestellt hätten:

Sokrates (470–399 v. Chr.):
„Ich weiß, dass ich nichts weiß." Das ist mein Motto. Ich beschäftige
5 mich vor allem mit der Frage, was „richtiges" und was „falsches" Handeln ist. Meinen Mitmenschen stelle ich unbequeme Fragen. Da-
10 durch erkennen sie selbst Widersprüche in ihrem Denken und kommen zu neuen Erkenntnissen. Mit meinen Reden errege ich in der Öffentlichkeit viel Aufmerksamkeit.
15 Man wirft mir vor, die Jugend verführt und zum Aufruhr überredet zu haben. Deshalb bin ich von den Athenern zum Tode verurteilt worden. Obwohl ich fliehen könnte,
20 werde ich den Becher mit dem Gift der Schierlingspflanze trinken.
Verfassertext.

Platon (427–347 v. Chr.):
Ich bin einer der Schüler von Sokrates und habe die Gespräche meines Lehrers aufgezeichnet.
Meiner Meinung nach führt nur Nachdenken zur wahren Erkenntnis. Alles, was ich mit den mensch-
10 lichen Sinnen wahrnehmen kann, ist dagegen trügerisch und lenkt nur ab. Damit ich mit meinen Schülern ungestört diskutieren kann, habe ich vor den Stadttoren
15 Athens als erster Philosoph eine eigene Schule gegründet. Hier befasse ich mich auch mit der Frage, welcher Staat für die Menschen am besten ist. Ich bin überzeugt,
20 dass es irgendwann einmal die ideale Polis geben wird.
Verfassertext.

Aristoteles (384–322 v. Chr.):
Ich bin Platons Schüler. Nach seinem Tod habe ich in Athen eine
5 eigene Schule gegründet und eine Bibliothek aufgebaut. Im Gegensatz zu Platon glaube ich an die Macht der Wirk-
10 lichkeit. Wir müssen alle Dinge und Lebewesen genau beobachten und ihre Eigenschaften beschreiben, dann kommen wir zu neuen Erkenntnissen. Ich habe als erster
15 Mensch versucht, alles, was es in der Natur gibt, zu erfassen und zu ordnen. Ich gelte deshalb als Vater der Tier- und Pflanzenkunde. Außerdem beschäftige ich mich mit
20 den Gesetzen, nach denen unser Denken funktioniert, mit der Frage nach der besten Verfassung sowie mit der Dicht- und Redekunst.
Verfassertext.

---

1 Gib die „Kerngedanken" der Philosophen mit eigenen Worten wieder.

2 Diskutiert über folgende Frage: „2500 Jahre nach Sokrates, Platon und Aristoteles – wirken die Erkenntnisse dieser Philosophen bis heute weiter?"
Tipp: Berücksichtigt dabei eure Unterrichtsfächer.

900 v. Chr.	800 v. Chr.	700 v. Chr.	600 v. Chr.	500 v. Chr.	400 v. Chr.

um 900–700
Bildung von griechischen Stadtstaaten (Poleis)

um 750–550
Gründung von griechischen Kolonien rund um das Mittelmeer und am Schwarzen Meer

500
Athen führende See- und Handelsmacht im Mittelmeer

334–323
Alexander von Makedonien schafft ein Weltreich

5. und 4. Jahrhundert
Athenische Demokratie; Blütezeit der Kunst, Philosophie und des Theaters in Athen

Leben im antiken Griechenland

Zusammenleben im Stadtstaat

Auch im antiken Griechenland beeinflusste die Landschaft die Lebensbedingungen der Menschen und die Form ihres Zusammenlebens. Die Gebirgslandschaft und die starke Zergliederung der Küsten förderten die Entstehung kleiner selbstständiger Herrschaftsgebiete (Stadtstaaten = Poleis, Einzahl: Polis).

Obwohl sich die Griechen aus verschiedenen Volksgruppen zusammensetzten, fühlten sie sich zusammengehörig. Eine gemeinsame Sprache und Schrift trugen dazu bei. Verbindend wirkten auch Homers Versdichtungen, die Ilias und Odyssee: Sie prägten die Vorstellung der Griechen von ihren Göttern. Zur Verehrung der Götter trafen die Griechen an gesamtgriechischen Heiligtümern zusammen: In Olympia z. B. führten sie alle vier Jahre Wettkämpfe zu Ehren des Zeus durch, die Olympischen Spiele.

Vom 8. bis zum 6. Jahrhundert v. Chr. gründeten viele Stadtstaaten an den Küsten des Mittelmeeres und Schwarzen Meeres Kolonien. Diese entwickelten sich nach dem Vorbild ihrer Mutterstädte, waren aber unabhängige Poleis. Die griechische Sprache und Kultur verbreiteten sich durch die Kolonisation in Europa.

Athenische Demokratie und Gesellschaft

Zu den bekanntesten Stadtstaaten gehörte Athen. Ursprünglich herrschten dort wie in vielen anderen Poleis Könige (Monarchie), dann Adlige (Aristokratie). Ausgelöst durch Krisen, führten mehrere Reformen zu einer völlig neuen Herrschaftsform: der Demokratie (Volksherrschaft). Wichtige Anstöße gingen von den Adligen Solon, Kleisthenes und schließlich Perikles aus. Um 450 v. Chr. war diese Entwicklung weitgehend abgeschlossen.

In der athenischen Demokratie verfügten alle männlichen Bürger über die gleichen politischen Mitspracherechte. Sie trafen in der Volksversammlung politische Entscheidungen und jeder Bürger hatte Zugang zu politischen Ämtern. Die meisten Ämter wurden im Losverfahren vergeben. Tagegelder (Diäten) sorgten dafür, dass sich auch ärmere Bürger an der Politik beteiligen konnten. Mit dem Scherbengericht konnten Bürger verbannt werden.

Frauen, Fremde (Metöken) und Sklaven hatten keine politischen Rechte. Sie bildeten die Mehrheit der Bevölkerung. Frauen lebten meist unter der Vormundschaft ihres Ehemannes zurückgezogen im Haus. Metöken bestimmten als Händler oder Handwerker das wirtschaftliche Leben. Sie trugen dazu bei, dass Athen zur führenden Handelsmacht in Griechenland aufstieg. Sklaven waren rechtlich auf eine Stufe mit Tieren gestellt. Oft waren sie im Haushalt oder in Wirtschaftsbetrieben tätig, schlimmstenfalls mussten sie in Bergwerken arbeiten. Die Gesellschaft in Athen war damit von Ungleichheit gekennzeichnet.

Griechische Kultur

Der wirtschaftliche Aufschwung Athens begünstigte eine kulturelle Blütezeit. Im 5. Jahrhundert entwickelte sich Athen zum Zentrum für Künste und für die Philosophie. Im ersten Theater Griechenlands, das unterhalb der Akropolis lag, wetteiferten Dichter um den Preis für das beste Theaterstück. Die erhaltenen Tempel, Statuen, Reliefs oder Vasenbilder aus Athen belegen die große Kunstfertigkeit der Griechen.

In diesem Kapitel konntest du folgende Kompetenzen erwerben:

- den Zusammenhang zwischen der Landschaft und der Entstehung von Stadtstaaten erklären
- die Olympischen Spiele und die Götterwelt hinsichtlich ihrer Bedeutung für die Griechen analysieren
- die Gesellschaft in Athen beschreiben und analysieren
- die Entstehung und Funktion der Demokratie in Athen erläutern
- die Möglichkeiten der politischen Beteiligung in der athenischen Demokratie bewerten
- den Einfluss der griechischen Kultur auf die heutige Welt beurteilen
- **Methode:** Eine Geschichtskarte auswerten
- **Methode:** Ein Kunstwerk entschlüsseln
- **Methode:** Eine schriftliche Quelle untersuchen

M 1

Die Akropolis in Athen heute, Foto, o. J. Auf der Akropolis ist der größte Tempel, der Parthenontempel (1), gut zu erkennen. Er war der Göttin Athene geweiht. Den Eingang der Akropolis bilden die Propyläen, eine Torhalle (2). Unten ein Theater aus römischer Zeit (3).

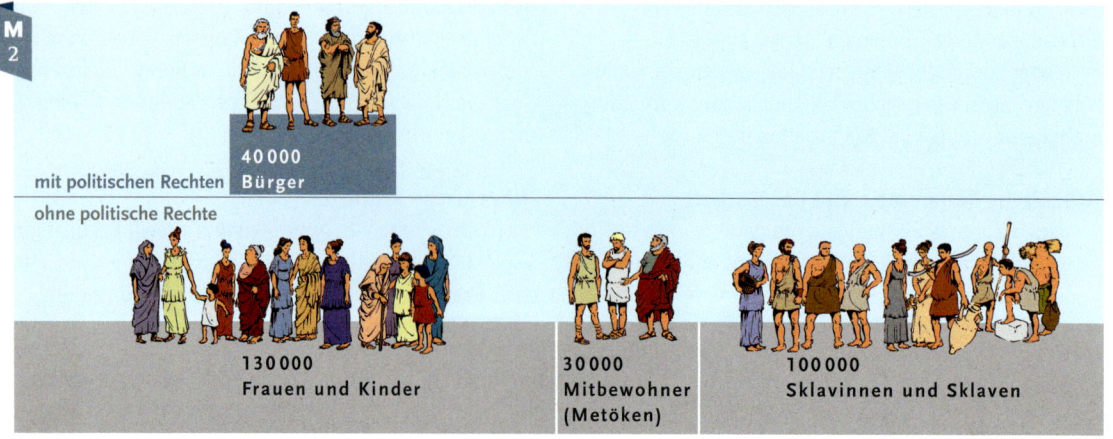

M 2

mit politischen Rechten: **40 000 Bürger**

ohne politische Rechte: **130 000 Frauen und Kinder** — **30 000 Mitbewohner (Metöken)** — **100 000 Sklavinnen und Sklaven**

Die Gesellschaft der Polis Athen um 430 v. Chr.

M3 **Herakleides, ein Tourist aus dem 3. Jh. v. Chr., beschreibt seine Eindrücke von Athen:**

Der Weg [dorthin] ist angenehm, führt ganz durch angebautes Land und bietet herzerfreuenden Ausblick. Die Stadt ist ganz trocken, gar nicht gut mit Wasser versehen, von winkligen Straßen unschön durchschnitten, da in alter Zeit erbaut. Die meisten Häuser sind geringwertig, nur wenige höheren Anforderungen entsprechend; kaum dürfte ein Fremder beim ersten Anblick glauben, dass dies die „Stadt der Athener" sei; nach kurzer Zeit aber wird er es wohl glauben. So ist dort das Schönste auf Erden: ein Theater, der Beachtung wert, groß und bewunderungswürdig; ein prachtvolles Heiligtum der Athena, der Welt entrückt, sehenswert, der Parthenon, über dem Theater gelegen. Großen Eindruck macht er auf die Beschauer.

Die Reisebilder des Herakleides, I,1, hg. und übers. v. Friedrich Pfister, Wien (Rudolf M. Rohrer) 1951, S. 73.

M4 **Ordne richtig zu:**

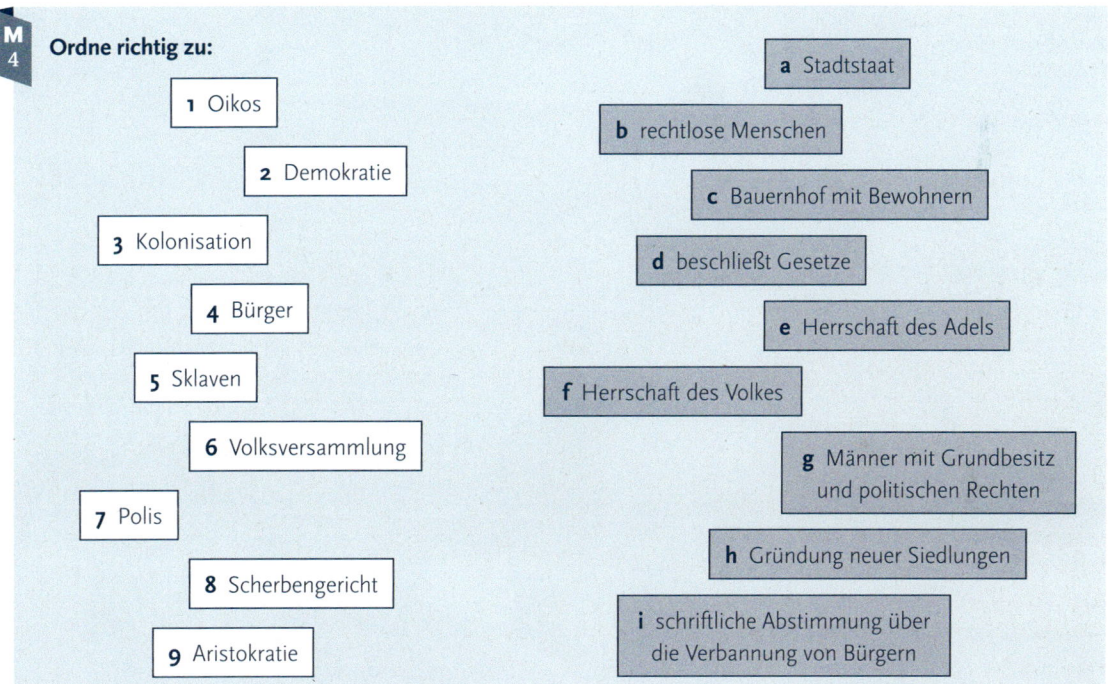

1 Oikos
2 Demokratie
3 Kolonisation
4 Bürger
5 Sklaven
6 Volksversammlung
7 Polis
8 Scherbengericht
9 Aristokratie

a Stadtstaat
b rechtlose Menschen
c Bauernhof mit Bewohnern
d beschließt Gesetze
e Herrschaft des Adels
f Herrschaft des Volkes
g Männer mit Grundbesitz und politischen Rechten
h Gründung neuer Siedlungen
i schriftliche Abstimmung über die Verbannung von Bürgern

Sachkompetenz

1 Erkläre ausgehend von M1 die Bedeutung der Akropolis für die Polis Athen und zähle weitere äußere Merkmale einer Polis auf.

2 **a)** Ordne die Begriffe aus M4 den richtigen Erklärungen zu.
b) Wähle drei Begriffe aus und erkläre diese genauer.

3 Beschreibe den Aufbau der Gesellschaft der Polis Athen mithilfe von M2.

Methodenkompetenz

4 **Methode:** Untersuche M3 mithilfe der Arbeitsschritte S. 97.

Orientierungs- und Reflexionskompetenz

5 Verfasse eine eigene Reisebeschreibung für das antike Athen.
Tipp: Du kannst M3 einfach fortsetzen.

6 **Wähle eine Aufgabe aus:**
Vergleiche die Herrschaftsform der athenischen Demokratie
a) mit anderen Herrschaftsformen damals (Ägypten, Griechenland),
b) mit der heutigen Herrschaftsform in Deutschland (Wahlen, Volksversammlung).

7 Stelle in einer Mindmap alle Bereiche zusammen, in denen wir heute von der griechischen Antike beeinflusst sind.

Griechische Antike

Theater

4
Das Römische Reich

*Ganz Rom ist auf den Beinen, um seinen sieg-
reichen Feldherrn zu feiern. Im Triumphzug
geht es über das Forum, den Mittelpunkt der
Stadt. Hier befinden sich die prunkvollsten
Bauwerke und Tempel. Oben auf dem Kapitol
wird der Sieger im Jupitertempel den Göttern
opfern. Die Soldaten haben Hunderte Gefan-
gene gemacht. Sie werden als Sklaven verkauft. Gleich kommen die Karren mit der
Kriegsbeute, dazu die wilden Tiere aus den
eroberten Gebieten. Diesmal soll ein riesiges
Tier mit langem Hals aus der Provinz Africa
dabei sein.*

Was möchtest du genauer über dieses Ereignis wissen?

*Triumphzug über das antike Forum
Romanum, Computergrafik, 2011*

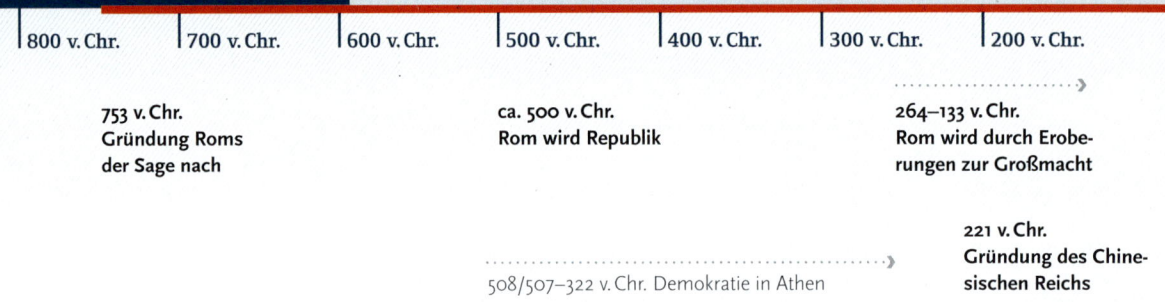

753 v. Chr.
Gründung Roms
der Sage nach

ca. 500 v. Chr.
Rom wird Republik

264–133 v. Chr.
Rom wird durch Erobe-
rungen zur Großmacht

221 v. Chr.
Gründung des Chine-
sischen Reichs

508/507–322 v. Chr. Demokratie in Athen

Das Römische Reich

Rom war lange Zeit eine kleine Stadt, vergleichbar mit einer griechischen Polis. Doch anders als in Griechenland wurde aus der kleinen Bauernsiedlung das Zentrum eines riesigen Weltreichs, das sich über drei Kontinente
5 erstreckte. Nur in Ostasien entstand zur gleichen Zeit mit dem Chinesischen Reich ein ähnlich mächtiger Staat. Das Römische Reich hat bis heute Spuren hinterlassen, denn römische Lebensart und Kultur begegnen uns noch immer: Einige von euch lernen die Sprache der
10 Römer im Unterrichtsfach Latein. Wir schreiben mit lateinischen und nicht mit griechischen Buchstaben. Unsere Monatsnamen und unser Kalender sind römischen Ursprungs. Wusstet ihr, dass viele unserer heutigen Obstsorten von den Römern zu uns gebracht wurden?
15 Unser Gerichtswesen und unsere politische Sprache enthalten viele Begriffe aus römischer Zeit.
In diesem Kapitel kannst du folgende Fragen untersuchen:
• Wie organisierten die Römer ihr Zusammenleben?
20 • Welche Konflikte mussten sie lösen?
• Wie sah der Alltag im Römischen Reich aus?

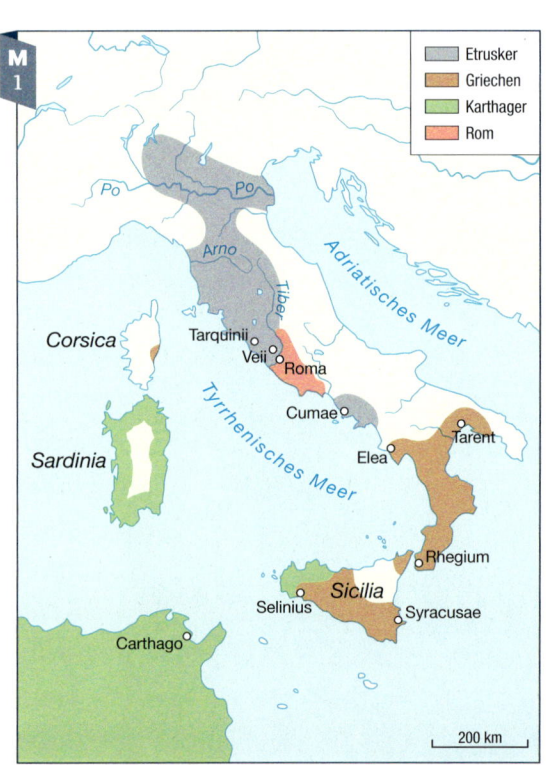

Italien um 480 v. Chr.

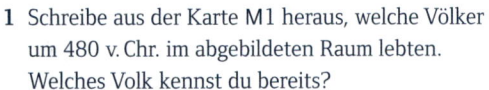

1 Schreibe aus der Karte M1 heraus, welche Völker um 480 v. Chr. im abgebildeten Raum lebten. Welches Volk kennst du bereits?

2 **Partnerarbeit:** In M2–M4 sind „Spuren" des Römischen Reichs abgebildet:
a) Besprecht, welche Spuren euch bereits begegnet sind (z. B. bei einem Museumsbesuch, Film, Büchern, Spielen).
b) Notiert in Stichworten: Was wissen wir schon darüber? Was möchten wir noch wissen?

100 v. Chr.	Christi Geburt	100 n. Chr.	200 n. Chr.	300 n. Chr.	400 n. Chr.	500 n. Chr.

44 v. Chr.
Ermordung Caesars

27 v. Chr.–14 n. Chr.
Kaiser Augustus: Rom
wird zum Kaiserreich

476 n. Chr.
Ende des Weströmischen
Reichs

1453
Ende des Oströmischen
(Byzantinischen) Reichs

M 2

Der Hafen von Puteoli (heute Pozzuoli) in der Bucht von Neapel, römisches Fresko, 1. Jh. n. Chr.

M 3

Amphitheater der römischen Stadt Thysdrus (heute El Djem, Tunesien), 1. Jh. n. Chr. Es war mit 35 000 Plätzen das drittgrößte des Römischen Reichs.

M 4

Kinder haben sich im Limesmuseum in Aalen mit Kleidung und Helm römischer Legionäre verkleidet, Foto, 21. Jh.

Wie ist Rom entstanden?

„Sieben-fünf-drei – Rom kroch aus dem Ei" heißt es in einem bekannten Vers.
- *Was haben heutige Wissenschaftler über die Entstehung Roms herausgefunden?*
- *Welche Geschichten erzählten sich die alten Römer über die Gründung ihrer Stadt?*

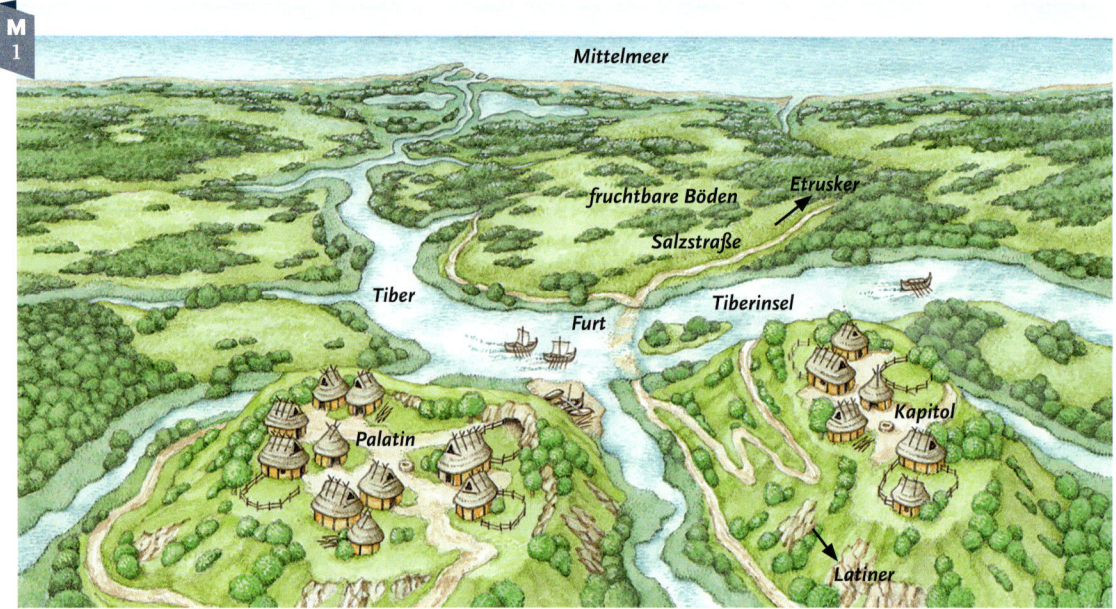

So sah die Gegend aus, in der Rom entstand. Nach heutigen Funden siedelten auf den beiden Hügeln die ersten Bewohner, Rekonstruktionszeichnung, 2014

Roms Entstehung aus Sicht der Sage

In Rom erzählte man sich gerne die Sage über die Gründung der Stadt im Jahr 753 v. Chr., wie du sie rechts nachlesen kannst. Um besondere Bedeutung in der Stadt zu erlangen, führten adlige Familien ihren Ursprung auf
5 berühmte Helden der Vergangenheit oder auf Göttinnen und Götter zurück. Das erscheint uns heute merkwürdig, aber im Altertum hielten es die Menschen für möglich, göttliche Vorfahren zu haben. Die Erzählung von einem gemeinsamen Ursprung und der Zusammengehörigkeit
10 einer bestimmten Gruppe nennen wir einen Gründungsmythos*.

Wohnhaus aus Lehm und Stroh der ersten Bewohner Roms, Rekonstruktionszeichnung

Roms Entstehung aus Sicht der Archäologen

Um 1000 v. Chr. siedelten an der Stelle der späteren Stadt Rom die Völker der Sabiner und Latiner. Sie waren
15 Hirten und Bauern. Der Boden war fruchtbar und der Tiber ließ sich leicht durchqueren. Auf dem Handelsweg am Flussufer wurde das kostbare Salz vom Mittelmeer ins Hinterland transportiert. Allmählich wurde die Siedlung zu einem beliebten Handelsplatz, der durch einen
20 Graben und einen einfachen Wall geschützt wurde.
Um 700 wanderte das Volk der Etrusker ein. Die Etrusker brachten eine andere Lebensweise mit und sprachen eine ganz andere Sprache. Sie bauten Häuser aus Stein und Ziegeln und waren Fachleute für Wassertechnik. Die
25 Etrusker importierten Kunstgegenstände aus Ägypten wie aus Griechenland und beherrschten neue Verfahren der Metallverarbeitung. Um 600 v. Chr. legten die Etrusker die tiefer gelegenen Gebiete am Tiber trocken und bauten ein Forum, einen prächtigen Marktplatz, als
30 Stadtmittelpunkt. Sie schützten die Stadt durch eine neue Mauer.

Römische Wölfin, etruskische Bronzeplastik, um 500 v. Chr., Höhe 75 cm, Museo Palazzo dei Conservatorii, Rom. Die Plastik stand auf dem wichtigsten Hügel der Stadt, dem Kapitol. Die Zwillinge Romulus und Remus wurden erst um 1500 n. Chr. hinzugefügt. Nach neueren Metallanalysen könnte die gesamte Plastik erst viel später hergestellt worden sein.

Die Gründungssage der Stadt Rom

So hätten ein Römer oder eine Römerin die Sage über die Gründung ihrer Stadt erzählt:

Unser Stammvater ist Äneas, einer der berühmten Helden Trojas. Sein Vater war Anchises, seine Mutter die Göttin Aphrodite. Hier in Italien nennen wir sie Venus. Als Troja dem Untergang nahe war, floh
5 Äneas mit seinem Vater aus der Stadt. Nach langen Wochen auf See gelangten sie nach Karthago. Die karthagische Königin Dido verliebte sich in Äneas und tat alles, um ihn in ihrer Stadt zu halten. Aber Äneas wollte weiter segeln. Aus lauter Verzweiflung
10 beging Dido Selbstmord. Das haben uns die Karthager sehr übel genommen.
Schließlich landeten Äneas und Anchises in Italien – ziemlich genau da, wo sich heute der Hafen unserer Stadt Rom befindet. Dort lebte damals das Volk
15 der Latiner. Ihr Gebiet nannten sie Latium. Äneas heiratete eine Tochter des Königs, und ihre Nachkommen herrschten viele Generationen über Latium. Eines Tages gerieten zwei Königssöhne in Streit, wer der neue König werden sollte. Der Sohn ohne An-
20 spruch auf den Thron vertrieb seinen Bruder und

dessen Tochter Rea Silvia. Er bestimmte, dass Rea Silvia Priesterin werden solle und damit unverheiratet und kinderlos bliebe. Da schritt Mars ein, der Gott der Landwirtschaft und des Krieges. Er zeugte
25 mit Rea die Zwillinge Romulus und Remus. Als der unrechtmäßige König davon erfuhr, ließ er die Zwillinge in einem Korb auf dem Tiber aussetzen. Der Korb wurde jedoch am Fuß des Palatin angeschwemmt. Vom jämmerlichen Geschrei angelockt,
30 trug eine Wölfin die Kleinen weg und säugte sie, bis ein Hirte die Jungen fand und aufzog.
Als Romulus und Remus Jahre später von ihrer Herkunft erfuhren, töteten sie den unrechtmäßigen König und gründeten auf dem Palatin eine Stadt. Bald
35 stritten auch Romulus und Remus um die Oberherrschaft. Romulus ließ eine Mauer um das Stadtgebiet errichten, die Remus lachend übersprang, um seinen Bruder zu ärgern. Voller Wut tötete Romulus seinen Bruder und schrie: „So soll es jedem ergehen, der
40 über die Mauern dieser Stadt steigt." Also wurde Romulus zum Gründer und Namensgeber unserer Hauptstadt.

Verfassertext

....

1 Betrachte M1 und M2. Nenne Gründe für einen Siedlungsplatz an dieser Stelle.

2 Lies die Gründungssage Roms (M4) und teile sie in Sinnabschnitte.

3 Wähle eine Aufgabe aus:
  a) Erzähle die Gründungssage Roms (M4) mit eigenen Worten nach.
  b) Notiere deine Vermutungen: Welche Wirkung sollte der Gründungsmythos auf Gegner Roms haben?

4 Vergleiche die Aussagen der Archäologie (Darstellungstext Z. 12–31) mit der Gründungssage der Stadt Rom (M4).

5 Betrachtet gemeinsam M3 und besprecht, welche Dinge seltsam erscheinen.
  Tipp: Achtet z. B. auf die Größenverhältnisse oder auf Haltung und Aussehen von Romulus und Remus.

6 Beantworte die in der Überschrift dieser Doppelseite gestellte Frage aus heutiger Sicht.

Ist eine „familia" eine „Familie"?

Heute stellen wir uns unter einer Familie meistens Mutter, Vater und Kinder vor, auch wenn sich diese Auffassung in letzter Zeit stark verändert hat. In der alt-römischen Gesellschaft lebten Eltern und Kinder in einer „familia" ebenso unter einem Dach.
- *Was unterschied eine römische „familia" von heutigen Formen der Familie?*

Szenen aus dem Leben eines römischen Kindes, Relief, um 150 n. Chr.

Die Bedeutung des pater familias

Der wichtigste Bereich im Zusammenleben war bei den Römern die Hausgemeinschaft der „familia". Darin besaß der Familienvater (pater familias) eine herausragende Stellung. Als Hausvater herrschte er über alle Dinge und
5 Personen seiner „familia", einschließlich seiner Ehefrau. Auch für die religiöse Erziehung und die Opfer für die Götter war er verantwortlich. Kein Gesetz schränkte seine Gewalt ein. Wer gegen die Entscheidungen des pater familias aufbegehrte, der verstieß gegen die Sitten der
10 Vorväter, die man stets zu achten hatte. Nach dem Tod des Familienvaters wurde der älteste Sohn zum neuen Familienoberhaupt.

Wer gehörte zur römischen „familia"?

Zur römischen „familia" zählten nicht nur Vater, Mutter
15 und Kinder, sondern auch Sklaven und Klienten*. Die meisten Sklaven waren Kriegsgefangene aus den Eroberungszügen Roms. In selteneren Fällen konnten auch Menschen, die ihre Schulden nicht mehr bezahlen konnten, zu Sklaven werden. Sklaven arbeiteten in Haushal-
20 ten, als Handwerker und in der Landwirtschaft. Ein pater familias konnte seine Sklaven freilassen. Deren Kinder durften dann römische Soldaten werden. Klienten waren von der Familie abhängige Menschen wie Handwerker und andere Arbeiter. Sie lebten außerhalb des Hauses.
25 Der Hausherr sicherte den Lebensunterhalt der Klienten

und lieh ihnen in Notlagen Geld oder Lebensmittel. Bei Streitigkeiten vertrat der Hausherr seine Klienten vor Gericht. Er war ihr Beschützer (= Patron). Als Gegenleistung stimmten die Klienten bei Abstimmungen in der
30 Stadt für ihren „pater familias". Je mehr Klienten ein Hausherr im alten Rom besaß, desto höher war sein gesellschaftliches Ansehen.

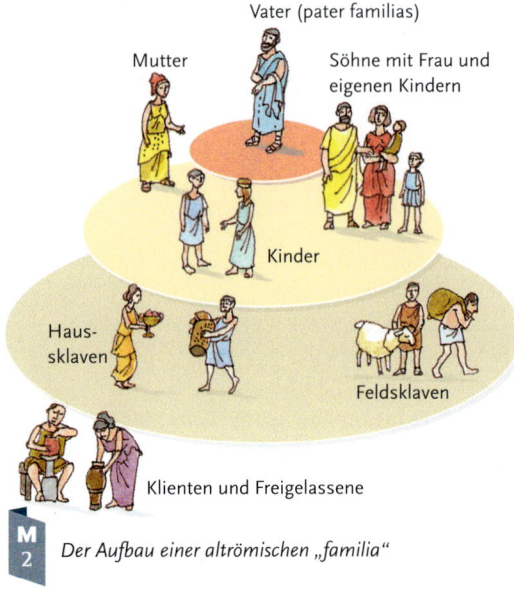

Der Aufbau einer altrömischen „familia"

Das Leben der Kinder in der römischen „familia"

Kam ein Kind zur Welt, legte die Hebamme das Neugebo-
35 rene auf den Boden. Hob der pater familias das Kind auf
den Arm, zeigte er damit, dass er es anerkannte. Ein miss-
gebildetes Kind konnte ausgesetzt oder getötet werden.
Die Kinder unterstanden lebenslänglich der Hausgewalt
des Vaters. Solange er lebte, hatten die Söhne keinen
40 Anspruch auf eigenen Besitz. Er bestimmte über die Erziehung, die Berufswahl und die Eheschließung seiner
Kinder. Zudem musste er für den militärischen Schutz der
Mitglieder seiner familia sorgen. Im Extremfall durfte der
pater familias Angehörige mit dem Tode bestrafen. Das
45 musste er allerdings gegenüber den anderen Verwandten
in einem Hausgericht rechtfertigen. Söhne und Töchter
konnten nur vom Vater aus der Hausgemeinschaft entlassen werden. Dieser Akt hieß „emancipatio" (= aus der
väterlichen Hand entlassen).

Formen der Eheschließung im alten Rom
50
Bei der Eheschließung gab es zwei Formen. Bei der älteren Form übernahm der Ehemann das Vermögen (Mitgift*) der Frau. Nur wenn die Frau keine Kinder bekommen konnte oder Ehebruch beging, konnte die Ehe
55 gelöst werden. In späteren Formen der Eheschließung
blieb die Ehefrau rechtlich unter der Gewalt ihres Vaters.
Eine Scheidung war ebenfalls möglich, wenn einer der
Ehepartner diese erklärte. In solch einem Fall erhielt die
Frau das in die Ehe mitgeführte Vermögen zurück.

Quintus, ein (erfundener) römischer Junge, stellt sich vor:

Ich bin Quintus. Ich bin schon zwölf Jahre alt!
Meine Geschwister sind schon aus dem Haus.
Mein Bruder Lucius ist 17. Er war ein Jahr bei
meinem Großvater Gaius Aemilius, das ist der
5 Vater meiner Mutter. Großvater hat Lucius in die
Politik Roms eingeführt. Bald wird Lucius seinen
Wehrdienst beginnen. Wenn Großvater etwas von
den Taten unserer Vorfahren erzählt, höre ich gerne zu. Auch mit meinem Hauslehrer würde ich
10 gerne solche Erzählungen lesen. Doch der hat
mir Texte über Viehzucht vorgelegt, ausgesucht
vom Vater. So etwas Langweiliges! Aber gegen Vaters Hausgewalt kommt halt keiner an. Wenn ich
doch bloß erst so alt wäre wie Lucius. Vor zwei
15 Jahren durfte er am Altar, der unseren Familien-
gottheiten geweiht ist, seine Kindertoga ablegen.
Meine Schwestern Romilia und Claudia sind
schon verheiratet. Meine dritte Schwester Caecilia
ist Priesterin im Vestatempel und darf daher nicht
20 heiraten. Aber alle sind stolz auf sie, auch unsere
Sklaven und Klienten.
Verfassertext

Cornelia, eine (erfundene) Römerin, stellt sich vor:

Ich bin die Frau von Marcus Romilius. Seit zwanzig Jahren sind wir verheiratet. Mein Vater, Gaius
Aemilius, hatte mit seinem Vater die neue Form
der Eheschließung vereinbart. Deshalb unter-
5 stehe ich nicht der Verfügung meines Mannes,
sondern der meines Vaters. So kann ich meine
schöne Mitgift – das Vermögen, das ich von meinen Eltern für die Ehe erhalten habe – zurückver-
langen, wenn Marcus und ich uns trennen soll-
10 ten. Im Haus gibt es für mich viel zu tun, obwohl
nur noch Quintus, der Jüngste, bei uns lebt. Ich
bin für den Speisezettel verantwortlich und beauf-
sichtige die Köchin beim Brotbacken. Von meiner
Mutter habe ich gelernt, wie man webt und
15 spinnt. Hätte ich doch nur nicht so viel Arbeit
damit, die Vorräte der Gutswirtschaft zu verwalten: Mehl, Eier und Unmengen von Trockenobst!
Jupiter sei gedankt, dass Marcus mir nicht viel
hineinredet. Nur sparsam muss ich sein. Aus
20 dem Haus gehe ich nicht so oft wie mein Mann.
Verfassertext

1 Beschreibe anhand des Darstellungstextes die Stellung des pater familias in der römischen „familia".

2 Zeichne das Schaubild M2 in dein Heft ab. Trage
Pfeile und Stichworte ein, die die Rechte und Pflichten der einzelnen Mitglieder der „familia" zeigen.

3 **Wähle eine Aufgabe aus:**
Gib Vor- und Nachteile des Klientelwesens wieder:
a) aus Sicht des Patrons   **b)** aus Sicht des Klienten

4 Beschreibe mithilfe von M1 und M3 das Leben
der Kinder in der römischen „familia".

5 Erläutere mithilfe von M2 und M4 die Stellung
der Ehefrau Cornelia in der römischen „familia".
Vergleicht sie mit der des pater familias.

6 Besprecht: Ist eine „familia" eine „Familie"?

Was hielt die römische Gesellschaft zusammen?

„Res publica" – aus dem Lateinischen übersetzt heißt das „öffentliche Angelegen-heit". So nannten die Römer ihren Staat. Aber war dieser Staat wirklich eine Sache des ganzen Volkes?

- *Auf dieser Doppelseite findest du heraus, was den Römern wichtig war und zu welchen Konflikten es in ihrer Republik kam.*

Das Gemeinschaftsgefühl der Römer

Alle Römer waren überzeugt, dass die Tüchtigkeit ihrer Vorfahren Rom groß und bedeutend gemacht hatte. In der Frühzeit Roms waren alle Einwohner Bauern. Sie mussten hart arbeiten und sparsam wirtschaften. Der
5 vornehme wie der einfache Römer sollte von der Land-wirtschaft leben. Handel und Geldgeschäfte galten als unehrenhaft. Selbst als in späteren Jahrhunderten Rom unermesslich reich wurde, Männer und Frauen in kost-barer chinesischer Seide gekleidet und mit Schmuck be-
10 hängt waren, betonten Politiker in ihren Ansprachen immer noch das Ideal der einfachen und sparsamen Lebensweise aus der Frühzeit. Die Römer versuchten mehrfach durch neue Gesetze den Hang zum Luxus ein-zudämmen. Dies erwies sich jedoch als wirkungslos.

15 Die Bedeutung der Religion

Die Römer verehrten – wie die Griechen – viele Götter. Oft waren es dieselben, nur mit lateinischen Namen. Römische Familien besaßen einen Hausaltar in Form eines Wandbildes oder eines Steinsockels. Hier wurden
20 das Hausfeuer umsorgt und die Hausgötter verehrt. Auch die Büsten der Vorfahren standen dort neben einer Statue des Stammvaters Äneas.
Die Religion berührte viele Lebensbereiche der Römer. So befragten sie beispielsweise vor einem Kriegszug die
25 Götter. Die dafür zuständigen Auguren waren römische Beamte, die bestimmte Zeichen wie den Vogelflug deu-teten, um den Willen der Götter zu erfassen. Anhand des Fluges und des Geschreis eines Vogels überprüften sie, ob die Götter mit einem geplanten Unternehmen einver-
30 standen waren. Mit Trank- oder Tieropfern und Gaben von Feldfrüchten sollten die Götter außerdem gnädig gestimmt werden. Öffentliche Kulte dienten dem Erfolg im Leben, der Abwehr von Unheil oder der Wieder-gutmachung von Fehlern, die die Menschen begangen
35 hatten.

Kämpfe zwischen Patriziern und Plebejern

Etruskische Könige herrschten ab 600 v. Chr. für rund 100 Jahre über Rom. Dann vertrieben adlige Römer, die Pferde und Waffen besaßen, den etruskischen Herr-
40 scher. Diese adligen Römer, auch Patrizier* genannt, teilten Macht und Besitz unter sich auf und besetzten die hohen Ämter in Staat, Religion und Militär. Ihre Herrschaftsform bezeichneten sie als Republik*.
Um 500 v. Chr. hatte die „res publica" 35 000 männliche
45 Bewohner. Die Römer herrschten über ein Gebiet, das sich rund 60 Kilometer im Süden der Stadt ausdehnte. Im Krieg mussten die nichtadligen Bewohner, die Pleble-jer*, als Soldaten zu Fuß aufbrechen, ihre Waffen selbst herstellen oder kaufen und ihre Höfe und Werkstätten
50 im Stich lassen. Da die Plebejer nur einfache Bauern, Handwerker oder Händler waren, verschuldeten sie sich für den Kriegsdienst bei den reichen Patriziern. Als im 5. Jahrhundert v. Chr. die römischen Gesetze im „Zwölf-tafelgesetz" aufgeschrieben wurden, verbesserte sich
55 ihre rechtliche Situation und sie bekamen Anspruch auf ein Stück Land aus den Eroberungen. Dennoch kam es zwischen 494 und 287 v. Chr. zu ständigen Auseinander-setzungen zwischen Patriziern und Plebejern. Schritt für Schritt erreichten dabei die Plebejer eine Beteiligung an
60 der Macht.

Hausaltar einer römischen Familie aus Pompeji mit Stein- und Gipsbüsten der Vorfahren, Foto, 2004

*Münze mit der Göttin
Concordia (= Eintracht), 42 v. Chr.*

Menenius Agrippa in einer Rede (494 v. Chr.):

*Die Plebejer verweigerten den Wehrdienst und
forderten einen Erlass der Schulden. Menenius
Agrippa war von den Patriziern als Vermittler zu
den Plebejern geschickt worden.*

Früher war im Menschen noch nicht alles so per-
fekt wie heute. Jeder Körperteil hatte seinen eigenen Willen und seine eigene Sprache. Viele Körperteile ärgerten sich, dass sie nur für den faulen
5 Magen sorgen sollten, für ihn arbeiten und alles
heranschleppen mussten. Der Magen tue doch
nichts anderes, als sich an den mitgebrachten
Dingen satt zu essen. Da fassten die anderen
Körperteile folgenden Beschluss: Die Hände soll-
10 ten keine Nahrung mehr zum Munde führen, der
Mund nichts annehmen und die Zähne nichts
kauen. Da sie den Magen durch Hunger schwä-
chen wollten, merkten sie bald, dass auch sie selber schwach und elend wurden. Da sahen sie ein,
15 dass der Magen nicht nur faul war. Wurde er ernährt, dann stärkte er durch sein Blut auch die
anderen Körperteile.

*Titus Livius, Ab urbe condita libri, Buch 2, 32. Zit. nach
http://www.thelatinlibrary.com/Livy/liv.2.shtml
(19. 5. 2014). Übers. v. Verf.*

Aus dem Zwölftafelgesetz (um 450 v. Chr.):

*Lange Zeit wurden die Gesetze Roms nur mündlich
überliefert. Das Zwölftafelgesetz war eine
schriftliche Gesetzessammlung, die auf zwölf Tafeln
auf dem Forum Romanum ausgestellt wurde,
damit jeder die Gesetzestexte sehen konnte.*

- Wer vor das Gericht gerufen wird, der muss
  hingehen ... Wenn er nicht geht, Ausflüchte
  macht oder fliehen will, soll er verhaftet werden.
5 - Wenn jemand ein Körperteil verstümmelt, soll
  der Täter das Gleiche erleiden oder sich mit
  dem Verletzten einigen.
- Hat jemand nachts einen Diebstahl begangen
  und wurde der Dieb dabei getötet, dann war
10 das rechtens.
- Hat das Gericht eine Geldschuld festgesetzt,
  hat der Schuldner 30 Tage Zeit zur Tilgung seiner Schuld.
- Zahlt der Schuldner seine Schuld nicht, kann
15 der Gläubiger ihn mit einem Strick fesseln und
  Fußfesseln mit 15 Pfund Gewicht anhängen.

*Das Zwölftafelgesetz, Tafel 1 und 3. Zit. nach Rudolf Düll
(Hg.), Das Zwölftafelgesetz, 3. Aufl., München (Heimeran) 1959. Übers. v. Rudolf Düll, bearb. v. Verf.*

1 Untersuche anhand des Darstellungstextes und M1
   die Bedeutung der Vorfahren für die Römer.
2 Gib die Rede M3 in eigenen Worten wieder.
3 Gestalte die Antwortrede eines Plebejers auf die
   Rede des Menenius Agrippa.
4 Erkläre, warum auf der Münze M2 die Göttin Concordia abgebildet ist. Schreibe auf, was der Hand-
   schlag bedeuten könnte.

5 **Wähle eine Aufgabe aus:**
   a) Ein Athener besucht im 5. Jahrhundert v. Chr.
   Rom – was könnte er den Athenern nach seiner
   Rückkehr über Rom berichten?
   b) Ein Römer besucht im 5. Jahrhundert v. Chr.
   Athen – was könnte er den Römern nach seiner
   Rückkehr über das Scherbengericht erzählen?
   c) Informiere dich mithilfe des Darstellungstextes
   sowie M4 über das Zwölftafelgesetz. Erkläre, welche
   Folgen es für einen einfachen Plebejer hatte.

Ein Schaubild auswerten

In fast allen Staaten regelt heute eine Verfassung als „Grundgesetz" das Zusammenleben der Menschen. Auch im Römischen Reich gab es eine solche Ordnung. Um die Verfassung eines Staates darzustellen, verwenden Historiker häufig Schaubilder. Wie du ein solches Schaubild richtig entschlüsselst, erfährst du hier. Am Ende kannst du folgende Fragen beantworten:

- *Wie wurde die römische Republik regiert und verwaltet?*
- *Wie war die Macht verteilt?*

Der Senat

Der Senat war das Zentrum der politischen Ordnung, denn hier wurde über die Grundzüge der Politik sowie über Krieg und Frieden entschieden. Tagungsort des Senates war die „Curia" am Rande des Forum Romanum*.
5 Im Senat saßen 300 (später 600) Männer der einflussreichen Patrizierfamilien. Ab 300 v. Chr. durften auch wohlhabende Plebejer Senatoren* werden.

Die Magistrate

Die römischen Beamten hießen Magistrate. Damit sie
10 ihre Macht nicht missbrauchen konnten, blieben sie immer nur für ein Jahr im Amt (Prinzip der Annuität). Jedes Amt wurde mit zwei Männern besetzt (Prinzip der Kollegialität). Zwei Konsuln standen an der Spitze des Staates. Hinzu kamen weitere Beamte: Sie waren für das
15 Gerichtswesen (Prätoren), die öffentliche Ordnung (Ädile) und die Finanzen (Quästoren) zuständig. Zensoren überwachten die Sitten und die Steuereinnahmen. Schied ein Beamter aus seinem Amt aus, wurde er Senator. Nur reiche Römer konnten sich die Tätigkeit als Be-
20 amte leisten, denn es waren Ehrenämter ohne Bezahlung. Um in ein hohes Amt gewählt zu werden, mussten römische Männer tief in die Tasche greifen: Bestechung war an der Tagesordnung. Wer nicht gut reden konnte, der musste einen Redner bestellen und bezahlen.

25 ### Welche Aufgabe hatten die Volkstribune?

Die zehn Volkstribune wurden von der Versammlung der Plebejer gewählt. Sie schützten die Rechte der Plebejer. Die Volkstribune konnten alle Entscheidungen des Senats und der Magistrate blockieren. Dazu genügte es,
30 das Wort „Veto" (= ich verbiete) auszusprechen.

Die Volksversammlung

In der Volksversammlung kamen alle wehrfähigen Männer Roms zusammen, Patrizier wie Plebejer. Ausgeschlossen waren Frauen, Sklavinnen und Sklaven. Vor-
35 aussetzung für den Zugang zur Volksversammlung war das römische Bürgerrecht*. In der Volksversammlung wurde aber nicht wie in Athen nach Personen abgestimmt, sondern nach Vermögen. Daher hatten reiche Bürger viel mehr Einfluss als arme. Auch bei der
40 Abstimmung nach Wohnbezirken waren die reichen Bürger im Vorteil. Jeder der 35 Wohnbezirke hatte eine Stimme. Der größte Teil der einfachen Bevölkerung lebte in der Stadt, aber es gab nur vier städtische Wohnbezirke. Die anderen 31 Bezirke lagen auf dem Land, und
45 ärmere Römer dort konnten sich die Anreise in die Stadt nicht leisten. Daher gaben nur die vermögenden Bürger vom Land ihre Stimme ab.

In einer Sache waren sich Patrizier und Plebejer aber einig: Sie lehnten jede Form von Alleinherrschaft ab. Nur
50 in Zeiten großer Gefahr für den Staat, etwa durch Bedrohung von außen, konnte ein Diktator für die Dauer von höchstens sechs Monaten bestimmt werden.

 M 1 **Anzahl stimmberechtigter Römer mit römischem Bürgerrecht (Italien vom Fluss Po bis zur Südspitze):**

Um 300 v. Chr.:	35 000 (Schätzung)
130 v. Chr.:	300 000 (Schätzung)
69 v. Chr.:	910 000 (Volkszählung)

Zahlen nach Robin Lane Fox, Die klassische Welt, Stuttgart (Klett) Sonderausgabe 2013, S. 137, 139 und 383.

....

1 Partnerarbeit: Notiert in einer Tabelle die wichtigsten Institutionen der römischen Republik.

Versammlung/Amt	Aufgaben
Volksversammlung	

2 Werte M2 mithilfe der Arbeitsschritte in der Tabelle aus. Ergänze die Lösungshinweise, die du in der rechten Spalte vorfindest.

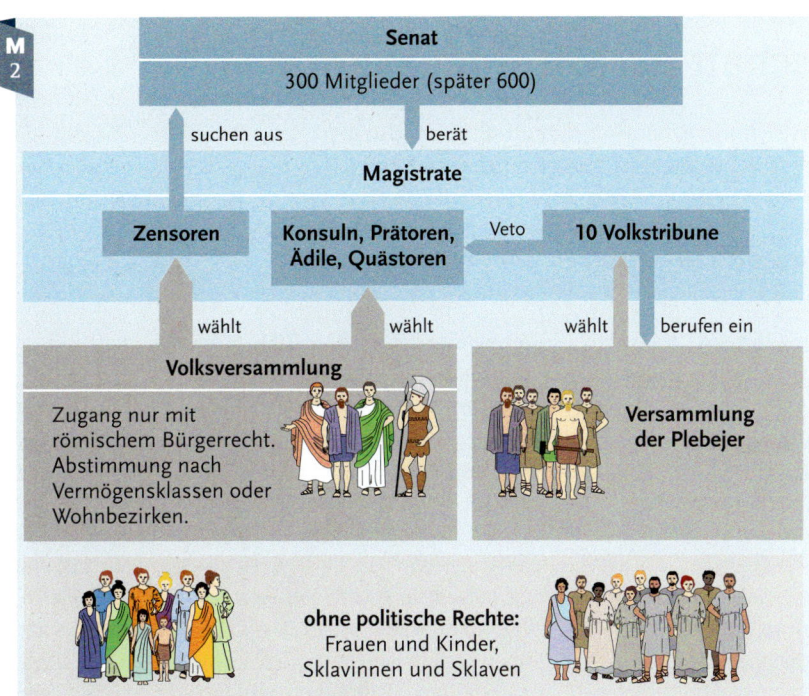

Die Verfassung der römischen Republik

Arbeitsschritte „Ein Schaubild auswerten"

Einzelne Elemente des Schaubildes erfassen	Lösungshinweise zu M2
1. Welche Fachbegriffe werden verwendet und müssen geklärt werden?	• z. B. Magistrat, Senat, Zensor ...
Aufbau des Schaubildes untersuchen	
2. Wie ist das Schaubild zu lesen?	• Das Schaubild lässt sich am besten von unten nach oben lesen, weil ...
3. Welche Versammlungen und Ämter gab es?	• Es gab die Volksversammlung und ... • Zu den Ämtern der römischen Republik gehörten ...
Inhalt vertiefen und bewerten	
4. Was waren die Aufgaben der einzelnen Ämter und Versammlungen?	• Die ... waren zuständig für ... • Die Volksversammlung wählte ...
5. Wie war die Macht im Staat verteilt?	• Der Senat steht im Schaubild ganz oben, weil ... • Ohne politische Rechte waren ... • Zur Volksversammlung zählten ... • Die Plebejer wählten 10 Volkstribune. Diese durften ...
6. Sammle offene Fragen.	• Unverständlich bleibt für mich ...

3 Überprüfe anhand des Schaubildes M2 und des Darstellungstextes folgende Aussagen. Schreibe sie richtig auf und erläutere sie:
a) Der Senat ist den Magistraten unterstellt.

b) Ein Diktator wird von den Magistraten ernannt und übt sein Amt höchstens ein Jahr lang aus.
c) In der Volksversammlung haben alle das gleiche Stimmrecht.

Zusatzaufgabe: siehe S. 202

Römische Herrschaft im Mittelmeerraum

Viele Jahrhunderte befanden sich die Römer im Krieg mit ihren Nachbarn. Zu den längsten Auseinandersetzungen gehören die drei Kriege mit der nordafrikanischen Stadt Karthago, eine mächtige Seemacht im Mittelmeerraum.

Webcode: FG642885-126
*Kartenanimation:
Das Römische Reich*

- *Aus welchen Gründen führte Rom Krieg und was war das Ergebnis?*

Der erste Krieg gegen Karthago (264–241 v. Chr.)

Als die griechische Stadt Messana in Sizilien von ihrer Nachbarstadt Syrakus angegriffen wurde, riefen die Messaner sowohl Römer wie Karthager zu Hilfe. Kurz darauf führten Rom und Karthago einen Krieg um die Insel Sizilien, der über zwanzig Jahre dauern sollte.

Die Römer verfügten als Landmacht nur über ein Landheer und mussten erstmals Kriegsschiffe bauen. Als diese von der karthagischen Flotte zerstört wurden, finanzierten reiche römische Patrizier neue Schiffe.

Die Römer errangen den entscheidenden Sieg zur See. Die Karthager mussten Sizilien räumen und verloren auch die erzreichen Inseln Sardinien und Korsika an Rom. Im Friedensvertrag erhielten die Römer zudem die damals gewaltige Menge von 80 Tonnen Silber als Kriegsbeute. Sizilien wurde zur ersten römischen Provinz*: Ein römischer Beamter verwaltete das Gebiet und zog von den Bewohnern Steuern (Tribute) ein.

Kriegselefant mit Kampfturm, Abbildung auf einem etruskischen Teller, 3. Jh. v. Chr.

M 1

....

Provinz

Provinzen waren römische Besitzungen, die außerhalb Italiens lagen. Sie wurden von einem römischen Statthalter mit einem kleinen Aufgebot von Soldaten verwaltet. Die ersten Provinzen waren Sizilien und Sardinien; am Ende der Republik unter Caesar waren es 18 Provinzen. Deren Bewohner mussten Abgaben zahlen.

Der zweite Krieg (218–201 v. Chr.): Hannibal besiegt die Römer in Italien

Nach dem Verlust von Sizilien 241 v. Chr. eroberten die Karthager weite Teile Spaniens und erschlossen dort reiche Silberminen. Die Römer verpflichteten die Karthager in einem Vertrag, keinesfalls den Fluss Ebro im Norden Spaniens in Richtung Rom zu überschreiten. Der karthagische Feldherr Hannibal verletzte diesen Vertrag und zog mit einem gewaltigen Heer von 50 000 Soldaten, 9000 Reitern und 37 afrikanischen Elefanten über die Alpen nach Italien. In der Schlacht von Cannae besiegte er die Römer; 50 000 von 80 000 römischen Soldaten starben. Drei Jahre zog Hannibal unbesiegt durch das Land, griff aber die Stadt Rom nicht direkt an. Der Krieg kostete 100 000 Menschenleben und ließ 400 zerstörte Städte in Italien zurück. Erst als der römische Feldherr Scipio nach Afrika übersetzte und dort die Karthager entscheidend schlug, war der Krieg entschieden.

Die Römer richteten neue Provinzen in Spanien ein, erhielten 260 Tonnen Silber als Kriegsbeute und zwangen die Karthager zur Ablieferung fast aller Schiffe. Kriege durfte Karthago nur noch mit Zustimmung Roms führen.

Der dritte Krieg (150–146 v. Chr.): Karthago wird zerstört

Einen ungenehmigten Feldzug der Karthager nahmen die Römer 150 v. Chr. zum Anlass, erneut gegen Karthago zu Felde zu ziehen. Nach dreijähriger Belagerung eroberten sie die Stadt, zerstörten sie völlig und brachten die Bevölkerung als Sklaven nach Rom. Das Land der Karthager wurde zur römischen Provinz Africa.

Wer hatte Interesse an den Kriegen?

Römische Feldherren stammten fast ausschließlich aus reichen Patrizierfamilien. Militärischer Erfolg war eine wichtige Voraussetzung, um als Politiker Karriere zu machen und ein hohes staatliches Amt zu erlangen. Ein öffentlicher Triumphzug in Rom mit der Präsentation der Beute und der Gefangenen war der Höhepunkt im Leben eines Befehlshabers. Daher waren ständig Armeen der römischen Republik in fremden Gebieten unterwegs.

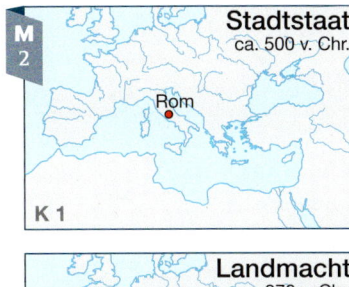

Stadtstaat
ca. 500 v. Chr.

Rom

K 1

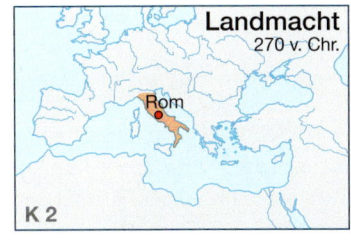

Landmacht
270 v. Chr.

Rom

K 2

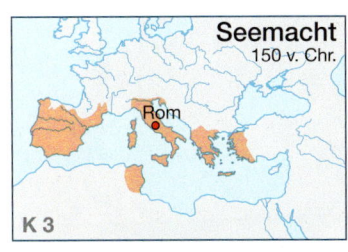

Seemacht
150 v. Chr.

Rom

K 3

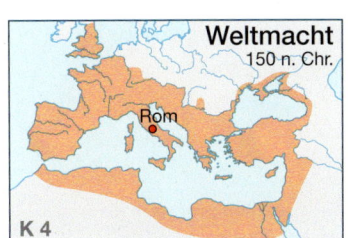

Weltmacht
150 n. Chr.

Rom

K 4

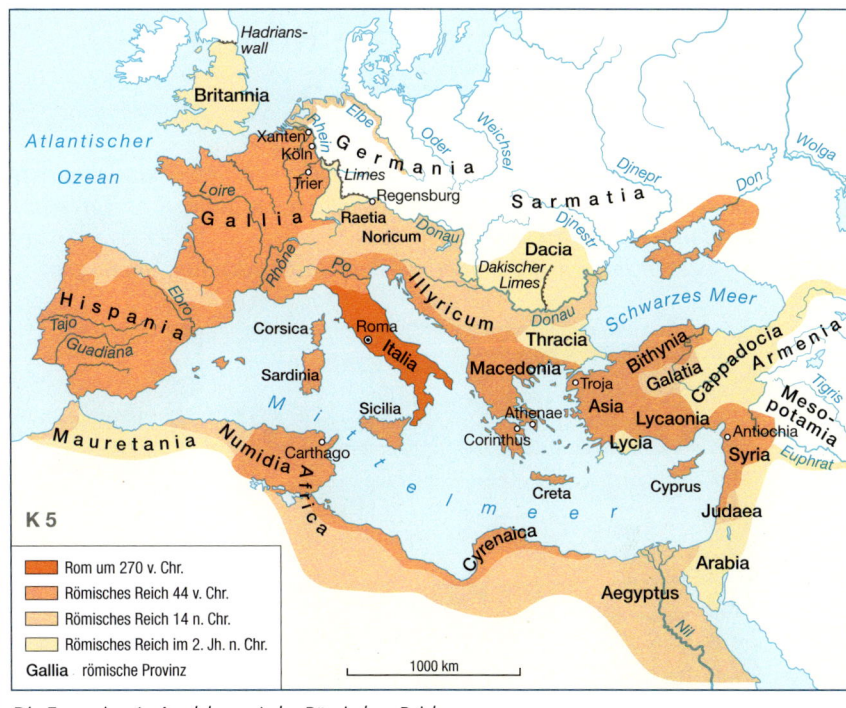

K 5

Rom um 270 v. Chr.
Römisches Reich 44 v. Chr.
Römisches Reich 14 n. Chr.
Römisches Reich im 2. Jh. n. Chr.
Gallia römische Provinz

1000 km

Die Expansion (= Ausdehnung) des Römischen Reichs.
Die Karten 1–4 zeigen die Größe des Reichs zu einem bestimmten Zeitpunkt. Karte 5 gibt
die Entwicklung über einen längeren Zeitraum wieder und setzt sich aus den vier Karten
links zusammen.

Imperium Romanum

(von lat. imperare = befehlen). Unter Imperium verstanden die Römer ursprünglich die militärische und zivile Befehlsgewalt der römischen Konsuln und später auch der Verwalter einer Provinz. Allmählich wurde es zur Bezeichnung des römischen Herrschaftsgebiets:

• Bis 272 v. Chr. unterwarfen die Römer ihre Nachbarvölker. Italien stand damit bis zum Fluss Po unter römischer Herrschaft.

• Zwischen 264 und 146 v. Chr. ging es in drei Kriegen gegen die See- und Handelsmacht Karthago im heutigen Tunesien um die Vorherrschaft in Sizilien und Nordafrika.

• Ab dem 3. Jahrhundert v. Chr. eroberten die Römer die reichen Nachfolgestaaten Alexanders des Großen im östlichen Mittelmeerraum.

1 **Partnerarbeit:** Wertet den Darstellungstext aus und haltet eure Ergebnisse in einer Tabelle fest:

Rom gegen Karthago	1. Krieg	2. Krieg	3. Krieg
Anlass des Krieges			
Verlauf			
Ergebnisse			

2 Benenne die drei Phasen der Entstehung des Imperium Romanum und ordne ihnen jeweils eine der kleinen Karten zu (Begriffskasten).

Zusatzaufgabe: siehe S. 203

3 **Partnerarbeit:**

a) Findet mithilfe von M2 heraus, wann sich das Römische Reich besonders schnell vergrößerte.

b) Diskutiert mögliche Gründe für die schnelle Ausdehnung Roms. Der Darstellungstext nennt einige, aber nicht alle.

c) Nennt mögliche Gründe, warum die römischen Herrscher nicht noch mehr Gebiete gewaltsam eroberten.

Wie behandelten die Römer unterworfene Völker?

Mit der Ausdehnung des Römischen Reichs seit dem 3. Jahrhundert v. Chr. standen die Regierenden in Rom vor der neuen Aufgabe, ihre Herrschaft in den eroberten Gebieten zu sichern.
*   *Untersuche, wie die Römer mit den Unterworfenen umgingen.*

Triumphbogen des Septimius Severus auf dem Forum Romanum in Rom zum Sieg der Römer gegen die Parther, 203 n. Chr.

Ein Ausschnitt aus dem Triumphbogen zeigt einen römischen Soldaten und einen gefangenen Parther, 203 n. Chr.

Die Gallier – erst besiegt, dann integriert

Gallien (in etwa das heutige Frankreich) wurde 58 bis 51 v. Chr. von Julius Caesar für Rom erobert. Gallien war reich an Bodenschätzen und Holz – einem an den Küsten Südeuropas knapper werdenden Rohstoff. Die Eroberung
5 wurde mit großer Härte geführt und über eine Million Menschen fanden den Tod. Der Anführer der Gallier, Vercingetorix, kam als Gefangener nach Rom und wurde nach einem Triumphzug Caesars 46 v. Chr. hingerichtet. Mit der Eingliederung Galliens als römische Provinz er-
10 hielten Mitglieder der gallischen Oberschicht das römische Bürgerrecht. Ihr Leben unterschied sich nach drei Generationen kaum noch von dem reicher Römer.

Römischer Bürger werden – ein Gewinn?

Die Verleihung des römischen Bürgerrechts war für Un-
15 terworfene aus allen neuen Gebieten des Reichs ein begehrtes Ziel. Das Bürgerrecht schützte vor Willkür durch römische Beamte und ermöglichte eine gültige Einheirat in andere römische Familien. Wer das Bürgerrecht besaß, durfte ein Testament verfassen und Geschäftsverträge
20 abschließen. Zudem waren Bürger von bestimmten Gemeindesteuern befreit und erlangten das Wahlrecht in der Volksversammlung. Römische Bürger durften nicht gefoltert oder zur Todesstrafe verurteilt werden.
Das Bürgerrecht konnte an einzelne Personen, Städte oder ganze Provinzen verliehen werden. In der Zeit der
25 Republik erhielten als Erste die Verbündeten in Italien das Bürgerrecht, da sie für Rom kämpften. Die Verleihung war uneinheitlich geregelt und oft mit Einschränkungen für die neuen Bürger versehen. Erst 212 n. Chr.
30 erhielten alle frei geborenen Einwohner des Reichs das Bürgerrecht.

Die Parther – unbesiegter Gegner im Osten

Das Reich der Parther war der große Rivale Roms im Vorderen Orient. Gegen sie führten die Römer immer wieder Kriege. Ein Mitkonsul Caesars, Licinus Crassus,
35 kam 53 v. Chr. bei einem Krieg gegen die Parther ums Leben. Die Mehrzahl seiner Soldaten wurde ebenfalls

getötet, und die Römer verloren die wichtigsten militärischen Abzeichen, die Legionsadler. Dies wurde in Rom
40 als schlimme Demütigung empfunden.

Im 3. Jahrhundert wurde der römische Kaiser Valerian bei einem Feldzug gegen die Nachfolger der Parther, die persischen Sassaniden, geschlagen. Er geriet in Gefangenschaft und starb dort.

Triumphrelief Schapurs I., König der Sassaniden, in Naksch-e Rostam (Iran), ca. 260 n. Chr. Schapur hält den neben ihm stehenden Valerian zum Zeichen der Gefangennahme am Arm fest.

Aus einer Rede von Kaiser Claudius (48 n. Chr.):

Was wurde denn den Spartanern und Athenern trotz ihrer militärischen Übermacht zum Verhängnis? Sie grenzten die Besiegten aus. Da besaß doch der Gründer unseres Staates, Romulus,
5 mehr Weisheit. Die meisten der besiegten Völker wurden an ein und demselben Tag zuerst als Feinde und dann als Bürger behandelt …
Wenn man in der Rückschau auf unsere Kriege blickt, dann wurde keiner schneller beendet als
10 der gegen die Gallier. Seitdem herrscht ohne Unterbrechung ein sicherer Frieden. Da die gallischen Oberen mit uns durch gleiche Sitten, Bildung und Heirat verbunden sind, sollen sie doch ihr Gold und ihre Schätze lieber zu uns bringen,
15 als sie für sich zu behalten. Alles, Senatoren, was man heute für uralt hält, ist einmal neu gewesen: Plebejische Beamte folgten patrizischen Beamten, latinische auf die plebejischen, Beamte aus anderen Völkern Italiens auf die latinischen. Auch
20 diese neue Regel wird sich einbürgern.

Tacitus, Annales 11,24. Zit. nach www.thelatinlibrary.com (20. 5. 2014). Übers. d. Verf.

Der Historiker Uwe Walter schrieb 2012:

Zu den gängigen, aber falschen Auffassungen über das Römische Reich gehört, dieses habe allein oder im Wesentlichen auf den Schwertern und pila (Speeren) seiner Legionen geruht. Wäre
5 dem so gewesen, hätte es keine zwei Generationen lang existiert. Das Geheimnis des römischen Erfolgs bestand vielmehr in der Bereitschaft und Kraft zur Integration[1]. Spannend ist nun, dass die Römer diese Tatsache bereits in ihren Grün-
10 dungsmythos eingeschrieben hatten. Aeneas war ein Flüchtling aus Troja. Und als Romulus daranging, die Stadt Rom zu gründen, mangelte es an Bewohnern. Romulus richtete daher am Rande des Kapitols ein Asyl[2] ein, wo sich Männer ein-
15 finden konnten, die nicht nach ihrer Herkunft gefragt werden wollten: Flüchtlinge, Verbannte, Enteignete, vagabundierende Krieger. Zum Selbstverständnis der Römer gehörte es, „Zugereiste" zu sein und nicht schon immer einen
20 Platz besiedelt zu haben. Rom ist ein Ergebnis von Immigration[3] und Integration.

Uwe Walter, Wachstum durch Integration: das Imperium Romanum. Eine Anregung für den Unterricht, in: geschichte für heute 1/2012, S. 44. Bearb. v. Verf.

....

[1] Eingliederung
[2] Zufluchtsort, Notunterkunft
[3] Einwanderung

....

1 Betrachte M1–M3. Nenne mögliche Erklärungen, warum die Herrscher diese Bauwerke in Auftrag gaben.
2 Arbeite aus M4 die Argumente heraus, die Kaiser Claudius für eine Eingliederung der gallischen Oberen angibt.

3 Wähle eine Aufgabe aus:
a) Untersuche M5 mithilfe der Arbeitsschritte „Einen Sachtext lesen und verstehen" auf S. 27.
Tipp: Beachte, mit welchem Ziel die Römer das römische Bürgerrecht an unterworfene Völker vergaben.
b) Gib M5 in eigenen Worten wieder. Erläutere anschließend, worin der Verfasser das „Geheimnis des römischen Erfolgs" (Z. 6 f.) sah.

Warum geriet die römische Republik in die Krise?

In den Krieg zu ziehen war für die römischen Bauern ein selbstverständlicher Teil ihres Lebens. Ein Krieg begann in der Regel im Frühsommer, und nach wenigen Wochen waren die Soldaten wieder zurück bei ihren Familien und auf ihren Feldern – mit dem ausgezahlten Sold und einem Anteil an der Beute. Als Rom begann, Kriege außerhalb Italiens zu führen, blieben die Soldaten jedoch oft Jahre weg oder starben in der Fremde.

- *Welche Auswirkungen hatte die römische Expansion auf die römische Gesellschaft?*
- *Wer profitierte davon und wer gehörte zu den Verlierern?*

Die Reichen werden noch reicher

Durch die Kriege gegen Karthago und die griechischen Staaten kamen Hunderttausende Kriegsgefangene als Beute nach Italien – Männer, Frauen und Kinder. Auf Sklavenmärkten wurden sie als billige Arbeitskräfte ver-
5 kauft. Wohlhabende Römer nutzten ihr Vermögen und pachteten weite Flächen des Staatslandes, kauften Hunderte oder gar Tausende Sklaven und ließen sie auf ihren Landgütern in großem Stil Getreide, Wein, Oliven und Früchte anbauen. Auch die Viehzucht warf hohe
10 Gewinne ab.

Von der Ausdehnung des Reichs profitierte auch der neue Stand der Ritter. Diese waren nichtadlige Bürger, die durch Handwerk oder durch den Handel von Waren reich wurden. Viele Ritter machten auch als Transport-
15 oder Bauunternehmer Karriere. Mithilfe von Gewinnen aus Kriegen oder durch Steuereinnahmen aus den Provinzen konnten der Staat und reiche Patrizier Aufträge zum Bau von Brücken, Straßen, Wasserleitungen, Villen und Tempeln vergeben.

Aus Bauern werden „Proletarier"

20 Die Last der Kriege trugen vor allem die einfachen Bauern. Wenn sie zu lange von ihren Höfen fernblieben, konnten Frauen und Kinder den Besitz nicht halten. Sie mussten in vielen Fällen ihr Land an Großgrundbesitzer
25 verkaufen und als Tagelöhner arbeiten. Sklaven waren aber noch billiger als Tagelöhner, und so blieb vielen landlosen Familien nur der Umzug in die Städte. Dort versuchten sie mit Gelegenheitsarbeiten ein Auskommen zu finden. Diese Menschen nannte man „Proleta-
30 rier" (von proles = Nachkommen), da sie außer vielen Kindern nichts besaßen. Ein anderer Begriff für diese neue Unterschicht lautete „plebs".

Die Reformversuche der Gracchen

Im 2. Jahrhundert v. Chr. erzielte das Römische Reich in
35 der Ferne zwar große Gewinne, diese konnten die Armut zu Hause jedoch nicht ausgleichen. Armut, Entvölkerung und der Mangel an Soldaten führten zu einer Staatskrise. Daher suchten führende Patrizier und Plebejer nach einem Ausweg. Der Volkstribun Tiberius Gracchus bean-
40 tragte 134 v. Chr., dass die Großgrundbesitzer nur noch eine bestimmte Höchstmenge an Land besitzen und pachten dürften. Landlose Bauern sollten aus den frei werdenden Feldern sieben Hektar (das entspricht ungefähr einer Fläche von zehn Fußballfeldern) zur eigenen
45 Bewirtschaftung und etwas Startkapital erhalten. Bedürftige sollten verbilligt an Getreide kommen. Diese „Ackergesetze" stießen jedoch auf erbitterten Widerstand vieler Senatoren und Ritter. Bei einer Versammlung wurde Tiberius Gracchus von aufgebrachten Sena-
50 toren erschlagen. Seinem Bruder Gaius Gracchus gelang es später noch, einige der Reformen durchzusetzen, diese wurden aber nach und nach wieder aufgehoben.

Kleinbauer auf dem Weg in die Stadt, Relief, 1. Jh. n. Chr.

Eine Heeresreform als Mittel gegen die Krise

Der Einfall germanischer Völker nach Italien zeigte die
55 Verwundbarkeit des Römischen Reichs. Es standen nicht
mehr genug Soldaten für die Verteidigung zur Verfügung.
Daher führte Konsul Gaius Marius (158 bis 86 v. Chr.)
eine grundlegende Reform der Armee durch. Diese Reform besagte, dass sich jeder Römer als Legionär für eine
60 Dauer von 20 Jahren gegen Zahlung eines festen Soldes
zum Heer verpflichten konnte. Wer das Ende seiner
Dienstzeit erlebte, der erhielt einen Hof mit Ackerland.
Durch diese Reform entspannte sich die soziale Lage in
den Städten, da viele landlos gewordene Bauern Berufs-
65 soldaten wurden. Diese neuen Legionäre unterstanden
nur noch dem Kommando ihres Feldherrn, dem sie bald
mehr vertrauten als den Entscheidungen der führenden
Politiker im fernen Rom.

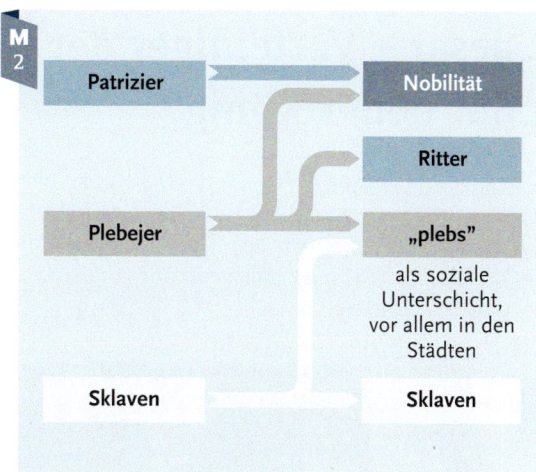

Wandel der römischen Gesellschaft in der Zeit der Republik.
Nobilität = führende patrizische und plebejische Familien, die
unter ihren Vorfahren mindestens einen Konsul hatten.

M3 Tiberius Gracchus berichtete 134 v. Chr. über die Lage der römischen Soldaten:

Die wilden Tiere, die in Italien hausen, haben ihre
Höhle. Jedes weiß, wo es sich hinlegen und ver-
kriechen kann. Die Männer aber, die für Rom
kämpfen und sterben, sie haben nichts außer Luft
5 und Licht. Heimatlos und gehetzt irren sie mit
Frau und Kind durch das Land. Die Feldherren lü-
gen, wenn sie vor der Schlacht die Soldaten aufru-
fen, für ihre Gräber und Heiligtümer gegen den
Feind zu kämpfen. Denn keiner von diesen römi-
10 schen Soldaten besitzt einen Altar, den er vom
Vater geerbt hat, und keiner ein Grab, in dem seine Vorfahren ruhen. Vielmehr kämpfen und sterben sie für das Luxusleben und den Reichtum von
anderen. Herren der Welt werden sie genannt,
15 aber sie besitzen noch nicht einmal ein eigenes
Stück Land.

*Plutarch, Tiberius Gracchus 9. Zit. nach Konrat Ziegler
(Hg.), Große Griechen und Römer, Bd. 3, Zürich/München
(Artemis) 1955. Übers. v. Konrat Ziegler, bearb. v. Verf.*

Das Mosaik zeigt eine öffentliche Getreideverteilung an arme
Stadtbewohner; schon Gaius Gracchus hatte sich um deren Versorgung gekümmert, römisches Mosaik, 2. Jh. n. Chr.

1 Beschreibe M1. Erkläre, warum dieses Bild nicht mehr die Wirklichkeit abbildete, als es hergestellt wurde.

2 Fasse zusammen, wie Tiberius Gracchus in M3 die Lage der Soldaten beschreibt.

3 Versetze dich in die Lage eines Kleinbauern und berichte mithilfe des Darstellungstextes von deinen Hoffnungen auf die Reformen der Gracchen.
Tipp: Nimm M4 zu Hilfe.

4 Erstelle mithilfe des Darstellungstextes und M2 einen Infokasten über den Stand der Ritter. Wer zählte zu diesem Stand und wodurch zeichnete er sich aus?

5 Durch die Heeresreform von Gaius Marius hat sich die Lage der armen Leute verbessert. Begründe diese Aussage mithilfe des Darstellungstextes.

6 **Partnerarbeit:** Beurteilt, welche Gesellschafts- und Berufsgruppen von der Ausdehnung des Reichs profitierten und wer Nachteile davon hatte.

Caesar – Verteidiger der Republik oder neuer König?

Gaius Julius Caesar (100–44 v. Chr.) ist der berühmteste Römer, sogar einer unserer Kalendermonate ist nach ihm benannt. Heute bilden sein Leben und sein politisches Handeln den Stoff für zahlreiche Filme und Comics.
- *Welche Rolle spielte Caesar in der römischen Politik und was waren seine politischen Ziele?*

Gaius Julius Caesar grüßt das Volk, Ausschnitt aus dem Spielfilm „Asterix bei den Olympischen Spielen", 2008

Machtkämpfe und Bürgerkrieg

Nach den Reformversuchen der Gracchen im 2. Jahrhundert v. Chr. spaltete sich die politische Führung Roms in zwei Lager: die Popularen* und die Optimaten*. Die Popularen wollten mithilfe der Volksversammlung und der
5 Volkstribunen durch Reformen die soziale Lage der Plebs verbessern. Die Optimaten sperrten sich dagegen. Sie vertraten die Interessen der Großgrundbesitzer und verteidigten die Vorherrschaft des Senats. Nach außen wurde zwar noch die Einheit der Republik vorgetäuscht, in
10 Wirklichkeit wurden aber Beamtenstellen, Senats- und Volksversammlungen immer öfter von Politikern missbraucht, die für sich selbst Macht erlangen wollten und die ihre persönlichen Interessen als die des Staates ausgaben. Die Republik geriet immer mehr ins Wanken, als
15 beide politische Lager sich in Bürgerkriegen bekämpften. Unter dem gemeinsamen Konsulat von Gnaeus Pompeius und Licinius Crassus im Jahre 70 v. Chr. konnten sich die Popularen durchsetzen. Zehn Jahre später gingen die beiden Konsuln ein Bündnis mit Gaius Julius Caesar ein.
20 Im sogenannten Triumvirat* bildeten sie eine Dreiherrschaft, in der sie die Macht im Staat unter sich aufteilten. Sie ließen ihre Abmachungen als Gesetze verkünden und schalteten den Senat weitgehend aus.

Aufstieg und Fall Caesars

25 Zwischen 58 und 51 v. Chr. eroberte Caesar fast ganz Gallien und gewann damit zunehmend politischen Einfluss. Der Krieg kostete über eine Million Menschen das Leben und spülte viel Geld in Caesars Kassen. Mit dem Geld bezahlte er seine immer größer werdende Anhän-
30 gerschar in Rom. Nachdem Licinius Crassus im Krieg gegen die Parther gestorben war, wurde Caesars ehemaliger Verbündeter, Gnaeus Pompeius, zu dessen größtem Rivalen. Pompeius, der für die Rechte des Senats eintrat, wurde von Caesar besiegt. Caesar herrschte nun allein.
35 Da er im Bürgerkrieg milde mit seinen Feinden umging, war er im Volk sehr beliebt. 46 v. Chr. ließ er sich zum Diktator für zehn Jahre und wenig später zum Diktator auf Lebenszeit ernennen. Außerdem besetzte er alle wichtigen Posten mit eigenen Leuten. In der Öffentlich-
40 keit zeigte er sich wie nach einem Triumphzug mit einem goldenen Lorbeerkranz, bei Staatsbanketten trug er das Purpurgewand des Triumphators. Aufgrund seines Auftretens unterstellten ihm seine Gegner im Senat, dass er die verbotene Monarchie wieder einführen wolle. Am
45 15. März 44 v. Chr. schlossen sich 60 Senatoren gegen Caesar zusammen und ermordeten ihn während einer Senatssitzung mit 23 Dolchstichen.

Caesar, römische Silbermünze (Denar), 44 v. Chr. (vor Caesars Tod). Die Umschrift lautet: Caesar Dict(ator) Quart(um) = zum vierten Mal Diktator. Der Kranz aus Gold ist der Schmuck Jupiters (= oberste Gottheit der römischen Religion), Auszeichnung des Triumphators und Herrschaftszeichen des etruskischen Königs. Porträts lebender Personen auf Münzen hat es davor in Rom nicht gegeben.

Gaius Julius Caesar (100 v. Chr.–44 v. Chr.) römischer Staatsmann, Feldherr und Autor, Marmorbüste, 1. Jh. v. Chr.

M4 Will Caesar König werden?

Das folgende Gespräch zwischen Secundus (S) und Tertius (T) spielt in einer Druckerwerkstatt, in der neue Denare mit dem Bildnis von Caesar hergestellt werden (siehe M2). Der Dialog ist erfunden, gibt aber einen Einblick in die Stimmung, die in Rom zu Beginn des Jahres 44 v. Chr. herrschte:

S: Schau dir diesen Caesar an, jetzt ist er größenwahnsinnig geworden: Diktator auf Lebenszeit! Er muss doch wissen, dass der Senat das nicht mitmacht.

5 **T:** Warum denn? In den Senat hat er doch erst neulich seine Gefolgsleute gesetzt.

S: Aber die alten Senatoren wissen doch, dass Konsuln wie andere Beamte nur für ein Jahr gewählt werden dürfen – und nun das: lebenslänglich!

10 **T:** Vielleicht will er damit zeigen, dass er das Prinzip der Annuität nicht mehr für zeitgemäß hält. Denn wie soll auch ein Konsul einen Feldzug gegen unsere Feinde weit im Norden und Osten vorbereiten und durchführen, wenn er nach wenigen Monaten zu-

15 rückkehren muss, weil die Amtszeit zu Ende geht?

S: Hm …

T: Überlege, was Caesar in acht Jahren in Gallien erreicht hat. Da gibt's jetzt Straßen und blühende Städte!

20 **S:** Gibt es eigentlich noch einen Unterschied zwischen seiner Stellung und der eines Königs?

T: Glaube ich nicht. Vielleicht will er ja tatsächlich ein König werden? Schau dir nur den Goldkranz an. Vielleicht meint er, erst noch einen Sieg erringen zu

25 müssen, damit seine Herrschaft auch voll akzeptiert wird.

S: Man munkelt, er wolle im Osten einen Feldzug gegen die Parther durchführen …

T: Und wenn er wiederkommt, ordnet er alles neu …

30 **S:** Meinst du, er würde dann alle Senatoren umbringen und die Alleinherrschaft anstreben?

T: Glaube ich nicht. Es ist doch egal, ob es 300, 600 oder 900 Senatoren gibt – er und seine Berater machen einfach die bessere Politik. Und wenn er einen

35 Feldzug siegreich beendet und mit reicher Beute nach Hause kommt – wer fragt da schon nach?

S: Und wenn man ihn gar nicht erst zu diesem Krieg aufbrechen lässt?

T: Wie willst du ihn daran hindern?

Verfassertext

---

1 Arbeite aus dem Darstellungstext Z. 1–23 die Ziele der Popularen und der Optimaten heraus. Nenne auch die gesellschaftlichen Gruppen, für die die Popularen und Optimaten jeweils eintraten.

2 Beschreibe mithilfe von M4 die politische Stimmung in Rom kurz vor der Ermordung Caesars.

3 **Wähle eine Aufgabe aus:**

a) Nenne mithilfe des Darstellungstextes Gründe, warum die Senatoren Caesar ermordeten.

b) Beschreibe die Münze M2 und erkläre einem Nichtrömer, warum sie von einigen Senatoren als Angriff auf die Republik gesehen wurde.

4 Beantworte die Überschrift des Kapitels. Begründe deine Antwort.

5 Findest du die Darstellung Caesars in M1 passend? Begründe deine Meinung.

Zusatzaufgabe: siehe S. 203

Augustus errichtet eine neue Ordnung

Augustus ist der bekannteste römische Kaiser der Antike. Er lebte von 63 v. Chr. bis 14 n. Chr. Christen kennen ihn aus der Weihnachtsgeschichte, da er das Reich zur Zeit von Jesu Geburt regierte. Mit Augustus endete die römische Republik, denn er errichtete eine neue Form der Herrschaft, die als Prinzipat bezeichnet wird.

- *Wie veränderte sich die Herrschaft unter Augustus und was waren die Kennzeichen seiner neuen Herrschaftsform?*

Aus Octavian wird Augustus

Nach Caesars Tod 44 v. Chr. kam es erneut zu Machtkämpfen. Aus ihnen ging Octavian, der Adoptivsohn Caesars, als Sieger hervor. Er hatte die Befehlsgewalt über Caesars Soldaten übernommen und verfolgte nun
5 die Mörder Caesars. Anfangs tötete Octavian seine Gegner, dann wurde er vorsichtiger. Sein Ziel war es, seine Macht durch die Unterstützung möglichst vieler Anhänger zu festigen. Er wollte seine Gegner davon überzeugen, dass er keine Monarchie anstrebte. Deshalb gab
10 Octavian 27 v. Chr. seine außerordentlichen Vollmachten an den Senat und das Volk zurück. Damit hatte er die Republik äußerlich wiederhergestellt. Der Senat verlieh Octavian daraufhin den Ehrennamen Augustus. Dies bedeutete „der Erhabene". Am Ende seiner Herrschaft war
15 aus ihm „Caesar Augustus" geworden. Der Titel „Caesar" ist in viele Sprachen übergegangen, z. B. als „Kaiser" ins Deutsche oder „Zar" ins Russische. Das von Augustus und seinen Nachfolgern regierte Reich wird auch als Kaiserreich bezeichnet. Den Titel „Caesar Augustus" trugen
20 von nun an alle römischen Kaiser.

Der Kaiserkult

Im gesamten Römischen Reich entstand ein Kult um den Kaiser. Augustus ließ sich häufig in Bildern und Skulpturen, Dichtung und Literatur sowie in der Architektur
25 darstellen. Er ließ Tempel und andere Bauwerke errichten und sein Abbild in allen Teilen des Reichs verbreiten. Heute würde man ihn einen „Medienherrscher" nennen. Augustus sah sich als einen Kaiser, der durch den Willen der Götter dazu bestimmt war, die Republik und das
30 Reich zu retten und zu neuer Größe zu führen.

....

Prinzipat

Augustus bezeichnete sich selbst als „princeps" – den „Ersten im Staat", daher der Name „Prinzipat" für seine Herrschaftsform. In Wirklichkeit herrschte Augustus wie ein König. Er hatte den Oberbefehl über das Heer und die wichtigsten Provinzen, besaß lebenslang die Rechte eines Volkstribuns, leitete alle Senats- und Volksversammlungen und war oberster Priester. Auch konnte er selbst seine Nachfolger benennen.

 Marmorstandbild des Augustus mit einer Höhe von 2,03 m, 1. Jh. v. Chr. Die Figuren auf dem Brustpanzer zeigen Parther, die den Römern Truppenabzeichen zurückgeben, die sie in einem früheren Krieg erbeutet haben. Darüber schweben Himmelsgötter. Die kleine Figur am Fuße könnte der Gott Armor sein. Die Statue ist barfüßig, um die gottähnliche Stellung des Kaisers zu zeigen. Statuen dieser Art waren im gesamten Römischen Reich zu finden.

Augustus als Friedensfürst, Schmuck-
anhänger, um 10 n. Chr.:
1 Augustus thront neben der Göttin
Roma; dargestellt als Personen sind
2 das Meer, 3 die Erde und 4 die
Städte des Reiches. 5 Eine Figur
hält Augustus die römische Bür-
gerkrone über das Haupt. 6 Das
Füllhorn rechts ist ein Zeichen
der Fruchtbarkeit. 7 Der erfolg-
reiche Feldherr Tiberius, der
ein Stiefsohn des Augustus
war. 8 Römische Soldaten
errichten ein Siegeszeichen.
9 Besiegte Gegner liegen am
Boden.

M
2

M 3

**Der römische Geschichtsschreiber Sallust
(86–35 v. Chr.) über das Römische Reich zur Zeit
der Ermordung Caesars:**

Das Land hatte zu dieser Zeit fast ein Jahrhundert
lang Krisen und Bürgerkriege durchlebt:
Übrigens war das Unwesen der Parteien im Volk und
Adel mit all ihren üblen Gewohnheiten ... eine Folge
5 des müßigen[1] Lebens und des Überflusses an allen
Gütern ... Denn der Adel begann seine Machtstellung, das Volk seine Freiheit in Willkür[2] ausarten zu
lassen, jeder suchte für sich zu nehmen, zu raffen
und zu rauben. So wurde alles in zwei Parteien aus-

10 einandergerissen, der Staat aber, der einst beider
Gemeingut[3] war, wurde ... zerfleischt, ... das Volk
wurde von Kriegsdienst und Armut bedrückt, die
Kriegsbeute rissen die Feldherren mit einigen Freunden an sich, ... es entstand allmählich eine Spaltung
15 aller Bürger.

*Sallust, Jugurthinischer Krieg 41. Zit. nach Wilhelm Schöne
(Hg.), Werke und Schriften, Stuttgart (Heimeran) 1969,
S. 203, Übers. v. Wilhelm Schöne.*

....
[1] *faul, untätig*
[2] *sich nicht an geltende Gesetze haltend*
[3] *etwas, das der Gemeinschaft gehört*

....

1 **Wähle eine Aufgabe aus:**
   a) Stelle mithilfe des Darstellungstextes fest, wie
   Augustus seine Macht errang und sicherte.
   b) Erkläre anhand des Darstellungstextes den
   Begriff „Medienherrscher".
2 Erkläre den Begriff „Prinzipat" und begründe, warum es sich dabei um eine neue Form der Herrschaft
   handelte (Begriffskasten).
3 **Methode:** Beschreibe die Statue M1 mithilfe der
   Arbeitsschritte „Kunstwerke entschlüsseln" (siehe
   S. 91). Welche Gesamtaussage lässt sich formulieren?

4 Lies die Quelle M3 und arbeite heraus, wie der Historiker Sallust die römische Gesellschaft zur Zeit von
   Caesars Ermordung beschrieb.
   Tipp: Finde die Schlüsselbegriffe im Text.
5 Beschreibe das Schmuckstück M2. Finde heraus,
   welche Eigenschaften Augustus hier zugeschrieben
   werden.

Zusatzaufgabe: siehe S. 203

Schriftliche Quellen vergleichen

Wer kennt das nicht – zwei Menschen erleben und sehen dasselbe und berichten vollkommen unterschiedlich von dem Ereignis. Wem können wir in einem solchen Fall glauben? Noch schwieriger ist es, wenn das Ereignis, über das berichtet wird, mehrere Hundert oder gar Tausend Jahre zurückliegt. Hier findest du zwei schriftliche Quellen darüber, wie Augustus seine Macht in Rom durchsetzte. Mithilfe der Arbeitsschritte kannst du beide Quellen vergleichen und dir eine eigene Meinung bilden.

Aus dem Tatenbericht des Augustus
Im Jahr 13 n. Chr. verfasste der 76-jährige Augustus einen Tatenbericht („Res gestae"). Darin stellte er sein politisches Lebenswerk dar. Den Bericht ließ er in Stein meißeln und öffentlich aufstellen:

Mit 19 Jahren [44 v. Chr.] habe ich aus privater Initiative und aus eigenen Mitteln ein Heer aufgestellt, mit dem ich dem Staatswesen, das durch die Gewaltherrschaft einer politischen Macht-
5 gruppe unterdrückt wurde, die Freiheit wiedergab. Um dessentwillen hat mich der Senat ... in seine Körperschaft aufgenommen [43 v. Chr.] ... und mir die militärische Befehlsgewalt übertragen. ... Diejenigen, die meinen Vater ermordet haben, trieb
10 ich in die Verbannung und rächte durch gesetzmäßige Gerichtsurteile ihr Verbrechen ... Die Diktatur, die mir ... vom Volk wie auch vom Senat ... angetragen wurde, habe ich zurückgewiesen. Als ... der Senat und das römische Volk einmütig be-
15 antragten, dass ich als Einzelner mit höchster Machtbefugnis zum Wahrer von Gesetz und Sitte ernannt werden soll, habe ich dies ebenso wenig angenommen wie irgendein anderes mir angetragenes Amt, das gegen den Brauch der Vorfahren
20 verstieß.

Res gestae 1ff. Zit. nach Marion Giebel (Hg.), Augustus, Res gestae, Tatenbericht, Stuttgart (Reclam) 2007. Übers. v. Marion Giebel, bearb. v. Verf.

Der Historiker Tacitus über Augustus
Tacitus (um 55–120 n. Chr.) schrieb in seinem Geschichtswerk (Annales = lat. „Jahrbücher") über die Zeit ab Augustus. Darin gibt er die Meinungen von Zeitgenossen über Augustus wieder:

Dagegen sagten nun die anderen: die Anhänglichkeit gegen seinen Vater und die allgemeine Lage habe er bloß zum Vorwande genommen. Im Grunde sei es Herrschsucht gewesen, wenn
5 er als junger Mensch ohne Amt die Veteranen[1] durch freigebige Spenden an sich zog, ein Heer aufstellte, die Legionen des Konsuls bestach ... Er habe vom Senat das Konsulat erzwungen und das Heer ... gegen den Staat geführt ... Dann ist
10 allerdings Friede geworden, aber ein blutiger: Lollius und Varus sind geschlagen worden, in Rom sind Varro, Egnatius und Jullus hingerichtet worden ... Für die Götterverehrung hat er keinen Raum mehr gelassen: Er wollte selber Tempel
15 haben und von ... Priestern als Gott angebetet werden. Er hat auch Tiberius nicht aus Liebe ... zu seinem Nachfolger bestimmt; nein, er hat dessen anmaßende und grausame Natur wohl erkannt und darauf gerechnet, dass der Vergleich
20 mit einem solchen Scheusal seinem Ruhm zugute kommen werde.

Tacitus, Annalen 1, 9f. Zit. nach August Horneffer (Hg.), Tacitus, Annalen, Stuttgart (Kröner) 1957. Übers. v. August Horneffer, bearb. v. Verf.

....

[1] ehemalige Kriegsteilnehmer

Tipp: Wörter, die du nicht verstehst, kannst du im Lexikon dieses Buches nachlesen. Solltest du das Wort dort nicht finden, schlägst du in einem Wörterbuch nach.

Römisches Schreibwerkzeug, 1. Jh. n. Chr.

Arbeitsschritte „Schriftliche Quellen vergleichen"

Ersten Eindruck festhalten	Lösungshinweise zu M1 und M2
1. Wie ist dein Eindruck nach dem ersten Lesen?	• *Quelle … stellt Augustus eher positiv/negativ dar …*

Informationen zu Autoren und Entstehungszeit herausarbeiten	
2. Wann sind die Texte geschrieben worden?	*Finde Informationen zur Quelle und zum Verfasser:*
3. Wie groß ist der zeitliche Abstand zwischen Ereignis und Bericht?	• *Augustus schreibt rückblickend über sich selbst. Er hat möglicherweise folgende Absicht …*
4. Waren die Autoren Augenzeugen? Wenn nicht: Wen geben sie als Informanten an?	• *Tacitus' Text ist fast 100 Jahre später entstanden. Seine Informationen hat er von …*

Inhalt der Textquellen zusammenfassen und vergleichen	
5. Gib die Hauptaussagen und Schlüsselbegriffe der Texte wieder und vergleiche beide im nächsten Schritt.	*Folgende Inhaltspunkte könntest du bei diesen Texten vergleichen:*
6. Welche Informationen stimmen überein?	• *Augustus stellt sein eigenes Heer auf, weil …*
7. Gibt es Einzelheiten, die nicht in den Texten erscheinen bzw. unterschiedlich genau oder ausführlich wiedergegeben werden?	• *Gegenüber seinen Feinden verhält er sich …* • *Nach seinem Sieg war die Macht des Kaisers …* • *Der Religion gegenüber …*
8. Was wird berichtet, ist es logisch oder enthält es Unstimmigkeiten?	
9. Ist ein Urteil oder eine Meinung des Verfassers zu erkennen?	

Weitere Informationen sammeln	
10. Ziehe weitere Informationen hinzu, z. B. aus Sachbüchern, dem Schulbuch oder dem Internet.	• *Auf den Seiten 134/135 findest du weitere Informationen darüber, wie Augustus regierte.*

Ergebnisse darstellen und beurteilen	
11. Vergleiche die Notizen aus den einzelnen Arbeitsschritten miteinander. Formuliere eine eigene Meinung.	• *Die Quellen unterscheiden sich (nicht) in folgenden Punkten …* • *Die Quelle ist in meinen Augen (nicht) glaubwürdig, weil …*

1 Lege eine Tabelle an, mit deren Hilfe du die beiden Texte vergleichen kannst. Gliedere die Tabelle nach den Arbeitsschritten, die du oben siehst.

2 Untersuche die Quellen M1 und M2 mithilfe der Arbeitsschritte. Ergänze die Lösungshinweise und trage deine Ergebnisse in die Tabelle ein.
   Tipp: Du kannst die Tabelle auch um eigene Fragen erweitern.

Arbeitsschritte	M1	M2

3 Vergleiche deine Ergebnisse mit den Ergebnissen deiner Sitznachbarin oder deines Sitznachbarn.

4 **Partnerarbeit:**
   a) Begründet, warum die Quellen sich so stark unterscheiden, und entscheidet, welcher Quelle ihr glauben würdet.
   b) Formuliert eine Regel für den Umgang mit Textquellen. Was ist wichtig und worauf müsst ihr achten?

Rom – ein Reich des Friedens?

*Mit Augustus begann für das Römische Reich nach Bürgerkriegen und den Kriegen
in den Provinzen eine Zeit des Friedens. Diesen ließ der Kaiser in Bildern und Texten
verkünden.*

- *Mit welchen Mitteln sicherte der Kaiser den Frieden nach innen und nach außen?*
- *War Rom wirklich ein friedliches Reich?*

58 Jahr der Unterwerfung der Provinz
51 Jahr der Eingliederung der Provinz ins Römische Reich
 Rom und Italien um 200 v. Chr. (röm. Machtbereich)
 römische Provinzen bis 133 v. Chr.
 römische Provinzen bis 44 v. Chr.
 Erwerbungen unter Augustus (bis 14 n. Chr.)

Das Römische Reich zur Zeit des Augustus

Das Heer – Grundlage von Herrschaft und Frieden

Nach der unerbittlichen Verfolgung und Ermordung von
Tausenden seiner Gegner war die Macht von Augustus
gefestigt. Diese Macht beruhte auf einem von Caesar ge-
erbten erheblichen Privatvermögen und auf der dem
5 Kaiser treu ergebenen Armee. Mit Augustus endeten die
Eroberungen. In der Politik beteiligte Augustus die Senatoren und einflussreichen Römer an seiner Macht. Es gab
Provinzen, die dem Kaiser gehörten, und Provinzen, deren Einnahmen dem Senat zustanden. Angehörige der
10 Führungsschicht durften als Statthalter* die Provinzen
verwalten und die Steuern eintreiben lassen.
An den Rändern des Reichs sicherten viele Legionen be-
drohte Grenzen. Jede Legion umfasste 6000 Mann. Das
Heer wuchs bis zum 2. Jahrhundert n. Chr. auf 250 000

15 Soldaten an. Die Legionäre waren römische Bürger, die
freiwillig in der Armee dienten. Sie erhielten einen festen
Sold und am Ende der 20-jährigen Dienstzeit ein Stück
Land oder eine hohe Belohnung. Unterstützt wurde das
römische Heer durch Hilfstruppen aus nichtrömischen
20 Bewohnern der eroberten Provinzen. Zusammen sicherten sie die „Pax Romana", wie man die Friedenszeit unter
Augustus bezeichnet.

Brot und Spiele

Die Unterstützung der kleinen Leute errangen Augustus
25 und seine Nachfolger mit kostenloser Getreideausgabe
für Bedürftige sowie mit dem Ausbau einer regelrechten
„Unterhaltungsindustrie". In früheren Zeiten waren Feste und Spiele Veranstaltungen zur Verehrung der Götter

gewesen. Unter Augustus und seinen Nachfolgern dienten Feste und Spiele aber in erster Linie dazu, die Gunst
der Massen zu erhalten. Daher wurde erwartet, dass die
Kaiser bei bedeutenden Veranstaltungen persönlich an-
wesend waren. Der Eintritt war für die Besucher frei.
Sehr beliebt war das Theater. Dort kamen vor allem griechische Stücke zur Aufführung. Bei Ausdruckstanz,
Dichtkunst und Pantomimen kämpften Männer und
Frauen um verlockende Prämien.
Besonders begehrt war ein Platz bei den Gladiatoren-
kämpfen in den großen Amphitheatern, darunter das im
Jahre 80 n. Chr. fertiggestellte Kolosseum für 55 000 Zu-
schauer. Die meisten Gladiatoren waren Kriegsgefangene oder verurteilte Verbrecher, die in den Arenen* um

Leben und Tod kämpften. Sie konnten – ähnlich wie
heutige Spitzensportler – berühmt werden und hatten
regelrechte Fanclubs. Bei den Tierhatzen wurden Tiere
wie Bären und Stiere, Tiger und Löwen aufeinander los-
gelassen, die sich zur Begeisterung des Publikums gegenseitig zerfleischten. Auch viele zum Tode Verurteilte
wurden zu wilden Tieren in die Arena geschickt.
Im „Circus Maximus" verfolgten bis zu 250 000 Zuschauer die spektakulären Wagenrennen, und auf einem
künstlichen See wurden Seeschlachten nachgestellt. Bei
den Sportveranstaltungen missfiel aber zahlreichen Römern, dass die Athleten nach griechischem Vorbild weiter nackt boxten, rannten und rangen – Augustus verbot
deshalb Frauen das Zuschauen.

 Augustus schilderte in seinem Tatenbericht die Eroberung des Reichs (13 n. Chr.):

Das Gebiet aller Provinzen des römischen Volkes, die Volksstämme zu Nachbarn haben, die
nicht unserem Befehl gehorchten, habe ich vergrößert. Die Provinzen Galliens und Spaniens,
ebenso Germanien habe ich befriedet, ein Gebiet,
das der Ozean von Gades (= Straße von Gibraltar) bis zur Mündung der Elbe umschließt. Die
Alpen ließ ich von der Gegend, die der Adria zunächst liegt, bis zum Tyrrhenischen Meer befrieden, wobei mit keinem Volk widerrechtlich Krieg
geführt wurde. Meine Flotte fuhr von der Mündung des Rheins über den Ozean in östliche
Richtung bis zum Land der Kimbern. Dorthin
war zu Wasser und zu Lande bis zu diesem Zeitpunkt noch kein Römer gekommen.

Res gestae 26. Zit. nach Marion Giebel (Hg.), Augustus, Res gestae, Tatenbericht, Stuttgart (Reclam) 2007. Übers. v. Marion Giebel, bearb. v. Verf.

 Der griechische Geschichtsschreiber und römische Konsul Cassius Dio (um 163 bis um 235 n. Chr.) schrieb in seiner „Römischen Geschichte":

Zur gleichen Zeit wurden auch viele Kriege ausge-
fochten: Seeräuber überfielen zahlreiche Gebiete,
sodass Sardinien einige Jahre lang nicht einmal
einen Senator als Statthalter hatte, sondern Soldaten und Befehlshabern aus dem Ritterstand[1]
anvertraut werden musste. Außerdem empörten
sich nicht wenige Städte, was zur Folge hatte,
dass zwei Jahre lang die gleichen Beamten ihre
Stelle in den Provinzen bekleideten.

Cassius Dio 55, 28, 1.–2. Zit. nach Otto Veh (Hg.), Cassius Dio, Römische Geschichte, Bd. 4, Bücher 51–60, Zürich/ München (Artemis) 1986, S. 235f. Übers. v. Otto Veh, bearb. v. Verf.

[1] *nichtadlige Bürger, die durch Handel und Handwerk reich wurden (siehe S. 126)*

1 Nimm die Weltkarte im vorderen Umschlag zu Hilfe und nenne die Staaten, die heute in den Gebieten des ehemaligen Römischen Reichs liegen (M1).

2 Beschreibe mithilfe des Darstellungstextes, wie Augustus den Frieden nach außen und nach innen sicherte.

3 In M2 wird zweimal das Wort „befrieden" verwen-det. Erkläre, was Augustus damit meinte und welche Maßnahmen er ergriffen hat, um zu „befrieden".

4 Liste die Probleme auf, die der Verfasser von M3 für das Römische Reich unter Augustus nennt.

5 Wähle eine Aufgabe aus:
a) Erläutere den Begriff „Brot und Spiele". Warum waren Feste und Spiele wichtig für die Machtsiche-rung der Kaiser?
b) Stell dir vor, du hättest an einer Großveranstal-tung in Rom teilgenommen. Verfasse einen Brief, in dem du einer gleichaltrigen Verwandten davon be-richtest.

6 Der römische Historiker Tacitus (um 55–120 n. Chr.) schrieb über Augustus, dass dieser einen „blutigen Frieden" eingeführt habe. Nimm Stellung zu dieser Aussage.

Zusatzaufgabe: siehe S. 203

Webcode: HC642885-139
Film: Das Kolosseum in Rom

Wohnen im antiken Rom

Vor 2000 Jahren war Rom die größte Stadt der Welt. Unablässig strömten Menschen aus allen Teilen des Reichs in die Hauptstadt, um sich dort eine Zukunft aufzubauen. Rom verfügte über gepflasterte Straßen, beheizbare Badeanlagen (Thermen) sowie unterirdische Kanäle, die Abfall und Fäkalien in den Tiber leiteten. Die meisten Bewohner Roms wohnten in Mietshäusern (lat. insulae). Reiche Römer lebten in prächtigen Häusern, während die Ärmsten auf der Straße hausten.

- *Erforsche auf dieser Seite das Leben in einer „insula".*

Steckbrief der Stadt Rom

- im 1. Jahrhundert eine Million Einwohner (davon 400 000 Sklavinnen und Sklaven)
- Menschen aus allen Völkern und Kulturen des Reichs
- religiöse Vielfalt: über 50 unterschiedliche Religionen und Kulte
- Herrschaftssitz des Kaisers mit seinen Beamten
- Alltagssprachen in Rom neben Latein: Griechisch, Aramäisch, Punisch
- steinerne Amphitheater für Aufführungen aller Art
- Circus Maximus für Wagenrennen
- nicht immer ausreichende Wasserversorgung
- keine öffentlichen Transportmittel
- wegen der engen Gassen Versorgung der Stadt nur nachts

1 = Ein Straßenhändler; 2 = Ein Hausaltar für die Hausgötter der Familie; 3 = Sklavinnen servieren das Essen; 4 = Müllentsorgung; 5 = Ein Maurer repariert das Gebäude. Einsturzgefährdete Mauern werden mit Balken abgestützt; 6 = Unter dem Dach wohnen sehr arme Menschen; 7 = Eine Straße aus gestampftem Lehm. In ihrer Mitte fließt Schmutzwasser ab; 8 = Öllampen; 9 = Ein Barbier schneidet das Haar und rasiert; 10 = Ein Brunnen, in den Mehrfamilienhäusern gibt es kein fließendes Wasser; 11 = Kohlebecken beheizen die Zimmer; 12 = Ein Korbflechter; 13 = In der Bäckerei gibt es neben Brot auch eine Art Pizza kaufen; 14 = Vorratskammer für Lebensmittel; 15 = Die Latrinen. Für die Benutzung der öffentlichen Toiletten muss man bezahlen; 16 = In den mittleren Stockwerken wohnen wohlhabendere Menschen

M1 *Römisches Mietshaus, Rekonstruktionszeichnung, 2006. Über die Wohnbedingungen gibt es unterschiedliche zeitgenössische Berichte. Die einen loben die mehrgeschossigen Wohnungen der insulae, andere warnen vor Verfall, Einsturz- und Feuergefahr. In den Wohnungen gab es wegen der Brandgefahr keinen Herd; die Bewohner versorgten sich oft in öffentlichen Garküchen mit warmem Essen.*

1 **Vorschlag für eine Gruppenarbeit:**
   Teilt euch in fünf Gruppen ein und gestaltet mithilfe von M1 und des Steckbriefs der Stadt Rom eine der fünf vorgeschlagenen Situationen. Stellt anschließend eure Ergebnisse vor.
   I Werbeprospekt: Der Hausbesitzer preist seine Wohnungen zur Vermietung an.
   II Reportage: Ein Reporter schreibt über das Leben in einer insula.
   III Gutachten: Sicherheitsexperten bewerten das Gebäude hinsichtlich seiner Sicherheit.
   IV Liste mit Forderungen: Die Mieter einer insula wollen ihre Wohnsituation verbessern.
   V Reisebericht: Zeitreise: Ein Romtourist aus unserer Zeit sieht eine insula und das Treiben auf den Straßen. Er berichtet zu Hause über die Lebensbedingungen in Rom.
2 Beschreibe das Leben in der antiken Großstadt Rom mit eigenen Worten. Hättest du dich dort gerne niedergelassen? Begründe deine Antwort.
3 Ein heutiger Historiker bezeichnet das Leben in Rom vor 2000 Jahren als „Wunder und Alptraum zugleich". Erkläre diese Einschätzung.
4 Besprecht gemeinsam, welche Ansprüche ihr heute an das Wohnen in der Stadt stellt. Welche Unterschiede zum Leben im antiken Rom stellt ihr fest?

Zusatzaufgabe: siehe S. 204

Frauen der römischen Oberschicht – reich und mächtig

Frauen der römischen Oberschicht erlangten durch ihre Familien oftmals großen Reichtum und Einfluss.

- *Untersuche das Leben der Frauen der römischen Oberschicht und deren Stellung in der römischen Gesellschaft.*

Römisches Hochzeitsritual, Marmorrelief, 2. Jh. n. Chr.

Porträt eines römischen Mädchens, Fresko, 1. Jh. n. Chr.

Ein Leben in Abhängigkeit?

Das Leben vieler Frauen der römischen Oberschicht war von dem Willen der Eltern bestimmt. Denn diese verheirateten ihre Töchter früh – manchmal schon im Alter von zwölf Jahren – mit jungen Männern aus wohlhabenden
5 und politisch wichtigen Familien. Als Ehefrau und Mutter erzogen sie die Kinder und standen einem großen Haushalt vor. Trotz ihrer Verantwortung für die „familia" hatten Frauen nicht die gleichen Rechte wie Männer. Ihre Situation verbesserte sich aber zum Ende der Repu-
10 blik und in der Kaiserzeit: Sie wurden selbstständiger und in rechtlichen und finanziellen Dingen unabhängiger von ihren männlichen Verwandten. Beispielsweise wurde das Erbe zu gleichen Teilen mit den Brüdern aufgeteilt. Auch die Ehe wandelte sich: War die Frau mit
15 ihrem Vermögen dem Ehemann lange vollständig untergeordnet gewesen, herrschte gegen Ende der Republik meistens Gütertrennung. Das bedeutete, dass die Frau im Falle einer Trennung ihr Vermögen behielt.
Die Römerinnen zeigten ihren Reichtum durch teure
20 Kleidung, wertvolle Sklaven und kostbaren Schmuck. Ihre Männer versuchten ihrerseits, ihr eigenes Ansehen durch den Glanz ihrer Frauen zu steigern.

Das gesellschaftliche Ansehen von Frauen der römischen Oberschicht

25 Frauen aus der römischen Oberschicht waren hochgebildet. Anders als die Frauen in Athen durften römische Frauen am öffentlichen Leben teilhaben. Sie traten z. B. als Rednerinnen auf und durften ihre Ehemänner zu Gastmählern begleiten, bei denen häufig über Politik ge-
30 sprochen wurde.
Römische Frauen verfolgten die Angelegenheiten des Staates mit großem Interesse. Sie durften zwar keine Ämter innehaben oder an Wahlen teilnehmen, aber sie konnten Gesuche beim römischen Senat einreichen und
35 als Vermittlerinnen bei politischen Konflikten auftreten. Die Ehefrau des Kaisers Augustus, Livia, verschaffte durch Fürsprache bei ihrem Ehemann ihren Freundinnen und Freunden zahlreiche Vergünstigungen. Sogar Städte suchten und bekamen bei ihr Schutz und Unterstützung.
40 Ehefrauen späterer Kaiser führten Livias Politik durch Schutz und Fürsprache fort.
Viele Bauwerke und Standbilder in Rom wurden zu Ehren von Frauen errichtet. Sie zeigen das hohe gesellschaftliche Ansehen, das reiche Römerinnen genossen.

Aus der Grabrede eines unbekannten Mannes für seine Ehefrau (1. Jh. v. Chr.):

Ehen von so langer Dauer, die durch den Tod beendet, nicht durch Scheidung getrennt werden, sind selten. Ward es uns doch beschieden, dass unsere Ehe ohne jede Trübung bis zum 41. Jahr
5 fortdauerte ... Was soll ich deine häuslichen Tugenden preisen, deine Keuschheit, deine Folgsamkeit, dein freundliches und umgängliches Wesen, deine Beständigkeit in häuslichen Arbeiten, deine Frömmigkeit, frei von allem Aberglau-
10 ben, deine Bescheidenheit im Schmuck, die Einfachheit im Auftreten? Wozu soll ich reden von der Zuneigung zu den Deinen, deiner liebevollen Gesinnung gegenüber der ganzen Familie? ... Wir haben uns so die Pflichten geteilt, dass ich die
15 Betreuung deines Vermögens übernahm und du über dem meinen wachtest ... Als ich vor politischer Verfolgung fliehen musste, warst du es, die mir mit Hilfe deines Schmuckes die meisten Mittel dazu verschaffte.

Laudatio Turiae, CIL VII 1527. Zit. nach Marcel Durry (Hg.), Éloge funèbre d'une matrone Romaine, Paris (Les Belles Lettres) 1950. Übers. v. Walter Arend.

Der römische Geschichtsschreiber Livius (59 v. Chr.–17 n. Chr.) überlieferte eine Rede des Volkstribuns Valerius:

Öffentliche Auftritte von römischen Frauen gehören zu den Ruhmestaten unserer Geschichte. Haben sich die Frauen nicht tapfer dazwischen geworfen, als Römer und Sabiner sich mitten in
5 Rom eine Schlacht lieferten? Sind sie nicht hinausgezogen vor die Stadt und haben die feindlichen Volsker ... zum Abzug bewogen? Und als die Gallier Rom erobert hatten, gaben die Frauen einmütig all ihren Schmuck, um das Lösegeld
10 aufzubringen ... Sollen die Männer Purpurgewänder tragen, sollen fremde Frauen in Rom mit dem Wagen fahren dürfen und unsere Frauen nicht? Sie wollen ja gar keine Rechtlosigkeit – ihr sollt durchaus eure Stellung in der Familie behalten,
15 aber ihr solltet auch die Interessen der Frauen vertreten, sie nicht in Abhängigkeit halten und lieber Väter und Ehegatten heißen wollen als Herren. Je stärker ihr seid, desto maßvoller müsst ihr eure Macht ausüben.

Titus Livius. Zit. nach Hans-Jürgen Hillen (Hg.), Römische Geschichte, Buch XXXI–XXXIV, München (Heimeran) 1978. Übers. von Hans-Jürgen Hillen, bearb. v. Verf.

Römische Abendgesellschaft, Zeichnung, 2014

1 **Wähle eine Aufgabe aus:**
   a) Betrachte M1 und M2. Sammle Adjektive, die die Frauen auf den Abbildungen beschreiben.
   b) Beschreibe mithilfe des Darstellungstextes das Leben der Frauen der römischen Oberschicht.
2 **Methode:** Untersuche M3 mithilfe der Arbeitsschritte „Schriftliche Quellen untersuchen" (siehe S. 97). Achte besonders auf die Absicht und die Zuverlässigkeit der Aussagen.
3 Lies M4 und gib mit eigenen Worten wieder, wie Valerius die Auftritte von Frauen in der Öffentlichkeit beurteilt.
4 **Kurzvortrag:** Hatten Mädchen und Frauen der römischen Oberschicht deiner Meinung nach großen Einfluss auf die Gesellschaft? Gestalte einen Kurzvortrag zu dieser Frage, indem du mithilfe der Materialien M1–M5 Argumente dafür (pro) und dagegen (contra) sammelst.

Arbeiten im antiken Rom

Wenn du die antiken römischen Darstellungen auf dieser Seite siehst, wirst du vielleicht überrascht sein, dass es viele der damaligen Berufe heute noch gibt. Ähnlich wie heute genossen die einzelnen Berufe auch unterschiedlich hohe Anerkennung.

- *Welche Berufe gab es und welche Bedeutung hatten sie im antiken Rom?*

M1

Vom Ansehen der Berufe

Im Römischen Reich gab es Berufe, die sehr hoch geschätzt wurden, und andere, die weniger wertgeschätzt wurden. Als anerkannt und ehrenhaft galten die Tätigkeiten des Politikers, des Kriegers und die selbstständige
5 Arbeit der Bauern in der Landwirtschaft. Auf der anderen Seite wurde jede Arbeit, die von Aufträgen und Anweisungen abhing, insbesondere Lohnarbeit, als unwürdig angesehen.
Eine Erklärung für diese Unterscheidung könnte darin
10 liegen, dass der Aufstieg Roms vor allem den Bauern zu verdanken war, die Kriegsdienst leisteten. Nach Ansicht der Römer hatten sie am Ruhm des Reichs besonderen Anteil. Ebenso galt die Verwaltung von Besitz als ehrenhafte Arbeit, weil viele Adelsfamilien Großgrundbesitzer

15 waren. Als sich im Laufe der Zeit spezialisierte Handwerksberufe herausbildeten, wandelten sich diese Vorstellungen aber: Wer technisch und künstlerisch hochwertige Produkte wie Schmuck und Kleidung herstellte, konnte das Ansehen seines Berufs steigern. Das sehen
20 wir auf Darstellungen von Handwerkern und Produkten auf Grabsteinen.

Welche Berufe übten römische Frauen aus?

Verheiratete Frauen sollten im alten Rom vor allem im eigenen Haushalt tätig sein. Deshalb wurden auf Grab-
25 inschriften und in anderen Quellen, die sie ehren sollten, selten berufliche Tätigkeiten außerhalb des Hauses genannt. Trotzdem waren viele verheiratete Frauen außerhalb des Hauses tätig. Über die Geschäftsfrau Eumachia aus Pompeji ist zum Beispiel bekannt, dass sie in ihrem
30 Namen und dem ihres Sohnes ein Gebäude, die Wollbörse, finanzierte und gestaltete. Über Freigelassene und Sklavinnen wissen wir, dass sie als Kellnerinnen, Buchhalterinnen und Hausangestellte, Bibliothekarinnen und Vorleserinnen arbeiteten. Ebenso waren sie in wenig
35 angesehenen Bereichen tätig: als Flötenspielerin, Wirtin, Tänzerin und Schauspielerin.
Viele Frauen waren im Gesundheits- und Bildungswesen zu finden: Hebammen, Ärztinnen und Erzieherinnen. Für den Handwerksbereich liegen nur Belege für Webe-
40 rinnen vor. Keine Belege gibt es für Frauenarbeit in der Holz-, Metall-, Ton- und Lederverarbeitung.

M2

Der römische Philosoph Cicero (106–43 v. Chr.) schrieb über die Anerkennung der Berufe:

Als unedel und unsauber gilt ... der Erwerb aller ungelernten Tagelöhner ... Alle Handwerker fallen auch unter diese unsaubere Zunft; was kann schon eine Werkstatt Edles an sich haben? ... Am allerwenigsten

5 kann man sich einverstanden erklären mit Berufen, die nur sinnlichen Genüssen dienen: Fischhändler, Fleischer, Köche, Hühnermäster, Fischer ..., Tänzer und das ganze leicht bekleidete Schauspiel. Diejenigen Berufszweige aber, die eine tiefere Vorbildung

10 verlangen und höheren Nutzen anstreben, wie die Heilkunde, die Baukunst, der Unterricht in den edlen Wissenschaften, sind anständig ... Der Kleinhandel aber ist zu den unsauberen Geschäften zu rechnen, während der ... Großhandel, der die Verbrauchsgüter

15 aus aller Welt heranschafft und den Massen zugute kommen lässt, nicht ganz zu tadeln ist ... Von allen Erwerbsarten ist die Landwirtschaft die beste, die ergiebigste und angenehmste, die des freien Mannes würdigste.

Cicero, De officiis 1, 150. Zit. nach Karl Atzert (Hg.), Cicero, Vom pflichtgemäßigtem Handeln, München (Goldmann) 1959. Übers. v. Karl Atzert, bearb. v. Verf.

1 Schau dir die Darstellungen der Berufe in M1–M4 genau an und ordne sie diesen Bildlegenden zu:

Großbäckerei (Relief aus einem Grabmal bei Rom)
Gastwirtschaft (Relief aus einem Grabmal bei Trier)
Kleinhandel (Relief eines Ladenschildes in Ostia)
Schlosserwerkstatt (Relief aus einem Grabmal bei Aquileia)
Begründe deine Auswahl.

2 Wähle eine Aufgabe aus:
   a) Arbeite aus M5 heraus, welche Berufe der römische Philosoph Cicero für besonders wertvoll hielt.
   b) Begründe, warum Menschen in Rom ihren Beruf in ihre Grabinschrift aufgenommen haben.

3 Erläutere, warum Berufe in der Landwirtschaft und im Handwerk hoch angesehen waren.

4 a) Stelle mithilfe des Darstellungstextes fest, welche Berufe römische Frauen ausüben konnten.
   b) Vergleiche deine Ergebnisse mit der heutigen Zeit. Nenne Gemeinsamkeiten und Unterschiede.

Wie lebten Sklaven im Römischen Reich?

Menschen als Handelsware und als Sache, die nach Belieben getötet, misshandelt, verkauft oder verschenkt werden kann? Menschen ohne Rechte? Was uns heute unvorstellbar erscheint, war in allen antiken Kulturen und in vielen Teilen der Welt noch bis ins 19. Jahrhundert verbreitet. Im Römischen Reich bestand etwa ein Drittel der Bevölkerung aus Sklaven.

- *Wähle A, B oder C aus und bearbeite die Materialien mithilfe der Aufgaben.*

Aufgabe für alle:
Sklaven als Lehrer oder Ärzte? Diskutiert, ob das aus eurer Sicht keinen Widerspruch darstellt.

Sklaverei im antiken Rom

Jeder gewonnene Krieg der Römer führte Tausende oder gar Zehntausende von Besiegten in die Sklaverei. Auch Seeräuber beteiligten sich an der lohnenden Jagd auf Menschen, die auf Sklavenmärkten verkauft wurden.
5 Viele Sklaven wurden schon unfrei, als Kinder von Sklaven, im Römischen Reich geboren.
Die Sklaverei war im antiken Rom eine wichtige Säule der Wirtschaft. Im 2. Jahrhundert beruhten die guten Erträge der römischen Landwirtschaft vor allem auf der
10 massenhaften Ausbeutung der Arbeitskraft von Sklaven, die auf den Olivenhainen oder den Weinbergen arbeiteten. Sklaven aus Griechenland oder dem östlichen Mit-telmeerraum hatten aus ihrer Heimat oft sehr gute Kenntnisse und Fertigkeiten mitgebracht. Deshalb konnten sie
15 auch als Lehrer oder Arzt arbeiten.
Mancher vornehme Römer besaß mehr Sklaven als nötig. Da war es oft vorteilhafter, sie freizulassen. Wenn Sklaven freigelassen wurden, gelang es vielen von ihnen, als Bäcker, Schneider oder Kaufmann zu Wohlstand zu kom-
20 men. In der Kaiserzeit lagen Teile von Handel, Handwerk, Theater, das Gesundheitswesen und Teile der Staatsverwaltung Roms in den Händen von freigelassenen Sklaven. Im Römischen Reich kam es immer wieder zu Sklavenaufständen. Der bekannteste ist der des Spartacus (73 bis
25 71 v. Chr.).

Ein Sklavenjunge in einer römischen Küche, vermutlich in Pompeji, römisches Mosaik, undatiert

M2 **Der römische Geschichtsschreiber Plutarch (um 46–um 120 n. Chr.) über den römischen Politiker Cato (234–149 v. Chr.):**

Cato hielt eine große Menge Sklaven, die er aus den Kriegsgefangenen kaufte, am liebsten solche, die noch klein waren und sich wie junge Hunde oder Fohlen nach seiner Art bilden und ziehen lie-
5 ßen ... Wenn er seinen Freunden und Amtsgenossen ein Gastmahl gab, ließ er gleich nach dem Essen die Sklaven, die beim Auftragen oder Zubereiten der Speisen nachlässig gewesen waren, auspeitschen. Diejenigen, die ein todeswürdiges
10 Verbrechen begangen zu haben schienen, ließ er dann, wenn sie von sämtlichen Sklaven in einem Gericht für schuldig befunden worden waren, hinrichten.

Plutarch, Marcus Cato der Ältere, 21. Zit. nach Konrat Ziegler (Hg.) Große Griechen und Römer, Bd. 1, München (Artemis) 1954. Übers. v. Konrat Ziegler, bearb. v. Verf.

1 Beschreibe das Leben von Sklaven, wie es in M1 und M2 dargestellt wird.

2 Lies M2 und gib mit eigenen Worten wieder, welche Haltung Cato gegenüber seinen Sklaven einnimmt.

B

Sklavenmarkt im alten Rom, Zeichnung, 20. Jahrhundert. Die Sklaven wurden auf großen Märkten verkauft. Der größte dieser Märkte war in der griechischen Hafenstadt Delos. An manchen Tagen wurden dort bis zu 10 000 Menschen verkauft. Für jeden Sklaven wurde ein Kaufvertrag abgeschlossen, in dem unter anderem die Qualität der Sklaven garantiert und der Kaufpreis festgehalten wurde.

Halsband eines Sklaven und seine Besitzermarke, undatiert. Auf der Marke steht: „Halte mich, damit ich nicht fliehe, und gib mich meinem Herrn zurück."

1 Stelle mithilfe von M3 dar, welche Bedeutung Sklavenmärkte für das Leben der Sklaven hatten.
2 Erkläre M4 aus der Sicht eines römischen Sklaven.

C

Einige Sklaven wurden als Gladiatoren eingesetzt. Sie kämpften in den Amphitheatern gegen andere Sklaven oder wilde Tiere. Bei großen Spielen kämpften sie dabei um ihr Leben, manchmal aber auch um ihre Freiheit, römisches Mosaik, 4. Jh. n. Chr.

1 Beschreibe das Leben von Sklaven, wie es in M5 und M6 dargestellt wird.
2 Erläutere, welchen Wert Sklaven für ihre Besitzer und die Öffentlichkeit hatten.

Der griechische Geschichtsschreiber Diodorus (um 80 v. Chr.–um 29 n. Chr.) über die Sklaven in den Bergwerken in den spanischen Provinzen:

Die mit der Arbeit in den Bergwerken beschäftigten Sklaven liefern ihren Herren unglaublich hohe Einkünfte, sie selbst aber, die in den Gruben unter der Erde ihre Körper Tag und Nacht aufreiben
5 müssen, sterben in großer Zahl unter dem außerordentlich harten Einsatz; denn ihnen wird bei ihrer Tätigkeit keine Erholung oder Pause gewährt, sie müssen vielmehr unter den Schlägen ihrer Aufseher, die sie zwingen, ihre fürchterliche Lage
10 zu ertragen, auf solch elende Weise ihr Leben opfern, wobei freilich einige dank ihrer Körperkraft und Seelenstärke im Stande sind, derartige Strapazen über einen langen Zeitraum hin auszuhalten. Der Tod ist jedenfalls wegen der Größe
15 ihrer Leiden ersehnenswerter als das Leben.
*Diodor, Griechische Weltgeschichte V 36, 3–4, 38.
Zit. nach Otto Veh (Hg.) Diodoros, Griechische Weltgeschichte, Stuttgart (Hiersemann) 1993. Übers. v. Otto Veh.*

Die Wasserversorgung – eine technische Herausforderung

Wasser war in der Antike wie heute ein lebensnotwendiges Gut. Wasser wurde vor allem in den Städten benötigt. Römische Ingenieure und Bauleute entwickelten ein Kanalnetz, in dem das Wasser aus den Bergen in die Städte geleitet wurde. Vielleicht hast du schon einmal ein römisches Aquädukt gesehen? In Europa, Nordafrika und im Vorderen Orient finden sich noch viele davon.
- *Wie funktionierte die Wasserversorgung über große Entfernungen?*

Aquäduktbrücke Pont du Gard bei Nîmes in Südfrankreich, Foto 2007. Das Bauwerk stammt aus dem ersten Jh. n. Chr. und ist 49 Meter hoch

Aquädukte – ein technische Meisterleistung

Für den steigenden Wasserbedarf in den Städten bauten römische Ingenieure neue Fernwasserleitungen. Diese überwanden auf großen brückenartigen Bauwerken, den Aquädukten*, Täler und Flussläufe. Die Leitungen waren
5 meist überdacht, damit das Wasser nicht verschmutzte. Mathematiker berechneten exakt das erforderliche Gefälle, dadurch lief immer genug Wasser durch die Leitungen. Im 1. Jahrhundert n. Chr. entstanden allein rund um Rom 13 Fernleitungen von 17 bis 91 Kilometern Länge.
10 Bei voller Auslastung der Fernleitungen flossen täglich 700 Millionen Liter Wasser in die Hauptstadt.

....

Thermen

aus dem Griechischen: „warme Bäder". Römerinnen und Römer besuchten regelmäßig öffentliche Badehäuser. Neben dem Zweck der Körperreinigung erfüllten diese Einrichtungen auch eine gesellschaftliche Funktion: Hier traf man sich und tauschte sich aus. Mit der Erfindung der Fußbodenheizung am Ende des 1. Jh. n. Chr. wurden in Rom und den Provinzen mehrere Hundert Thermen errichtet, meist nach der gleichen Bauweise.

Wie wurde das Wasser verteilt?

Das ankommende Wasser wurde in „castella", großen Wasserreservoirs, gespeichert. Von dort gelangte es über
15 unterirdisch verlegte Blei- und Tonrohre an die 1300 öffentlichen Brunnen. Elf Brunnen waren dem Kaiser vorbehalten. Hinzu kam der enorme Wasserbedarf der rund 900 Badehäuser der Stadt. Die Entsorgung des Brauchwassers erfolgte über einen riesigen unterirdischen Ab-
20 wasserkanal, die „Cloaca Maxima", die in den Tiber führte. Über einen Wasseranschluss im Haus verfügte knapp die Hälfte der Hauptstadtbewohner. In Mietshäusern jedoch, in denen viele römische Familien lebten, war er selten. In der Regel erhielten nur Angehörige der Oberschicht, z. B.
25 Senatoren und Ritter, Genehmigungen für einen solchen Anschluss. Ein Privatmann ohne Vermögen hatte kaum Chancen, einen Wasseranschluss zu erhalten, weil die Zuleitungen von den Verteilerstellen zum Haus selbst bezahlt werden mussten. Wer Wasser verschmutzte, musste
30 mit hohen Geldstrafen rechnen.

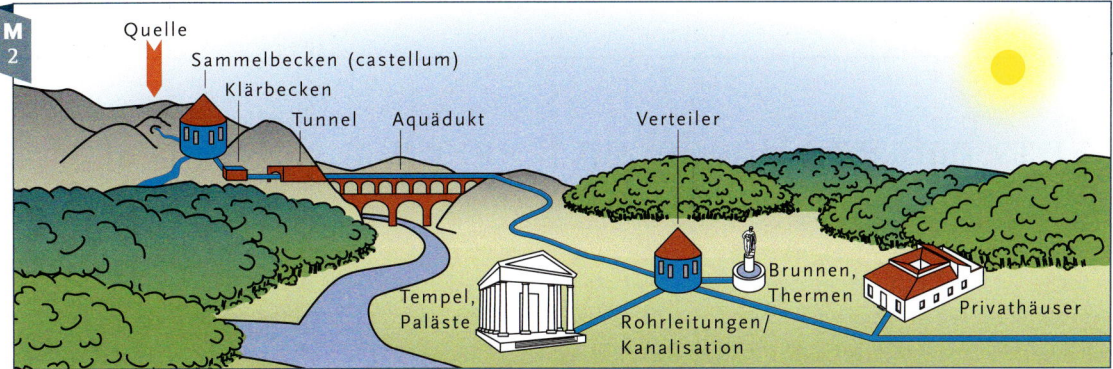

M2

Quelle
Sammelbecken (castellum)
Klärbecken
Tunnel Aquädukt
Verteiler
Tempel, Paläste
Rohrleitungen/ Kanalisation
Brunnen, Thermen
Privathäuser

Römische Wasserversorgung, Zeichnung, 2014

M3

Thermen mit öffentlicher Toilettenanlage in der römischen Stadt Cambodunum (heutiges Kempten), Foto, 2014

M4

Der Historiker Helmuth Schneider schrieb 1985:

Da große Mietshäuser nicht an die Kanalisation angeschlossen waren, gab es in den Wohnungen der Armen keine Toiletten; ... üblicherweise wurde der Topf nachts aus dem Fenster entleert, die
5 Fußgänger mussten sehen, dass sie von den Fäkalien nicht beschmutzt wurden ... Tagsüber konnte die Bevölkerung auch die mit der cloaca[1] verbundenen öffentlichen Latrinen[2] benutzen, die mehrere Sitze nebeneinander aufwiesen; es gab
10 keine Trennwände.

Helmuth Schneider, Cloaca Maxima, in: Journal für Geschichte, Weinheim (Beltz) Juli/August 1985, S. 17. Bearb. v. Verf.

[1] Abwasserkanal
[2] Toiletten

M5

MIT IHREN NEU-MODISCHEN BAUWERKEN VERSCHANDELN DIE RÖMER NOCH DIE GANZE GEGEND.

Asterix urteilt über die römische Ingenieurskunst, Comic, 1970

---

1 **Partnerarbeit:** Notiert, wozu wir heute Wasser brauchen. Verfasst eine Mindmap.

2 Beschreibe mithilfe des Darstellungstextes und M2, wie die Römer die Wasserversorgung ihrer Städte sicherten.

3 Beschreibe mithilfe von M1 und M2 die Funktionsweise eines Aquäduktes. Worauf musste der Architekt besonderen Wert legen?

4 **Wähle eine Aufgabe aus:**

a) Betrachte M3 und fasse zusammen, was der Historiker (M4) über Toiletten im alten Rom sagt. War Rom eine saubere Stadt? Formuliere eine eigene Meinung.

b) Betrachte M5. Schreibe einen Text, in dem du Asterix antwortest.

Wirtschaft und Handel im Römischen Reich

Dank gut ausgebauter Fernstraßen und einer bedeutenden Handelsflotte konnten im Römischen Reich Erzeugnisse über große Entfernungen gehandelt und getauscht werden. Mithilfe einer Wirtschaftskarte kannst du die Lage der Rohstoffvorkommen, wichtige Produktionsstätten bestimmter Güter und die Handelswege zu Wasser und zu Lande im Römischen Reich untersuchen.

- *Wie wurde Wirtschaft und Handel im großen Römischen Reich möglich?*
- *Welche Erzeugnisse und Waren wurden getauscht?*

Wirtschaft und Handel im Römischen Reich im 2. Jahrhundert n. Chr.

Umschlagplatz Rom

Unter Augustus entwickelte sich Rom zu einer Millionenstadt. Um die Bevölkerung zu ernähren, mussten riesige Mengen Lebensmittel herangeschafft werden. Diese wurden vorwiegend auf den von Sklaven bewirt-
5 schafteten Gütern der Großgrundbesitzer produziert. Ein besonderes Ereignis für die Einwohner Roms war das Eintreffen der ersten Getreideschiffe aus Ägypten im Frühling. Zwar waren die römischen Lastschiffe größer als die griechischen und verfügten über einen zweiten
10 Mast, doch das offene Meer abseits der Küsten wurde nur zwischen Mitte April und Mitte Oktober befahren. Von Rom nach Alexandria dauerte die Schiffsreise bei bestem Wind neun Tage. In umgekehrter Richtung muss-
ten die schwer beladenen Schiffe gegen den Wind kreu-
15 zen und benötigten rund drei Wochen. Das typische Transportgefäß dieser Zeit war die Amphore, in der beispielsweise Getreide oder Öl transportiert wurden. Aus heutiger Sicht scheinen viele Handelswege des Römischen
20 Reichs große Umwege zu sein. Das hängt damit zusammen, dass der Transport zur See und auf Flüssen billiger und schneller war als auf dem Landweg. Nach Rom kamen hochwertige Waren aus aller
25 Welt. Die Hauptstadt wurde reich durch die Ausfuhr kostbarer Waren aus Italien in alle Provinzen des Reichs.

Römische Amphoren, 79 n. Chr., gefunden in einem Gebäude in Herculaneum

Arbeiten an Verkehrswegen in der Römerzeit, Rekonstruktionszeichnung

1 Werte die Karte M1 mithilfe der Arbeitsschritte S. 85 aus. Übertrage die Arbeitsschritte der linken Spalte der Tabelle in dein Heft und ergänze die Antworten.
Tipp: Folgende Formulierungen könnten dir helfen:
„Die Überschrift lautet ...",
„Die Karte gibt Auskunft über die Wirtschaft und den Handel im Römischen Reich im ...",
„Die Symbole stehen für ...", „Die Rohstoffe und Erzeugnisse wie ... werden für ... benötigt ...",
„Es wurde mit ... gehandelt ..."

2 Miss auf der Karte M1 mithilfe des Maßstabes die Ausdehnung des Römischen Reichs
a) von Nord nach Süd (vom Limes des Kaisers Hadrian im Norden Britanniens bis Carthago),
b) von West nach Ost (von Olisipo bis Damaskus).

3 Wähle eine Aufgabe aus:
a) Benenne mithilfe von M1 die wichtigsten Handelswaren und liste ihre Herkunftsländer auf.
b) Nimm die Weltkarte im vorderen Innenumschlag zu Hilfe und nenne anhand von M1 die heutigen Namen der Länder, mit denen Rom Handel trieb.

4 Betrachte M3 und schreibe einen Augenzeugenbericht aus der Sicht eines Händlers. Erkläre, warum das Straßennetz wichtig für den Handel ist.

5 Vergleiche mithilfe von M3 und M4 die Bauweise von römischen Straßen mit heutigen Straßen. Welche Probleme könnten römische Händler beim Transport durch diese Bauweise gehabt haben?

6 Oftmals wird gesagt, dass eine Zeit des Friedens den Aufschwung des Handels ermöglicht. Finde Argumente für diese Behauptung.

Die Via Appia, die älteste gepflasterte römische Fernstraße in Italien, Foto, 2002

Webcode: FG642885-151
Römische Wirtschaft

Das Leben im römischen Germanien

Webcode: FG642885-152
Römische Handelswege

*In Baden-Württemberg finden sich viele Überreste, die an die Römer erinnern.
Dazu zählt der Limes, die Grenzbefestigung zwischen dem Römischen Reich und
den von verschiedenen germanischen Völkern beherrschten Gebieten.*
- *Welche Bedeutung hatte der Limes?*
- *Welche Auswirkungen hatte die römische Herrschaft im Grenzgebiet?*

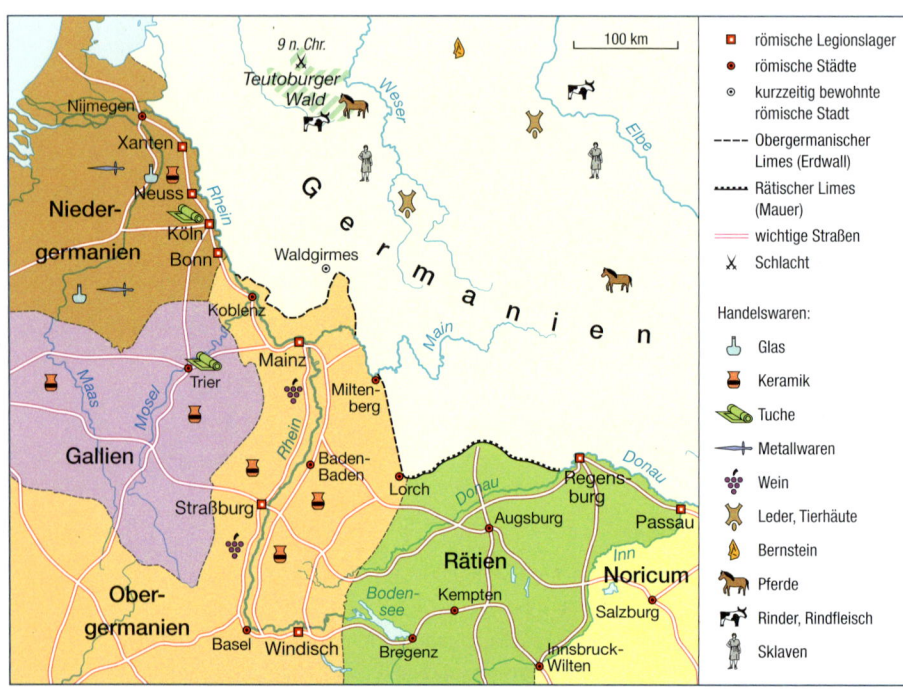

M1 *Der Obergermanische Limes im 2. Jahrhundert n. Chr.*

Romanisierung

Romanisierung bedeutet wörtlich „römisch machen". Allgemein ist damit die Übertragung römischer Lebensformen auf die besiegten Völker gemeint, z. B. Bauweise, Lebensgewohnheiten, Straßenbau, römisches Recht, lateinische Sprache, römische Götter.

Der Limes – Grenze zur Sicherung des Friedens?

Im Jahre 9 n. Chr. wurde eine römische Armee bei Kalkriese im heutigen Niedersachsen von Germanen vernichtend geschlagen. Als Reaktion auf diese Niederlage begannen die Römer mit dem Bau einer befestigten Grenze.

5 Der Limes wurde von den Römern zum Schutz der eroberten Gebiete gebaut. Seine Wachtürme bildeten eine wirksame „Alarmanlage" gegen regelmäßige Überfälle von Germanen auf die wirtschaftlich reicheren römischen Gebiete.

10 Anfangs bestand der Limes nur aus einem geflochtenen Zaun, kleinen Erdbefestigungen und hölzernen Signaltürmen, ehe er im Laufe des 2. Jahrhunderts immer stärker befestigt wurde. Seine Gesamtlänge betrug 550 Kilometer. Einen weiteren Limes bauten die Römer auch im

15 Norden Englands („Hadrianswall") und im heutigen Rumänien. Trotz der militärischen Auseinandersetzungen hat der Limes Handel und Verkehr aber nicht behindert. Die Germanen lernten neue Techniken wie den Hausbau aus Stein und den Weinanbau. Mit den Römern

20 kamen Gurken, Sellerie, Kirschen und Pfirsiche erstmals in unsere Gegend. Umgekehrt waren die Soldaten Roms bei ihrer Versorgung auf Produkte der Germanen angewiesen.

Legionäre – nicht nur Soldaten

25 An der militärischen Befestigungsanlage des Limes waren bis zu 30 000 Soldaten in rund 120 Stützpunkten stationiert. Ihr Leben war aber nicht immer von Kampf und Krieg bestimmt. Sie mussten Festungsanlagen, Kasernen, Straßen und Kanäle anlegen und auch Äcker

30 in der Nähe des Lagers bewirtschaften. Einige Legionäre hatten Spezialwissen und wurden daher als Feldvermesser, Architekt, Arzt, Schiff- und Wagenbauer oder als Schmied eingesetzt. Ein anderer Teil der Armee diente zur Sicherung nach innen, um Straßenräuber aufzu-

35 spüren und Aufstände niederzuschlagen. In der Legion betrug die Dienstzeit 20 Jahre. Wenn sie das Ende ihrer Dienstzeit erlebten, ließen sich die Soldaten mit ihren Familien als „Veteranen" in Siedlungen in der Nähe der

Festungen nieder – so zum Beispiel in Mogontiacum
40 (Mainz), Novaesium (Neuss) oder Aalen (Ala). Sie trugen dazu bei, dass sich die römische Lebensweise in den Grenzgebieten immer stärker verbreitete.

Spuren aus römischer Zeit

Von den Römern unterworfene Regionen übernahmen
45 die römische Lebensweise, weil Steinhäuser, Wasserleitungen und Heizung einen bequemeren Alltag ermöglichten. Diese Anpassung an die römische Kultur nennen wir Romanisierung.

Die Römer prägen bis heute insbesondere mit ihrer Spra-
50 che und Schrift sowie ihren Rechtsvorstellungen das Leben in großen Teilen Europas. So ist dieses Schulbuch in lateinischen Buchstaben gedruckt, und einige von euch lernen Latein oder eine aus dem Latein abgeleitete „romanische" Sprache wie Französisch, Spanisch oder
55 Italienisch.

Auch in deinem Bundesland findest du viele Spuren aus römischer Zeit. So wurden in Aalen Überreste von Kaiserstatuen, Schmuck und Paraderüstungen sowie Alltagsgegenstände wie Werkzeuge oder Töpfe gefunden.
60 In Aalen befand sich in römischer Zeit eine große römische Grenzbefestigungsanlage, ein Kastell. Zahlreiche Gutshöfe (villae rusticae) wurden in Baden-Württemberg ausgegraben, darunter die Villa Rustica in Hechingen-Stein. Dieser große Hof umfasste Haupt- und Bade-
65 gebäude, einen Tempelbezirk, eine Mühle und eine Schmiede (siehe S. 164).

M2 Römischer Legionär mit Marschgepäck, Rekonstruktionszeichnung. Das Gepäck wog etwa 48 Kilogramm und bestand unter anderem aus Grundnahrungsmitteln, die für ein bis drei Tage reichen mussten, sowie aus Trinkwasser in Feldflaschen. Ergänzend zu den Lebensmitteln trug der Legionär: A Wurflanzen; B Helm; C Kurzschwert; D Schild; E Spaten; F Zeltplane/Ersatzkleidung; G Sichel; H Spitzhacke; I „Tornister" mit Löffel, Messer, Reparaturwerkzeug; J Koch- und Essgeschirr. Außerdem trug er meist noch private Kleinteile wie Kamm, Rasiermesser, Schreibzeug und Amulette.

....

1 **a)** Beschreibe mithilfe von M1 und des Darstellungstextes die Lage und Ausdehnung des Limes.
b) Erläutere mithilfe des Darstellungstextes, welchen Zweck der Limes erfüllen sollte.

2 Finde mithilfe von M1 heraus, für welchen Teil des Limes das Modell M3 angefertigt wurde.

3 Verfasse mithilfe von M2 und des Darstellungstextes einen Brief eines römischen Legionärs an seinen Freund in Rom. Schildere Ausrüstung und Alltag.

4 Erläutere die Auswirkungen der römischen Herrschaft auf die eroberten Gebiete.

5 **Wähle eine Aufgabe aus:**
Recherchiere eines der folgenden Themen und stelle es mithilfe eines Lernplakats deiner Klasse vor:
a) die Villa Urbana in Heitersheim,
b) die römischen Thermen in Badenweiler.
Tipp: siehe S. 210 „Ein gutes Lernplakat gestalten"

M3 Grenzübertritt am Limes, Modell im Limesmuseum Aalen

Die Kelten

*Asterix und Obelix sind die berühmtesten Kelten – die Römer nannten sie „Gallier".
Die Kelten besaßen keine Schrift, daher sind wir auf Beschreibungen in griechi-
schen und römischen Quellen und auf Ausgrabungen angewiesen. In Baden-
Württemberg wurden in den letzten Jahrzehnten großartige Funde der keltischen
Kultur gemacht.*
- *Was können wir aus den Quellen über die Kelten erfahren?*

Wo lebten die Kelten?

Die Bezeichnung „Kelten" kommt vom griechischen
„keltoi" und bedeutet „die Tapferen" oder „die Erhabe-
nen". Keltische Stämme siedelten in weiten Teilen Mit-
teleuropas und standen untereinander nur in lockeren
5 Beziehungen. Sie lebten in kleinen Dörfern oder in befestigten Siedlungen auf Anhöhen. Die Weiträumigkeit
dieser Höhensiedlungen veranlasste Caesar, sie in seinen
Beschreibungen Galliens „oppida" (Städte) zu nennen.
Keltische Siedlungen gab es auch in Baden-Württem-
10 berg, wie die aus dem 6. Jahrhundert v. Chr. stammende
Heuneburg. Es wird angenommen, dass sie einmal ein
keltischer Fürstensitz war.

Wirtschaft und Gesellschaft bei den Kelten

Über die Sprache der Kelten ist wenig bekannt. Neuere
15 Formen werden bis heute in Irland, Schottland, Wales
und der Bretagne gesprochen. Die Kelten waren bekannt
für ihr Geschick bei der Verarbeitung von Metall. Aus
Kupfer, Bronze, Eisen und Gold stellten die Kelten Waffen, Gebrauchsgegenstände aller Art und Schmuck her.
20 Sie prägten ihr eigenes Geld, importierten Bernstein von
der Ostsee, Korallen aus dem Mittelmeer und verarbei-
teten sie in ihren Schmuckstücken. Waren wie Salz,
Bernstein oder Vasen aus Athen wurden eingetauscht
und über große Entfernungen gehandelt.

25 Eine besondere Rolle spielten in der keltischen Gesellschaft die Druiden, sie waren gleichzeitig Richter und
Priester. Sie waren Meister der Erzählkunst, zahlten keine Steuern und leisteten keinen Kriegsdienst. Darüber-
hinaus betrieben sie Mathematik, Astrologie und deute-
30 ten die Zukunft. An der Spitze der keltischen Stämme
standen Fürsten, die den Fernhandel sowie die gesamten
Stammesgeschäfte kontrollierten und dadurch reich
wurden. Sie wurden in großen Hügelgräbern mit kostbaren Grabbeigaben bestattet. Das Grab befand sich dabei
35 unter einer Aufschüttung aus Erde oder Steinen und war
meistens von kreisförmigem Grundriss.

Der Keltenfürst von Hochdorf

Ein solches beeindruckendes Hügelgrab wurde in Hochdorf bei Vaihingen an der Enz gefunden. Der bei seinem
40 Tode etwa 40 Jahre alte Fürst war auf einer langen Liege
gebettet, auf der Szenen aus dem Leben seiner Zeit dargestellt sind. Zu den Füßen des Toten stand ein großer
Bronzekessel (Abbildung S. 22/23). Darin fanden sich
Reste von Met (Honigwein) und eine goldene Schale.
45 Neun große Trinkhörner, von denen eines deutlich größer war als die anderen, hingen an der Wand. Auf einem
Wagen standen außerdem neun Teller und drei große
Schalen aus Bronze.

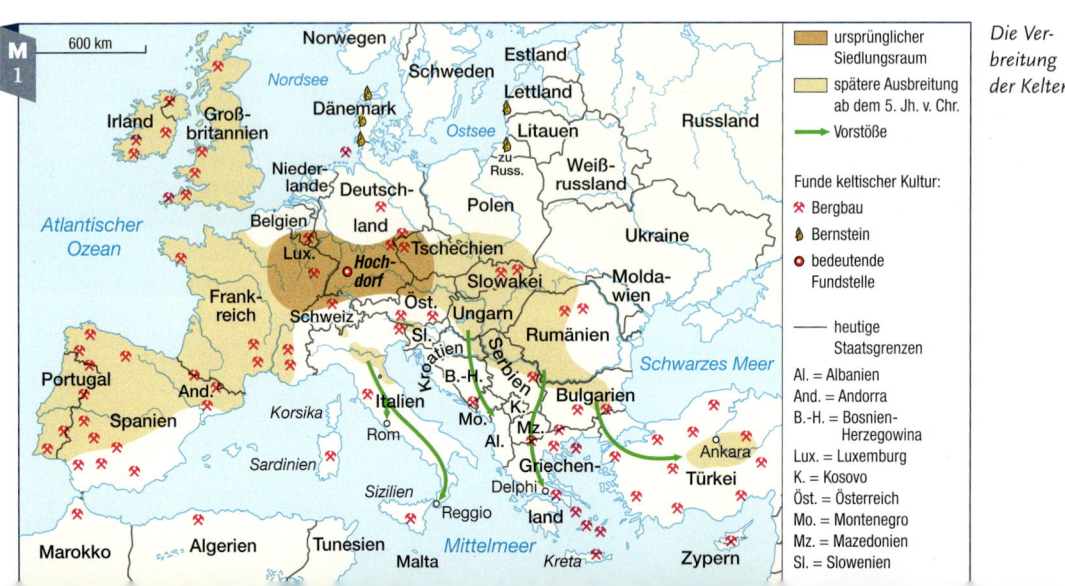

Die Verbreitung der Kelten

Rekonstruierte Grabkammer des Keltenfürsten von Hochdorf, 6. Jh. v. Chr. im Keltenmuseum Hochdorf/Enz, Foto, undatiert

M3 Der griechische Geschichtsschreiber Diodorus über die Kelten (1. Jh. v. Chr.):

Ihr Anblick war furchterregend … Sie sind hochgewachsen und muskulös. Ihr Haar ist blond, aber nicht nur von Natur, sie bleichen es auch noch auf künstliche Weise, waschen es in Gips-
5 wasser und kämmen es von der Stirn zurück nach oben. Einige von ihnen rasieren sich den Bart ab, andere, vor allem die Vornehmen, lassen sich bei glatten Wangen[1] einen Schnurrbart stehen, der den ganzen Mund bedeckt. Gekleidet
10 sind sie in grellgefärbte und bestickte Hemden. Dazu tragen sie Hosen und Mäntel, welche auf der Schulter von einer Brosche festgehalten werden. Diese verschiedenfarbigen Umhänge sind gestreift oder kariert … Die meisten aber gehen
15 nackt in die Schlacht.
Das Erstaunen über ihr Aussehen wurde noch übertroffen von der Furcht vor ihrer Art zu kämpfen. Wie in Raserei köpften sie die besiegten Feinde und nagelten die Schädel an die Türen ihrer
20 Hütten.

Gerhard Herm, Die Kelten, Das Volk, das aus dem Dunkel kam, Frankfurt a. M. (Econ) 1988, S. 15f. Bearb. v. Verf.

....

[1] *wenn auf der Wange kein Bart wächst*

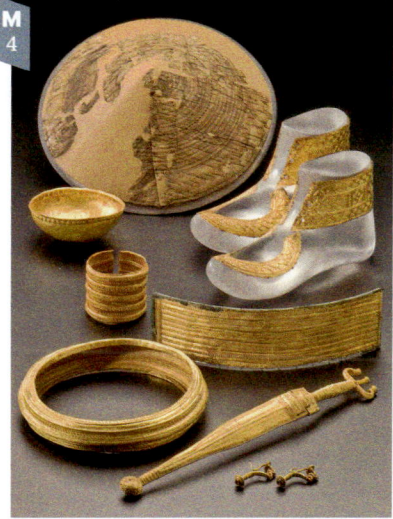

Grabbeigaben des Keltenfürsten von Hochdorf, 6. Jh. v. Chr.: goldverzierte Schuhe, Armreif, Gürtelblech, Torques (ein schwerer Halsring aus Metall, der bei den Kelten ein Zeichen des gesellschaftlichen Ranges war), eine Trinkschale aus Gold, ein Dolch und ein Hut aus Birkenrinde.

....

b) Trage alle wichtigen Informationen über die Kelten zusammen und versuche deine Fragen zu beantworten. Verfasse einen Steckbrief über die Kelten.

2 Wähle eine Aufgabe aus:
a) Lies M3 und gib mit eigenen Worten wieder, wie der griechische Geschichtsschreiber Diodorus die Kelten beschrieb.
b) Lies M3 und zeichne nach der Beschreibung des Diodorus einen Kelten in dein Heft.

....

1 a) Lies den Darstellungstext und betrachte die Karte M1. Formuliere Fragen, die du zu den Kelten hast.
Tipp: Wähle W-Fragen, z. B.: Wo lebten sie? Wovon lebten sie?

3 Notiere mithilfe von M2, M4 und des Darstellungstextes, welche Gegenstände im Grab des Keltenfürsten gefunden wurden. Welche Rückschlüsse kannst du dadurch auf sein Ansehen ziehen?

Die Entstehung des alten Chinesischen Reichs

Zur Zeit der römischen Republik herrschte in China der Kaiser Qin Shi Huang-di über ein riesiges Reich. Heute ist China ist die zweitgrößte Wirtschaftsmacht und mit 1,4 Milliarden Menschen das bevölkerungsreichste Land der Erde. Das Zeichen für China 中国 (zhong= Mitte guó = Reich) findest du auf vielen Produktverpackungen.

- *Unter welchen Bedingungen entstand das chinesische Kaiserreich?*
- *Wer war Qin Shi Huang-di, der erste Kaiser Chinas?*

M 1

Kaiser Qin Shi Huang-di, koreanische Zeichnung, 19. Jh. Das rechteckige Brett mit den zwölf Perlenschnüren ist ein Zeichen der Kaiserwürde („Sohn des Himmels"). Einen Rock in gelber Farbe durften nur Kaiser tragen.

Qin Shi Huang-di (221–206 v. Chr.)

war der erste Kaiser Chinas. Als junger König aus dem Land Qin (Aussprache: tchin, daher unser Name „China") besiegte er die anderen Könige und das Land. Sein Herrschertitel war Qin Shi Huang-di (shi = der Erste, huang-di = Gottkaiser). Er regierte mit brutaler Härte.

Bereits zu seinen Lebzeiten ließ der Kaiser eine gewaltige Grabanlage für sich bauen, die 1974 zufällig entdeckt wurde und seitdem Meter für Meter ausgegraben wird. Über 8000 lebensgroße Krieger aus Ton wachen über sein Grab.

China – eine Hochkultur

In den fruchtbaren Landschaften am Gelben Fluss (Huánghé) wurde seit 6000 v. Chr. Reis und Hirse angebaut. Wichtige Kulturpflanzen waren Apfelsine, Pfirsich, Kirsche, Rhabarber, Ingwer und Spinat. Die Zucht von
5 Seidenraupen erlaubte die Herstellung des Luxusguts Seide. Seit 1600 v. Chr. entstanden Fürstentümer und kleine Königreiche, die sich untereinander erbittert bekämpften. Zur gleichen Zeit entwickelte sich die chinesische Schrift, die in Grundzügen auch nach 3500 Jahren
10 noch in Gebrauch ist.

Wie beherrschte der Kaiser das Reich?

Kaiser Qin Shi Huang-di entmachtete die adligen Familien und ließ sie, zur besseren Kontrolle, in die Nähe seiner beiden Hauptstädte umziehen. Vier Millionen
15 Menschen waren davon betroffen. Das Reich wurde in Bezirke und Kreise eingeteilt, die von dem Kaiser treu ergebenen Beamten verwaltet wurden. Kandidaten für die Stellen mussten ein teures Studium in Sprache, Kultur und Mathematik nachweisen und die schwierigen
20 Auswahlprüfungen bestehen.

Im ganzen Reich ließ der Kaiser Gesetze, Maße, Gewichte und die Spurbreiten der Wagen vereinheitlichen. Zum ersten Mal wurden Geldmünzen geprägt. Neue Überlandstraßen mit Poststationen und Brücken über Flüsse
25 und Kanäle verbanden die einzelnen Provinzen. Alle 5 Bu (chinesische Maßeinheit: 1 bu = 1,38 m) säumten Bäume die neuen Straßen. Mit 6500 Kilometern war das chinesische Straßennetz etwas größer als das Roms zur gleichen Zeit.
30 Alle Bauern waren verpflichtet, zeitweise auf den kaiserlichen Großbaustellen zu arbeiten. In ihren Dörfern wurden die Bauern von den Beamten in Gruppen von fünf Familien eingeteilt. Jeder Einzelne war für das richtige Verhalten der anderen mitverantwortlich. Bei Ver-
35 gehen haftete die gesamte Gruppe. Auch für die Soldaten galt das Gesetz der Fünfergruppe – floh ein Soldat aus der Gruppe, wurden die vier anderen hingerichtet. Von den 30 Millionen Einwohnern des Chinesischen Reichs unter dem ersten Gottkaiser Qin Shi Huang-di lebten
40 800 000 Menschen in der Haupstadt Xianyang.

Terrakotta-Armee aus der Grabanlage von Kaiser Qin Shi Huang-di, 3. Jh. v. Chr. Im Kaisergrab sollen sich außer den aus Ton gebrannten Figuren auch Edelsteine, Modelle von Palästen und Nachbildungen der großen Flüsse Chinas aus Quecksilber befinden. Vermutlich wurden die Baumeister, Höflinge, Frauen und Diener des Kaisers getötet und mit ihm begraben.

Einzelne Kriegerfigur. Die Figuren sind hohl, nur Arme und Beine massiv. Der Kopf wurde zuletzt aufgesetzt, alle Gesichter sind individuell gestaltet. Die Figuren waren farbig bemalt. Bei Luftkontakt nach der Ausgrabung verloren sie innerhalb kurzer Zeit ihren Farbüberzug.

M 3

Qin Shi Huang-di über seine Herrschaft

Fünf lange Reisen unternahm der Kaiser durch sein Land. An ausgesuchten Stellen ließ er Inschriften wie diese an einer Felswand anbringen:

Der vom Kaiser gegründete Staat ist der vollkommenste seit jeher. Der Kaiser hat die Aufstände erstickt und das Chaos beendet dank seiner Macht, die bis an die vier Enden der Welt
5 reicht. Nun erinnern sich alle an die Zeit der streitenden Reiche, als das Land in Einzelstaaten zersplittert war. Damals beherrschten Überfälle und Krieg den Alltag, und die Ebenen waren von Blut überströmt. Heute hat der Kaiser aus uns eine
10 große Familie gemacht. Niemand erhebt mehr die Waffen. Naturkatastrophen und von Menschen verursachtes Leid sind verschwunden. Das chinesische Volk lebt gesund und in Frieden. Die Erträge des Landes und sein Reichtum sind unerschöpflich.
15

Zit. nach Caroline Blunden und Mark Elvin: China. Weltatlas der Kulturen, übers. v. Dagmar Ahrens-Thiele, 6. Aufl., München (Christian) 1992, S. 80.

1 Informiere dich mithilfe der Biografie über Qin Shi Huang-di und erkläre die Herkunft des Namens China.

2 Beschreibe das Porträt von Kaiser Qin Shi Huang-di M1. Vergleiche es mit der Herrscherdarstellung des Augustus (S. 134).

3 **Wähle eine Aufgabe aus:**
Erstelle eine Liste der Neuerungen unter Qin Shi Huang-di.
a) Vergleiche mit dem Alten Ägypten.
b) Vergleiche mit dem Römischen Reich.

4 **Methode:** Untersuche M3 mithilfe der Arbeitsschritte S. 97. Wie stellte der Kaiser seine Herrschaft dar?

5 **Partnerarbeit:** Beschreibt M2 möglichst genau. Schreibt mindestens drei Aussagen über die chinesische Gesellschaft heraus, die ihr aus der Anlage herauslest.

6 „Reformer, Tyrann und Massenmörder" lauten heutige Urteile zum ersten Kaiser. Finde Argumente für jede der drei Wertungen. Stelle gegenüber, wie der Kaiser sich selbst sah (M3) und urteile selbst.

Webcode: FG642885-157
Film: Der erste chinesische Kaiser

Roms Gegenpol in Fernost: China wird Weltreich

*Etwa zur gleichen Zeit wie das Römische Reich wurde China unter den Kaisern
der Han-Dynastie zur Weltmacht.*
- *Welche Gemeinsamkeiten und Unterschiede bestanden zwischen den beiden
  Großreichen?*

*Die Chinesische Mauer, Foto, 2009. Die ersten Mauern bestanden aus Lehm und Erdwällen. Die heute sichtbaren Mauern stammen
vorwiegend aus dem 15. und 16. Jahrhundert. Die Mauer diente zugleich als Windschutz und Straße für die Soldaten. An den Toren fand
Handel mit Nomaden statt.*

Die Han-Kaiser

Die Herrschaft der Kaiser aus der Familie der Qin endete
mit Aufständen gegen die Unterdrückung und die explo-
dierenden Steuerlasten. Den Quin folgten die Kaiser der
Han, die von 206 v. Chr. bis 220 n. Chr. von der Haupt-
5 stadt Chang'an (heute Xi'an) aus China beherrschten.
Auch die Han-Kaiser stützten ihre Herrschaft auf fähige
Beamte. Als „Söhne des Himmels" sollten die Kaiser das
chinesische Volk zum Nutzen aller vorausschauend und
weise regieren. Diese Ansicht stützte sich auf die Lehre
des Philosophen Konfuzius (Kong Fuzi, 561–479 v. Chr.).
10 Nach dessen Auffassung musste ein Kaiser für sein Volk
wie ein Vater für seine Familie sorgen. Die wichtigen
Verwaltungsposten wurden mit Anhängern der Lehre
des Konfuzius besetzt.

„Lange Mauern" gegen Nomadeneinfälle

15 Bereits um 400 v. Chr. hatten chinesische Fürsten damit
begonnen, die offenen Grenzen im Norden und Osten
des Landes mit Wällen aus Lehm und Stein zu sichern.
Denn immer wieder drangen Nomadenvölker auf Plün-
derungszügen in die reichen Ackergebiete Chinas ein.
20 Zwei Millionen Menschen, zumeist zwangsverpflichtete
Bauern, Tagelöhner, Kriegs- und Strafgefangene, arbeiteten an den „langen Mauern". Zehntausende Menschen
kamen dabei ums Leben. Die Mauer wuchs auf über
4500 Kilometer an. Doch verließen sich die Kaiser nicht
allein auf diese Befestigungsanlage. Mit Verträgen und
ganzen Karawanenladungen voller Geschenke sicherten
25 sich die Chinesen Ruhe vor Überfällen aus der Steppe.
Dafür gaben sie ein Drittel ihrer Staatseinnahmen aus.

Die Expansion des Chinesischen Reichs

Die Han-Kaiser dehnten das Reich weiter aus. In Zentralasien endete die chinesische Herrschaft an riesigen
30 Wüstengebieten und an den Hochebenen Tibets. Auf festen Handelsstraßen transportierten Karawanen Güter in alle Gebiete des Reichs. Die Chinesen wussten bereits, dass die Handelsstraße, die man viele Jahrhunderte später die Seidenstraße* nennen sollte, zu bedeutenden
35 fernen Reichen führte: dem Land der Parther und der Römer im fernen Westen. In China lebten nach der Volkszählung des Jahres 2 etwa 57 Millionen Menschen. Zum Vergleich: Das Römische Reich unter Kaiser Augustus hatte rund 56 Millionen Einwohner. Im Römischen Reich
40 gab es mehr große Städte als in China. Das Straßennetz beider Reiche war in etwa gleich lang und gut ausgebaut.

M3

Reich der Qin um 350 v. Chr.

Gebiet des Chinesischen Reichs Mitte des 2. Jahrhunderts v. Chr.

spätere Erwerbungen

ungefährer Machtbereich der Xiongnu-Nomaden (vermutlich Hunnen) um 174 v. Chr.

Grenzwehren bzw. Erdwälle

ungefährer Verlauf der „Seidenstraße"

Chang'an   Hauptstadt der älteren Han-Kaiserfamilie

Luoyang   Hauptstadt der jüngeren Han-Kaiserfamilie

China zur Zeit der Han-Kaiser

*Seidenproduktion der westchinesischen Provinz Xinjiang
(Sinkiang), Foto, 2000. Eine Frau gewinnt Fäden aus den
eingeweichten Kokons der Seidenraupe.*

M4

Der römische Naturforscher Plinius (um 23–79 v. Chr.) über Seide:

Die Serer[1] sind berühmt für eine wollartige Substanz, die sie aus Wäldern gewinnen. Nach dem Einweichen ins Wasser schaben sie das Weiße von den Blättern ab. Von so weit her kommen die
5 Produkte ihrer Arbeit, um es römischen Mädchen zu ermöglichen, in der Öffentlichkeit mit durchsichtiger Kleidung anzugeben.

*Plinius, Naturalis Historia VI, 54. Zit. nach http://
penelope.uchicago.edu/Thayer/L/Roman/Texts/
Pliny_the_Elder/6*.html (Stand: 3. 6. 2014). Übers. v. Verf.*

[1] *Chinesen*

1 Beschreibe anhand der Karte M3 die Etappen der Ausbreitung Chinas. Stelle Vergleiche mit der Expansion Roms (S. 126/127) an.

2 **a)** Finde heraus, welche Bedeutung Plinius der Seide zuspricht (M4).

b) Erkläre Plinius mithilfe von M2, wie Seide tatsächlich gewonnen wird.

3 Chinesische Mauer und römischer Limes: Erstelle mithilfe des Darstellungstexts und M1 eine Liste der Gemeinsamkeiten und Unterschiede.

Was wussten Römer und Chinesen voneinander?

Die Hauptstädte Rom und Xi'an liegen eine halbe Erdumrundung voneinander entfernt. Quellen und Funde belegen, dass das Römische und das Chinesische Reich trotz dieser Entfernung seit dem 1. Jahrhundert v. Chr. voneinander wussten.
• Gelang es ihnen, miteinander Kontakt aufzunehmen?

Verabschiedung der Expeditions-Karawane des Entdeckers Zhang Qian Richtung Rom unter dem Han-Kaiser Wu-di (156–87 v. Chr.), Wandmalerei in den Mogao-Grotten bei Dunhuang, China, 7. Jh. Die Expedition endete im Reich der Parther. Diese überzeugten die Chinesen, dass es viel zu weit bis nach Rom sei.

Was kannten die Römer von der Welt?

Durch Fernhändler hörten die Römer von Gebieten außerhalb ihres Machtbereichs. Von herausragender Bedeutung für den römischen Fernhandel war die Entdeckung des Seeweges nach Indien. Einem kühnen See-
5 fahrer namens Eudoxos aus Alexandria gelang 112 oder 116 v. Chr. in nur 40 Tagen die Fahrt vom Roten Meer über den Indischen Ozean bis an die Westküste Indiens. Dies war keine Seefahrt entlang der Küsten, sondern über das offene Meer. Dazu mussten die Seefahrer die
10 vorherrschenden Richtungen der Winde genau kennen. Einhundert Jahre später, zur Zeit von Kaiser Augustus, war die Fahrt nach Indien schon zu einer richtigen „Rennstrecke" geworden. Zu Beginn der westöstlichen Monsunwinde legten von den Häfen am Roten Meer
15 über 100 Schiffe nach Indien ab, von denen jedes 600 bis 1000 Tonnen laden konnte. In Indien wurden Luxuswaren aller Art aus Ostasien und Indien eingekauft, deren Verkauf im Römischen Reich märchenhafte Gewinne einbringen konnte. Zudem wurde der Zwischenhandel
20 der Parther umgangen.

Was kannten die Chinesen von der Welt?

Die Expansionszüge der Han-Kaiser hatten das Reich bis nach Korea und Vietnam ausgedehnt. Jenseits der großen Mauer kontrollierten weiterhin Nomadenvölker das
25 Gebiet, während im Westen natürliche Grenzen Feinde abhielten.

Die Chinesen standen bereits in vereinzelten Handelskontakten mit Japan und fernen Ländern im Süden. Dazu zählten Inseln des heutigen Indonesien sowie Sri Lanka
30 und die Ostküste Indiens. Die Chinesen wussten von der Existenz des Römischen Reichs, doch zu direkten diplomatischen Kontakten ist es in der Antike nie gekommen.

M2 **Beliebte Luxuswaren**
Aus China nach Rom: Seide, Pelze, hochwertiges Eisen, Zimt
Aus Rom nach China: Korallen, Purpurschnecken, Bernstein, hochwertiges Glas, Silber, Gold

Römische Silberschale mit einer Abbildung des griechischen Gottes Dionysos, gefunden in Gansu, China, 2./3. Jh. nach Chr.

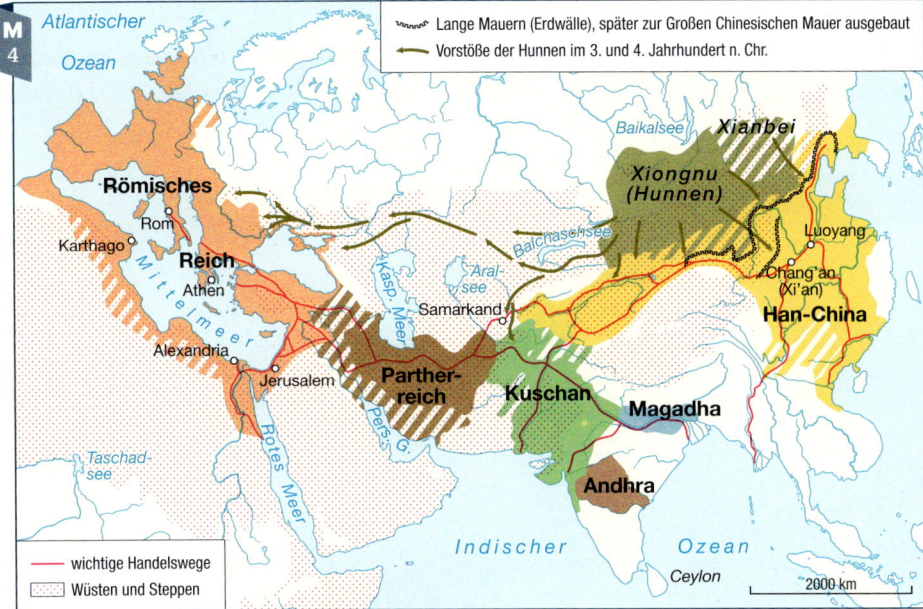

Europäische und asiatische Großreiche (2.–5. Jahrhundert)

M5

Rom aus chinesischer Sicht – der Bericht einer chinesischen Chronik (5. Jh.):

Das Reich Dà Qin[1] hat über 400 Städte, die von Mauern aus Stein umgeben sind. An den gepflasterten Straßen finden sich Poststationen. Pinien und Zypressen sind die vorherrschenden Bäume. Die Rö-
5 mer widmen sich hauptsächlich der Landwirtschaft. Sie rasieren ihre Köpfe kahl und tragen gewebte Kleider. Ihr König fährt auf einem kleinen Wagen mit weißem Stoffschirm und besitzt fünf Paläste in der Hauptstadt. Die Säulen in den Räumen des Palastes
10 sind aus Kristallglas, genau wie das Geschirr zum Essen. Jeden Tag hält der König in einem seiner Paläste Gericht … In jedem Palast arbeiten viele Beamte und führen ein geschriebenes Archiv …
Die Menschen des Landes sind alle sehr groß und
15 normal gebildet. Sie ähneln den Chinesen, darum nennen wir sie Dà Qin (Ta-Ch'in = große Chinesen). Dà Qin treibt über See Handel mit Parthien und Indien, die Gewinne sind sehr hoch. Die Menschen aus Dà Qin sind ehrlich und offen … Getreide und
20 Nahrungsmittel sind immer billig … Sie prägen

Münzen aus Gold und Silber, wobei zehn Silbermünzen den Wert einer Goldmünze haben… Der König dieses Landes wollte immer mit den Han-Kaisern diplomatische Beziehungen aufbauen. Aber die Par-
25 ther hinderten die Römer daran, weil sie den Seidenhandel allein kontrollieren wollten … Schließlich schickte der Kaiser An-Tun[2] eine Gesandtschaft, die im neunten Jahr der Regierung von Kaiser Huan [166 n. Chr.] die Grenze bei Vietnam erreichte. Die
30 Römer brachten als Geschenke Stoßzähne von Elefanten, Hörner des Rhinozeros und Schildplatt mit … Dà Qin ist dicht bevölkert. Alle zehn Li[3] gibt es eine Raststätte an den Straßen und alle 30 Li eine Wechselstation für Pferde.

Hou Han Shou 88. Zit. nach Donald D. Leslie/Kenneth H. J. Gardiner (Hg.), The Roman Empire in Chinese Sources, Studi Orientali XV, Rom (Bardi) 1996, S. 47–52. Übers. v. Verf.

....
[1] *Großes Reich = Rom*
[2] *Kaiser Marcus Aurelius Antonius*
[3] *5 km*

1 Stelle dir vor, du hättest als römischer Jugendlicher deinen Vater auf einer Handelsreise von Rom nach China begleitet. Welche Kleidung und Ausrüstung hättest du für die Reise von einem Jahr gebraucht und welchen Gefahren wärest du vermutlich ausgesetzt gewesen?
Tipp: Nimm M4 zu Hilfe.

2 Erläutere mithilfe des Darstellungstextes Z. 21 ff. und M4, auf welchen Wegen Römer und Chinesen voneinander Kenntnis erlangten.

3 Chinesische Quellen nennen die Seidenstraße auch die „Glasstraße". Stelle eine Verbindung zu M2 her und begründe die Benennung.

4 Beschreibe M1 und nenne mögliche Gründe, warum der Kaiser persönlich die Karawane verabschiedete.

5 Finde in M5 Hinweise, wie die Chinesen sich das Römische Reich vorstellten. Stelle Vermutungen an, warum es nicht zu direkten diplomatischen Kontakten zwischen Rom und China kam.

1000 v. Chr.	900 v. Chr.	800 v. Chr.	700 v. Chr.	600 v. Chr.	500 v. Chr.	400 v. Chr.

ROM

1000 v. Chr. Sabiner und Latiner siedeln auf dem späteren Gebiet der Stadt Rom

753 v. Chr. Gründung der Stadt Rom der Sage nach

510–27 v. Chr. Zeitalter der römischen Republik

um 494–287 v. Chr. Ständekämpfe zwischen Plebejern und Patriziern

CHINA

1600 v. Chr. Entstehung von Fürstentümern und kleineren Königreichen, die chinesische Schrift entsteht

400 v. Chr. Baubeginn der Chinesischen Mauer

Das Römische Reich

Die Frühzeit Roms

Die Sage zur Entstehung Roms legt die Gründung der Stadt auf das Jahr 753 v. Chr. fest. Archäologen haben herausgefunden, dass es auf dem Gebiet der späteren Stadt Rom bereits um 1000 v. Chr. erste Siedlungen gab.
5 Später wanderten die Etrusker an den Fluss Tiber, errichteten dort eine Königsherrschaft und bauten das Dorf zur Stadt aus.

Mit der Vertreibung des letzten etruskischen Königs wurde Rom um 510 v. Chr. eine Republik, die von adligen
10 Patrizierfamilien regiert wurde. Fast alle Römer der Frühzeit waren Bauern, die sparsam lebten und jeden Luxus ablehnten. Die Plebejer konnten in den Ständekämpfen (ca. 494–287 v. Chr.) politische Mitspracherechte erringen. Da die Patrizier zahlreiche Kriege führ-
15 ten, waren sie auf die Plebejer als Soldaten angewiesen.

Ausbreitung im Mittelmeerraum

Rom gewann durch zahlreiche Kriege die Vorherrschaft in Italien bis zum Fluss Po im Norden. Die Kriege gegen die Nachbarn und die Ständekämpfe veränderten die alt-
20 römische Gesellschaft. Es entstand eine neue Oberschicht aus patrizischen und reichen plebejischen Familien. Diese Familien bestimmten über den Senat, die Entscheidungen der Magistrate und der Volksversammlungen. Durch die drei Kriege gegen Karthago erlangten die Rö-
25 mer im 3. und 2. Jahrhundert v. Chr. die Herrschaft über das westliche Mittelmeer. Die Insel Sizilien wurde zur ersten Provinz des Römischen Reichs. Während des 1. Jahrhunderts v. Chr. dehnte Rom seine Herrschaft auch über den östlichen Mittelmeerraum aus (Expan-
30 sion) und brachte reiche Gebiete wie Ägypten unter seine Kontrolle.

Krise und Ende der römischen Republik

Der Aufstieg Roms zur Weltmacht hatte tief greifende Folgen für die römische Gesellschaft. Die langen Kriege
35 machten die römischen Kleinbauern zu landlosen Bettlern und Tagelöhnern. Die Oberschicht wurde durch Beute und Abgaben aus den eroberten Gebieten immer reicher. Durch die Eroberungen strömten Hunderttausende Kriegsgefangene als Sklaven nach Italien. Dort
40 wurden sie von Großgrundbesitzern als billige Arbeitskräfte auf ihren Landgütern eingesetzt. Sklaven verdrängten die Tagelöhner, die nun in die Städte abwanderten und dort die neue Unterschicht (plebs) bildeten. Weil die Zahl der Kleinbauern abnahm, fehlten Soldaten.
45 Die militärische Stärke Roms sank.

Mehrere Politiker versuchten, die Krise zu lösen: der Reformer Tiberius Gracchus, der Heerführer Marius und der Diktator Caesar. Die politische Führungsschicht Roms spaltete sich in die zwei Lager: auf der einen Seite
50 die Popularen, die sich auf die Volksversammlung und das Amt der Volkstribunen stützten, auf der anderen Seite die Optimaten, die die Macht beim Senat sahen und alle Reformen ablehnten.

| 300 v. Chr. | 200 v. Chr. | 100 v. Chr. | Christi Geburt | 100 n. Chr. | 200 n. Chr. |

264–146 v. Chr. Kriege gegen Kathargo und Expansion des Römischen Reichs im Mittelmeerraum

2. Jahrhundert n. Chr. größte Ausdehnung des Römischen Reichs

133–27 v. Chr. Krise der römischen Republik, beginnt mit den Reformen der Gracchen; Optimaten und Popularen stehen sich gegenüber

44 v. Chr. Caesar wird ermordet

27 v. Chr.–14 n. Chr. Prinzipat unter Augustus und Beginn der römischen Kaiserzeit

221 v. Chr. Gründung des chinesischen Kaiser-reichs durch Kaiser Qin Shi Huang-di

206 v. Chr.–220 n. Chr. Herrschaft der Han-Dynastie

138 v. Chr. Verabschiedung einer Expeditions-Karawane in Richtung Rom

55 Unter dem Vorwurf, Caesar strebe eine Monarchie an, wurde er 44. v. Chr. von Senatoren ermordet. Die Nachfolge trat sein Adoptivsohn Octavian an, der spätere Kaiser Augustus.

Die römische Kaiserzeit

60 Unter Augustus begann die römische Kaiserzeit und mit ihr eine Friedenszeit von fast 200 Jahren, die „Pax Romana". In dieser Zeit entstand ein zusammenhängendes Reich mit 40 Provinzen. Die Kaiser regierten das Reich mit seinen zahlreichen Völkern und Sprachen von der 65 Millionenstadt Rom aus. Ziel war es, den Frieden nach innen und nach außen zu sichern. Nichtrömische Bürger und Sklaven konnten ihren Status im Laufe der Zeit verbessern, z. B. durch Dienst in der Armee oder Freilassung aus dem Sklavenverhältnis. Die Sicherung der Reichs-70 grenzen lag in den Händen eines großen Berufsheeres. Durch Grenzlegionen und den Bau zahlreicher Provinzstädte fanden römische Rechtsauffassungen, die lateinische Sprache, römische Lebensart und Technik im gesamten Reich Verbreitung. Dieser Prozess der 75 Romanisierung gilt vor allem für den westlichen Teil des Reichs; im östlichen Mittelmeerraum blieben die griechische Sprache und Lebensart erhalten. Die römische Antike ist heute noch durch Bauwerke, z. B. Amphitheater, Thermen und Aquädukte an vielen 80 Orten sichtbar. Das kulturelle, wissenschaftliche und architektonische Erbe Roms ist bis in unsere Zeit wirksam.

Rom und China – ein Vergleich beider Großreiche

Der Vergleich beider Imperien zeigt eine Reihe von Ähnlichkeiten: Die Volkszählung des Jahres 2 n. Chr. in China 85 ergab mit 57 Millionen Einwohnern etwa die gleiche Bevölkerungszahl wie die des Römischen Reichs unter Kaiser Augustus. Beide Reiche waren etwa gleich groß und ihr Straßennetz war vergleichbar lang. Im Römerreich gab es mehr Großstädte als in China. In China waren die 90 Agrartechnik und die Eisenverarbeitung weit fortschrittlicher als in Rom. Beim Eisenguss verwendeten die Chinesen bereits Formen für die Serienproduktion von Hacken, Pflügen, Beilen und Messern.

In beiden Großreichen lag die Macht in der Hand des 95 Gottkaisers und bei dem ihm ergebenen Adel bzw. den Beamten. Statt einer vorherrschenden Religion waren die Lehren bedeutender Philosophen Grundlage für eine gute Lebensführung der Oberschichten im Römischen wie im Chinesischen Reich.

100 Der Niedergang beider Reiche begann im späten 3. Jahrhundert. Rom und China litten unter den Angriffen und dem Eindringen fremder Völker. Fast zeitgleich verbreiteten sich im Römischen und im Chinesischen Reich neue Religionen, die den einfachen Menschen Erlösung 105 versprachen: in Rom das Christentum und in China der Buddhismus.

In diesem Kapitel konntest du folgende Kompetenzen erwerben:

- die Entstehung Roms im Gründungsmythos wiedergeben und die Expansion vom Dorf zum Großreich darstellen
- den Aufbau der römischen Republik erläutern
- den Wandel der politischen Herrschaft von der Republik zum Kaiserreich analysieren
- die Lebensverhältnisse von Sklaven im Römischen Reich beurteilen

- die Folgen der Romanisierung der eroberten Gebiete erklären und ihre Nachwirkungen bis heute beurteilen
- die Großreiche Rom und China vergleichen
- **Methode:** Ein Schaubild auswerten
- **Methode:** Schriftliche Quellen vergleichen

Römisches Landgut (villa rustica) in Hechingen-Stein in Baden-Württemberg, Luftbildaufnahme, undatiert

Das Leben auf einem römischen Landgut, Modell, Limesmuseum Aalen, undatiert. Das Modell zeigt, wie das Leben auf einem römischen Gutshof ausgesehen haben könnte.

Sprachenmix:
Auf einer strata bedeckt mit plastrum nähert sich ein germanischer Händler auf seinem carrus dem römischen Gutshof. Seine Waren hat er sorgfältig verpackt in cista, saccus und corbis. Umgeben
5 war der Gutshof von einer murus. Durch die geöffnete porta gelangte er in den Innenhof. Jetzt stand er vor der villa, die mit roten tegulae gedeckt war. In der villa gab es eine camera und ein geheiztes Zimmer. An der Wand hing ein specu-
10 lum. Jedes Zimmer hatte ein großes fenestra. Im cellarium befand sich die riesige pressa, mit deren Hilfe vinum und mustum hergestellt wurden. Für seine Waren, Felle und Bernstein, erhielt der germanische Händler Obst und Gemüse wie pru-
15 num, persicum und radix; außerdem oleum, vinum und den guten caseus. Einige Waren ließ er sich auch in römischer moneta bezahlen.

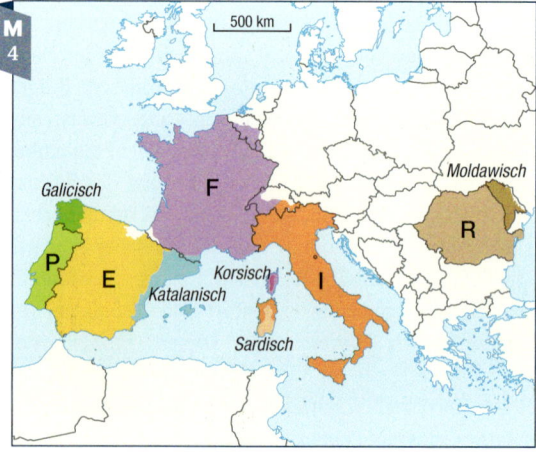

Wer spricht heute noch eine lateinische (= romanische) Sprache?

„Asterix als Legionär" – Diente die Berufsarmee der Römer zur Romanisierung der „Fremden"?

M 6 *Römische Glasflasche in Vogel-form, in der Parfum aufbewahrt wurde, gefunden in Damaskus, 1. Jh. v. Chr.*

Sachkompetenz

1 Bereite einen Vortrag zu den wichtigen Stationen der Expansion Roms vor. Nutze dazu die Zeitleiste 162/163 und die Seiten 126/127.

2 Vergleiche das Aussehen der römischen Legionäre in M5 mit der Zeichnung des Legionärs auf Seite 153. Hat der Comic-Zeichner an alles gedacht? Worauf würdest du ihn aufmerksam machen?

3 Erkläre, warum die römische Berufsarmee zur Romanisierung der Fremden diente.

4 Ordne mithilfe von M4 in einer Tabelle die heutigen „lateinischen oder romanischen Sprachen" einzelnen Ländern zu (z. B. Galicisch = in Spanien …)

Methodenkompetenz

5 Untersuche die Herrschaft des Augustus mithilfe des Schaubildes auf S. 203, M2.
Tipp: Nutze die Arbeitsschritte „Ein Schaubild aus-werten" (siehe S. 125).

Orientierungs- und Reflexionskompetenz

6 Schau dir M1 und M2 genau an. Erläutere, inwie-fern die Abbildungen zeigen, dass die Römer die Siedlungs- und Lebensweise der einheimischen Bevölkerung veränderten.
Tipp: Nimm die Seiten 152 f. zur Hilfe.

7 Stelle den möglichen „Lebensweg" der Glasflasche M6 dar: von der Herstellung in Germanien über den Transport durch das Römische Reich bis zu ihrer Ankunft in Damaskus in der römischen Provinz Syria, wo sie durch einen Sturz zerstört wird.
Tipp: Überlege auch, mit welchen Transportmitteln und auf welchen Wegen sie nach Damaskus gekom-men ist. Schau dir dazu den Verlauf der Handels-wege auf der Karte S. 150 an.

8 Im Text M3 findest du einige lateinische Wörter, die im Deutschen als Lehnwörter vorkommen. Schreibe sie heraus und übersetze ins Deutsche, z. B. strata – Straße, plastrum – Pflaster usw.

5

Neue Religionen, neue Reiche

Es ist Weihnachten, vermutlich im Jahr 498 n. Chr. Der Mann im Holzbottich ist der König des germanischen Stammes der Franken. Er heißt Chlodwig und gehört zur Familie der Merowinger. Gleich wird Bischof Remigius ihn taufen. Dazu muss er den König tief ins geweihte Wasser eintauchen. Chlodwig ist mit 16 Jahren König geworden. Er hat den letzten römischen Statthalter in Gallien besiegt und sein Reich immer weiter vergrößert. Vor einer Schlacht westlich von Köln soll Chlodwig den Gott der Christen erfolgreich um Hilfe gebeten haben. Aus Dank lässt er sich taufen und übernimmt zusammen mit 3000 seiner Krieger den katholischen Glauben.

Eine Taufe ist heute ein Familienfest. Die Taufe König Chlodwigs war eine politische Angelegenheit. Welche Gedanken könnten dem König in der abgebildeten Situation durch den Kopf gegangen sein?

Taufe des Frankenkönigs Chlodwig, Buchmalerei, 14. Jh.

100	200	300	400	500

2. Jahrhundert n. Chr.
größte Ausdehnung des Römischen Reichs

391 Christentum wird Staatsreligion im Römischen Reich

395 Teilung des Römischen Reichs

496 Taufe des Frankenkönigs Chlodwig

Neue Religionen, neue Reiche

Im 4. und 5. Jahrhundert n. Chr. wurde es immer schwieriger für die römischen Kaiser, ihre Herrschaft durchzusetzen. In den Provinzen stellten sich einzelne Heerführer gegen den Herrscher in Rom, benachbarte Völker wie
5 die Germanen bedrohten die Grenzen des römischen Weltreichs.

Im Inneren sorgte eine neue Religion für Aufsehen: das Christentum. Bisher hatten die römischen Herrscher viele Religionen geduldet, ihnen aber keine politische Be-
10 deutung zuerkannt. Mit dem Christentum änderte sich diese Haltung. Unter Kaiser Theodosius wurde das Christentum um 391 zur Staatsreligion erhoben. Gleichzeitig wurden alle anderen Religionen verboten. Damit wollte Theodosius seine Herrschaft sichern.
15 Die zweite neue Religion, die auf dem Boden des ehemaligen römischen Weltreichs entstand, war der Islam. Er breitete sich seit dem 7. Jahrhundert von der arabischen Halbinsel über Nordafrika bis Südeuropa aus, nach Osten bis an die Grenzen Chinas.

20 Die dritte und älteste Religion, die in diesem Kapitel eine Rolle spielen wird, ist das Judentum. Die Juden lebten in der römischen Provinz Judäa. Sie wurden von den Römern vertrieben und siedelten sich in verschiedenen Teilen der Welt an.
25 Um 700 waren drei neue Machtzentren entstanden: das Oströmische Reich mit der Hauptstadt Konstantinopel (Byzanz), die islamischen Reiche und in Westeuropa das Frankenreich. Die Herrscher dieser Reiche gründeten ihre Macht auf neue Religionen. Die Verbindung von
30 Herrschaft und Religion war ein wichtiges Merkmal der Epoche, die um 500 n. Chr. in Europa begann: das Mittelalter. Am Ende des Kapitels kannst du folgende Fragen beantworten:

- Welche neuen Reiche entstanden auf dem Gebiet
35 des antiken Römischen Reichs?
- Wie beeinflussten die Religionen Herrschaft und Gesellschaft am Ende der Antike und im frühen Mittelalter?

M1

Christentum um 750 — Frankenreich
Islam um 750 — Oströmisches Reich

Die Machtzentren der Mittelmeerwelt um 750 n. Chr.

1000 km

äthiopische Christen

	600	700	800	900	1400	1500

622 Übersiedlung Mohammeds von Mekka nach Medina

6. Jh. Blütezeit des Oströmischen Reichs unter Kaiser Justinian

seit 661 islamische Herrscher in Damaskus, Bagdad und Córdoba

800 Kaiserkrönung Karls des Großen in Aachen

1453 Eroberung von Konstantinopel durch die Türken

1492 Fall des letzten islamischen Königreichs Granada in Al-Andalus

Hagia Sophia (griechisch Ἁγία Σοφία „heilige Weisheit", türkisch Ayasofya) in Istanbul/Konstantinopel, Foto, 1986. Das Bauwerk war viele Jahrhunderte die größte christliche Kirche der Welt. 1453 wurde die Hagia Sophia zur Moschee und ist seit 1932 Museum.

Christus krönt ein Königspaar, Elfenbeinrelief, um 982. Abgebildet sind links der deutsche König Otto II. (Regierung: 973–983) und rechts seine aus Byzanz stammende Ehefrau Theophanu (960–991).

Übersetzerschule in der königlichen Bibliothek von Bagdad, arabische Buchmalerei (Ausschnitt), 13. Jh. Die islamischen Herrscher ließen griechische und römische Schriften aus Medizin, Naturwissenschaften und Philosophie ins Arabische oder Persische übersetzen.

1 Vergleiche die Karte M1 mit der Karte auf S. 127. Welche neuen Reiche sind entstanden? Liegen sie alle auf dem Boden des ehemaligen Römerreichs?

2 Beschreibe M2–M4 und ordne die Bilder den neuen Religionen und Machtzentren zu.

3 Sammelt in der Klasse Fragen zu den drei Bildern und notiert sie auf einem Plakat.

Juden gegen Römer

Nach der Überlieferung der Bibel war Abraham der Urvater der Juden, Christen und Muslime. Er stammte aus dem heutigen Irak. Seine Nachfahren sollen wegen einer Dürre ins reiche Ägypten gezogen sein. Die Juden siedelten zur Zeit der römischen Republik in der Landschaft Judäa, die seit 63 v. Chr. römische Provinz war. Hier befand sich auch ihr religiöses Zentrum: der Tempel in Jerusalem.

- *Im 1. und 2. Jahrhundert kam es zu mehreren Kriegen zwischen Juden und Römern. Welche Ursachen und welche Folgen hatten sie?*

Die „Klagemauer" in Jerusalem ist ein heiliger Ort für Juden aus aller Welt. Sie ist eine äußere Grundmauer der von den Römern zerstörten jüdischen Tempelanlage. Darüber steht auf dem Tempelberg das islamische Heiligtum Qubbat as-Sachra (Felsendom) aus dem 7. Jahrhundert. Dort verehren die Muslime die Himmelfahrt des Propheten Mohammed. Foto, 2008

Den Römern gehorchen?

Julius Caesar hatte während seiner Feldzüge im Osten des Reichs den Juden und ihrer Religion großen Respekt entgegengebracht. Unter römischer Herrschaft waren die Juden vom Militärdienst befreit. Seit der Herrschaft
5 von Kaiser Augustus bezahlten die römischen Kaiser selbst für die Opfer, die ihnen zu Ehren im Tempel von Jerusalem dargebracht wurden. Zahlreiche Römerinnen und Römer bekannten sich zum Gott der Juden.
Unter König Herodes, dem römischen Statthalter in der
10 Provinz Judäa, entstanden viele neue Städte. Doch Ruhe und Frieden kehrten nicht ein, da Teile der jüdischen Bevölkerung den römischen Herren jeden Gehorsam verweigerten. Nach jüdischem Glauben schuldete man nur Gott Gehorsam. Kaiser Augustus unterstellte des-
15 halb Judäa der direkten römischen Herrschaft und führte eine Volkszählung zur Festsetzung der Steuerzahlungen an Rom durch, wogegen sich heftiger Widerstand erhob. Die jüdische Oberschicht hatte kein Interesse an
20 einem Konflikt mit den Römern, doch viele radikale Gruppen riefen zum Kampf gegen die Besatzungsmacht auf. Zugleich zogen viele jüdische Wanderprediger durch das Land und warben für eine neue Gesellschaft: Unter ihnen war auch Jesus von Nazaret.

Kriege zwischen Juden und Römern

25 Andersgläubigen war das Betreten des jüdischen Tempels, in dem ein siebenarmiger Leuchter (Menora) und ein Altar aufgestellt waren, streng verboten. Als im Mai 66 n. Chr. römische Soldaten mit Spott und Beleidigungen in den Tempel von Jerusalem eindrangen, kam es zu ge-
30 waltsamen Aufständen. In dem darauf folgenden Krieg starben über eine Million Juden und Tausende römischer Soldaten. Im August 70 fiel die Stadt Jerusalem, und der jüdische Tempel wurde von Römern zerstört. Juden mussten von nun an eine besondere Steuer für den Jupi-
35 tertempel in Rom bezahlen.

Unter Kaiser Trajan brachen 116 n. Chr. erneut Revolten der Juden in Zypern, Kyrene und Alexandria gegen die Besteuerung Roms aus. Die Aufstände endeten mit der Unterwerfung der dortigen jüdischen Gemeinden durch
40 die Römer.

Als Kaiser Hadrian aus Jerusalem eine Stadt mit zahlreichen Tempeln für viele Götter machen wollte, kam es 132–135 n. Chr. zu einem letzten jüdisch-römischen Krieg. Unter ihrem Anführer Bar Kochba („Sohn eines
45 Sterns") gelang den Juden für kurze Zeit die Wiederherstellung der Unabhängigkeit. Wieder verloren Hunderttausende ihr Leben.

Kaiser Hadrian setzte seine Pläne schließlich durch: Juden durften Jerusalem bei Androhung der Todesstrafe
50 nicht mehr betreten. Judäa wurde umbenannt in Syria Palaestina. Für die Überlebenden begann die Zeit des Exils*. Sie siedelten sich in den Städten rund ums Mittelmeer, im Perserreich, auf der Arabischen Halbinsel und später in Westeuropa an. Immer wieder mussten sie
55 Ausgrenzung und Verfolgung erleiden. Der moderne Staat Israel entstand erst im 20. Jahrhundert.

Römische Soldaten tragen Beute aus dem Tempel von Jerusalem. Relief auf dem Triumphbogen, der 81 n. Chr. zu Ehren des Kaiser Titus in Rom errichtet wurde, Foto, 1981

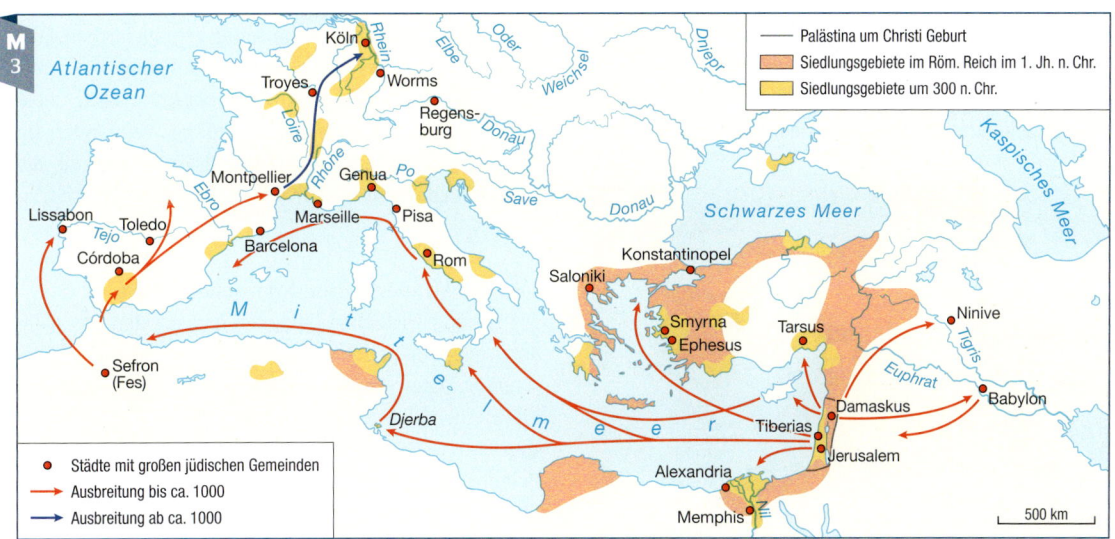

Jüdische Siedlungen um 750 n. Chr.

1 Nenne Gründe für die Auseinandersetzungen zwischen Römern und Juden (Darstellungstext).

2 Beschreibe M2 und erkläre, welche Bedeutung der erbeutete Gegenstand für die Juden hatte.
Tipp: Nimm den Darstellungstext Z. 24–35 und das Lexikon im Anhang zu Hilfe.

3 Finde in der Karte M3 die Regionen, in denen sich Juden nach der Vertreibung aus Judäa ansiedelten.

4 Der britische Historiker R. L. Fox sieht in den jüdisch-römischen Kriegen die „extremste Form der Romanisierung".
a) Wiederhole von S. 152 die Bedeutung des Begriffs Romanisierung.
b) Bewerte die Aussage des Historikers: Finde mindestens ein Argument dafür und eines dagegen.

Die Ausbreitung des Christentums im Römischen Reich

Die Römer unterwarfen viele Völker, die andere Gottheiten verehrten als sie selbst. In Judäa trafen sie nicht nur auf das Judentum, sondern auch auf die ersten Christen. Wie die Juden glaubten auch die Christen an nur einen Gott (griech. Monotheismus).

- *Warum verbreitete sich die christliche Religion, und warum nahm sie bald eine bevorzugte Stellung im Römischen Reich ein?*

Die Entstehung der christlichen Religion

In der römischen Provinz Judäa lebte zur Zeit der Kaiser Augustus (30 v. Chr.–14 n. Chr.) und Tiberius (14 n. Chr. bis 37 n. Chr.) der Jude Jesus von Nazaret. Als Wanderprediger forderte er die Menschen zur Nächstenliebe auf
5 und weckte in ihnen die Hoffnung auf das kommende Reich Gottes. Für seine Anhänger war er der von den Juden erwartete, von Gott gesandte Messias (hebräisch: der Gesalbte). Der griechische Ausdruck heißt Christos. Daher bezeichneten die Römer die Anhänger dieser jü-
10 dischen Sekte nach Jesu Tod als „Christen". Jesus geriet mit seiner Botschaft in Konflikt mit den jüdischen Schriftgelehrten und den Priestern in Jerusalem. Sie sahen in ihm einen Aufrührer und eine Gefahr für den sozialen Frieden. Deshalb klagten sie ihn um ca. 30 n. Chr.

Christus als guter Hirte, römische Wandmalerei aus einer unterirdischen Begräbnisstätte (Katakombe), 3. Jh. n. Chr.

15 beim römischen Provinzstatthalter Pontius Pilatus an. Dieser verurteilte Jesus zum Tod am Kreuz. Wahrscheinlich sah Pilatus in Jesus auch einen der vielen Widersacher gegen die römische Herrschaft in Judäa.

Apostel verbreiten die christlichen Ideen

20 Trotz der anfänglich wenigen Anhänger verbreitete sich die „frohe Botschaft" Jesu (griechisch: Evangelium) dank der Apostel (Sendboten) im östlichen Mittelmeerraum und bis in die Hauptstadt Rom. Die bekanntesten Apostel sind Petrus und Paulus. Sie waren gebildete Ju-
25 den, sprachen neben dem im Alltag gebräuchlichen Aramäischen auch Griechisch und Latein. Paulus war römischer Bürger und gewann auf seinen Reisen viele Menschen für die neue Lehre. Anfangs verstanden sie sich noch als Juden. Erst allmählich empfanden sie die
30 Unterschiede zum herkömmlich jüdischen Glauben zu groß.

Von der Minderheit im Römischen Reich …

Die neuen christlichen Gemeinden bestanden vor allem aus Angehörigen der städtischen Unterschichten, römi-
35 schen Soldaten, Frauen und einigen wohlhabenden Römern. Auch viele Sklaven bekannten sich zum Christentum.

Solange sie die öffentliche Ordnung nicht störten, waren die Gemeinden im Römerreich geduldet. Da die Christen
40 das Kaiseropfer ablehnen, gerieten sie aber immer wieder unter Verdacht. Was taten sie, wenn sie sich zu Gebet und Gottesdienst in Privathäusern trafen? Als 64 n. Chr. in Rom ein verheerender Brand wütete, unterstellte Kaiser Nero den Christen Brandstiftung und ließ viele von
45 ihnen hinrichten. Dabei sollen auch die Apostel Petrus und Paulus als Märtyrer* gestorben sein. Am vermuteten Grab des Apostels Paulus wurde eine Kirche errichtet, die mehrfach zerstört und umgebaut heute als „Petersdom" zum Zentrum der katholischen Christenheit
50 geworden ist. Auch im 2. und 3. Jahrhundert kam es vereinzelt zu Christenverfolgungen.

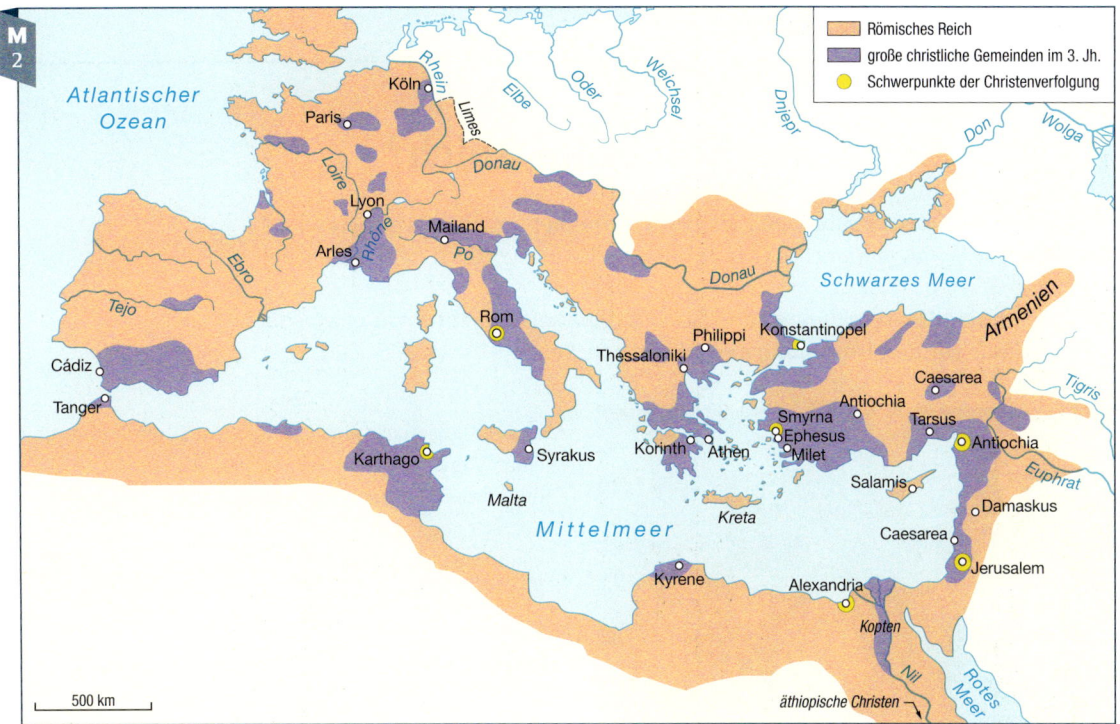

Die Ausbreitung des Christentums im 3. Jahrhundert

… zur Staatsreligion

Die entscheidende Wende für die Christen kam mit Kaiser Konstantin. Er erkannte 313 das Christentum als
55 gleichberechtigte Religion an. Eine christliche Legende erzählt, dass Konstantin vor einer Schlacht gegen seinen Rivalen Maxentius im Traum ermahnt worden sei, mit dem Christuszeichen auf Fahnen und Schilden in die Schlacht zu ziehen. Nach seinem Sieg sicherte Konstan-
60 tin allen Christen die freie Religionsausübung zu. Er bestimmte den Sonntag zum Ruhetag, unterstützte finanziell den Bau von Kirchen, verbot die Kreuzigung und gab Christen hohe Ämter in seiner Verwaltung. Erst auf dem Sterbebett ließ er sich taufen. Mit der Konstantini-
65 schen Wende* wurde die Verbindung von römischem Staat und Christentum immer enger. Kaiser Theodosius I. (379–395) machte das Christentum zur alleinigen Religion (Staatsreligion*). Unter der nun einsetzenden Verfolgung von Nichtchristen litten besonders die Ju-
70 den, von denen die meisten ins Reich der Perser und in

Christogramm ☧

Münze des Kaisers Konstantin, 315 n. Chr. Auf dem Schild ist die römische Wölfin abgebildet; im Helm zeigt eine runde Scheibe das sogenannte Christogramm. Die griechischen Buchstaben X (CH) und P (R) sind die Anfangsbuchstaben von Christus.

die Handelsstädte der Arabischen Halbinsel auswanderten.
Eine einheitliche christliche Kirche hat es nie gegeben. Der Gottesdienst wurde im Westen in lateinischer und im
75 Osten in griechischer oder aramäischer Sprache gehalten.

---

1 **Partnerarbeit:** Erarbeitet aus dem Darstellungstext, was für die Entwicklung und Ausbreitung des Christentums entscheidend war. Haltet eure Ergebnisse in einer Mindmap fest.

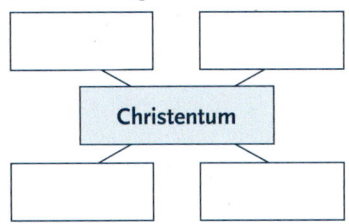

2 Zeige an M2, in welchen heutigen Ländern sich das Christentum im 3. Jh. n. Chr. verbreitet hatte.

3 Erläutere den Begriff „Konstantinische Wende" (Darstellungstext Z. 52 ff.).

4 **Partnerarbeit:** Stellt fest, was die Christen aus Sicht der Römer „verdächtig" machte. Findet ein Beispiel dafür, dass es solche Verdächtigungen auch heute noch gibt.

Zusatzaufgabe: siehe S. 205

Warum zerfiel das Römische Reich?

*Unter Kaiser Augustus sprachen die Römer von einer „ewigen Weltherrschaft".
Doch ab dem 3. Jahrhundert n. Chr. geriet das Römische Reich in eine Zeit andauernder Krisen.*

- *Der Text und die Abbildungen auf dieser Doppelseite verraten dir etwas über die Gründe für den Untergang des Römischen Reichs.*

Skulptur der vier Kaiser Diokletian, Maximian, Galerius und Constantius Chlorus aus der Zeit der Vierkaiserherrschaft, Anfang 4. Jh. n. Chr. Die Skulptur ist in die Außenfassade des Markusdoms in Venedig eingefügt.

Bedrohung der römischen Herrschaft

Im 3. Jahrhundert drangen germanische Stämme von Norden ins Römerreich ein. Der Limes musste aufgegeben werden. Im Osten erlitten die Römer schwere Niederlagen gegen die Parther (siehe S. 128). Die Ver-
5 stärkung der Grenzbefestigungen und der Unterhalt des Heeres verschlangen so gewaltige Summen, dass die Steuern für Handel, Gewerbe, Bauern und Wohlhabende drastisch erhöht wurden. Dadurch erlahmte das Wirtschaftsleben. Keiner der Kaiser fand eine Lösung, es
10 fehlten neue Ideen für die Verbesserung der Verwaltung. Die Befehlshaber der römischen Armeen an den Grenzen erlangten zunehmende Macht und wurden von ihren eigenen Soldaten zu Kaisern ausgerufen. Zwischen 234 und 284 regierten 22 solcher „Soldatenkaiser".

15 Kaiser Diokletian versuchte 285 durch die Einführung einer Viererherrschaft (Tetrarchie) die staatliche Ordnung wiederherzustellen. Vier Herrscher regierten von den vier neuen Hauptstädten Trier, Mailand, Thessaloniki und Nikomedia (heute Izmit/Türkei) aus, um näher an
20 den Konfliktherden zu sein. Ihr Nachfolger, Konstantin (324–337 n. Chr.), gründete auf den Mauern der griechischen Stadt Byzanz an der Meerenge zwischen Europa und Asien eine neue Hauptstadt und nannte sie Konstantinopel. Sie sollte zum „zweiten Rom" werden und die
25 alte Hauptstadt an Pracht und Reichtum übertreffen. Im Jahre 395 kam es unter Kaiser Theodosius zur Teilung in das lateinische Weströmische Reich und das griechische Oströmische Reich.

Die Hunnen

30 Um 375 tauchte im Osten Europas das Nomadenvolk der Hunnen auf, das zuvor in den Gebieten nördlich des Chinesischen Reichs umhergezogen war (siehe Karte S. 159). Als hervorragende Reiter und Bogenschützen waren sie gefürchtete Krieger und nahmen von Besieg-
35 ten Tribute*. Die Hunnen lösten eine Reihe von Wanderbewegungen germanischer Völker aus, ehe sie sich in den Ebenen des heutigen Ungarn niederließen. Lange Zeit waren die Historiker der Ansicht, dass ganze Völker mit Pferd und Wagen auf der Suche nach einer neuen
40 Heimat unterwegs waren („Völkerwanderung"). Die moderne Forschung betrachtet viele dieser Wanderungen nur noch als mythische Erzählungen späterer Zeiten. Unbestritten ist jedoch, dass es größere Wanderungsbewegungen gab. Die Gründe dafür waren vermutlich Ver-
45 drängung durch andere Völker, Ernährungsprobleme durch Klimaveränderungen und die Nachrichten über günstigere Lebensbedingungen im Römischen Reich.

Römer und Germanen

410 eroberten die Westgoten Rom und zogen weiter. Das
50 Ende des Weströmischen Reichs war 476 gekommen, als ein Germanenfürst den letzten römischen Kaiser Romulus Augustulus absetzte. Die Römer mussten sich nun einer kleinen Führungsschicht von Germanen unterordnen. Die an Dorf- und Stammesgemeinschaften gewohn-

ten Germanen übernahmen die funktionierende römische Verwaltung und brauchten dazu römische Experten. Römer und Germanen lebten nach eigenem Recht mit eigenen Richtern. Ehen zwischen Römern und Germanen waren verboten.

Im Laufe der Zeit nahmen die Germanen die römische Kultur und das römische Rechtswesen an.

Nomadenkessel aus dem 4./5. Jh., der 2007 in der Ausstellung „Attila und die Hunnen" gezeigt wurde

M2

M3

500 km

	Westgoten		Ostgoten		Wandalen
	Gesamtzahl: ca. 120000 davon ca. 25000 Krieger Römer in diesem Reich: ca. 10 Mio.		Gesamtzahl: ca. 150000 davon ca. 25000 Krieger Römer in diesem Reich: ca. 12 Mio.		Gesamtzahl: ca. 80000 davon ca. 15000 Krieger Römer in diesem Reich: ca. 3 Mio.

Nordsee — *Ostsee* — *Jüten* — *Angeln* — *Sweben* — *Goten* — *Hunnen*

Kelten — *Briten* — **Reich der Angeln und Sachsen** — *Sachsen* — *Langobarden* — *Burgunder* — *Wandalen*

Atlantischer Ozean — **Reich** *der* **Franken** — *Franken* — *Alamannen* — **Reich** *der* **Ostgoten** — *Goten* — *Langobarden* — *Goten* — **Ostgoten**

Paris — **Burgund** — Ravenna — *Westgoten*

Reich der Sweben — Toulouse — *Korsika* — Rom — Cosenza — *Sardinien* — *Schwarzes Meer* — Trapezunt

Reich der Franken — **Westgoten** — Toledo — *Balearen* — Cartagena — *Sizilien* — Syracus — Konstantinopel

Oströmisches Reich — Athen

Reich der Wandalen — Karthago — *Mittelmeer* — *Kreta* — *Zypern* — Jerusalem — Kyrene — Alexandria

---- Grenze zwischen Weströmischem Reich und Oströmischem Reich seit 395 n. Chr.

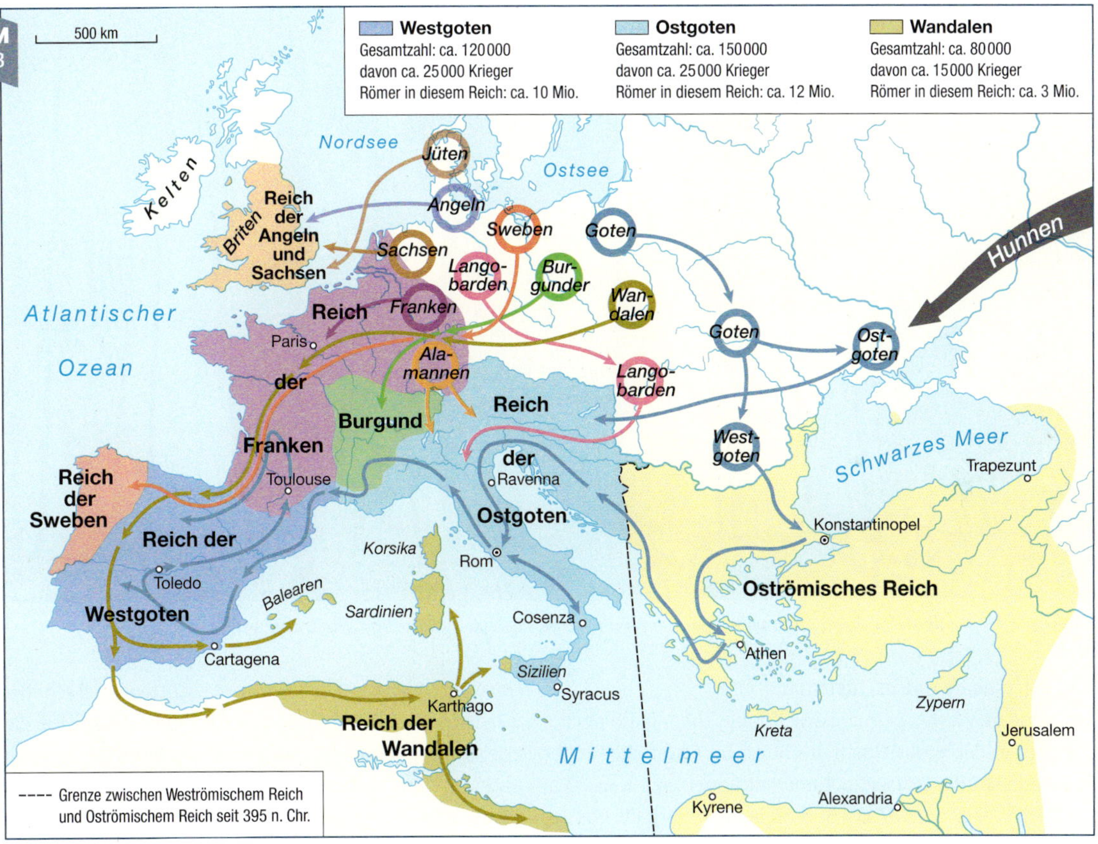

Germanische Heerzüge und Reiche auf römischem Gebiet im 5. Jahrhundert n. Chr.

1 Schreibe mithilfe der folgenden Sätze einen eigenen zusammenfassenden Text:
Auf die Bedrohungen von außen reagierten die römischen Kaiser durch …
Schließlich wurde das Reich geteilt in …
Das Auftauchen der Hunnen erzeugte …
Nach der Eroberung Roms lebten Römer und Germanen …

2 Erläutere, was die Skulptur über die Herrschaftsverhältnisse im Römischen Reich aussagt.

3 Beschreibe M2 und erläutere, warum der Gegenstand typisch für die Kultur der Hunnen war.

4 Suche aus der Karte M3 die Zahlenverhältnisse von Römern und Germanen (West- und Ostgoten, Wandalen) heraus. Prüfe, ob die Informationen im Darstellungstext (Z. 48–61) dazu passen.

Byzanz – neue Hauptstadt im Osten

Eine bedeutende Sehenswürdigkeit der türkischen Stadt Istanbul ist eine riesige christliche Kirche aus dem 6. Jahrhundert: die „Hagia Sophia". Sie wurde gebaut, als Istanbul noch Byzanz oder Konstantinopel hieß und Hauptstadt des Oströmischen Reichs war.

- *Warum ließen die byzantinischen Kaiser ihre Hauptstadt so prächtig ausbauen?*

Der byzantinische Kaiser Justinian I. mit seinen Beratern am Hof, Mosaik in der Kirche San Vitale in Ravenna, um 547

Die Herrschaft Kaiser Justinians

Während im Westen germanische Könige über die Römer herrschten, lebte das Römische Reich im Osten weiter. Ein bedeutender Kaiser in Konstantinopel war Kaiser Justinian, der von 527 bis 565 regierte. Innerhalb von
5 20 Jahren gelang es seinen Militärs, große Gebiete in Nordafrika und Teile Italiens für sein Oströmisches Reich zu erobern. Viele Gebiete gingen allerdings unter seinen Nachfolgern wieder verloren. Dauerhafter war eine andere Initiative Justinians: Er ließ seine Juristen alle noch
10 gültigen Gesetze und Verordnungen des Römerreichs seit dem 2. Jahrhundert sammeln und mit Kommentaren veröffentlichen. Daraus entstand ein Handbuch des römischen Rechts (Corpus iuris civilis), das bis in die Neuzeit Vorbild für Rechtsvorstellungen in Europa wurde.
15 Das Byzantinische Reich war ein Staat aus vielen Völkern. Die hohen Posten in Politik und Verwaltung übten Griechen aus. Da die Mehrheit der Bevölkerung die griechische Sprache verstand oder als Muttersprache hatte, war Griechisch die „Amtssprache". Ein Beispiel für die
20 griechischen und lateinischen Wurzeln sind Justinian und seine Frau Theodora: Während der Kaiser auf dem Gebiet des heutigen Mazedonien geboren war und mit der lateinischen Sprache aufwuchs, war seine Frau Theodora griechischer Abstammung.
25 Ein strenges Hofzeremoniell schottete den Kaiser und seine Familie ab. Nur zu den Veranstaltungen im Hippodrom (Pferderennbahn) bekam das Volk den Kaiser und seine Frau zu Gesicht.

Byzanz – ein „zweites Rom"?

30 Während sich im Westen die Wirtschaft nur wenig entwickelte, wurde Konstantinopel zum Handelszentrum und Knotenpunkt bedeutender Straßen und Schiffswege. Über das griechische Cherson am Schwarzen Meer wurde ein neuer Handelsweg durch Zentralasien nach

China eröffnet. Mit dem benachbarten Perserreich bestanden viele kulturelle und wirtschaftliche Beziehungen. Über das Rote Meer unterhielt Byzanz weiterhin Verbindungen mit Indien.

Handel, Gewerbe und Landwirtschaft litten jedoch unter hohen Steuern, die von den Beamten des Kaisers unnachgiebig eingezogen wurden. Die Finanzierung von Hofhaltung und Kriegen, vor allem nach dem Vordringen des Islam (siehe S. 180 f.), verschlang immense Mittel. In der Kunst erfanden die Byzantiner einen neuen Stil von farbenprächtigen Mosaiken. Im Kirchenbau gelang die Einwölbung immer größerer Flächen durch mächtige Kuppeln wie bei der Hagia Sophia (siehe S. 169, M2). Der bedeutendste Bischof der oströmischen Kirche war der Patriarch von Konstantinopel. Er stritt mit dem Papst in Rom, wer die Führungsrolle unter den Christen besaß. Ost und West lebten sich in Glaubensfragen auseinander. Im Jahre 1054 kam es zur Trennung in die „orthodoxe" Kirche unter Leitung Konstantinopels und die „katholische Kirche" unter Leitung Roms.

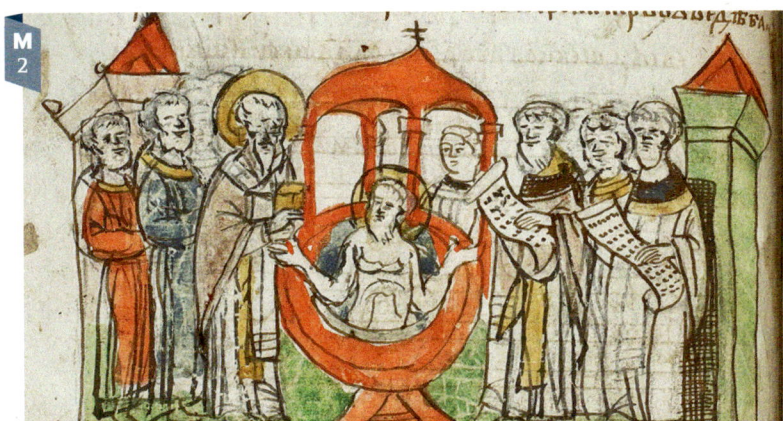

M2 Bekehrung und Taufe des Großfürsten Wladimir von Kiew 988, Illustration in einer Kiewer Chronik, 13. Jh. Von Byzanz aus missionierten die „Slawenapostel" Kyrill und Method viele Völker in Osteuropa. Mit dem aus dem Griechischen abgeleiteten „kyrillischen" Alphabet schreiben z. B. Russen, Bulgaren, Mazedonen, Serben und Ukrainer.

M3 Essensvorbereitungen in einem Kloster der Mönchsrepublik Athos, Foto, 2013. In Athos in Nordgriechenland hat sich ein winziger Teil des Byzantinischen Reichs bis heute erhalten. Frauen ist der Zutritt verboten. Wenn du auf S. 78 zur Karte Griechenlands zurückblätterst, siehst du in Makedonien drei Halbinseln (südwestlich der Insel Thasos). Athos befindet sich auf dem östlichsten „Finger".

---

1 **Methode:** Werte die Bildquelle M1 mithilfe der Arbeitsschritte S. 47 aus. Erkläre auch die Inschrift auf dem Schild.
Tipp: Lies auf S. 173 nach.

2 Finde in M1 möglichst viele Hinweise
– auf die „christliche" Begründung der Herrschaft Justinians,
– auf die römische Kultur.

3 **Wähle eine Aufgabe aus:**
a) **Partnerarbeit:** Erläutert mithilfe des Darstellungstextes, M2 und M3, in welcher Weise Byzanz in andere Länder und in andere Zeiten „ausstrahlte".
b) Lies beide Abschnitte des Darstellungstextes und schreibe eine Antwort auf die Frage „Byzanz – ein zweites Rom"?

Zusatzaufgabe: siehe S. 205

Die Entstehung des Islam

Die islamische Religion entstand in der Spätantike, im 7. Jahrhundert nach Christus. Heute bekennen sich auf der ganzen Welt etwa 1,6 Milliarden Menschen zum Islam. In Deutschland leben etwa vier Millionen Muslime.
- *Wie entwickelte sich der Islam so schnell und erfolgreich zu einer Weltreligion?*

Pilger auf dem Innenhof der Großen Moschee mit der Kaaba in Mekka, Foto, 2007

Mohammed – Prophet des Islam

Die Wüsten und Steppen Arabiens waren in der Antike nicht so riesig wie heute. Denn dank ausgeklügelter Bewässerungssysteme konnten viele Menschen Landwirtschaft betreiben. Der hohe Lebensstandard in den Han-
5 delsstädten an den Karawanenwegen stand im Gegensatz zur ärmlichen Lebensweise der viehzüchtenden Nomaden (Beduinen). Als der spätere Religionsgründer Mohammed um 570 in Mekka geboren wurde, verehrten die Menschen in dieser Handelsstadt über 300 Götter. Nur die
10 vielen Juden Arabiens praktizierten den Monotheismus*. Mohammed verlor als Kind seine Eltern, wuchs bei einem Onkel auf und heiratete um das Jahr 595 eine reiche Kaufmannswitwe. Als Karawanenführer kam er bis nach Syrien und trat unterwegs mit Christen und Juden in Kontakt.

15 Die Diskussionen mit den Anhängern monotheistischer Religionen beeindruckten ihn so sehr, dass er das Interesse am Handelsgeschäft verlor und sich in die Einsamkeit des Berges Hira zum Nachdenken zurückzog. Dort wurde er nach eigenen Berichten vom Erzengel Gabriel
20 zum Verkünder (Propheten) der neuen Religion berufen.

Welche Botschaft hatte Mohammed?

Die Stadt Mekka barg ein uraltes Heiligtum, einen schwarzen Stein (arab. kaaba = Würfel). Dieser zog zahlreiche Pilger* an, die viel Geld in der Stadt ließen. Zum
25 Schutz der Pilger war in Mekka jede Form von Gewalt verboten. Als Mohammed nun die Lehre von einem einzigen Gott, dem Paradies für die Frommen und dem Verderben für alle anderen predigte, zog er sich die Feindschaft der einflussreichen Familien Mekkas zu. Sie
30 fürchteten um ihre Einnahmen aus dem Pilgergeschäft. 622 musste Mohammed in die Stadt Jathrib (heute: Medina) flüchten. Diese „Auswanderung" oder arabisch „Hedschra" bildet den Beginn der islamischen Zeitrechnung.
35 In Jathrib wirkte Mohammed als Streitschlichter zwischen verfeindeten Stämmen und sammelte eine große Schar von Anhängern. An der Spitze eines Heeres gelang ihm 630 die Eroberung seiner Heimatstadt Mekka, wo er die Götterbilder in der Kaaba zerstören ließ. Die Erobe-
40 rung von Mekka wurde als „Anstrengung für den Glauben" oder „heiliger Kampf", arabisch Dschihad, bezeichnet. Mohammed sah sich als letzten Propheten in einer Reihe, die von Adam über Noah, Abraham, Moses und Jesus reichte. Die unter seinen Nachfolgern aufgeschrie-
45 benen Lehren des Koran und die umfangreichen Erläuterungen (Hadithe) bestimmen seither den Alltag der Muslime in aller Welt. Bis zu Mohammeds Tod im Jahre 632 war die gesamte Arabische Halbinsel islamisch geworden.

Religion und Politik im Islam

50 Mohammed vertrat die Auffassung, dass im Islam Religion und Staat, also weltliche und geistliche Macht, nicht getrennt sein dürften. Bis heute erkennen strenggläubige Muslime eine Trennung von Religion und Staat nicht an. Heute verfahren islamische Staaten aber unterschiedlich:
55 In der Türkei z. B. ist die Trennung von Staat und Religion

seit den 1920er Jahren in der Verfassung festgelegt, und jeder Nichtmuslim darf die Moscheen betreten. In Saudi-Arabien z. B. ist der Koran, die Heilige Schrift der Muslime, gleichzeitig das oberste Gesetzbuch. Die Gesellschaft 60 muss der Koran-Auslegung durch die politischen und religiösen Führer des Landes folgen. Auch Nichtmuslime müssen sich strengen Regeln im Alltag unterwerfen.

Die Religion Islam ist nicht zu verwechseln mit dem „Islamismus". Islamisten benutzen den Islam und den 65 Koran, um eine politische Ordnung nach ihren eigenen Vorstellungen zu errichten. Einige islamistische Gruppierungen versuchen, dieses Ziel mit Terror und Gewalt zu erreichen.

Die Stellung der Frauen

70 Verglichen mit der Zeit vor Mohammed wurde die Rechtsstellung der Frauen sicherer, da nun der Koran verbindliche Grundlage war. Zur Ehe gehörte ein Vertrag, der Rechte, Pflichten, Besitzverhältnisse und das Erbrecht regelte. Die Vorschrift für Frauen, einen Schlei-75 er zu tragen, die Mehrehe (Polygamie) und die Abschirmung der Ehefrauen in einem gesonderten Teil des Hauses (harem) waren keine islamischen Erfindungen. Sie waren im christlichen Oströmischen Reich und in Arabien vor dem Islam schon lange üblich.

Mohammed diskutiert mit christlichen Mönchen, persische Buchmalerei, um 1594

Ein islamischer Gelehrter predigt in einer Moschee vor Männern und verschleierten Frauen, arabische Buchmalerei, 1237

1 Wo begegnet dir im Alltag die islamische Kultur? Nenne Beispiele.

2 Beantworte anhand des Darstellungstextes folgende Fragen:
   a) Wie entstand der Islam?
   b) Wo verbreitete er sich zu Mohammeds Lebzeiten?
   c) Wie sehen Muslime das Verhältnis von Staat und Religion?

3 Bewerte die Bedeutung der Pilgerfahrt nach Mekka für das Zusammengehörigkeitsgefühl der Muslime (Darstellungstext, M1).

4 Wähle eine Aufgabe aus:
   a) Formuliere schriftlich die Aussage des Bildes M2.
   b) Formuliere schriftlich die Aussage des Bildes M3.
   Tipp: Nimm die Arbeitsschritte „Bildquelle" zu Hilfe (S. 47).

Wie herrschten die Kalifen?

Mit großer Schnelligkeit verbreitete sich der Islam von der Arabischen Halbinsel aus bis an die Grenzen Chinas und über den gesamten Norden Afrikas bis nach Spanien. Die Herrscher der neu entstehenden Reiche waren gleichzeitig politische und religiöse Führer der islamischen Gemeinschaft.
- *Was waren die Kennzeichen ihrer Herrschaft?*

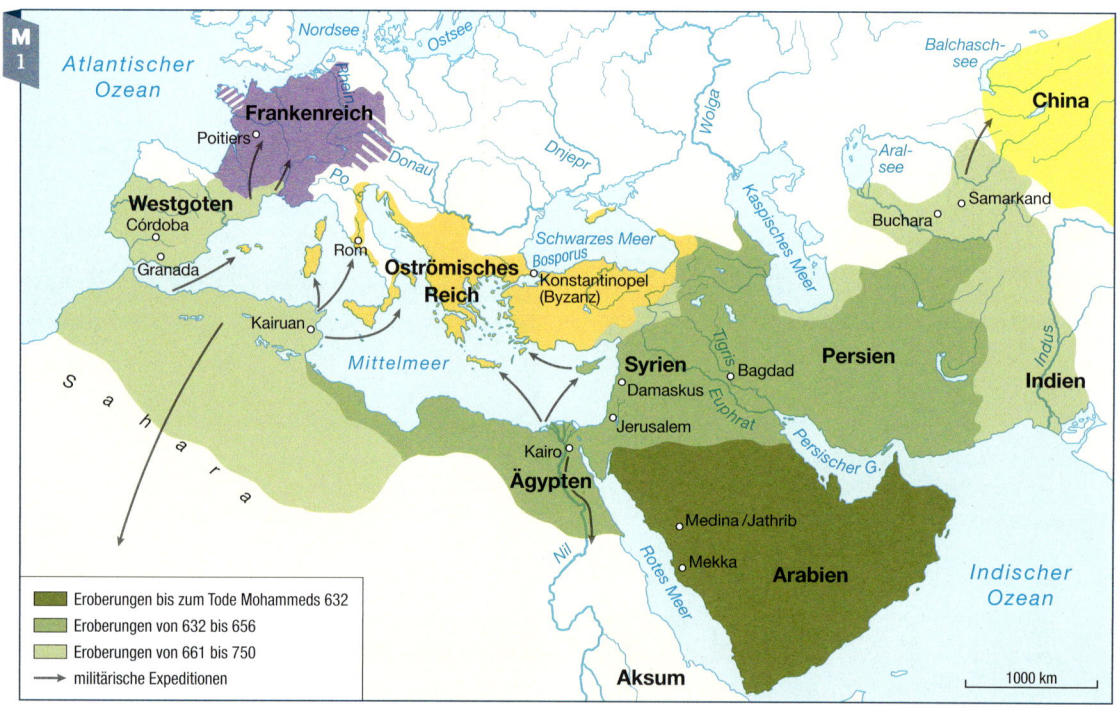

Die Ausbreitung des Islam im 7. und 8. Jahrhundert

Die Expansion unter den Nachfahren Mohammeds

Nach Mohammeds Tod übernahm sein Freund und Schwiegervater Abu Bekr die Leitung von Gemeinde und Staat. Als Kalif (arabisch chalifa = Stellvertreter) rief er dazu auf, die Stammeskriege der arabischen Familien
5 untereinander zu beenden und gemeinsam einen „Heiligen Kampf" zur Ausbreitung des Islam zu führen. Unter dem Ansturm arabischer Heere brach zuerst das Reich der Perser zusammen. Das christliche Nordafrika wurde vollständig islamisiert. Im Jahre 711 überquerten zum
10 Islam übergetretene Berber aus Nordafrika die Meerenge von Gibraltar und eroberten große Teile der Iberischen Halbinsel. Bei einzelnen Beutezügen stießen islamische Heere tief ins Frankenreich vor. In Zentralasien endete die islamische Eroberung 751 nach einer un-
15 entschiedenen Schlacht gegen ein chinesisches Heer.

Der Umgang mit Unterworfenen

Obwohl die islamischen Heere ihre Kriege zur Verbreitung ihrer Religion führten, zwangen die siegreichen Kalifen die Unterworfenen nicht zum Islam. Juden und
20 Christen durften ihre Religionen weiter ausüben, wenn sie eine Sondersteuer zahlten und Benachteiligungen in Kauf nahmen. Widerstand dagegen bestraften die neuen Machthaber allerdings hart.

In einigen Gegenden Kleinasiens und Nordafrikas feier-
25 ten die Menschen die islamischen Eroberer als Befreier von den früheren Herrschern, die sie unterdrückt und ihnen ihren Glauben aufgezwungen hatten.

Auch wechselten nicht wenige Menschen in den eroberten Gebieten zum Islam, weil sie sich von seiner Lehre
30 oder der Zugehörigkeit zu seiner Religionsgemeinschaft Vorteile versprachen.

Islamische Reiche

Zunächst waren Mekka und Medina die Zentren des Islam; bis heute bildet Mekka das religiöse Zentrum für
35 Muslime in aller Welt. Die Herrscherfamilie der Omaijaden (661–750) machte Damaskus zur Hauptstadt ihres Reichs. Eine blutige Revolte der Familie der Abbasiden beendete 750 die Omaijaden-Herrschaft. Nun wurde Bagdad zum Zentrum des aus vielen Völkern bestehen-
40 den arabischen Weltreichs unter den Abbasiden-Herrschern. Ein einziger Überlebender der Omaijaden-Familie flüchtete aus Damaskus nach Südspanien und begründete dort das Kalifat von Córdoba. Später beanspruchten nichtarabische Völker, vor allem Perser und
45 Türken, die Vorherrschaft in der islamischen Welt. Trotz des einsetzenden politischen Zerfalls der Großreiche fühlten sich alle Muslime durch den gemeinsamen Glauben an Allah und durch das Arabische als Sprache des Korans eng untereinander verbunden.

Aus einer Rede des ersten Kalifen Abu Bekr vor einem Kriegszug (7. Jh.):

Männer! Zehn Dinge lege ich euch ans Herz, merkt sie euch gut. Betrügt nicht und veruntreut keine Beute. Betreibt keinen Verrat und verstümmelt niemanden. Tötet keine kleinen Kinder, keine
5 alten Männer und keine Frauen. Beschädigt oder verbrennt keine Palmen und fällt keine Frucht tragenden Bäume. Schlachtet keine Schafe, Kühe oder Kamele, es sei denn, ihr braucht sie als Nahrung. Wenn ihr Leute trefft, die sich in die Ein-
10 samkeit zurückgezogen haben, lasst sie, damit sie erreichen, was sie erstreben. Wenn ihr auf Leute stoßt, die euch Gerichte unterschiedlicher Art zum Essen vorsetzen, so sprecht den Namen Allahs darüber. Zieht in Gottes Namen los und Gott
15 möge euch vor Schwert und Seuche bewahren.

Bernard Lewis, Der Islam von den Anfängen bis zur Eroberung von Konstantinopel, Bd. 1, Zürich/München (Artemis) 1981, S. 302.

Das Spiral-Minarett der Großen Moschee von Samarra (Irak) wurde im 9. Jh. gebaut. Es ist 52 Meter hoch. Samarra war zeitweise Regierungssitz der Abbasiden. Das Minarett hat sich als eines der ältesten Bauwerke der frühen Kalifen erhalten. Es ist heute durch die Kriegssituation im Irak bedroht.

Sunniten und Schiiten

Die innere Entwicklung der islamischen Reiche verlief keineswegs friedlich. Bereits unter den Nachfolgern Mohammeds trennten sich die Muslime in Sunniten und Schiiten.

Die Sunniten erkannten alle Kalifen als rechtmäßige Führer der Gemeinde an, die Mohammeds Worten und Taten folgten (arabisch sunna = gewohnte Handlung). Sunniten stellen heute mit 90 Prozent den Hauptanteil der Muslime weltweit.

Eine andere Gruppe folgte nur dem Kalifen Ali, einem Schwiegersohn Mohammeds. Aus seinen Anhängern bildeten sich die Schiiten (arabisch schia = Partei). Sie stellen heute im Iran und im Osten des Irak die Mehrheit der Muslime.

1 Beschreibe anhand der Karte M1 die verschiedenen Etappen der Ausbreitung des Islam.
2 **Partnerarbeit:** Erklärt euch gegenseitig folgende Begriffe: Sunna (Sunniten), Schia (Schiiten), Hadithe, Koran (siehe S. 178–181).
3 Finde mögliche Gründe, warum Abu Bekr seinen Kriegern die „Regeln" M2 mit auf den Weg gab.
4 **Recherche:** Im heutigen Jordanien sind Wüstenschlösser der ersten islamischen Kalifen erhalten. Informiere dich im Internet und stelle ein Bauwerk in der Klasse vor (siehe Arbeitsschritte Internetrecherche S. 64).

Webcode: FG642885-181
Kartenanimation: Die Ausbreitung des Islam

Al-Andalus: Friedliches Nebeneinander von Völkern und Religionen

Die südspanische Provinz Andalusien ist heute ein beliebtes Reiseziel. Ihr Name leitet sich von Al-Andalus ab. Das ist das arabische Wort für Spanien. In Andalusien gab es im Mittelalter acht Jahrhunderte lang islamische Reiche. An diese Zeit erinnern nicht nur eine Vielzahl von Bauwerken und Kunstschätzen, sondern auch Tausende spanische und portugiesische Ortsnamen, die mit dem arabischen Artikel „al" beginnen.

- *Wie sah die islamische Herrschaft auf der Iberischen Halbinsel aus?*
- *Wie gelang es Muslimen, Christen und Juden, friedlich zusammenzuleben?*

Blick ins Innere der Moschee von Córdoba. Sie wurde 786/87 erbaut und in der Folgezeit mehrfach erweitert. Nach der christlichen Eroberung 1236 wurden 63 Säulen aus dem Betsaal herausgebrochen, um eine große Kirche innerhalb der Moschee zu errichten.

Ein Kalif in Spanien

Das Reich der Westgoten in Spanien brach nach 711 unter dem Ansturm der islamischen Heere zusammen. Nur in den bergigen Gegenden Nordspaniens blieben kleine christliche Reiche bestehen. Die Bevölkerung der er-
5 oberten Gebiete akzeptierte schnell die neuen Herren, da diese keinen Religionswechsel zum Islam forderten und mehr Wohlstand erwarten ließen als unter den germanischen Westgotenkönigen.

Der einzige überlebende Omaijadenprinz nach den At-
10 tentaten der Abbasiden (siehe S. 181) gelangte nach abenteuerlicher Flucht aus Damaskus durch Nordafrika bis nach Spanien. Unter seinen Nachfolgern wurde Córdoba mit über 100 000 Einwohnern zu einer der größten Städte der Welt – nur Konstantinopel, Bagdad und Xi'an
15 in China konnten sich mit ihr messen. Unter dem Omaijaden Abd-al-Rahman III. (912–961) standen den Einwohnern Córdobas 50 Krankenhäuser, 300 Bäder, 20 öffentliche Bibliotheken und 80 öffentliche Schulen zur Verfügung. Die Straßen waren gepflastert, wurden
20 nachts mit Fackeln erleuchtet und ständig vom Abfall gereinigt.

Religiöse Vielfalt und wissenschaftliche Vernetzung

Juden, Christen und Muslime lebten überwiegend friedlich in unterschiedlichen Stadtvierteln nebeneinander.
25 Etwa ein Drittel der Christen trat zum Islam über, um die Steuerzahlung für „Nichtgläubige" zu sparen. Für die etwa 200 000 Juden bot die islamische Herrschaft in Spanien persönliche Freiheit und die Möglichkeit wirtschaftlicher Entfaltung. Juden arbeiteten als Kaufleute, Ärzte, Steuer-
30 beamte, Berater der Regierung und Kunsthandwerker. Neben dem Arabischen sprachen sie erstmals wieder Hebräisch auch außerhalb der Synagoge. Die islamische und jüdische Kultur des 8.–10. Jahrhunderts war der Kultur der christlichen Reiche in Westeuropa in den Wissen-
35 schaften Philosophie, Medizin, Mathematik und Astronomie weit voraus.

Bedeutend war die Arbeit in den Übersetzerschulen – hier wurden wissenschaftliche Werke aus dem Griechischen und Lateinischen ins Arabische und aus dem Arabi-
40 schen ins Lateinische übersetzt.

M2 **Die Historiker Gisbert Gemein und Joachim Cornelißen über das Kalifat von Córdoba (1992):**

Der Reichtum des Kalifats von Córdoba fußte auf einem blühenden einheimischen Gewerbe und dem ausgedehnten Fernhandel. Die begehrten Schwerter aus Toledo lassen sich sogar in China
5 nachweisen. Die schon in römischer Zeit fortgeschrittenen Methoden der Landwirtschaft wurden durch ausgedehnte Bewässerungsanlagen mit vielen Schöpfrädern noch verbessert. Neue Produkte waren Apfelsinen, Reis, Zuckerrohr, Datteln
10 und Baumwolle. Trotz des entsprechenden Verbots im Koran wurde der Weinanbau noch intensiver betrieben.

Das Straßensystem war gut ausgebaut, sodass eine Handelskarawane 30 Kilometer am Tag
15 schaffte. Mit dem Oströmischen Reich stand Al-Andalus in regem wissenschaftlichem Austausch. Allein in Córdoba schrieben über 1000 Kalligrafen[1] tagaus tagein Bücher ab. Die Bibliothek umfasste 400 000 Werke.

Zit. nach Gisbert Gemein/Joachim Cornelißen, Kreuzzüge und Kreuzzugsgedanke in Mittelalter und Gegenwart, München (bsv) 1992, S. 114.

[1] *Schreiber für Schönschrift*

Wasserhebemaschine, Abbildung aus dem Buch des Wissens, das der Ingenieur Ibn al-Jazari, um 1200 in Diyarbakir (im Osten der Türkei) verfasste

M4 **Arabische Lehnwörter im Deutschen:**
Diese Wörter gelangten aus der islamischen Zeit Spaniens über das Spanische und das Französische ins Deutsche.

Kadi	قاض	Redewendung: vor den Kadi ziehen
Sukkar	سكر	süß
Sifr	صفر	die Zahl Null
Al-Kuhul	الكحل	geistige Essenz zum Trinken

Al Chalifa	خليفة	Schlage nach auf S. 180.
Safar	سفر	Reise
Matrah	مطرح	Bodenkissen
Zurafa	زرافة	die Liebliche, heute Bezeichnung für ein großes Tier mit langem Hals
Haschisch	حشيش	Gras, Rasen, Unkraut
Gharrafa	غرافة	Wasserheberad mit Schaufeln

1 Suche aus dem Darstellungstext die Veränderungen heraus, die sich für die Einwohner der Iberischen Halbinsel durch die islamische Eroberung ergaben. Erkläre positive und negative Veränderungen.
2 Verfasse einen Reisebericht zur Stadt Córdoba und verwende dazu alle Informationen aus M1, M2 und aus dem Darstellungstext.
3 Vergleiche das Alltagsleben in Córdoba mit dem in Rom S. 140/141.

4 **Wähle eine Aufgabe aus:**
a) Finde heraus, wie die Wasserhebemaschine M3 angetrieben wurde. Welche neuen Produkte wurden dank der Bewässerung in Spanien angebaut?
Tipp: Informationen findest du im Darstellungstext.
b) Notiere die heutigen Wortbedeutungen aus M4 in dein Heft.

Zusatzaufgabe: siehe S. 205

Neue Macht im Westen: die Frankenkönige

Zum dritten „Nachfolger" des Römischen Reichs entwickelt sich im Westen Europas das Reich der Franken. Die Franken waren Germanen und siedelten ab dem 3. Jahrhundert östlich des Rheins. Unter ihrem König Chlodwig (488–511) eroberten sie große Teile der vorher römischen Provinz Gallien.
- *Worauf gründeten die Frankenkönige ihre Macht?*
- *Welche Rolle spielte die christliche Kirche für die fränkischen Herrscher?*

M 2 *Schatzfund (Gold, Granat) aus dem Grab des Frankenkönigs Childerich (426–491). Auf die Münze ist das Porträt des byzantinischen Kaisers Xenon geprägt. Das Herrschaftszeichen der Merowinger waren die Bienen.*

M 1

Fränkischer Panzerreiter, Buchmalerei aus einem fränkischen Kloster, 9. Jh. Zur Ausrüstung gehörten Helm, Kettenhemd, lange Hose, Wollmantel, Holzschild und Lanze. Seit dem 8. Jahrhundert setzte sich in Europa langsam der Steigbügel durch.

Die Macht der Könige und Königinnen

König Chlodwig stammte aus der Adelsfamilie der Merowinger. Er stützte seine Macht und sein Ansehen auf militärische Erfolge. Wie alle germanischen Könige trug er Bart und lange Haare als Zeichen einer besonderen
5 Macht, des „Königsheils". Dieses bedeutete, dass nur der König und seine Sippe gute Ernten, Kriegsglück und das Wohlergehen des Volkes garantieren konnten.

Quellen aus der Zeit der Merowinger erzählen auch von Königinnen, die zeitweise über großen politischen Einfluss verfügten. Zum Beispiel regierte Balthild (gest. 680)
10 als Königinwitwe fast acht Jahre lang für ihre minderjährigen Söhne, bevor sie von einigen Adligen gestürzt wurde und ins Kloster ging. Nach germanischer Sitte verwalteten die Frauen der merowingischen Könige den
15 Königsschatz und banden, besonders während der Abwesenheit ihrer Männer, hohe Adlige durch Geschenke an sich. So sicherten sie sich die Unterstützung der Beschenkten in politischen Angelegenheiten.

Die Söhne Chlodwigs führten die fränkische Eroberungs-
20 politik fort und gliederten die Stämme der Thüringer, Burgunder und Bayern ins Frankenreich ein. Starb ein fränkischer König, dann wurde das Reich wie ein Familienbesitz unter den Söhnen aufgeteilt. Diese Reichsteilungen führten immer wieder zu Machtkämpfen.

25 ### Warum verbündet sich der Karolinger Pippin mit dem Papst?

Die inneren Streitigkeiten der Merowinger-Familie schadeten der Machtstellung des Königs. Im 8. Jahrhundert erlangte deshalb der „Hausmeier" am Königshof immer
30 mehr an Einfluss. Die Hausmeier waren für das Personal am Hof und für die königlichen Landgüter verantwortlich. Auch gewannen sie militärische Befehlsgewalt: Der Hausmeier Karl Martell, der aus der Adelsfamilie der Karolinger stammte, besiegte 732 bei Poitiers im heutigen Frankreich
35 eine Truppe islamischer Krieger aus Al-Andalus, die auf Beutezug ins Frankenreich eingedrungen war. Karl Martells Sohn Pippin wurde ebenfalls Hausmeier. Er strebte nach noch mehr Macht und ließ beim Bischof von Rom, dem Papst, anfragen, wer die Königskrone verdient habe:
40 derjenige, der die Macht ausübt, oder derjenige, der den Königstitel trägt? Der Papst antwortete, dass derjenige König genannt werden solle, der die Macht besitze. Daraufhin ließ Pippin dem letzten Merowinger-König Childerich die Haare und den Bart abrasieren und ihn in ein
45 Kloster bringen. So erlangte Pippin als erster Karolinger die Königswürde.

Die Karolinger – Könige von „Gottes Gnaden"

Im Jahr 754 reiste Papst Stephan II. ins Frankenreich und bat Pippin um militärischen Schutz gegen Angriffe
50 der Langobarden aus Norditalien. Bei seinem Besuch salbte er nach biblischem Vorbild König Pippin und seine Söhne mit heiligem Öl und verlieh Pippin den Titel „Schutzherr der Römer" (Patricius Romanorum).

Mit der Entscheidung, den fränkischen König Pippin
55 zum König zu krönen, hatte sich der Papst zum ersten Mal an die Seite eines germanischen Herrschers gestellt. Pippin führte zwei Feldzüge nach Italien durch und schenkte dem Papst fünf Hafenstädte an der Adria und einen Streifen Land bis nach Rom. Diese Gebiete gehör-
60 ten rechtlich in den Herrschaftsbereich des Kaisers von Byzanz.

Der Bund zwischen Papst und Frankenkönig wurde in der Folgezeit noch bedeutender. Der vom Papst gesalbte König galt als von Gott selbst eingesetzt, und Pippin war
65 der erste König „von Gottes Gnaden".

Grabstein eines fränkischen Kriegers, der sich kämmt, 7. Jh., gefunden in der Nähe von Bonn

M4 Ein Historiker über die Bedeutung des Haares bei den Germanen (1989):

Die Franken trugen das Haar ziemlich lang, wie ihre Könige. Die Römer schnitten es in Höhe des Nackens ab. Die Franken enthaarten Nacken und Stirn und zupften sich das Barthaar aus.
5 Priester und Mönche hatten ... nur einen schmalen Haarkranz, der von Ohr zu Ohr lief. Die Symbolik ist klar: Langes Haar stand für Stärke, Potenz[1] und Freiheit. Die Tonsur[2] war das Zeichen für den Sklavenstatus. Bei den Geistlichen bedeu-
10 tete sie die Unterwerfung unter Christus. Die Frauen ließen das Haar lang wachsen. Nach der Länge der Nadeln zu urteilen, die man gefunden hat, müssen sie es zu kunstvollen Frisuren geformt haben. Einem frei geborenen Kind eine
15 Tonsur zu schneiden, war ein Delikt[3], auf das nach germanischem Recht 45 Gold-Solidi Strafe standen. Die Strafe ermäßigte sich bei Mädchen auf 42 Solidi.

Philippe Ariès/Georges Duby, Geschichte des privaten Lebens, Band 1, Frankfurt/M. (Fischer) 1989, S. 421.

---

[1] *Kraft*
[2] *Entfernung des Kopfhaars bis auf einen Haarkranz*
[3] *Straftat*

Papst – Papsttum

Nach kirchlicher Überlieferung war der Apostel Petrus der erste Bischof in Rom gewesen. Deshalb besaß der römische Bischof eine herausgehobene Stellung in der Kirche und trug seit dem 5. Jahrhundert den Titel „Papst" (lat. papa). Mit dem Bündnis zwischen dem Karolinger Pippin und dem Papst begann eine für das gesamte europäische Mittelalter wichtige Verbindung zwischen König und Kirche. Nach der Lehre der Kirche hatte Christus dem König (später dem Kaiser) die gesamte weltliche Macht und dem Papst die Führung der geistlichen Herrschaft verliehen.

---

1 Erkläre die Bedeutung der Frisuren und der langen Haare der germanischen Könige (M3, M4).

2 Charakterisiere mithilfe des Darstellungstextes, M1 und M2 die „Säulen" der fränkischen Königsmacht.

3 Gestalte einen Brief, in dem Pippin dem Papst darlegt, warum er als Hausmeier Ansprüche auf den Thron und die Königskrone erhebt.
   Tipp: Nimm den Darstellungstext Z. 26–47 zu Hilfe.

4 Notiere in einer Tabelle Vorteile und Nachteile, die sich aus der Verbindung zwischen dem Papst in Rom und dem Frankenkönig Pippin ergaben:
   a) aus der Sicht des Papsttums
   b) aus der Sicht des Frankenkönigs.

Zusatzaufgabe: siehe S. 205

Wie verbreitete sich das Christentum in Mitteleuropa?

Chlodwig war der erste Frankenkönig, der zum Christentum übertrat. Mit seiner Taufe 498 war das Frankenreich aber noch lange kein christliches Land. Erst ganz allmählich verbreitete sich die neue Religion.

- *Für die Christianisierung Europas spielte der Angelsachse Bonifatius eine wichtige Rolle, der im 8. Jahrhundert ins Frankenreich kam. Du lernst ihn auf dieser Doppelseite kennen.*

Bonifatius tauft einen Germanen (linke Hälfte) und wird 754 oder 755 von Friesen getötet (rechte Hälfte). Buchmalerei aus dem Kloster Fulda, um 975

Missionare verbreiten den christlichen Glauben

Nach Chlodwigs Taufe (siehe die Auftaktseite 166 f.) waren viele Menschen im Frankenreich zwar dem Namen nach Christen, verehrten aber weiterhin die alten Götter. Es waren Wanderprediger aus Irland und Schott-
5 land, die im 7. und 8. Jahrhundert die christliche Religion im Fränkischen Reich bekannt machten. Sie gewannen durch ihre Predigten Nichtchristen für ihre Lehre und gründeten Klöster als Orte der Frömmigkeit. Der bekannteste Missionar war der Angelsachse Winfried,
10 der 710 vom Papst den Beinamen Bonifatius (= Wohltäter) erhielt. Über 30 Jahre zog Bonifatius durch das östliche Frankenreich und predigte den christlichen Glauben. Nicht selten übernahm er einzelne Bräuche aus den herkömmlichen germanischen Religionen.
15 Bonifatius erkannte die Bedeutung einer funktionierenden Verwaltung. Nach römischem Vorbild teilte er die bereits christlich gewordenen Gebiete in Verwaltungsbezirke ein. Als Leiter dieser Bezirke, die Bistümer oder Diözesen genannt wurden, setzte er fähige Männer ein,
20 die er zu Bischöfen weihte. Durch Bonifatius entstand ein Netz von Pfarreien, Klöstern und Bistümern. Diese leisteten den fränkischen Herrschern gute Dienste bei der Durchsetzung ihrer Macht.

Europa – ein „christlicher Kontinent"?

25 Bis zur Jahrtausendwende war das Christentum in seiner katholischen Form in West- und Nordeuropa überall präsent. In Russland und auf dem Balkan missionierten Mönche aus Byzanz und verbreiteten die orthodoxe Form des Christentums (siehe S. 177).
30 Zur gleichen Zeit gab es in Europa aber immer auch Juden und Muslime. Jüdische Gemeinden gründeten sich besonders in Städten und an Handelsplätzen, Muslime lebten auf der Iberischen Halbinsel und auf der Insel Sizilien.

Missionierung

(lat. missio = Sendung) Missionare wie Bonifatius oder Kyrill und Method wurden von ihren Kirchen ausgesandt, um den christlichen Glauben weiterzugeben und neue Anhänger zu taufen.
Die Missionierung geschah auch gewaltsam durch Zwangstaufen, z. B. bei der Bekehrung der Sachsen unter den Karolingern im 8. und 9. Jahrhundert.

 Das Kloster Skellig Michael in Irland, Foto, 2006. Irland war schon im 5. Jahrhundert vom Heiligen Patrick christianisiert worden. Aus den dortigen Klöstern stammten Missionare wie Bonifatius.

 Papst Gregor II. schrieb 722 an Bonifatius:

Wir sind von großer Besorgnis erfüllt, weil wir erfahren haben, dass einige Stämme in Germanien östlich des Rheins umherirren und sich unter dem Schein christlichen Glaubens der Götzen-
5 verehrung hingeben. Andere kennen weder Gott noch sind sie im heiligen Wasser der Taufe gebadet worden. Wir haben daher beschlossen, unseren Bruder Bonifatius in diese Gegenden zu entsenden, damit er den Germanen das Wort des
10 Heils verkünde und ihnen dadurch zum ewigen Leben verhelfe ... Wir fordern alle auf, ihm in allem mit ganzer Kraft beizustehen und ihn mit dem Nötigsten zu versorgen. Gebt ihm Begleiter für seine Reise mit, gebt ihm Speise und Trank
15 und was er sonst noch braucht. Jeder, der ihm Unterstützung gewährt, der soll die Gemeinschaft mit den heiligen Märtyrern Jesu erlangen[1]. Wer aber versucht, seine Arbeit zu behindern, der soll nach dem Richterspruch Gottes vom Bann-
20 fluch getroffen ewiger Verdammnis verfallen[2]. Lebt wohl.

Rudolf Buchner (Hg.), Ausgewählte Quellen zur Geschichte des deutschen Mittelalters, Band 4b, Darmstadt (Wiss. Buchges.) 3. Aufl. 2011, S. 67

[1] in den Himmel kommen
[2] in die Hölle kommen

 Aus einer Lebensbeschreibung des Bonifatius, die der Priester Willibald im Auftrag des Mainzer Erzbischofs verfasste (um 760):

Viele Hessen erhielten damals die Taufe. Andere opferten aber immer noch heimlich oder offen an Bäumen und Quellen, betrieben Weissagung, Zauberei und Beschwörung. Da beschloss Boni-
5 fatius, eine Eiche seltener Größe, die den heidnischen Namen Donar-Eiche[1] führte, im Beisein seiner Mönche zu fällen. Als diese Absicht bekannt wurde, versammelten sich viele Heiden, die den Feind ihrer Götter heftig verfluchten.
10 Kaum aber hatte Bonifatius den Baum ein paarmal mit der Axt getroffen, da wurde die ungeheure Masse des Baumes durch göttliche Winde erschüttert. Die Enden der Äste brachen, und die Eiche stürzte krachend zu Boden. Die Heiden
15 aber, die kurz zuvor noch geflucht hatten, fingen an, den Herrn zu preisen und an ihn zu glauben.

Johannes Bühler, Das Frankenreich, Leipzig (Insel) 1923, S. 415.

[1] Donar hieß ein wichtiger germanischer Gott. In unserem Donnerstag hat sich sein Name bis heute erhalten.

---

1 Betrachte M1 genau. Achte auf die Gesichtsausdrücke und die Haltungen der Personen. Bringe das Bild zum Sprechen, indem du für jede Personengruppe eine passende Sprechblase verfasst.

2 Stelle aus M3 die Gründe zusammen, die Papst Gregor für die Missionierung angibt.

3 **Wähle eine Aufgabe aus:**
a) Untersuche M4 mithilfe der Arbeitsschritte „Schriftliche Quellen" (S. 97). Formuliere am Ende deine Meinung zu der Darstellung Willibalds.
b) Schreibe eine eigene Erzählung über Bonifatius' Leben.
Tipp: Schreibe entweder aus der Sicht des Bonifatius (gestorben 754/5!) oder eines seiner engen Begleiter.

Karl der Große: Der „Vater Europas"?

Vor über 1200 Jahren starb Kaiser Karl. Den Beinamen „der Große" erhielt er erst Jahrzehnte nach seinem Tod. Er regierte über große Gebiete der heutigen Staaten Frankreich, Deutschland und Italien. Seine Zeitgenossen nannten ihn „pater europae" – Vater Europas.
• Was spricht dafür und was spricht dagegen, ihn auch heute noch so zu nennen? Zu dieser Frage kannst du dir auf dieser Doppelseite ein Urteil bilden.

Eroberungskriege gegen Langobarden und Sachsen

Der Frankenkönig Karl trat 768 das Erbe seines Vaters Pippin an. Mit seinen für damals außergewöhnlichen 1,84 Metern überragte er fast alle Männer seiner Zeit. Nach ihm ist die fränkische Königsfamilie benannt: die
5 „Karolinger". Über drei Jahrzehnte führte Karl Krieg. Die enge Verbindung zwischen dem Papst in Rom und Karls Vater Pippin setzte sich unter Karls Herrschaft fort. Ein Hilferuf des Papstes an Karl löste einen Feldzug gegen das Volk der Langobarden in Norditalien aus. Karl
10 eroberte deren Hauptstadt Pavia, setzte sich die Königskrone der Langobarden auf und nannte sich von nun an „König der Franken und Langobarden".
Der Krieg gegen die Sachsen war nach Ansicht Einhards, dem Verfasser von Karls Lebensgeschichte, „der lang-
15 wierigste, grausamste und für das Frankenvolk anstrengendste, den es je geführt hat". Über 30 Jahre kam es zu grausamen Niederschlagungen von sächsischen Aufständen, ehe sich ihr Anführer Widukind taufen ließ. Obwohl die Annahme des christlichen Glaubens erzwun-
20 gen war, galten die Sachsen bereits nach kurzer Zeit als „Brüder der Franken". Ihre Einbindung ins Frankenreich schritt so schnell voran, dass aus dem Volk der Sachsen nur wenige Generationen nach Karl eine Reihe deutscher Könige hervorging.
25 Um 800 hatte Karl das Reich seines Vaters an Größe verdoppelt und eine politische Einheit der christlichen Völker im Westen und der Mitte Europas geschaffen.

Ein neues Kaiserreich

Am Weihnachtstag des Jahres 800 wurde Karl von Papst
30 Leo III. in Rom zum Kaiser gekrönt. Karl fühlte sich dennoch in erster Linie als Frankenkönig und vermied die Bezeichnung „Imperator Romanorum" = Kaiser der Römer. Vielleicht tat er dies auch aus Rücksicht auf den eigentlichen römischen Kaiser in Byzanz. Dieser billigte
35 ihm aber nach langem Streit den Titel „Kaiser" zu und redete ihn in seinen Briefen als „Bruder" an. Karl verstand sich als Beschützer der Christen und betrachtete seine Kaiserwürde als ein „von Gottes Gnaden" übertra-

M 1 *Reiterstatuette eines fränkischen Herrschers, 24 cm hoch, Bronze, Frankreich, um 870*

genes Amt. Die Ausbreitung des christlichen Glaubens
40 im Frankenreich ging Hand in Hand mit der Festigung der fränkischen Herrschaft. Die Kirche übernahm dabei die meisten staatlichen Verwaltungsaufgaben.

....

Kaiser – Kaisertum
Der höchste weltliche Herrschertitel in Europa wurde von dem Namen Caesar abgeleitet. Mit der Kaiserkrönung Karls des Großen lebte die römische Reichsidee wieder auf. Das Krönungsrecht lag beim Papst, der damit auf den weltlichen Bereich Einfluss nahm. Die mittelalterlichen Kaiser verbanden mit der Kaiserkrone den Herrschaftsanspruch über Italien und die Einflussnahme auf die Kirche.

Rekonstruktion eines karolingischen Panzerreiters für eine Ausstellung über Karl den Großen in Aachen, 2014. Karl Martell hatte die Panzerreiter in der Auseinandersetzung mit islamischen Heeren im Frankenreich eingeführt.

M3

Ein Mitglied des Königshofs in einem gedichteten Text über Karl den Großen (um 800):

Der König übertrifft alle Könige auf der ganzen Welt an Würde und Weihe, er ist gerechter, und mächtiger als alle ragt er empor. Er ist das Haupt der Welt, die Liebe und die Zierde des Volkes, die
5 bewundernswerte Spitze Europas, der beste Vater, der Held, der Augustus, aber auch mächtig in der Stadt[1], die als zweites Rom zu neuer Blüte gewaltig emporwächst, mit hoch gebauten Kuppeln, die Sterne berührend.

Karolus Magnus et Leo Papa (Paderborner Epos), MG Poetae Latinii Medii. Zit. nach Geschichte in Quellen, Bd. 2, bearb. und übers. v. Wolfgang Lautemann, München (bsv), 2. Aufl. 1978, S. 68.

....

[1] *Gemeint ist die Stadt Aachen, wo Karl sich häufig aufhielt.*

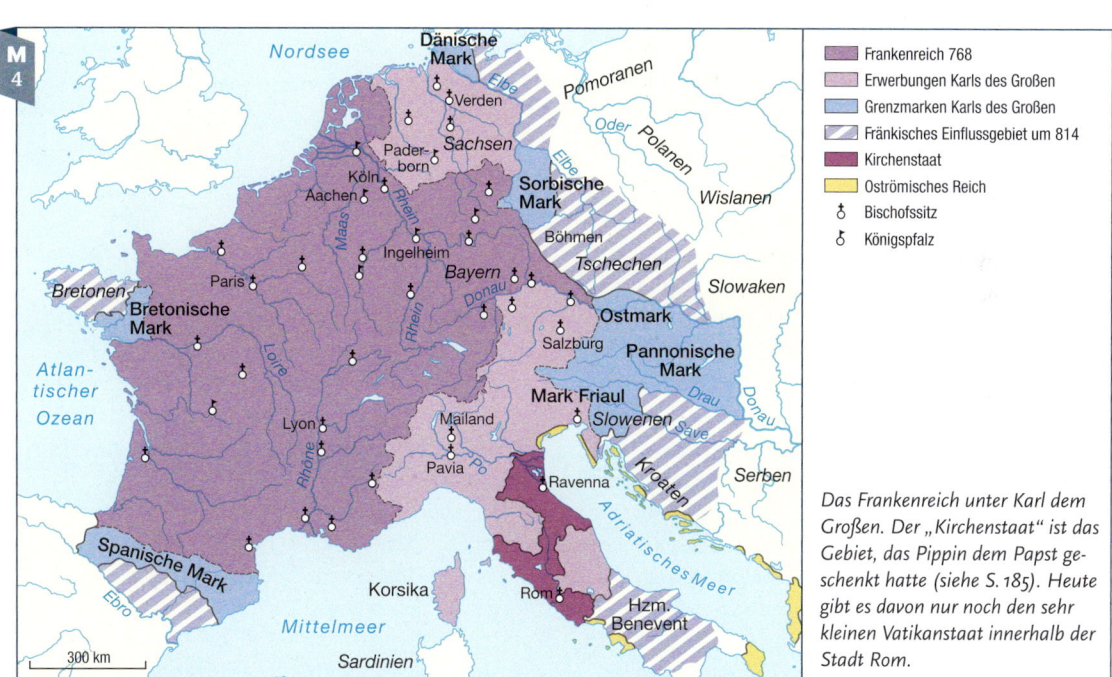

Das Frankenreich unter Karl dem Großen. Der „Kirchenstaat" ist das Gebiet, das Pippin dem Papst geschenkt hatte (siehe S. 185). Heute gibt es davon nur noch den sehr kleinen Vatikanstaat innerhalb der Stadt Rom.

....

1 Wähle eine Aufgabe aus:
   a) Erläutere, was im Darstellungstext zum Verhältnis von Karl und dem Papst gesagt wird.
   b) Formuliere einen Brief: Der Kaiser in Byzanz erfährt von einem neuen Kaiser im Frankenreich. Voller Empörung schreibt er einen Protestbrief an Karl. Wie könnte dieser lauten?
2 Methode: Deute die Reiterstatuette M1 mithilfe der Arbeitsschritte „Kunstwerk" (siehe S. 91).

3 Vergleiche M1 mit M2. Welche der Darstellungen ist vermutlich näher an der Wirklichkeit? Begründe deine Aussagen.
4 Beschreibe mithilfe der Karte M4 den Machtbereich Karls des Großen.
5 Methode: Untersuche M3 mithilfe der Arbeitsschritte „Schriftliche Quellen" (siehe S. 97).
6 Partnerarbeit: Schreibt in drei Sätzen eine Antwort auf die Frage, die in der Überschrift gestellt wird.

Karl der Große wird zum Kaiser gekrönt

Die mittelalterlichen Kaiser sahen sich als Nachfolger der römischen Kaiser.
Sie mussten über die Alpen ziehen und sich in Rom vom Papst krönen lassen.
- *Wie kam es zur Kaiserkrönung des fränkischen Königs Karl am Weihnachtstag*
  des Jahres 800?
- *Warum wurde dies ein so wichtiges Ereignis für das Mittelalter?*
Entscheide, mit welchen Materialien (A, B oder C) du arbeiten willst.

A

M 1 **M 2**

Text auf der Vorderseite: *KAROLUS IMP[ERATOR] AUG[USTUS]* (= Karl, der erhabene Kaiser)

Text auf der Rückseite: *CHRISTIANA RELIGIO* (= christliche Religion)

1 Beschreibe die beiden Seiten der karolingischen Münze (M1, M2) und vergleiche sie mit den dazugehörigen Münztexten.
2 Erkläre, welchen Eindruck Karl der Große durch diese in seinem Auftrag geprägte Münze vermitteln wollte.

B

M 3

Aus einem Zeitungsartikel über Karls Krönung (2006):

Am Markustag, dem 25. April 799, wurde Papst Leo III. bei einer Prozession überfallen und gefangen genommen. Der Kirchenfürst hatte Glück im Unglück, es gelang ihm zu fliehen. Laut Karls Bio-
5 grafen Einhard wurden dem Papst „die Augen ausgestochen und die Zunge ausgerissen". Ganz so schlimm kann es nicht gewesen sein, denn einige Wochen später konnte Leo bereits wieder sehen und sprechen. Die Auftraggeber des Anschlags waren
10 Verwandte seines Vorgängers …
Im November des Jahres 800 traf der König [Karl der Große] dann selbst in Rom ein. Leo legte einen Reinigungseid ab: Ein korrekt … gesprochener Eid „bewies" die Unschuld des Angeklagten. Karl verurteilte
15 die Gegner des Papstes zum Tode. Anschließend begnadigte er sie auf Wunsch Leos und verbannte sie aus der Heiligen Stadt.

Was konnte ein derart angeschlagener Papst für einen so mächtigen König zu Dank tun? Leo III.
20 krönte Karl zum Kaiser. Dieser Titel gehörte bis dahin allein dem byzantinischen Herrscher. Schlagartig hatte sich die Welt verändert: Rom und Westeuropa, die Kirche und das Reich, Kaiser und Papst bildeten eine Einheit, die es in dieser Form nie gege-
25 ben hatte.
Einhard berichtet, dass Karl von der „Krönungsabsicht" Leos nichts gewusst habe. Das ist unwahrscheinlich. Eine symbolisch so aufgeladene Handlung hatte der ehrgeizige Herrscher sicher gut
30 vorbereitet. Seit 801 führte Karl den Titel „allergnädigster, erhabener, von Gott gekrönter, großer friedenbringender Kaiser, der das Römische Reich regiert, durch Gottes Barmherzigkeit auch König der Franken und Langobarden".

Britta Quebbemann, PM History, August 2006, S. 9f.
Bearb. v. Verf.

1 Aus dem Artikel wurden die Überschriften entfernt. Verfasse eine packende Hauptüberschrift und Zwischenüberschriften für jeden Absatz.
2 Notiere die Einschätzungen der Journalistin zum mittelalterlichen Bericht von Karls Biografen Einhard.

Bericht Einhards

Einhard (ca. 770–840) war ein Gelehrter an der Hofschule Karls des Großen und Autor einer Biografie über diesen Herrscher, den er persönlich kannte:

Seine [= Karls des Großen] letzte Reise nach Rom hatte mehrere Gründe. Die Römer hatten Papst Leo schwer misshandelt, ihm die Augen ausgestochen und die Zunge ausgerissen, sodass er sich
5 gezwungen sah, den König um Schutz zu bitten. Daher begab sich Karl nach Rom, um die verworrenen Zustände der Kirche zu ordnen. Das dauerte den ganzen Winter. Bei dieser Gelegenheit erhielt er den Kaiser- und Augustus-Titel, der ihm
10 anfangs so zuwider war, dass er erklärte, er würde die Kirche selbst an jenem hohen Feiertage nicht freiwillig betreten haben, wenn er die Absicht des Papstes geahnt hätte. Die Eifersucht der oströmischen Kaiser, die ihm die Annahme der Titel
15 schwer verübelten, ertrug er dann allerdings mit erstaunlicher Gelassenheit. Er überwand ihren Widerstand durch seine Großmut – denn in dieser Beziehung stand er weit über ihnen – und indem er ihnen zahlreiche Botschaften sandte und sie in
20 den Briefen immer als Brüder anredete.

Einhard, Vita Karoli Magni. Das Leben Karls des Großen – Lateinisch/Deutsch, übers. v. Evelyn Scherabon Firchow, Stuttgart (Reclam) 1981 (Copyright 1968), S. 53.

Aus der Lebensbeschreibung Papst Leos III. (9. Jh.)

Der Liber Pontificalis (= Päpstliches Buch) ist eine Sammlung von päpstlichen Biografien, die im Auftrag der Kirche verfasst wurden:

Am Tage der Geburt unseres Herrn Jesu Christi waren alle in der schon genannten Basilika des heiligen Apostels Petrus versammelt. Und da krönte ihn (Karl) der ehrwürdige und Segen spen-
5 dende Vorsteher eigenhändig mit der kostbarsten Krone. Darauf riefen alle gläubigen und getreuen Römer, die den Schutz und die Liebe sahen, die er (Karl) der römischen Kirche und ihrem Vertreter gewährte, einmütig mit lauter Stimme auf
10 Gottes Geheiß und des heiligen Petrus, des Himmelreichs Schlüsselträger, Eingebung aus: „Karl, dem allerfrommsten von Gott gekrönten Augustus, dem großen und friedfertigen Kaiser, Heil und Sieg!" Unter Anrufung vieler Heiliger ist dies
15 dreimal ausgerufen und von allen ist er als Kaiser der Römer eingesetzt worden.

Zit. nach Liber Pontificalis, Vita Leos III., hg. v. L. Duchesne, Paris 1884–1892.

1 Halte in einer Tabelle die Gemeinsamkeiten und die Unterschiede der Darstellung der Kaiserkrönung vom 25. Dezember 800 fest.
2 Vergleiche mithilfe der Tabelle die Einstellung Einhards mit derjenigen des Autors von M5. Welcher Autor stellt Karl den Großen besonders positiv dar, welcher den Papst? Warum hatten die beiden Autoren eine unterschiedliche Einstellung?
Tipp: Berücksichtige ihre Motivation für die Kaiserkrönung, ihre (Un-)Zufriedenheit in dieser Situation, ihre Hoffnungen für die Zukunft usw.

Aufgabe für alle:
Bildet Vierergruppen und entwickelt jeweils ein Standbild zur Kaiserkrönung Karls des Großen. Je zwei übernehmen die Rollen von Karl dem Großen und Leo III. Sie stellen sich wie Statuen in einer Haltung auf, die eure Sicht auf die Kaiserkrönung ausdrücken soll. Die beiden anderen sprechen im Hintergrund aus, was Karl und Leo in dieser Situation jeweils denken.
Präsentiert eure Standbilder in der Klasse und vergleicht eure Ergebnisse.
Tipp: Nehmt die Unterrichtsmethode „Standbild" (S. 211) zu Hilfe.

Filmtipp: Schaut euch gemeinsam die Darstellung der Kaiserkrönung im Dokudrama „Karl der Große" (D/A 2014) an.

Wie regierte Karl der Große?

*Wie alle Könige und Kaiser musste auch Karl seine Herrschaft sichern und aus-
bauen. Karl regierte nicht von einer Hauptstadt aus, sondern reiste mit seinem
Gefolge durch das Frankenreich. Als Aufenthaltsorte dienten ihm und seinem
Gefolge die Pfalzen. Das waren große Gebäudeanlagen, in denen viele Hundert
Menschen unterkommen konnten.*
• Karls „Lieblingspfalz" in Aachen kannst du hier näher untersuchen.

*Aachener Königs-
thron, um 800 n. Chr.
Der Thron besteht
aus einem Holzgestell
und Marmorplatten
und wurde im Auf-
trag Karls des Großen
in der Aachener Pfalz-
kapelle aufgestellt.
Foto, 2014*

*Die Pfalzkapelle mit dem Thron Karls des
Großen direkt gegenüber dem Hochaltar
hat sich bis heute als Kern des Aachener
Doms erhalten, Foto, 21. Jh.*

Regierung „vom Sattel" aus

Karl der Große regierte ein Reich, das weite Teile des
heutigen Frankreichs, Deutschlands und Italiens umfasste. So ein großes Gebiet war schwer zu verwalten.
Karl tat dies, indem er Grafen einsetzte, die sein Vertrau-
5 en genossen und seine Befehle ausführten. Er schickte
auch Boten bis in die äußersten Winkel seines Herrschaftsgebiets, vor allem aber reiste er selbst durch das
Reich: Nach heutigen Berechnungen soll er dabei rund
80 000 Kilometer auf dem Rücken seiner Pferde zurück-
10 gelegt haben. Bei seinen Reisen begleiteten Karl fast
tausend Gefolgsleute, darunter die königliche Familie
und seine Berater. Auf den Resten alter Römerstraßen
kämpfte sich der Tross aus schwer bepackten Ochsenkar-
ren durch die von riesigen Wäldern bedeckten Land-
15 schaften. Am schnellsten und sichersten war der Seeweg
auf den Flüssen Rhein und Donau.
Das ständige Reisen war für Frauen, Kinder und Be-
dienstete strapaziös. Viele erkrankten oder starben unterwegs.

20 Die Pfalz: Herberge für das königliche Gefolge

Das große Königsgefolge war schwer zu beherbergen
und zu ernähren. Deshalb entstanden mit der Zeit sogenannte Pfalzen (von lat. palatium = Palast), in denen sich
der König mehrere Wochen aufhalten konnte. Wichtige
25 Pfalzen befanden sich z.B. in Aachen, Ingelheim und
Paderborn. Nach seiner Kaiserkrönung reduzierte Karl
seine Reisetätigkeit und legte die Aachener Pfalz als seine Hauptresidenz fest. Seine Wahl fiel auf Aachen, weil
die Umgebung beste Gelegenheiten zur Jagd bot, und er,
30 ein ausgezeichneter Schwimmer, gerne in den heißen
Wasserquellen Aachens badete. Der Kaiser nutzte die
Badestunden auch, um Politik zu betreiben. Zeitweise
begleiteten ihn etwa hundert Menschen beim Baden,
darunter viele seiner Berater.

Webcode: FG642885-192
Die Pfalzanlage Aachen

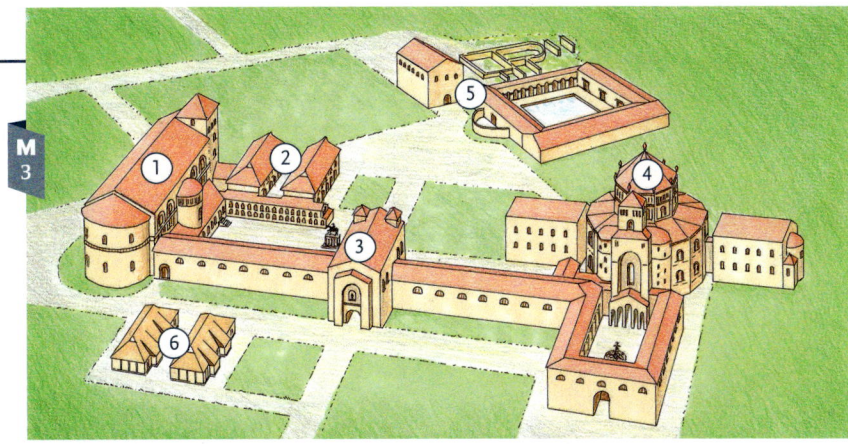

Modell der Pfalz von Aachen:
1 Königshalle (47 x 20 m)
2 Wohngebäude des Königs
3 Torhalle mit Gerichtssaal
4 Pfalzkapelle
5 Badehäuser und Schwimmbecken
6 Wohnhäuser für das Gesinde

M 4

Lebensmittel für eine Pfalz

Nahrungsbedarf des Königs oder Kaisers mit seinem Gefolge (etwa 1000 Mann) am Beispiel der Pfalz Ingelheim (geschätzte Werte für das Jahr 800 nach Ergebnissen der Geschichtsforschung):

	Fleisch	Getreide	Wein
je Mann und Tag	2 kg	2 kg	3 l
1000 Mann in 10 Tagen	20 000 kg	20 000 kg	30 000 l

Um 800 wurden aus den Schlachttieren (Schweine und Schafe) nur je 10 kg Fleisch gewonnen. Eine große Pfalz wie Ingelheim hatte wohl nicht mehr als 2000 Schlachttiere. Zur Pfalz gehörten
10   etwa 1000 ha Ackerland. Für 20 000 kg Getreide mussten etwa 400 ha Getreide angebaut werden. Maximal dürften 30 Fässer zu je 1000 l Wein und Bier zur Verfügung gestanden haben.
Zusammengestellt nach Gustav A. Süß, Versorgung und Wirtschaften auf der Pfalz, in: Praxis Geschichte, H. 2, 1988, S. 20 f.

1 Erkläre mithilfe des Darstellungstextes und des Begriffskastens, warum Karl so viel reiste.
2 Finde in M5 heraus, in welchem Gebiet des Frankenreichs Karl sich besonders häufig aufhielt.
3 Berichte mündlich aus der Sicht eines jungen Mannes oder einer jungen Frau im Gefolge Karls. Beginne so: „Von meinem Aufenthalt in der Pfalz Aachen kann ich Folgendes berichten …"
   Tipp: Nimm M4 zu Hilfe.
4 Zeige an M3, warum sich die Anlage für die Regierungsgeschäfte des Königs eignete.
5 Erläutere an M1 und M2, wie sich in der Pfalzkapelle Herrschaft und Religion miteinander verbinden.

Zusatzaufgabe: siehe S. 205

M 5

Die Reisen Karls des Großen 775–778. Den Streckenverlauf haben Forscher aus einem Itinerar Karls des Großen erschlossen. Itinerare sind mittelalterliche Aufzeichnungen über die Reisewege mittelalterlicher Könige.
Während seiner gesamten Regierungszeit bereiste Karl einige Orte mehrfach, z. B.: Worms: 16, Herstal: 12, Diedenhofen: 7, Düren: 6, Quierzy: 6, Aachen: 27-mal.

Reisekönigtum

Die Könige und Kaiser der Franken und später der Deutschen besaßen keine feste Hauptstadt, sondern reisten mit ihrer Gefolgschaft durch ihr Herrschaftsgebiet. Regieren bedeutete, politische und rechtliche Entscheidungen vor Ort zu treffen. Auf ihren Reisen hielten sie sich oft in großen Klöstern oder den eigens dafür vorgesehenen Pfalzen auf.

30 v. Chr.–14 n. Chr. Kaiser Augustus

um 4 v. Chr.–30 n. Chr. Jesus von Nazaret

1. und 2. Jh. Kriege zwischen Römern und Juden

3. Jh. Krise des Römischen Reichs

313 Kaiser Konstantin sichert den Christen freie
Religionsausübung zu („Konstantinische Wende")

391 Christentum wird Staatsreligion
im Römischen Reich

395 Teilung des Römischen Reichs
in ein Ost- und in ein Westreich

5. Jh. Entstehung des Frankenreichs

476 Ende des West-
römischen Reichs

Neue Religionen, neue Reiche

Drei monotheistische Religionen

Die drei monotheistischen Weltreligionen, das Judentum, das Christentum und der Islam, entstanden im Vorderen Orient. Seit dem frühen Mittelalter bestimmten sie die Gesellschaft und die Politik in Europa.

5 Das Christentum entstand in der römischen Provinz Judäa durch den Religionsgründer Jesus von Nazaret. Es verbreitete sich zunächst im Osten des Römischen Reichs. Da sich die Christen weigerten, den römischen Kaiser als Gott zu verehren und ihm zu opfern, wurden 10 sie zeitweise verfolgt. Kaiser Konstantin gestand den Christen 313 die freie Religionsausübung zu. Unter Kaiser Theodosius wurde das Christentum 391 zur Staatsreligion.

Die jüdische Religion ist die älteste Weltreligion und be15 stand bereits viele Jahrhunderte vor der Entstehung des Christentums. Ihre Anhänger führten im 1. und 2. Jahrhundert erbitterte Kriege gegen die römischen Eroberer in der Provinz Judäa. An deren Ende wurde Juden der Aufenthalt in Jerusalem und Umgebung verboten. Sie 20 wanderten in alle Teile der Mittelmeerwelt, nach Persien, Arabien und später nach Mitteleuropa aus.
Im 7. Jahrhundert entstand auf der Arabischen Halbinsel unter dem Religionsstifter Mohammed der Islam.

Neue Machtzentren nach dem Zerfall des Römi25 schen Reichs

Ab dem 3. Jahrhundert geriet das Römische Reich durch Bedrohungen von außen in eine Krise. Zur Finanzierung des Heeres wurden die Steuern und Abgaben immer weiter erhöht. Es fehlte an Ideen, wie die Krise zu lösen 30 war. Das Wirtschaftsleben erlahmte. Im Jahr 395 zerbrach das Römische Reich in eine westliche Hälfte, in der Lateinisch gesprochen wurde, und in eine griechisch bestimmte östliche Hälfte.

• *Machtzentrum Byzanz*

35 Während das Weströmische Reich an Bedeutung verlor, lebte im Oströmischen Reich mit der Hauptstadt Konstantinopel (Byzanz) die Kultur des antiken Römischen Reichs weiter. Der oströmische Kaiser war zugleich weltlicher Herrscher und Lenker der christlichen Kirche. Un40 ter Kaiser Justinian entstanden große Bauwerke, z.B. der Neubau der Hagia Sophia, und eine Sammlung römischer Gesetze, die in Europa bis in die Neuzeit gültig waren.

• *Machtzentrum islamische Staaten*

45 Unter den Nachfolgern Mohammeds, den Kalifen, verbreitete sich der Islam von Arabien aus über ganz Nordafrika bis auf die Iberische Halbinsel. Die islamischen Herrscher unterwarfen das Perserreich und gelangten bis an die Grenzen des Chinesischen Reichs.

50 • *Machtzentrum Frankenreich*

Die germanischen Reiche, die sich seit dem 5. Jahrhundert auf dem Boden des ehemaligen Weströmischen Reichs gebildet hatten, zerfielen alle nach und nach. Nur das Reich der Franken konnte sich dauerhaft behaupten. 55 Die Franken hatten ab dem 3. Jahrhundert große Teile des vormals römischen Gallien erobert.

| 500 n. Chr. | 600 n. Chr. | 700 n. Chr. | 800 n. Chr. | 900 n. Chr. | 1000 n. Chr. |

496 Taufe des Frankenkönigs Chlodwig

622 Übersiedlung Mohammeds
von Mekka nach Medina

800 Kaiserkrönung Karls des Großen

9./10. Jh. Iberische Halbinsel unter islamischer Herrschaft – religiöse
Vielfalt, Bildung, Wissenschaft

Religiöse Vielfalt und Toleranz in Al-Andalus im 8. bis 10. Jahrhundert

Im islamischen Spanien, Al-Andalus, lebten Christen,
60 Muslime und Juden meist friedlich zusammen. Unter
den islamischen Herrschern durften Juden und Christen
ihre Religion frei ausüben, solange sie eine besondere
Steuer bezahlten.

In der Hauptstadt Córdoba wurde im frühen Mittelalter
65 das gesammelte Wissen der Antike bewahrt. Die Kalifen gründeten Übersetzerschulen, in denen sie antike
Bücher ins Arabische und später auch ins Lateinische
übertragen ließen. Die Kenntnisse der islamischen Ge-
lehrten in Medizin, Architektur und Landwirtschaft
70 übertrafen bis ins 12. Jahrhundert die Kenntnisse und
Leistungen der Mittel- und Nordeuropäer.

Missionare christianisieren Westeuropa

König Chlodwig I. (482–511) aus der Herrscherfamilie
der Merowinger besiegte den letzten römischen Macht-
75 haber in Gallien und alle seine fränkischen Rivalen. Als
er mit seiner Taufe den christlichen Glauben annahm,
gewann er die Kirche als wichtige Stütze seiner Herrschaft. Er legte damit die Grundlage für eine allmähliche
Verschmelzung von germanischer und christlich-römi-
80 scher Kultur.

Die Franken in Westeuropa waren auch nach der Taufe
Chlodwigs 496 oft nur dem Namen nach Christen. Viele
verehrten weiter die Götter ihrer Vorväter. In irischen,
englischen und schottischen Klöstern hingegen lebten
85 die christlichen Mönche bescheiden und in großer Hingabe für ihren Glauben. Viele von ihnen zogen als Wan-

derprediger durch das Fränkische Reich, um die Menschen zum Christentum zu bekehren. Der Mönch
Bonifatius (672/673–754) war der bedeutendste unter
90 diesen Wandermönchen. Er zog durch Hessen, Thürin-
gen, Bayern und Friesland. Im Auftrag des Bischofs von
Rom, dem Papst, gründete er eine Vielzahl von Pfarrei-
en, Klöstern und Bistümern.

Karl der Große: römischer Kaiser und Beschützer der Christen

Als im Frankenreich die Familie der Merowinger immer
mehr an Macht verlor und schließlich die Karolinger die
Königsherrschaft übernahmen, spielte zum ersten Mal
der Papst, der Bischof von Rom, eine bedeutende Rolle:
100 Er krönte den Hausmeier Pippin, weil er sich als Gegenleistung Schutz und Unterstützung für die Kirche ver-
sprach.

Pippins Sohn Karl (768–814), der heute Karl der Große
genannt wird, wurde der erste bedeutende Herrscher
105 des Mittelalters. Er regierte als „Reisekönig", indem er
mit seinem Gefolge von Pfalz zu Pfalz (von lat. palatium
= Palast) zog. Mit brutaler militärischer Gewalt vergrößerte Karl sein Reich und unterwarf das Volk der Sachsen.

110 Im Jahre 800 wurde Karl in Rom von Papst Leo III. zum
Kaiser gekrönt. Er verstand sich als Nachfolger der römischen Kaiser der Antike und gleichzeitig als Schutzherr
des Papstes und der christlichen Kirche im Westen
Europas. Diese Verbindung von Papst und Kaiser be-
115 stimmte die Politik im ganzen europäischen Mittelalter.

In diesem Kapitel konntest du folgende Kompetenzen erwerben:

- die Hauptgründe für den Zerfall des Römischen Reichs nennen
- die Bedeutung des Christentums im Imperium Romanum erklären
- die Teilung der Mittelmeerwelt in drei neue Machtzentren erläutern
- die Gründung und Entwicklung des Frankenreichs darstellen und die Erneuerung der römischen Reichsidee erklären.

- die Entstehung und Ausbreitung des Islam beschreiben
- das Zusammenleben der christlichen, islamischen und jüdischen Bevölkerung in Al-Andalus charakterisieren

Taufbecken, etwa 2 Meter tief, aus der Nähe von Karthago (heute Tunesien), 6. Jh. n. Chr.

Gottesdienst in einer Synagoge, spanische Buchmalerei, 14. Jh.

Gottesdienst in einer Moschee, persische Buchmalerei, 13. Jh.

Richtig oder falsch?

1. Die Religionen Judentum, Christentum und Islam entstanden alle in Asien.

2. Um 700 n. Chr. waren auf dem Boden des Römerreiches drei neue Machtzentren entstanden.

3. Die Kaiser des Byzantinischen Reichs in Konstantinopel sahen sich als Nachfolger der römischen Kaiser.

4. Die Apostel Kyrill und Method fällten heilige Bäume und bekehrten viele Menschen im Westen Europas zum Christentum.

5. Bonifatius war ein bedeutender Bischof von Rom.

6. Mohammed war Kalif von Bagdad.

7. Kaiser Theodosius I. machte das Christentum zur Staatsreligion im Römischen Reich.

8. Karl der Große heißt „Vater Europas", weil er die Europäische Union gründete.

9. Damaskus, Bagdad und Córdoba waren bedeutende Hauptstädte islamischer Reiche

10. Chlodwig ließ sich taufen, weil der Papst ihm Land und Beute versprochen hatte.

Der Historiker Michael Borgolte über Europa (2006):

Europa war keineswegs identisch mit der Verbreitung der lateinischen Sprache, dem Abendland oder dem Bereich der Papstkirche. Es war ein Raum, in dem sich, verglichen mit der Vorgeschichte und den
5 anderen Teilen der gleichzeitigen Welt, in einzigartiger Weise der Monotheismus durchgesetzt hatte: der Glaube an einen einzigen ... Gott, freilich ausgeprägt in drei Religionen. Eine davon, das Christentum, zerfiel noch in zwei Richtungen, die
10 griechischslawische Orthodoxie und den römischen Katholizismus.

Der Sieg des Monotheismus über Vielgötterei ... war nie vollkommen, doch er unterschied Europa von der Antike ebenso wie vom Fernen Osten, er hat in
15 diesem Sinne Europa „gemacht". Keine der drei Religionen hat Europa jemals ganz beherrscht und jede hat umgekehrt über Europa hinausgereicht ...
Die muslimische Welt und das Oströmische Reich haben miteinander gemein, dass sie die Trennung
20 von „Staat" und Religion beziehungsweise „Kirche" nicht kannten.

Michael Borgolte, Christen, Juden, Muselmanen. Die Erben der Antike und der Aufstieg des Abendlandes 300–1400 n. Chr., München (Siedler) 2006, S. 9f.

Lückentext:

In Europa setzte sich der Glaube an einen ▮▮▮▮▮▮▮ Gott durch. Dieser Monotheismus wurde durch drei Religionen verkörpert, nämlich das Judentum, das ▮▮▮▮▮▮▮ und den
5 ▮▮▮▮▮▮▮. Die Christen im Westen Europas waren katholisch wie der Merowingerkönig ▮▮▮▮▮▮▮. Im östlichen Mittelmeerraum leb-

ten die orthodoxen Christen, die nicht Lateinisch, sondern überwiegend G▮▮▮▮▮▮▮ sprachen.
10 Der Glaube an viele Götter, wie er in Griechenland und ▮▮▮▮▮▮▮ praktiziert worden war, gehörte durch den Untergang des ▮▮▮▮▮▮▮ Reiches der Vergangenheit an. Nach der Antike folgte nun die Epoche des ▮▮▮▮▮▮▮.

Sachkompetenz

1 Ordne die Bilder M1–M3 einer Religion zu.
   Tipp: Achte auf die Bildlegende.

2 Entscheide, ob Aussagen in M4 richtig oder falsch sind. Suche eine Begründung für deine Antwort aus den vorangegangenen Seiten heraus.

Orientierungs- und Reflexionskompetenz

3 Wähle eine Aufgabe aus:
   a) Schreibe den Text M6 ab und fülle die Lücken aus, indem du bei M5 nachliest.
   b) Gib den Text M5 mit eigenen Worten wieder. Erläutere außerdem den letzten Satz (Z. 18–21).

Zusatzaufgaben

Kapitel 1: Erste Begegnung mit Geschichte

zu S. 18/19 und S. 36/37:

Sanduhr (auch: „Stundenglas") aus Silber und Glas, Portugal, ca. 1517

Sonnenuhr an der Kirche St. Michael in Schwäbisch Hall, 17. Jahrhundert

Mechanischer Wecker, Deutschland, ca. 1980

Die Atomuhr C2 in der physikalisch-technischen Bundesanstalt in Braunschweig. Die Uhr wird mit dem radioaktiven Cäsium angetrieben. In den Händen des Mitarbeiters liegen zwei kleine Cäsium-Ampullen, die für den Betrieb der Uhr in den nächsten 20 Jahren reichen. Foto, 2011

1 Beschreibe die Zeitmesser M1–M4. Nenne jeweils ihre Vor– und Nachteile.

Kapitel 2: Ägypten – eine Hochkultur

zu S. 44/45:

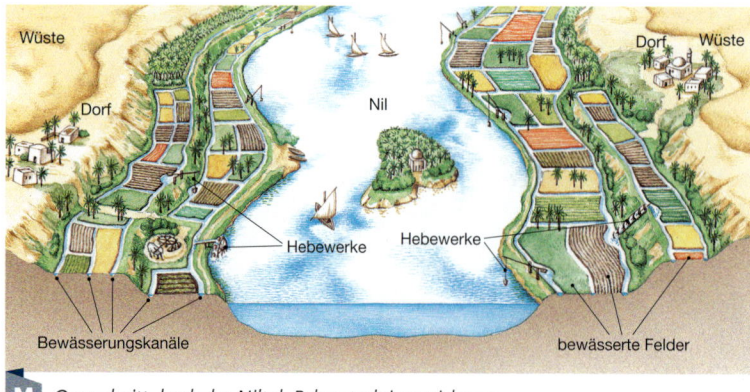

Querschnitt durch das Niltal, Rekonstruktionszeichnung

Ein ägyptisches Mädchen mit einem Hebewerk, dem Schaduf, das zur Wasserversorgung verwendet wird, Foto, 1996

1 Beschreibe das Bewässerungssystem im Alten Ägypten mithilfe der Abbildung M5.

2 Beschreibe mithilfe von M6, wie ein Schaduf funktioniert.

zu S. 52/53 und S. 60/61:

Hatschepsut – der „weibliche Pharao"

- Ihr Name bedeutete „die Edelste unter den Frauen".
- Sie regierte nach dem Tod ihres Mannes von 1490 bis 1468 v. Chr. stellvertretend für den noch minderjährigen Stiefsohn.
- Statt die Herrschergewalt weiterzugeben, als der Stiefsohn volljährig wurde, ließ sie sich zum „weiblichen Pharao" krönen. Den Begriff „Pharaonin" gab es nicht.
- Sie genoss hohes Ansehen beim Volk: Während ihrer Regierungszeit gab es keinen Krieg.
- Sie förderte Landwirtschaft und Handel und ließ Erkundungsreisen durchführen. So kamen kostbare Öle, Weihrauch, Gold und Elfenbein nach Ägypten.
- Nach ihrem Tod wurde ihr Stiefsohn doch noch König: Unter seiner Herrschaft wurden fast alle Statuen der Königin zerstört und ihr Name und ihr Bildnis in den steinernen Inschriften ausgemeißelt.

Die Königin Hatschepsut äußert sich in einer Tempelinschrift über sich selbst:

Ich bin wie ein wilder Stier mit spitzen Hörnern. Ich bin ein Falke, der über Land fliegt, der sich auf der Erde niederlässt und seine Grenzen festigt. Ich bin ein Schakal mit schnellem Schritt, der in
5 einem Augenblick durch das ganze Land laufen kann. Ich bin ein wütendes Krokodil, das mit Gewalt zupackt, das ganz sicher zupackt und dem keiner entkommen kann. Ich bin ein verborgenes Krokodil, ich bin ein heimtückisches Krokodil, das
10 den Schatten sucht und das sich im Weideland versteckt hält.

Zit. nach Manfred Clauss, Das Alte Ägypten, Berlin (Fest) 2001, S. 197.

Statue der Hatschepsut aus der Frühzeit ihrer Herrschaft. Sie trägt ein gestreiftes Königskopftuch.

Statue der Hatschepsut aus der Spätzeit ihrer Herrschaft. Sie trägt die Herrschaftszeichen eines Pharao: einen künstlichen Bart, ein gestreiftes Königskopftuch und einen Stirnreif mit einer aufgerichteten Kobra.

1 Beschreibe, wie sich Hatschepsut in M1 selbst darstellt.
2 Darf Hatschepsut Königin bleiben, oder muss sie die Herrschergewalt bei Volljährigkeit ihres Sohnes an diesen abgeben? Beantworte diese Frage und begründe deine Entscheidung.
3 Vergleiche M2 und M3 und erläutere den Unterschied zwischen beiden Statuen.

zu S.70/71:

1 **Internetrecherche:** Finde heraus, wie Jean-François Champollion die Entzifferung der Hieroglyphen gelungen ist (siehe Arbeitsschritte S. 64).

2 **Internetrecherche:** Finde heraus, wie die Ägypter Papyrus hergestellt haben, und berichte in der Klasse (siehe Arbeitsschritte S. 64).

Kapitel 3: Leben im antiken Griechenland

zu S.86/87:

M1

Ein junger Mann, der in den Krieg zieht, bringt den Göttern ein „Trankopfer" dar: Er verschüttet etwas Flüssigkeit (z. B. Milch, Wein, Honig) auf einem „heiligen" Gegenstand oder einfach auf dem Boden, rechts vermutlich der Vater, attische Vasenmalerei, um 500 v. Chr.

1 Verfasse Sprech– oder Gedankenblasentexte für die in M1 abgebildeten Personen.

zu S. 88/89:

1 Rechercheauftrag: Informiere dich über folgende antike Sieger und stelle sie vor:
a) der Faustkämpfer Theagenes von Thasos
b) der Läufer Leonidas von Rhodos

2 Im 1. Jahr der 89. Olympiade stellte der Bildhauer Phidias seine Gold-Elfenbein-Statue des Zeus fertig. Berechne das Datum in unserer heutigen Zeitrechnung: Ausgangspunkt ist das Jahr 776 v. Chr. (= 1. Jahr der Olympiade).

zu S. 94/95:

1 Solon oder Kleisthenes? Schon die Athener stritten, wer als „Vater" der Demokratie gelten darf. Notiere Argumente für jeden der beiden.

zu S. 98/99:

1 Der griechische Geschichtsschreiber Herodot urteilte nach seiner Reise durch Ägypten, wo er Frauen Handel treiben und Männer zu Hause weben gesehen hatte, die Welt stehe auf dem Kopf. Erkläre, was er damit meinte.

2 Beschreibe M3 auf S. 99. Nimm Stellung zu der Art der Darstellung.

zu S. 106/107:

Kindesaussetzung in Sparta
Der folgende Text stammt aus einer Lebensbeschreibung über den spartanischen König Lykurgos (7. Jh. v. Chr.), die der griechische Schriftsteller Plutarch (um 45–120 n. Chr.) verfasst hat:
Das zur Welt Gekommene aufzuziehen unterlag nicht der Entscheidung des Erzeugers, sondern er hatte es an einen Ort zu bringen, ... wo die Ältesten der Gemeindegenossen saßen und das Kind unter-
5 suchten und, wenn es wohlgebaut und kräftig war, seine Aufzucht anordneten ...; war es aber schwächlich und missgestaltet, so ließen sie es zu ... einem Felsabgrund [bringen] ... Denn sie meinten, für ein Wesen, das von Anfang an nicht fähig sei, gesund
10 und kräftig heranzuwachsen, sei es besser, nicht zu leben, sowohl um seiner selbst wie um des Staates willen.

Plutarch, Lykurgos 5ff. Zit. nach Walter Arend, Geschichte in Quellen, Bd. 1, 3. Aufl., München (bsv), S. 143 Übers. v. Konrat Ziegler, bearb. v. Verf.

1 Erläutere anhand von M1, wie in Sparta mit Neugeborenen umgegangen wurde.

2 Wer war für ihre Erziehung verantwortlich?
Tipp: Beachte folgende Aussage Plutarchs: „Sie gehörten dem Vaterland und nicht sich selbst."

....

zu S. 108/109:

Der Geschichtsschreiber Plutarch (45–120 n. Chr.) erzählte eine Begebenheit aus Alexanders Kindheit

König Philipp von Makedonien wurde das Pferd Bukephalos zum Kauf angeboten. Als das Pferd jeden abwarf, wollte Philipp es wegführen lassen:

Da sagte Alexander: „Was für ein Pferd ruinieren sie da, weil sie aus Unverstand und Schlappheit nicht mit ihm umzugehen wissen!"

Zuerst schwieg Philipp dazu; als aber Alexander
5 weiter auf ihn einredete und ganz aufgeregt wurde, sagte er zu ihm: „Willst du älteren Leuten Vorwürfe machen, als ob du es besser verstündest und richtiger mit einem Pferde umgehen könntest?" „Mit diesem wenigstens", erwiderte er, „würde ich besser
10 umgehen als ein anderer." „Wenn es dir aber nicht gelingt, welche Buße willst du dann für deine Anmaßung leisten?" „Dann will ich das Pferd bezahlen." Als es darauf ein Gelächter gab, dann Wetten um das Geld abgeschlossen wurden, lief er rasch auf
15 das Pferd zu, nahm den Zügel und wendete es gegen die Sonne, weil er offenbar bemerkt hatte, dass es scheute, wenn es seinen Schatten vor sich fallen und bewegen sah. Nachdem er es ein wenig beruhigt und getätschelt hatte und nun merkte, wie es
20 sich neu mit Zorn und Mut erfüllte, warf er leise den Mantel weg, sprang auf und fasste seinen festen Sitz. Dann zog er ein wenig den Zaum mit den Zügeln an und ließ es ohne Schlag und Sporn ansteigen. Als er fühlte, dass das Pferd den Widerstand
25 aufgegeben hatte, aber nun losrennen wollte, ließ er die Zügel nach und galoppierte los, indem er nun auch lauteren Zuruf brauchte und ihm die Hacken in die Weichen schlug. In der Umgebung Philipps herrschte zuerst angstvolles Schweigen. Als er aber
30 wendete und schulgerecht stolz und froh zurückgeritten kam, da jauchzten alle anderen ihm zu. Der Vater aber soll vor Freude ein wenig geweint und den Sohn, als er abstieg, auf den Kopf geküsst und gesagt haben: „Such dir ein Reich, mein Sohn, das dei-
35 ner würdig ist, denn Makedonien ist für dich nicht groß genug."

Plutarch, Alexandros, 6, in: Ders., Große Griechen und Römer, eingeleitet und übers. v. Konrat Ziegler, Bd. 5, Zürich und Stuttgart (Artemis Verlag) 1960, S. 12f. Bearb. v. Verf.

1 Arbeite aus M1 die Eigenschaften Alexanders heraus.

2 Begründe, warum diese Geschichte so oft nacherzählt wurde.

Kapitel 4: Das Römische Reich

....

zu S. 124/125:

1 Verteidige die Verfassung aus Sicht eines reichen adligen Senators.

2 Kritisiere die Verfassung aus Sicht eines Plebejers.

zu S. 126/127:

Kann ein Krieg „gerecht" sein?
Der römische Politiker Cicero äußerte sich im 1. Jh. n. Chr. zu ungerechten und gerechten Kriegen:

Das sind ungerechte Kriege, die ohne Grund unternommen worden sind. Denn nur dann kann ein Krieg als gerecht gelten, wenn es sich darum handelt, Rache an den Feinden zu nehmen oder
5 diese abzuwehren ... Ein Krieg gilt nur dann als gerecht, wenn er vorher angekündigt und erklärt wurde und wenn er zur Wiedergutmachung geführt wird ...

Cicero, Über den Staat, 3. Buch, Kap. 23. Übers. v. Verf.

Aus einem Jugendlexikon (1996):
Krieg ist die mit Waffengewalt ausgetragene Auseinandersetzung zwischen Staaten und Völkern ... Die Frage nach der ... Berechtigung des Krieges beschäftigt die Menschen seit Jahrtausenden.
5 Nach der Satzung der Vereinten Nationen (UNO)[1] ist ein Krieg nur noch erlaubt als Mittel der Selbstverteidigung oder als Maßnahme der UNO, den Frieden aufrechtzuerhalten oder wiederherzustellen.

Der Jugend-Brockhaus, Bd. 2, Leipzig/Mannheim (Brockhaus) 1996, S. 175f.

[1] *Die UNO ist eine Vereinigung zur Sicherung des Friedens auf der Welt. Sie wurde 1945 gegründet und umfasst 193 Staaten (Stand 2015).*

1 Lies M1 und erläutere, wie Cicero gerechte und ungerechte Kriege unterscheidet.
2 Stelle mithilfe von M2 fest, wie Krieg in unserer Zeit beschrieben wird.
3 Überprüfe mithilfe von M2, ob die Kriege gegen Karthargo von den Vereinten Nationen gutgeheißen werden würden.

zu S. 132/133:

1 Erstelle einen Personenkasten über Gaius Julius Caesar. Nimm die Informationen aus dem Darstellungstext auf S. 132 und S. 133, M3 zu Hilfe.

zu S. 134/135:

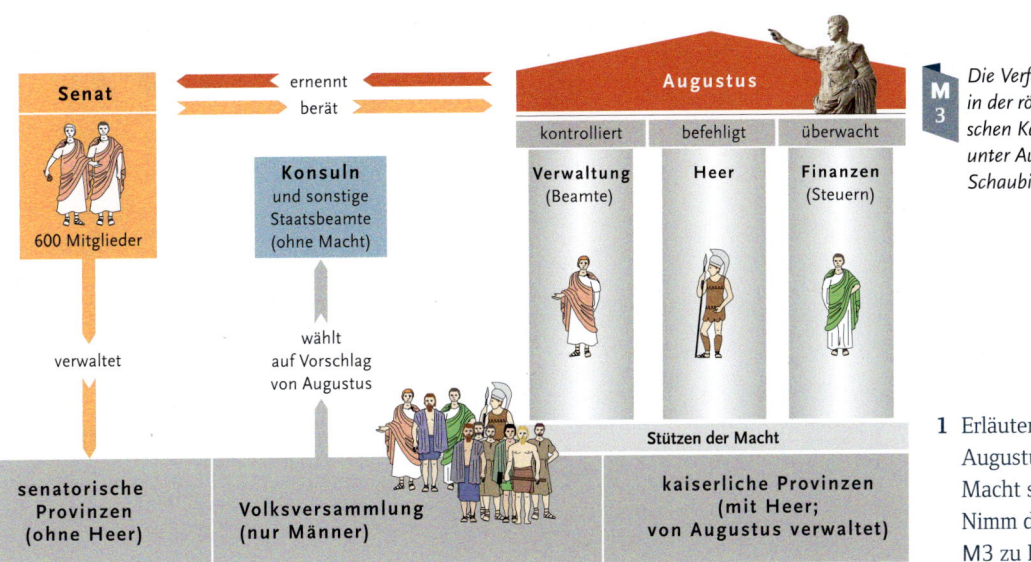

Die Verfassung in der römischen Kaiserzeit unter Augustus, Schaubild

1 Erläutere, worauf Augustus seine Macht stützte. Nimm das Schaubild M3 zu Hilfe.

zu S. 138/139:

M1 **Strabo (63 v. Chr.–20 n. Chr.), ein Grieche, der zur Zeit des Kaisers Augustus in Rom lebte, schrieb:**
In Rom gibt es gepflasterte Straßen, Wasserleitungen und unterirdische Gräben, durch welche der Unrat aus der Stadt in den Tiber geleitet wird ... Rom besitzt ferner zahlreiche herrliche Bauwerke.
5 Viele davon stehen auf dem Marsfeld. Dieser Platz ist so groß, dass Wagenrennen und Pferdesport betrieben werden können, während sich gleichzeitig eine gewaltige Menge an Menschen im Ball- und

Reifenspiel und im Ringen üben kann. Ferner gibt es
10 viele Theater, breite Straßen, prächtige Tempel, herrliche Wohngebäude und Paläste. Kommt man auf den alten Markt und sieht die prächtigen Bauten, die Tempel, Säulengänge und Wohngebäude, dann kann man leicht alles vergessen, was es sonst so gibt. So
15 schön ist Rom.

Strabon, 5, 3, S. 8ff. Zit. nach Walter Arend, Geschichte in Quellen, Bd. 1, 2. Aufl., München (bsv) 1975, S. 594f. Übers. v. Albert Forbiger, Bearb. v. Verf.

1 Erläutere mithilfe von M1, wie der Grieche Strabo die Stadt Rom zur Zeit des Kaisers Augustus beschrieb.

2 Erkläre die Aussage Z. 13–15.

zu S. 140/141:

M2 *Wohnhaus (villa) einer Adelsfamilie in Pompeji, Zeichnung, 1999*

1 Arbeite aus M2 Informationen über die Lebensverhältnisse der reichen Menschen im antiken Rom heraus.

2 Vergleiche das Leben in einer römischen Villa mit den Wohnverhältnissen in einem Mietshaus (insula).

Kapitel 5: Neue Religionen, neue Reiche

zu S. 172/173:

1 Recherchiere im Internet zu einer der christlichen Kirchen in Armenien, Äthiopien oder Ägypten („Kopten"). Stelle deine Ergebnisse in der Klasse vor.

zu S. 176/177:

1 Finde heraus, wann und warum die Hagia Sophia zur Moschee wurde.

zu S. 182/183:

1 Nenne mögliche Gründe, warum die islamischen Herrscher Werke der Griechen und Römer in ihre Muttersprache Arabisch übersetzen ließen.

zu S. 184/185:

1 Erkläre die Vorstellung von der Herkunft der Macht, wie sie in M3 auf S. 169 zum Ausdruck kommt. Was sagt die Darstellung über das Verhältnis von König und Kirche im Frankenreich aus?

zu S. 192/193:

Abul Abbas: Ein indischer Elefant im Frankenreich
Karl der Große unterhielt intensive Kontakte zu Harun Al Raschid, dem Kalifen von Bagdad. Die beiden Herrscher tauschten Briefe und auch Geschenke aus. So schickte der Kalif im Jahr 801 einen Elefanten
5 mit Namen Abul Abbas und andere Geschenke ins Frankenreich. Im Gegenzug dafür sandte Karl wahrscheinlich Waffen nach Bagdad.
Im Auftrag des Kaisers brachte eine Gesandtschaft unter Leitung des jüdischen Händlers und Überset-
10 zers Isaak diesen Elefanten mit nach Europa. Die Reise dauerte lange, da die Reisegruppe von Bagdad aus das Byzantinische Reich umgehen musste und von Nordafrika nach Italien übersetzte. Nach Überwinterung in einem Bischofspalast in Norditalien
15 musste der Elefant die hohen Alpenpässe überwinden. Etwa 1,5 Jahre brauchte der Kaufmann Isaak

mit seinen Begleitern für die mehr als 5000 Kilometer lange Rückreise. Der Transport von Abul Abbas erfolgte zum Teil auf einem extra angefertigten Spe-
20 zialschiff. Dass der Elefant weiß gewesen ist, wie man später behauptete, steht nicht in den mittelalterlichen Quellen.
Abul Abbas lebte fast zehn Jahre im kalten fränkischen Klima. Die meiste Zeit verbrachte der Elefant
25 mit anderen Tieren im Tierpark in Aachen, in dem der Kaiser noch andere exotische Tiere hielt. Der Frankenherrscher nahm das Tier aber auch mit auf Reisen, um ihn seinem Volk zu zeigen, und führte den Elefanten wahrscheinlich auf Kriegszügen mit.
30 Abul Abbas starb im Jahr 810 bei einer Rheinüberquerung in der Nähe von Duisburg.
Verfassertext nach zeitgenössischen Quellen

1 Schreibe einen Lebenslauf von Abul Abbas in Form einer Tabelle.

2 Finde mögliche Gründe, warum Karl der Große Abul Abbas ins Frankenreich bringen ließ.

Lösungshilfen zu den Seiten „Kompetenzen prüfen"

Kapitel 1: Erste Begegnung mit Geschichte (S. 38/39):

1 Bildquelle: M1; Sachquelle: M2, M3; schriftliche Quelle: M4

2 falsch: a (1. Schritt: Fragen stellen und Informationen sammeln); c (Vergangenheit: alles, was nicht Gegenwart und nicht Zukunft ist; Geschichte: sammelt, ordnet und stellt vergangene Ereignisse dar); d (Auf der Erde leben die Menschen heute nach unterschiedlichen Zeitrechnungen, z.B. christliche, jüdische, muslimische Zeitrechnung); e (Bei der Erforschung der Familiengeschichte werden auch mündliche und schriftliche Quellen sowie Sachquellen benötigt); f (auf das Mittelalter folgte die Neuzeit)

richtig: b

3 Quellen: Überlieferungen, aus denen wir Kenntnisse über das Vergangene gewinnen können; Epoche: große Zeiträume in der Geschichte; Zeitrechnung: Möglichkeit, sich in der Zeit zu orientieren; Jetztzeitmensch: homo sapiens sapiens, heute lebende Menschenart; Sesshaftigkeit: fester Wohnsitz, Viehzucht und Ackerbau

4 Mittelalter: M1, M4; Antike: M3; Urgeschichte: M3

5 Wer stellte die Getreidemühle her?
Wer arbeitete mit ihr?
Wer hat sie gefunden?
Wo wurde sie gefunden?
Wann wurde sie gebaut?
Wann wurde sie gefunden?
Warum wurde sie gebaut?
Wozu wurde sie gebraucht?

6 Arbeitsschritte S. 27:
1. Ersten Überblick verschaffen:
Der Historiker Yuval Noah Harari schreibt über das Leben der Menschen in der Jungsteinzeit. Harari behauptet, dass der Übergang zur Landwirtschaft in der Jungsteinzeit kein großer Sprung in der Menschheitsgeschichte war.
2. Fragen stellen:
– In der Jungsteinzeit wurden die Menschen sesshaft; Jäger und Sammler, sesshafte Bauern; Alt- und Jungsteinzeit
– Bauern in der Jungsteinzeit hielten Schafe und bauten Weizen an; ihr Alltag war härter und weniger befriedigend als der ihrer Vorfahren; Jäger und Sammler ernährten sich gesünder und arbeiteten weniger als die Bauern der Jungsteinzeit

– Offene Frage: Was erfahren wir über die Frauen in der Steinzeit?
3. Schlüsselwörter klären:
Fortschritt und Intelligenz, entbehrungsreiches Leben (Wörterbuch)
4. Textaufbau erfassen:
– Harari kritisiert die Auffassung, der Übergang zur Landwirtschaft sei ein „Sprung für die Menschheit" gewesen (Z. 1–9)
– Alltag in der Jungsteinzeit war härter und weniger befriedigend als in der Altsteinzeit (Z. 10 ff.)
– Jäger und Sammler hatten ein besseres Leben (Z. 12 ff.)

7 individuelle Lösungen

8 **a)** falsch: erste Menschen entstanden in Afrika
b) falsch: technische Erfindungen (z. B. Werkzeuge), Höhlenmalerei, Musikinstrumente
c) richtig

Kapitel 2: Ägypten – eine Hochkultur (S. 74/75)

1 a: Anfänge von Wissenschaft (Feldvermessung mithilfe von Geometrie); b: Verwaltung (Lebensmittelabgabe an Soldaten durch Beamte); c: Architektur (Bau und Gestaltung der Pyramiden); d: Technik (Wasserschöpfwerk Schaduf); e: Faustkeil – gehört hier nicht dazu (Altsteinzeit); f: Schrift (Keilschrift); g: Staat mit zentraler Regierung (Sarkophag des Königs Tutanchamun)

2 **a)** 1 i; 2 e; 3 f; 4 j; 5 g; 6 h; 7 c; 8 a; 9 d; 10 b
b) Pharao: altägyptischer König; Hieroglyphen: heilige Einritzungen; Pyramide: Grabmal von Pharaonen; Wesir: oberster Beamter; Schreiber: Beamter; Hierarchie: Gesellschaftsordnung von oben nach unten geordnet; Totenkult: Glauben an ein Leben nach dem Tod; Polytheismus: Glauben an viele Götter; Hochkultur: Staat mit zentraler Verwaltung und Regierung, Arbeitsteilung, Schrift, Zeitrechnung, Kunst, Architektur, Anfänge von Wissenschaft und Technik

3 Die Schrift ermöglichte eine wirksame Verwaltung: Informationen konnten weitergegeben, festgehalten und für später aufbewahrt werden, z. B.: Anzahl von Menschen und Tieren, Aufteilung der Felder, Erfassung von Ernteerträgen und Vorräten (Vorratshaltung), Entlohnung von Arbeitern und Soldaten, Übermittlung von Nachrichten und Befehlen.

4 Wo und wann ist dieses Holzmodell gefunden worden? Wozu ist es gebaut worden? Wer hat es in Auftrag gegeben? Ist der Auftraggeber im Modell zu erkennen? Weshalb wurde ein Modell aus Holz gebaut? Weshalb wurde nicht wie oft üblich ein Wandbild gemalt? Wo und wann spielt sich die dargestellte Szene ab? Wer sind die verschiedenen Personen? Worin unterscheiden sich die Personen, bzw. Personengruppen? Welche Rolle spielen die Personen in der Laube? Ist eine Person besonders hervorgehoben? Wem gehören die Rinder? Warum werden die Rinder gezählt? Wie läuft diese Viehzählung ab? Weshalb wird der Hirte verprügelt?

5 Thema: Bewässerungstechnik heute in der ägyptischen Landwirtschaft
Internet-Suchmaschine: www.google.de
Suchabsicht/Suchbegriffe: Ägypten – Gegenwart – Bewässerungssysteme – Bewässerungstechnik – Landwirtschaft
Ergebnis: Ägyptische Bauern verwenden noch heute Hilfsmittel, die den Schöpf- und Hebegeräten aus dem Alten Ägypten ähneln.

6 Verschiedene Spielkarten sind möglich (siehe Beispiel S. 75, M4).

7 **a)** Nilschwemme ermöglichte reichhaltige Ernten. Nilschlamm wurde auch zur Herstellung von Ziegeln für den Hausbau verwendet.
Durch den Nil konnten große Grasflächen zur Viehhaltung bewässert werden.
Der Fischreichtum des Nils stellte eine wichtige Nahrungsquelle dar.
Der Nil diente als wichtiger Transport- und Handelsweg. Die Papyruspflanze im Niltal lieferte den Rohstoff zur Herstellung der Schreibunterlage Papyrus.
b) Die Nillandschaft bot den Menschen sicher gute Voraussetzungen für die Entwicklung einer Hochkultur. Um dieses „Geschenk" aber nutzen zu können, mussten sich die Menschen auf die natürlichen Gegebenheiten einstellen und mit Erfindungsreichtum die Herausforderungen des Nils beherrschen und gestalten lernen: Beobachtung der Wasserstände, Entwicklung eines Kalenders zur Vorhersage der Nilschwemme, Bau von Deich- und Bewässerungsanlagen, Aufbau einer funktionsfähigen Verwaltung, Entwicklung einer Vorratswirtschaft, Arbeitsteilung und Spezialisierung.
c) Es waren die Menschen, die durch Arbeitsteilung, Erfindungsreichtum, geschickte Planung und Zusammenarbeit die ägyptische Hochkultur hervorgebracht und entwickelt haben. Dieses „Ge-

schenk" fiel den Ägyptern also nicht einfach nur in den Schoß. Ohne den Einsatz vieler wäre es überhaupt nicht möglich gewesen. Herodot hat diesen Aspekt zu wenig berücksichtigt.

Kapitel 3: Leben im antiken Griechenland (S. 112/113)

1 Akropolis: Tempel, Zentrum der Verehrung der Götter durch die Bürger Athens; weitere Merkmale einer Polis: Agora (Marktplatz), Mauer, bäuerliches Umland

2 **a)** 1 c; 2 f; 3 h; 4 g; 5 b; 6 d; 7 a; 8 i; 9 e

3 Im 5. Jahrhundert hatten ca. 40 000 Bürger politische Rechte. Politisch rechtlos waren ca. 130 000 Frauen und Kinder, 30 000 Metöken und 100 000 Sklavinnen und Sklaven. Bürger bilden zahlenmäßig eine Minderheit in der Gesamtbevölkerung.

4 Arbeitsschritte „Textquelle", S. 97:
2. der Tourist Herakleides
3. 3. Jh. v. Chr., vermutlich Griechenland
4. Reisebeschreibung, evtl. Brief
5. andere Griechen, die sich für Athen interessieren
6. Athena, Parthenon …
7. Anreise – Straßen und Wohnviertel – Akropolis
8. Herakleides ist beeindruckt von der Schönheit der Akropolis und des Dionysostheaters; er bemerkt den Gegensatz zwischen den Wohnvierteln und dem Zentrum Athens mit der Akropolis.

5 mögliche Themen: Athen als Geburtsstätte des Theaters, Dionysostheater mit jährlichen Festspielen; Philosophie: Athen als Wirkungsstätte berühmter Philosophen, die Schulen begründeten: Sokrates, Platon, Aristoteles; Kunst: z. B. Reliefbild der Göttin Athene

6 **a)** In der attischen Demokratie hatten 40 000 Bürger politische Mitspracherechte. Das waren immerhin ca. 10 % der Gesamtbevölkerung der Polis Athen. Im Vergleich zur Monarchie Ägyptens oder den anderen, meist von einer Aristokratie beherrschten Poleis Griechenlands waren damit wesentlich mehr Menschen an politischen Entscheidungen beteiligt.
b) Im Vergleich zur Gegenwart erscheint einiges an der athenischen Demokratie fremd: z. B. die Auslosung der Beamten oder die Verbannung fähiger Politiker durch das Scherbengericht. Auch der jährliche Wechsel in den Ämtern überrascht. Der Ausschluss von Frauen, Sklaven und Fremden erscheint uns heute als ungerecht. Die athenischen Bürger nahmen viele Unbequemlichkeiten auf

sich, um in der Volksversammlung abzustimmen. Bürger der Bundesrepublik wählen Volksvertreter, sogenannte Abgeordnete, die politische Entscheidungen für das Volk treffen.

7

```
┌─────────────────────────┐        ┌─────────────────────────┐
│ Sport: Olympische Spiele │        │ Theater: Tragödie,      │
│                          │        │ Komödie                 │
└─────────────────────────┘        └─────────────────────────┘
           ┌──────────────────────────┐
           │   Das griechische Erbe   │
           └──────────────────────────┘
┌─────────────────────────┐        ┌─────────────────────────┐
│ Politik: Herrschaftsform,│        │ Wissenschaft:           │
│ Monarchie, Aristokratie, │        │ Mathematik,             │
│ Demokratie               │        │ Philosophie             │
└─────────────────────────┘        └─────────────────────────┘
           ┌──────────────────────────┐
           │ Kunst: Tempel, Skulptu-  │
           │ ren, Vasenmalerei        │
           └──────────────────────────┘
```

Kapitel 4: Das Römische Reich (S. 164/165)

1 753 v. Chr.: Gründung Roms der Sage nach; bis 272 v. Chr.: Rom unterwirft Nachbarvölker, Italien stand bis zum Fluss Po unter römischer Herrschaft; 264–133 v. Chr.: Rom wird durch Eroberungen in Afrika und Asien zur Großmacht (drei Kriege gegen Karthargo; Provinzen in Sizilien, Spanien und Nordafrika); ab dem 3. Jh. v. Chr. Eroberung der Nachfolgestaaten Alexanders des Großen im östlichen Mittelmeerraum (darunter Ägypten); im 2. Jh. n. Chr. erreicht das Römische Reich seine größte Ausdehnung

2 Im Asterix-Comic fehlt z. B. das Marschgepäck: Schild, Spaten, Zeltplane/Ersatzkleidung, Sichel, Spitzhacke, Tornister mit Löffel, Messer, Reparaturwerkzeug, Koch- und Essgeschirr, private Kleinteile wie Kamm oder Schreibzeug.

3 Die Römer brachten neben Fachwissen auch ihre Lebensweise mit. Sie bauten Straßen, Kanäle und bewirtschafteten die Äcker. Mit den Römern kamen erstmals Obstsorten wie Pfirsiche und Kirschen nach Mitteleuropa. Sie bauten Steinhäuser, Wasserleitungen und Heizungen. Die römische Lebensweise bot im Vergleich zum Alltagsleben der einheimischen Völker ein bequemeres und fortschrittlicheres Leben. Durch die Nähe zum Kastell waren die Menschen gegen Angriffe geschützt. Da die Legionäre sich oft nach Ende ihrer Dienstzeit mit ihren Familien in der Nähe der Festungsanla-

gen und Kasernen niederließen, verbreitete sich die römische Lebensweise in den Grenzgebieten immer stärker.

4

Portugiesisch	in Portugal
Galicisch, Spanisch und Katalanisch	in Spanien
Französisch	in Belgien, Luxemburg und Frankreich
Korsisch, Italienisch und Sardisch	in Italien
Rätoromanisch	in der Schweiz und Italien
Rumänisch	in Rumänien
Moldawisch	in Moldawien

5 Arbeitsschritte S. 125:
zu 1: z. B. senatorische Provinzen, kaiserliche Provinzen, Konsuln;
zu 2–3: Das Schaubild ist von oben nach unten zu lesen, weil Augustus und der Senat im Zentrum der Macht stehen. Von ihnen geht die Herrschaft aus. Es gab den Senat und die Volksversammlung; zu den Ämtern zählten die Konsuln und sonstige Staatsbeamte, Verwaltungsbeamte und Senatoren.
zu 4–6: Senatoren wurden von Augustus ernannt, im Gegenzug berieten sie ihn. Sie verwalteten die senatorischen Provinzen. Dort waren keine Truppen stationiert. Die Volksversammlung wählte die Konsuln und sonstige Staatsbeamte (ohne Macht) auf Vorschlag von Augustus. Er ernannte die Senatoren, kontrollierte die Verwaltung, befehligte das Heer und überwachte die Finanzen. Er verwaltete die kaiserlichen Provinzen, in denen das Heer stationiert war. Augustus steht im Schaubild oben, weil er die Stützen der Macht innehatte: Dies waren die Verwaltung, das Heer und die Finanzen. Auch befehligte nur er alleine das Heer. Die Senatoren verwalteten zwar die senatorischen Provinzen, sie hatten faktisch aber, ebenso wie die anderen Beamten, keine Macht. Zur Volksversammlung zählten nur die römischen Männer. Frauen, Kinder, Sklavinnen und Sklaven hatten keine politischen Rechte.

6 M1: Zu erkennen sind Fundamente und Grundrisse eines römischen Landgutes (große Villa mit mehreren Zimmern und mindestens zwei Nebengebäuden). Zu sehen ist auch eine Rekonstruktion eines Gebäudes. Im 1. Jahrhundert n. Chr. errichteten die Römer die Provinz Obergermanien auf dem Gebiet des heutigen Baden-Württemberg. Sie bauten einen Limes als Grenzschutz vor den Germanen. An den Grenzen errichteten sie im Zuge ihrer Expansion militärische Befestigungsanlagen (Kastelle) und Siedlungen. Römer, die sich in Obergermanien niederließen, brachten neben Spezialwissen (Ärzte, Architekten, Feldvermesser, Schiff- und Wagenbauer) auch die römische Lebensweise (Sprache und Schrift, Wasserleitungen, Heizung, Alltagsgegenstände) mit. Sie wurde von den unterworfenen Völkern übernommen.

M2: Zu sehen sind ein Haus und ein Hof. Auf dem Hof stehen eine Säule und dahinter ein kleiner Altar. Beide haben eine religiöse Funktion. Haus und Hof sind von einer Mauer umgeben. Auf dem Hof befinden sich viele Bauern mit ihrem Vieh. Die Tiere grasen wahrscheinlich auf den Feldern außerhalb des Hofes. Das Leben auf dem Hof war wohl von der Landwirtschaft und vom Handel geprägt. Es sind auch Wagen zu sehen, mit denen die Ernte sowie andere Güter transportiert werden konnten.

7 Hilfsmittel: Karte S. 150. Mögliche Lösung: Hergestellt in einer Glasbläserei in Augusta Treverorum (Trier); verkauft an eine gallische Familie; diese schenkt die Flasche einem befreundeten Römer, der sie an einen Händler weiterverkauft. Auf einer Fernstraße wird die Flasche im Wagen nach Marseilles gebracht. Dort verkauft der Händler sie an einen Ägypter, der sie auf dem Schiff nach Alexandria mitnimmt; in Alexandria wird sie zwischengelagert und gelangt einige Monate später in das Gepäck einer Handelskarawane mit Ziel Schwarzes Meer. Bei einer Zwischenstation in Damaskus verkauft ein Händler sie an einen römischen Beamten der Provinz Syria. Dieser zeigt sie wenig später den Gästen, die er zu seinem Geburtstag eingeladen hat. Durch eine Unachtsamkeit fällt die Glasflasche auf den Mosaikboden und zerbricht.

8 strata = Straße, plastrum = Pflaster, carrus = Wagen, cista = Kiste, saccus = Sack, corbis = Korb, murus = Mauer, porta = Pforte, villa = Haus, tegulae = Ziegel, camera = Kammer, speculum = Spiegel, fenestra = Fenster, cellarium = Keller, pressa = Presse, vinum = Wein, mustum = Most (Saft), prunum = Pflaume, persicum = Pfirsich, radix = Radieschen, oleum = Öl, caseus = Käse, moneta = Geld

Kapitel 5: Neue Religionen, neue Reiche (S. 196/197)

1 M1: Christentum
M2: Judentum
M3: Islam

2 1) richtig, alle drei Religionen entstanden im Vorderen Orient (Asien)
2) richtig, Byzanz, die islamischen Staaten und das Frankenreich
3) richtig, sie waren Kaiser des Oströmischen Reichs, das bis 1453 bestand.
4) falsch, sie missionierten viele Völker in Osteuropa, dazu fällten sie aber keine heiligen Bäume
5) falsch, Bonifatius war ein bedeutender Wandermönch und Missionar
6) falsch, Mohammed ist ein Prophet der Muslime und der Religionsgründer des Islam
7) richtig, unter ihm wurde das Christentum 391 zur Staatsreligion
8) falsch, Karl der Große trägt diesen Spitznamen, weil er sein Reich verdoppelte und eine politische Einheit der christlichen Völker im Westen und der Mitte Europas schuf
9) richtig, im 8.–10. Jh. entstanden dort große kulturelle Zentren, in denen Muslime, Christen und Juden lebten.
10) falsch, seine Taufe war eine politische Entscheidung, um sich die Unterstützung der Kirche zu sichern

3 **a)** In Europa setzte sich der Glaube an einen einzigen Gott durch. Dieser Monotheismus wurde durch drei Religionen verkörpert, nämlich das Judentum, das Christentum und den Islam. Die Christen im Westen Europas waren katholisch wie der Merowingerkönig Chlodwig. Im östlichen Mittelmeerraum lebten die orthodoxen Christen, die nicht Lateinisch, sondern überwiegend Griechisch sprachen. Der Glaube an viele Götter, wie er in Griechenland und Mekka praktiziert worden war, gehörte durch den Untergang des Römischen Reichs der Vergangenheit an. Nach der Antike folgte nun die Epoche des Mittelalters.
b) Im Islam waren die Kalifen gleichzeitig politische und religiöse Führer der islamischen Gemeinschaft. Im Oströmischen Reich waren die Kaiser zugleich weltliche Herrscher und Lenker der christlichen Kirchen.

Unterrichtsmethoden

Die Kugellager-Methode

- Bei der Durchführung sitzt oder stellt ihr euch paarweise in einem Innen- und einem Außenkreis gegenüber.
- In einem vorher festgelegten Zeitrahmen tauscht ihr euch mit eurem Gegenüber über ein vorher festgelegtes Thema aus.

- Auf ein vereinbartes Zeichen der Lehrkraft dreht sich der Innenkreis im Uhrzeigersinn zwei Plätze weiter. Dort findet der Austausch mit dem neuen Partner statt.
- Für einen erneuten Partnerwechsel dreht sich auf das Signal der Lehrkraft der Außenkreis gegen den Uhrzeigersinn zwei Plätze weiter.

- Nach mehreren Runden könnt ihr eure Ergebnisse gemeinsam auswerten.

Tipp: Schafft genug Platz, sodass ihr einen gewissen Abstand zu den anderen Paaren habt. Dafür könnt ihr Tische und Stühle an den Rand schieben oder vielleicht auf den Schulhof gehen.

Einen Kurzvortrag halten

- Vorbereitung: Sammle und ordne alle Informationen zu deinem Thema in einer Mindmap.
- Entwickle eine Gliederung für deinen Vortrag: Lege zu jedem Hauptpunkt eine Karteikarte mit den wichtigsten Informationen an und nummeriere die

Karteikarten in einer sinnvollen Reihenfolge.
- Überlege dir einen interessanten Einstieg und Schluss für deinen Vortrag.
- Versuche, möglichst frei vorzutragen. Sprich laut, deutlich und nicht zu schnell.

- Schau dein Publikum an. So siehst du auch, wenn es Zwischenfragen gibt.
- Unterstütze deinen Vortrag durch Anschauungsmaterial (Bilder, Grafiken, Gegenstände).

Ein gutes Lernplakat gestalten

- Verwende für das Plakat mindestens die Größe DIN A2, besser DIN A1 (= 8 DIN A4-Blätter).
- Beschränke dich auf die wesentlichen Informationen.
- Die Informationen auf dem Plakat müssen sachlich stimmen (z.B. richtige Jahreszahlen).
- Das Thema des Plakats muss deutlich zu lesen sein.

- Schreibe in Stichpunkten oder in kurzen Sätzen.
- Unterstreiche Schlüsselbegriffe oder rahme sie ein.
- Verwende für die Schrift einen schwarzen oder dunkelblauen Stift. Andere Farben eignen sich für Pfeile, Linien oder Hervorhebungen.
- Achte auf die Lesbarkeit der Schrift (Größe und Ordnung). Du kannst Hilfslinien mit Blei-

stift zeichnen und später wegradieren.
- Gliedere deine Informationen durch unterschiedliche Schriftgrößen. Verwende Ordnungszahlen, wenn du eine bestimmte Reihenfolge darstellen möchtest.

4

Ein Rollenspiel durchführen

- **Ausgangslage festhalten:** Fertigt eine Situationskarte und mehrere Rollenkarten an. *Situationskarte:* kurze Beschreibung, welche Situation nachgespielt werden soll. Welche Probleme sind zu lösen? *Rollenkarte:* Je eine für die dargestellten Personen und für die Beobachter. Auf den Karten sind Tätigkeit, Eigenschaften, Verhalten und die Ziele der Personen notiert.

- **Rollen verteilen:** Vorgaben der Rollenkarten beachten, eigene Vorstellungen dürfen aber auch eingebracht werden.
- **Spiel vorbereiten:** Die Spielerinnen und Spieler heften sich ein Schild mit ihrer Rollenkennzeichnung an. Sie besprechen die Situation (Situationskarte) und die Rollen (Rollenkarten) untereinander.
- **Spiel durchführen:** Spielbeobachter machen sich während des Spiels Notizen zu den einzelnen Rollen.
- **Spiel auswerten:** Die Beobachter bewerten das Spiel und begründen ihre Meinung. Wurden die Rollen glaubhaft gespielt? Welche Argumente wurden genannt? Passten sie in die Situation und die Zeit? Was war gut, was könnte verbessert werden?

5

Ein Standbild entwickeln

In einem Standbild stellt ihr eine bestimmte Handlung oder eine Szene aus einem Bild nach. Dafür benötigt ihr:
einen oder mehrere Standbildbauer, einen oder mehrere Darsteller, Zuschauer.

- Der Standbildbauer formt durch Anweisungen und Vormachen das Standbild. Er/sie gibt dabei möglichst viele Einzelheiten vor, z. B. Körperhaltung, Gesichtsmimik, Gestik der Hände. Die Darsteller verhalten sich hierbei wie „lebendige Puppen" und folgen, ohne zu sprechen, den Anweisungen.
- Es ist auch möglich, dass jede Rolle doppelt besetzt wird: Ein Darsteller nimmt die Position einer bestimmten Person ein, der andere steht dahinter und sagt laut, was diese Person in dieser Situation vielleicht denkt.

- Die Zuschauer beurteilen im Anschluss das Standbild und können Veränderungen vorschlagen.
- Zum Abschluss berichten die Darsteller über ihre Wahrnehmung.

Tipp: Entwickelt mehrere Standbilder zu dem gleichen Thema, dann wird es noch interessanter, und ihr könnt im Anschluss die verschiedenen Blickwinkel miteinander vergleichen.

Lexikon

Im Lexikon werden Fremdwörter, historische Begriffe und Ereignisse erläutert, die in den Texten dieses Buches vorkommen und mit einem * versehen sind. Die Fachbegriffe, die auf den Themenseiten erklärt werden, haben einen Verweis auf die entsprechende Seite.

A

Adel, bestimmte Personen in einer Gesellschaft, die besondere Rechte genießen. Sie gehören meist schon durch Geburt den herrschenden oder besonders einflussreichenFamilien an.

Agora, Versammlungsort, Marktplatz einer → Polis. In Athen versammelten sich die Bürger seit der Zeit des Kleisthenes nicht mehr auf der Agora, sondern aus Platzgründen auf der Pnyx.

Akropolis (griech. Hochstadt, Oberstadt), Bezeichnung für die Burganlage in griechischen Städten, in der sich häufig auch der Tempel der Stadtgottheit befand.

Ambrosia, Speise der Götter in der griechischen Sage.

Amphitheater, große → Arena, in der u. a. Gladiatorenkämpfe stattfanden.

Amme, eine Frau, die ein fremdes Kind stillt und betreut.

Antike, Zeitabschnitt nach der schriftlichen Vor- und Frühgeschichte; beginnend mit den frühen Hochkulturen um 3000 v. Chr., endend mit dem Zerfall des Weströmischen Reichs, ca. 500 n. Chr. Die Zeit der klassischen Antike beginnt mit Griechenland um ca. 1000 v. Chr. und endet um 500 n. Chr.

Annuität, Bezeichnung für feste Traditionen römischer Ämter. Von alters her galt bei den Römern, dass ein Magistrat sein Amt immer nur für ein Jahr ausüben durfte.

Apostel, Anhänger von Jesus Christus, die das Christentum nach dessen Tod verbreiteten.

Aquädukt, eine römische Wasserleitung, bei der das Wasser über eine oft mehrgeschossige Bogenbrücke in natürlichem Gefälle dem Ziel zugeleitet wird.

Arbeitsteilung, vor allem durch das Anlegen von Vorräten für die Versorgung der Bevölkerung war es im Alten Ägypten möglich, dass nicht mehr alle Menschen in der Landwirtschaft und Viehzucht arbeiten mussten. Die Menschen konnten sich auf bestimmte Aufgaben bzw. Berufe spezialisieren.

Archäologie (griech. Altertumskunde), Wissenschaft, die sich mit Überresten aus Ausgrabungen beschäftigt. Da wir erst seit etwa 5000 Jahren schriftliche Quellen haben, umfasst der Forschungszeitraum für die Archäologie den größten Teil der menschlichen Geschichte. In der Archäologie werden die Forschungserkenntnisse auch mithilfe naturwissenschaftlicher Methoden und moderner Technik gewonnen.

Arena, Kampfplatz oder Sportplatz. Heute wird ein Fußballstadion oft als Arena bezeichnet.

Areopag (griech. „der Areshügel"), Bezeichnung für einen Hügel nahe der Akropolis in Athen und für den sich dort versammelnden Rat, der ursprünglich den König beriet. Während der Aristokratie leitete der Areopag alle Staatsgeschäfte und war das höchste Gericht. Mit der Einführun der Demokratie und des Volksgerichts verlor der Areopag an Einfluss und behielt nur noch die Entscheidung bei Mord. Noch heute heißt der höchste Gerichtshof in Athen so.

Aristokratie, siehe S. 93

B

Berufsheer, die Streitmacht eines Staates. Die Mitglieder eines Berufsheeres üben ihre Tätigkeit hauptberuflich aus.

Bewässerungssystem, bestehend aus Deichen, Dämmen und Bewässerungskanälen, schützt es Siedlungen vor Hochwasser. Mit einfachen Schöpfwerken wurde das Wasser auf die höher gelegenen Felder gebracht. Vor allem im Alten Ägypten sollte mithilfe von Bewässerungssystemen verhindert werden, dass der Nil Dörfer und Siedlungen überschwemmt und die Ernte zerstört.

Bischof, ursprünglich die Vorsteher der christlichen Gemeinden. Seit dem 4. Jahrhundert verwaltete der Bischof als oberster Priester ein bestimmtes Gebiet (= Diözese).

brach, Acker, auf dem nichts angebaut wird.

Brot und Spiele, bezeichnet das Vorgehen des Kaisers Augustus und seiner Nachfolger, um die Unterstützung der kleinen Leute zu erringen. Es gab eine kostenlose Getreideausgabe für Bedürftige. Abgehaltene Feste und Spiele dienten dazu, die Gunst der Massen zu erhalten.

Bürger, waren in der Antike alle Personen, die am politischen Leben aktiv teilnahmen und das → Bürgerrecht besaßen.

Bürgerrecht, war in Griechenland erblich; es konnte aber auch an auswärtige Personen verliehen werden. Außer diesen Vollbürgern (in Sparta z. B. den → Spartiaten) gab es in den griechischen Staaten minderberechtigte Personen, z. B. Frauen oder Metöken, die keine Ämter bekleiden durften. Pflichten der Bürger waren der Schutz des Staates gegen äußere und innere Feinde und die Teilnahme an Kult und Religion. Römischer Bürger konnte man durch Geburt werden, d. h. wenn beide Eltern römische Bürger waren, durch Verleihung des Bürgerrechts oder Freilassung. Zunächst waren nur die Bewohner Roms römische Bürger, später wurde das Bürgerrecht auch anderen Bewohnern des Reichs verliehen. Römische Bürger trugen die Toga, waren zu Wehrdienst und Steuern verpflichtet, hatten Stimmrecht in der Volksversammlung, konnten gewählt werden und gegen Strafen Berufung einlegen. Nur römische Bürger konnten nach römischem Recht anerkannte Geschäftsverträge und gültige Ehen schließen.

D

Demokratie, siehe S. 93

Diktator, in der römischen Republik konnte für besondere Krisensituationen auf Vorschlag des Senats einer der beiden Konsuln einen Diktator als außerordentlichen Beamten ernennen. Dieser bekam große Vollmachten. Seine Amtszeit (die Diktatur) war auf höchstens sechs Monate beschränkt. Die übrigen Magistrate (Beamten) blieben während dieser Zeit im Amt, waren jedoch dem Diktator untergeordnet. Die Diktatoren der späten Republik, z. B. Sulla und Caesar, haben nichts mehr mit dem ursprünglichen Amt zu tun, denn Amtsdauer und Machtfülle waren nicht mehr beschränkt, sie waren Alleinherrscher.

E

Epoche, große Zeiträume der Geschichte werden in bestimmte Abschnitte, sogenannte Epochen (Urgeschichte, Antike, Mittelalter, Neuzeit), eingeteilt.

Exil, ein langfristiger Aufenthalt außerhalb des Heimatlandes, das aufgrund von Verbannung, Ausbürgerung, Verfolgung durch den Staat oder unerträgliche politische Verhältnisse verlassen wurde

Expansion, zum Beispiel die Ausdehnung des Römischen Reichs. Durch Kriege und politische Entscheidungen dehnte sich das Römische Reich auf bis dahin nichtrömische Städte und Länder aus, die dann von Römern regiert wurden.

Export, die Lieferung von im Inland hergestellten Waren in andere Länder.

F

Flotte, größere Anzahl von Schiffen. Bezeichnung für alle Kriegsschiffe eines Landes.

Forum Romanum, großer Marktplatz und Mittelpunkt der Stadt Rom. Dort befanden sich die prunkvollsten Bauwerke und Tempel der Stadt. Auch der Senat tagte in der „Curia" am Rande des Forums Romanum.

Freier, siehe S. 98

G

Gastmahl, festliche Mahlzeit eines Adligen mit Gästen; eingeladen waren nur Männer, die auf Liegen viel Wein und Speisen zu sich nahmen und u. a. mit Spielen unterhalten wurden.

Gemeinde, Gemeinschaft eines oder mehrerer Orte. Die Mitglieder einer Gemeinde sind die Bürger.

Gene, Abschnitte der menschlichen DNA und Träger einer Erbanlage oder eines Erbfaktors, der die Ausbildung eines bestimmten Merkmals beeinflusst.

Geometrie, Bezeichnung für die Feldvermessung im Alten Ägypten. Nach jeder Nilschwemme mussten die Felder neu vermessen werden. Aus dieser „Kunst der Feldvermessung" entwickelte sich eine Wissenschaft, die Geometrie.

Germanen/Germanien, Sammelname für viele einzelne Völker und Stämme in Nord- und Mitteleuropa, die der indogermanischen Sprachfamilie angehören. Besonders in den letzten beiden Jahrhunderten v. Chr. versuchten germanische Stämme sich nach Westen und Süden auszubreiten.

Gründungsmythos, eine Erzählung über einen bestimmten Ursprung, die teilweise erfunden wurde, aber als verbindlich wahrgenommen wird.

Gymnasion, im Altertum, besonders in Griechenland, Übungs– und Wettkampfanlage zur körperlichen Ertüchtigung der Jugend.

H

Heloten Die Sklaven in Sparta unterschieden sich von Sklaven in anderen antiken Staaten dadurch, dass sie dem spartanischen Staat gehörten, in Familien weiterleben und auch ihren alten Bräuchen und ihrer Religion nachgehen konnten. Sie bearbeiteten das Land für die spartanische Oberschicht, die → Spartiaten.

Hierarchie, siehe S. 53

Hieroglyphen (griech. hieros = heilig, glyphein = einritzen), Schriftzeichen (Bilder und Symbole), die auf Papyrusblätter gezeichnet oder in andere Materialien eingeritzt wurden. Erst 1822 gelang es dem Franzosen Jean-François Champollion, die Schriftzeichen zu entziffern.

Historiker, untersuchen und analysieren Quellen und gewinnen dadurch Erkenntnisse aus der Vergangenheit.

Hochkultur, siehe S. 45

I

Ilias, Sage des griechischen Dichters Homer über den Trojanischen Krieg. Die Sage bildete zusammen mit der → Odyssee unter anderem die Grundlage für den Götterglauben der Griechen.

Imperium Romanum, siehe S. 127

Import, Einfuhr von im Ausland hergestellten Waren.

Integration (lat. Wiederherstellung eines Ganzen), in der deutschen Sprache kann sie auch als „Eingliederung" verstanden werden. Im Römischen Reich gab es aufgrund der zahlreichen Eroberungen sehr viele Menschen mit ganz unterschiedlichen Sprachen und Gebräuchen, die in eine große Gemeinschaft römischer Bürger eingegliedert werden sollten.

Islam (arab. islam = Hingabe an Gott, Ergebung in Gottes Willen), der Islam bekennt sich wie Judentum und Christentum zu einem Gott. Grundlage des Islam ist der Koran, der in 114 Suren (= Abschnitte) geteilt ist und Erzählungen, Lobpreisungen und Gleichnisse enthält.

J

Judentum, Bezeichnung sowohl für die Religion, die Tradition, die Philosophie als auch die Gesamtheit der Juden; erste monotheistische Religion. Die Heilige Schrift der Juden ist die Thora (hebr. = Lehre). Das sind die fünf Bücher Mose, die dem Volk der Juden von Gott übergeben wurden. Der Ort des jüdischen Gottesdienstes ist die Synagoge.

Jungsteinzeit, siehe S. 33

K

Kaisertum, siehe S. 188

Kalender, Zeitmessung nach Jahren, Monaten und Tagen. In Ägypten Berechnung nach den regelmäßigen Naturerscheinungen wie der Nilflut. In vielen Kulturen Zeitrechnung ab einem bestimmten Ereignis, z. B. Gründung Roms 753 v. Chr. oder nach Olympiaden (= vier Jahre).

Kalif (arabisch chalifa = Stellvertreter), Titel islamischer Herrscher als Nachfolger Mohammeds.

Keilschrift, aus einer Bilderschrift entwickelte, aus keilförmigen Zeichen bestehende Schrift, bei der das Schreibwerkzeug einen keilförmigen Eindruck in den weichen Tontafeln hinterließ.

Kirche, ein Gebäude, in dem Gottesdienst gefeiert wird. Oft auch als Gotteshaus bezeichnet. Aber auch die Institution, die Pfarrer, Priester, Bischöfe und den Papst ernennt und ihre Aufgaben verwaltet.

Klientel, nichtadlige Römer und ihre Angehörigen waren häufig Abhängige (= Klienten) eines adligen Patrons. Der Patron half in Notlagen (Überfällen, Feuer). Solche Hilfsleistungen übernimmt bei uns heute der Staat. Die Klienten unterstützten den Patron bei Versammlungen und Wahlen. Sie gehörten zur „familia". Die Beziehungen zwischen Patron und Klient wurden vererbt. Ihre Ursprünge sind unklar: Vielleicht waren es landlose Siedler.

Kolonisation, in der Antike Gründung von Siedlungen außerhalb der Heimat durch Griechen und Römer. In der Neuzeit Errichtung von Handelsstützpunkten. Sie konnten auch größere Gebiete umfassen.

Komödie, eine Handlungsform des griechischen Theaters. Die Komödie ist ein Drama mit erheiterndem Ablauf und endet meist glücklich.

Konstantinische Wende, die Entscheidung Kaiser Konstantins 313 n. Chr., die christliche Religion gleichberechtigt neben allen anderen Religionen im Römischen Reich zuzulassen.

Konsuln, die beiden höchsten zivilen und militärischen Amtsträger der römischen Republik. Um zu verhindern, dass ein Konsul zu mächtig werden konnte, standen immer zwei Konsuln an der Spitze des römischen Staates.

L

Landmacht, Bezeichnung für einen Staat, dessen Macht vor allem auf der Stärke seiner Landstreitkräfte beruht.

Lehnwort, Bezeichnung für ein Wort, das aus einer fremden Sprache übernommen wurde. Es wurde dabei in Aussprache und Schreibweise der übernehmenden Sprache angepasst.

Limes, die Grenzbefestigung zwischen dem Römischen Reich und den von verschiedenen germanischen Völkern beherrschten Gebieten.

Losverfahren, viele politische und andere Ämter wurden im antiken Griechenland nicht dem besten Kandidaten anvertraut, sondern die Amtsinhaber wurden durch ein Los bestimmt. Dadurch konnten alle Bewerber, unabhängig von ihrer Herkunft und/oder ihrem Reichtum, gleich behandelt werden.

M

Magazin, Lagerraum zur Vorratshaltung.

Märtyrer, Bezeichnung für eine Person, die aufgrund ihres Glaubens Verfolgungen, schweres körperliches Leid und sogar den Tod auf sich nimmt.

Metallzeit, neue Werkstoffe aus Metall veränderten das Leben der Menschen stark. Deshalb benennen wir geschichtliche Zeiträume nach dem bevorzugten Metall: Bronzezeit in Mitteleuropa zwischen 2200 und circa 800 v. Chr.; Eisenzeit in Mitteleuropa ab etwa 800 v. Chr. Werkzeuge, Geräte und Waffen wurden jetzt aus Eisen hergestellt.

Metöken (= griech. Mitbewohner), lebten als zugezogene Freie in Athen, ohne attische Bürger zu sein. Sie durften kein Land in Attika besitzen und waren vor allem in Handwerk und Handel tätig. Ähnliche Gruppen gab es in vielen antiken Städten.

Missionierung, siehe S. 186

Mittelalter, der Begriff bezeichnet den Zeitraum zwischen 500 n. Chr. und 1500 n. Chr., der Zeit zwischen Antike und Neuzeit in der Geschichte Europas. Die Völkerwanderungen, das Ende des Weströmischen Reichs 476 n. Chr., die Gründung des Frankenreichs um 500 n. Chr. und der Aufstieg des Islam (7. Jh.) werden als Beginn einer neuen Epoche gesehen. Sie endet um 1500 in einer Zeit wichtiger Erfindungen und Entdeckungen (1492 Amerika) und religiöser Umwälzungen (1517 Reformation).

Monarchie, siehe S. 53

Monotheismus, siehe S. 48

Mythos (Pl. Mythen), eine Erzählung, in der wahre und erfundene Ereignisse verknüpft sind.

N

Nektar, in der griechischen Mythologie war Nektar ein Trank der Götter, der ewige Jugend und Unsterblichkeit spendete.

Neolithische Revolution, siehe S. 33

Neuzeit, der Begriff bezeichnet in der Geschichte Europas den Zeitraum von etwa 1500 bis zur Gegenwart. Die Abgrenzung zum Mittelalter wird mit dem grundlegenden Wandel durch Humanismus, Renaissance und Reformation begründet. Als Frühe Neuzeit wird die Periode von 1500 bis zur Französischen Revolution (1789) verstanden.

Nilschwemme, durch Regen verursachtes Hochwasser und Überschwemmung durch den Nil. Der Wasserstand des Nils stieg im Alten Ägypten zwischen Juni und Oktober um bis zu acht Meter an, und das flache Land verschwand unter den Fluten.

Nomaden, Menschen und Menschengruppen, die innerhalb eines begrenzten Gebietes ohne festen Wohnsitz umherziehen.

O

Odyssee, Sage des griechischen Dichters Homer über die Irrfahrten des Odysseus. Die Sage bildete zusammen mit der Sage → Ilias unter anderem die Grundlage für den Götterglauben der Griechen.

Oikos (griech. Haus), umfasste in Griechenland nicht nur das Haus als Gebäude, sondern die ganze Hausgemeinschaft: die Familie, Gäste und Sklaven, das dazugehörige Land und das Vieh. Alles dies stand unter der Gewalt des Herrn des Oikos („Kyrios"). Von dem Wort Oikos ist auch der Begriff „Ökonomie" = Hauswirtschaft abgeleitet. In Rom entsprach dem Oikos die familia, die ebenfalls alle Personen und Güter umfasste, die unter der Gewalt des pater familias standen.

Olympische Spiele, sportliche Wettkämpfe, die zu Ehren des Gottvaters Zeus in Olympia veranstaltet wurden. 293-mal konnten die Spiele 776 v. Chr. bis 393 n. Chr. in ununterbrochener Reihenfolge stattfinden. Danach wurden sie durch den römischen Kaiser Theodosius (347–395 n. Chr.) als heidnischer Brauch verboten. Der Franzose Baron de Coubertin (1863–1937) rief sie erst 1896 wieder ins Leben.

Optimaten (lat.), in der ausgehenden römischen Republik (1. Jh. v. Chr.) Bezeichnung für die Anhänger der Partei des Adels und der herrschenden Familien (Senatspartei), die im Gegensatz zu den → Popularen stand.

P

Papsttum, siehe S. 185

Patrizier, einflussreiche, römische Adlige. Im Mittelalter die Angehörigen der städtischen Oberschicht.

Perspektive, siehe S. 20

Periöken (griech. Umwohnende), d. h. die Bewohner der Städte, die auf spartanischem Staatsgebiet „um Spartaherum" lagen. Deren Einwohner waren nicht → Sklaven, aber auch nicht spartanische Bürger. Sie waren meist Handwerker und stellten die Dinge her, welche die Spartaner brauchten. Den spartanischen Bürgern war jegliche Arbeit verboten.

Pfalz, der Begriff leitet sich vom Wohnsitz der römischen Kaiser auf dem Hügel Palatin ab. Im deutschen Sprachgebrauch entstand daraus das Wort „Palast".

Pharao, allgemeine Bezeichnung für die altägyptischen Könige. Der Begriff bedeutet „großes Haus" und bezog sich ursprünglich auf den Königspalast und dessen zahlreiche Bewohner. Seit Beginn des Neuen Reichs nannten sich die ägyptischen Könige Pharao.

Philosophie (griech. philosophia = Liebe zur Weisheit), griechische Philosophen begannen ab dem 6. Jh. v. Chr. Erklärungen für Naturerscheinungen und die Entstehung der Welt zu suchen. Sie gingen nicht mehr davon aus, dass dies alles allein durch den Willen der Götter entstanden sei, sondern versuchten Erklärungen mithilfe der Vernunft in der Natur selbst zu finden. Auch stellten sie sich Fragen zum Sinn des Lebens, zu Gut und Böse und zu vielen anderen Bereichen. Berühmte griechische Philosophen sind Sokrates, Platon und Aristoteles.

Pilger, Bezeichnung für eine Person, die aufgrund ihres Glaubens eine längere Reise, meistens zu Fuß, zu einer religiös besonders verehrten Stätte unternimmt.

Plebejer/Proletarier (lat. plebs = niederes Volk), die gesamte Bevölkerung, die nicht zu den Patriziern gehörte. Als Proletarier galten Bürger der untersten Klasse, die keinen Besitz hatten und keine Steuern zahlten.

Polis (Mehrzahl Poleis), durch die vielen Gebirge zerfiel Griechenland in relativ kleine, selbstständige Stadtstaaten. Jede Polis besaß einen städtischen Kern, der von landwirtschaftlichen Flächen umgeben war. Die bedeutendste Polis in Griechenland war die von Athen.

Polytheismus, siehe S. 48

Popularen, als Popularen wurde, in Abgrenzung von den Optimaten, die sogenannte Partei des Volkes in der römischen Republik bezeichnet.

Prinzipat, siehe S. 134

Provinz, siehe S. 126

Q

Quellen, siehe S. 19

R

Reform (lat. re = zurück, formatio = Gestaltung), im politischen Bereich eine Umgestaltung der bestehenden politischen Ordnung. Der athenische Politiker Solon etwa hat mit seiner Reform dem einfachen Volk mehr Mitspracherechte bei politischen Entscheidungen eingeräumt.

Reisekönigtum, siehe S. 193

Republik (lat. res publica = öffentliche Sache), eine Staatsform, in der kein König herrscht. Die Macht wird vom Volk oder von Teilen des Volkes ausgeübt, z. B. von Patriziern.

Romanisierung, siehe S. 152

S

Scherbengericht, im alten Griechenland ritzten die Bürger den Namen eines Mannes auf eine Scherbe, den sie verdächtigten, dass er die Herrschaft alleine an sich reißen wollte. Es mussten über 6000 Stimmen abgegeben werden, sonst war das Scherbengericht ungültig. Derjenige, dessen Name am häufigsten auf eine Tonscherbe geschrieben wurde, musste für zehn Jahre die Polis verlassen. Sein Vermögen durfte er behalten.

Schuldknechtschaft, wenn ein Schuldner seinen Kredit nicht zurückzahlen konnte, verlor er nicht nur seinen Besitz, sondern auch einen Teil seiner persönlichen Freiheit und musste seine Schulden bei dem Gläubiger abarbeiten, was praktisch nie gelang.

Seemacht, Bezeichnung für einen Staat, der über bedeutende Seestreitkräfte verfügt.

Seidenstraße, Bezeichnung für eine feste Handelsstraße, mit deren Hilfe das Chinesische Reich mit Parthern und Römern Handel trieb und Waren austauschte.

Senat (lat. senex = Greis), Rat der Ältesten, eigentliches Regierungsorgan in der römischen Republik.

Sklave, siehe S. 98

Spartiaten, Bezeichnung für die wenigen tausend Bürger Spartas, deren Leben nur dem Krieg und dem Staat gewidmet war. Für den Unterhalt der Familien der Spartiaten mussten die → Heloten sorgen.

Staat, als Staat wird eine Form des Zusammenlebens bezeichnet, bei der eine Gruppe von Menschen – das Volk – in einem abgegrenzten Gebiet nach einer bestimmten Ordnung lebt. Der ägyptische Staat gilt als einer der ersten Staaten, die wir kennen und wird heute als „Hochkultur" bezeichnet. Er wurde um 3200 v. Chr. gegründet, nachdem die Oberägypter die Macht über ganz Ägypten übernommen hatten.

Staatsreligion, bezeichnet das innerhalb eines Staates als einziges anerkanntes oder dominierendes Glaubensbekenntnis.

Statthalter, Bezeichnung für den Vertreter des Staatsoberhauptes oder der Regierung in einem Teil des Landes.

Sunniten und Schiiten, siehe S. 181

T

Theater, siehe S. 105

Thermen, siehe S. 148

Totengericht, Begriff aus dem altägyptischen Glauben, bei dem sich jeder Mensch nach seinem Tod bei einem Totengericht vor den Göttern für sein Handeln im Leben verantworten musste.

Totenkult, ein Ritual, um auszudrücken, wie sehr man Verstorbene verehrt. Dazu gehörte das Mumifizieren, weil man glaubte, dass die Verstorbenen weiterhin ihre menschliche Hülle, ihren Körper, im Jenseits brauchten. Oft legten die Ägypter Figuren, Porzellan, Briefe und Ähnliches zu den Toten, um diesen den Aufenthalt im Jenseits zu verschönern.

Tragödie, eine Handlungsform des griechischen Theaters, in der der Protagonist in eine ausweglose Lage gerät, aus der er sich trotz großer Anstrengung nicht befreien kann. Eine Tragödie beinhaltet immer eine Katastrophe.

Tribute, als „tributum" kann fast jede Abgabe bezeichnet werden, die an den römischen Staat geleistet werden musste. Bis 167 v. Chr. bezahlten römische Bürger Tribute (= Steuern), später nicht mehr. Dafür leisteten dann die Provinzen Tribute, die entweder aus festen Abgaben oder aus einem Anteil am Ernteertrag bestanden.

Triumvirat (lat. Bündnis von drei Männern), Pompeius, Crassus und Caesar schlossen sich in einem Triumvirat zusammen, um gemeinsam die Herrschaft über den römischen Staat auszuüben.

Tyrannis/Tyrann, der Begriff bezeichnet ursprünglich eine Herrschaftsform der Griechen, bei der ein Adliger die alleinige Machtausübung gewaltsam an sich gerissen hatte. Viele Tyrannen, wie in Athen Peisistratos, sorgten für wirtschaftlichen Wohlstand und kulturelle Blüte ihrer Polis. Heute wird der Begriff Tyrann abwertend verwendet und bezeichnet einen einzelnen Machthaber, der gewaltsam und ohne gesetzliche Grundlage regiert.

U

Urgeschichte, Zeitraum vom Beginn der Menschheitsgeschichte bis ca. 3000 v. Chr. Für diesen Zeitraum gibt es keine schriftlichen Quellen.

V

Völkerwanderung, Bezeichnung für eine Völkerbewegung, die ihre Ursache in Landmangel, Klimaverschlechterung oder Vertreibung durch andere Völker hat. Mit dem Begriff wird üblicherweise die germanische Völkerwanderung bezeichnet, die 375 mit dem Einfall der Hunnen in Europa ihren Höhepunkt hatte und um 500 endete.

Volksversammlung, wenn alle stimmberechtigten Bürger eines Staates zusammentreffen, um ihre politischen Rechte wahrzunehmen, spricht man von einer Volksversammlung. Im demokratischen Athen war sie das Zentrum des politischen Lebens: Sie allein entschied in allen wichtigen politischen Fragen. In Rom unterschied man zur Zeit der → Republik verschiedene Formen der Volksversammlung. In ihnen wurden die Beamten gewählt, Gesetze beschlossen und über Krieg und Frieden entschieden. In der Kaiserzeit verlor die Volksversammlung ihren politischen Einfluss.

Vorratshaltung, bezeichnet das Halten von Vorräten (Nahrungsmittel) über einen längeren Zeitraum.

W

Weihegaben, Bezeichnung für eine Gabe, die Gott oder einer Gottheit aus Dankbarkeit oder mit der Bitte um Hilfe in bestimmten (Not-)Situationen dargebracht wird.

Z

Zeitrechnung, aus der Beobachtung der Regelmäßigkeiten im Lauf von Sonne, Mond und Sternen entstanden der Kalender und die Einteilung der Zeit in Tage, Monate und Jahre. Heute gibt es neben der christlichen noch die jüdische und die islamische Zeitrechnung.

Register

Bildquellen

Fotos

Cover: © Corbis/Jose Fuste Raga/Corbis; 3 oben: Magdalene Gärtner, Schäbisch Gmünd; 3 unten: picture alliance ; 4 oben: Corbis/The Gallery Collection; 4 unten: bpk/Scala; 5 oben: Interfoto/Alinari ; 5 unten: akg-images Roland and Sabrina Michaud/akg-images; 10-11: Foto: SWR/M. Merkel; 13 M2: picture-alliance/Rainer Hacken; 13 M3: Mauritius images/Friedel Gierth; 13 M4: Interfoto/Toni Schneiders; 13 M5: Süddeutsche Zeitung Photo/DIZ; 13 M6: Fotolia/Foto-freundin #24716662; 14 l.: F1 online; 14 2 v.l.: bpk; 14 m.: bpk; 14 2. v. r.: Deutsches Historisches Museum, Berlin; 14 r.: picture-alliance/dpa – Report/Foto: Richard Koll; 15 M1: bpk; 15 M2: Mauritius images/imagebroker/Ingo Kuzia/Intro; 15 M3: Rob Marmion; 15 M4:Max Topchii; 15 l.: picture-alliance/OKAPIA KG/Dorit Bremermann; 15 2 v.l.: mauritius images/Alamy; 15 m.: action press; 15 2.v.r.: nata-lunata-shutterstock.com; 15 r.: Fotolia/Lydia Geissler; 16 M1: Medien Service Siegfried Heiss;16 M2: akg-images; 17 M5: Imago; 18 M2: akg-images/Erich Lessing; 18 M3: akg-images/Erich Lessing; 19 M4: bpk/BnF, Dist. RMN-GP; 19 M6: bpk/United Archives/Erich Andres; 20 M1 l.: action press/Courtesy Everett Collection; 20 M1 m.: Rizzo/Hollandse Hoogte/laif; 20 M1 r.: action press/Jean-Marc Quinet/action press; 20 M2: mauritius images/image BROKER/Thomas Born; 22 M1: P. Frankenstein, H. Zwietasch, Landesmuseum Württemberg, Stuttgart; 22 M1: Landesmuseum Württemberg, Stuttgart; 22 M2: Topic Media/imagebroker.net; 22 M2: Shutterstock Coprid; 22 M2: Topic Media image-broker.net; 23 m.r.: Topic Media imagebroker.net; 23 m.r.: Clip Dealer Clip Dealer/Copyright und alle Rechte bei Andreas Pulwey 2011; 23 m.r.: Mauritius images/Fancy; 23 M3: Imago; 23 M4: GDKE Rheinland-Pfalz/Landesarchäologie Speyer/ Dominik H. Rossbach; 25 (36) M2 o.r./M2 m.l./M2 m.r./M2 o.l.: picture-alliance/dpa/Wissenschaftliche Rekonstruktionen: W. Schnaubelt/N. Kieser (Wildlife Art für Hessisches Landesmuseum Darmstadt); 25 M2 u.: Fotolia/Uwe Bumann; 27 M2: Neanderthal Museum/H. Neumann; 29 M2: Naturhistorisches Museum, Wien; 29 M3: Urgeschichtliches Museum Blaubeuren; 29 M4: bpk/RMN – Grand Palais/Gérard Blot; 29 (36) M5: bpk | Museum für Vor- und Frühgeschichte, SMB/Ingrid Geske; 30 M1 picture-alliance/ dpa; 31 M2: © The Gallery Collection/Corbis; 31 M4: picture-alliance/dpa; 33 M3: Landesamt für Denkmalpflege Baden-Württemberg/W. Hohl; 33 M4: Foto AATG, Daniel Steiner, www.archaeologie.tg.ch; 34 M1: © Vienna Report Agency/Sygma/Corbis; 35 (36) M2: picture alliance/dpa; 35 M3/komplett: Südtiroler Archäologiemuseum, www.iceman.it; 38 M1 (9): Interfoto/Alinari; 38 M2 (9): Generaldirektion Kulturelles Erbe Rheinland-Pfalz, Direktion Landesarchäologie, Außenstelle Speyer; 38 M3 (9): Interfoto/ARTCOLOR; 40-41 (6): Interfoto; 43 (74) M2: picture alliance; 43 (3, 36, 51) M3: picture alliance; 43 M4: Interfoto; 44 M1: Corbis/Roger Wood; 44 (74) M2: bpk; 46 M1: Interfoto/ARTCOLOR; 47 (74) M2: bridgemanimages.de; 48-49 M1: akg-images; 50: Corbis© TongRo Images/Corbis; 52 M1: mauritius images/Alamy; 53 M3: GlowImages authors image; 54 M1: akg-images/Erich Lessing; 55 M3: Corbis/© Leemage/Corbis; 56 (74) M1: bpk; 57 unten akg-images ; 57 M5: Mauritius images/United Archives; 59 (74) M4: picture-alliance/dpa; 60 M1: akg-images/James Morris, 60 M3: Corbis/Charles & Josette Lenar Archives, 62 (73) M1: bpk ; 62 M2: © Richard T. Nowitz/Corbis; 63 M1: akg/De Agostini Picture Lib.; 64 o.r.: © RelaXimages/Corbis; 68 M1 r.: Interfoto/HERMANN HISTORICA GmbH/; 68 M1 2. v.r./2.v. l.: Interfoto/HERMANN HISTORICA GmbH; 68 M1 l.: akg-images/Erich Lessing; 69 M3: Interfoto/Sammlung Rauch; 71 M4: akg-images/Erich Lessing; 71 M5, 71 (74) M6: philippe Maillard/akg-images; 71 M7; 72 M1: akg-images/Erich Lessing; 74 M1: Photograph – ancient-art – Photoarchiv/Jürgen Liepe; 76-77: akg-images/Peter Connolly , 79 M2: Interfoto/ARTCOLOR, 79 M3: akg-images/IAM; 79 M4: Reuters/Toru Hanai; 80 M1: akg-images/Rainer Hackenberg , 81 M2: akg-images/Erich Lessing; 82 M1: Mauritius Alamy; 83 (4) M2: Corbis/© The Gallery Collection; 84 M2: Imago imago/imago/imagebroker, 85 (111) M3: bpk | The Trustees of the British Museum; 87 M3: akg-images/Erich Lessing; 88 (111) M1: akg-images/Bildarchiv Steffens; 88 M2: akg-images/Erich Lessing; 90 M1: akg-images; 90 M2: akg-images/Jürgen Raible; 92 M1: bpk/Münzkabinett, SMB/Lutz-Jürgen Lübke; 92 (111) M2: akg-images ; 92 M3: Bridgeman Art Library ; 96: Mauritius images/imageBROKER/XYZ PICTURES; 98 M2: BPK Interfoto/Mary Evans/Ashmolean Museum; 99 M3: Rijksmuseum van Oudheden, Leiden, NL; 99 M5: bpk |

RMN – Grand Palais | Hervé Lewandowski; 100 (7, 37) M1: bpk/Antikensammlung, SMB/Johannes Laurentius; 101 M4 (7): bpk/Antikensammlung, SMB/ Christa Begall; 102 M1: akg-images/Rainer Hackenberg; 103 M5: bpk; 104 M1: Corbis © Ruggero Vanni/ CORBIS; 104-105 M2: bridgemanimages.com; 105: akg-images ; 106 M1:akg-images/Nimatallah; 107 M3: Mauritius images/United Archives; 108 M1: akg-images/Erich Lessing; 110 M1 l.: akg-images , 110 M1 m.: Bridgeman Art Library , 110 M1 r.: akg-images; 112 M1: Your photo today. A1 pix – superbild Your_Photo_ Today, 113 M3: Imago; 114-115: PicturePress/Jochen Stuhrmann/GeoEpoche, 117 M2 (6): akg-images/Erich Lessing; 117 M3 (6): Mauritius images/United Archives; 117 M4 (6): Huber Images/© Bildagentur Huber/R. Schmid; 119 (9, 162) M3: Culture-images culture-images/Photo12; 120 M1: bridgemanimages. com; 122 M1: Culture-images/uig; 123 M2: Numismatische Bilddatenbank Eichstätt; 126 M1: Corbis © Gianni Dagli Orti; 128 M1: Interfoto/Wilfried Wirth; 128 M2: F1 online; 129 M3: Mauritius images Westend 61; 130 M1: Staatliche Antikensammlung und Glyptothek München/Christa Koppermann; 131 M4: Mauritius images/Alamy; 132 M1 (6): Imago ; 133 M2 (6):Staatliche Münzsammlung, München; 133 (6, 37) M3: akg-images/Bible Land Pictures; 134 (4, 9, 163) M1: bpk/Scala; 135 M2: akg-images/Erich Lessing; 136 M3: picture alliance/United Archiv; 142 M1: akg-images; 142 M2: Culture-images/fai; 144 M1: Museum am Dom Trier; 144 M2: akg-images De Agostini Picture Lib.; 145 M3: © Deutsches Archäologisches Institut Rom; 145 M4: Abguss-Sammlung Antiker Plastik Berlin; 146 M1: picture alliance/Heritage Image; 147 M3: akg-images ; 147 M4: bpk/Scala – courtesy of the Ministero Beni e Att. Culturali; 147 M5: Corbis © Alinari Archives/CORBIS; 148 M1: Mauritius images/image-BROKER/Katja Kreder; 149 M3: Kulturamt der Stadt Kempten (Allgäu) – R. Mayrock; 149 M5: www.asterix. com © 2014, LES EDITIONS ALBERT RENE;150 M2: Mauritius images/Alamy; 151 M4: Mauritius images/ corbis; 153 M3:Ulrich Sauerborn/Limesmuseum Aalen; 155 M2: Keltenmuseum Hochdorf/Enz; 155 M4: P. Frankenstein, H. Zwietasch, Landesmuseum Württemberg, Stuttgart; 156 (9, 163) M1: akg-images/British Library; 157 M2 o.: Vario Images/imagebroker, 157 M2 u.: picture alliance/Eventpress He; 158 (9, 162) M1: John Woodworth/Robert Harding/World Imagery/Corbis; 159 M2 (8): akg-images/Roland and Sabrina Michaud; 160 M1: Corbis/© Wang Miao/Redlink/ Redlink/Corbis; 160 M3:akg-images/Rabatti – Domingie; 164 M1:Römisches Freilichtmuseum Hechingen-Stein; 164 M2: Ulrich Sauerborn/Limesmusuem Aalen; 165 M5: www.asterix.com © 2014 LES EDITIONS ALBERT RENE; 165 M6: bridgemanimages.de; 166-167 (195): bridgemanimages.de; 169 (5) M2: akg-images Roland and Sabrina Michaud/akg-images; 169 (37) M3: bpk | RMN – Grand Palais | Jean-Gilles Berizzi; 169 M4: bpk; 170 M1: Süddeutsche Zeitung DIZ Jose Giribas/Süddeutsche Zeitung Photo; 171 M2: akg-images/Bible Land Pictures/Jerusalem Photo by: Z. Radovan; 172 M1: bridgemanimages.de; 173 (194) M3: akg-images;174 (194) M1: picture alliance/Artcolor; 175 M2: © epd-bild/Historisches Museum der Pfalz; 176 (37) M1: bpk | Scala; 177 M2: Corbis; 177 M3: F1 online; 178 (195) M1: © SUHAIB SALEM/X90014/ Reuters/Corbis; 179 M2: Interfoto/PHOTOAISA; 179 M3: bpk; 181 M3: Mauritius images/imagebroker/ Fabian von Poser; 182 M1: Mauritius images/Prisma; 183 M2:Art Archive/images.de; 184 M1: Stuttgart, Württembergische Landesbibliothek, Cod. bibl. fol. 23, f. 21r; 184 M2: bridgemanimages.de; 185 M3: H. Lilienthal/RLMB; 186 M1: akg-images; 187 M2: Mauritius images/Alamy; 188 M1: Interfoto/Alinari; 189 M2: picture alliance/dpa; 190 M1: bpk/Münzkabinett, SMB/Lutz Jürgen Lübke; 190 M2: bpk/Münzkabinett, SMB/Lutz Jürgen Lübke; 191: taglicht media Film- und Fernsehproduktion GmbH ; 192 (195) M1: epd-bild/ KFS; 192 M2: bridgemanimages.de; 196 M1: Art Archive/images.de; 196 M2: Interfoto; 196 M3: bridgemanimages.de; 198 M1: akg-images; 198 M2: GlowImages/ imagebroker.com; 198 M3: fotolia/animaflora; 198 M4: picture alliance/dpa; 198 M6: Interfoto/WELTBILD; 199 M2: akg-images/akg/Erich Lessing; 199 M3: akg-images/akg/Bildarchiv Steffens; 200 M1: Staatliche Antikensammlung und Glyptothek/Renate Kühling.

Grafik/Illustrationen/Karten
Klaus Becker, Oberursel: 118 M2
Thomas Binder, Magdeburg: 8, 32 M1, M2, 58 M1, M2, 68 M2, 120 M2, 193 M3, 204, M2
Carlos Borrell Eiköter, Berlin: Karten 1–4 im Innenumschlag, 6, 8, 12 M1, 26 M1, 34 M1 r., 42 M1, 66

M1, 78 M1, 84 M2, 102 M2, 103 M3, 109 M2, 116 M1, 127 M2 l.2.v.o., 127 M2 l.2.v.u., 127 M2 l. o., 127 M2 l. u., 127 M2 r., 138 M1, 150 M1, 152 M1, 154 M1, 159 M3, 161 M4, 164 M4, 168 M1, 171 M3, 173 M2, 175 M3, 180 M1, 189 M4, 193 M5; Umschlagkarten 1–4

Jochen Gebauer-Dieterle, Berlin: 33 M2; 120, M2

Elisabeth Galas, Bad Breisig: 8, 33 M2, 93 M5; 94 unten; 112 M2; 120, M3, 125 M2; 131 M2; 149 M2; 203, M3

Carsten Märtin, Oldenburg: 151 M3

Annette Pflügner, Mörfelden-Walldorf: 24 M1

Matthias Pflügner, Berlin: 86 M1 1–12

Dorina Tessmann, Berlin: 95 M2

Michael Teßmer, Hamburg: 28 M1 112 M2; 66 M2, 89 M4, 140, 141 M1, 198 M5

Hans Wunderlich, Berlin: 67 M3, 70 M1, 70 M2, 71 M3, 81 M3, 118 M1, 143 M5, 153 M2

Exkursionsziele in Baden-Württemberg

Karte 3

Arbeitsauftrag = Operator (alphabetisch) **AFB**	Das tust du:	Tipps und Formulierungsvorschläge:
nennen I	Du trägst in knapper Form und unkommentiert einzelne Begriffe und Informationen aus einem Material zusammen, z. B. als Liste oder in einer Tabelle.	*Folgende Gründe werden im Text genannt:* *– ...* *– ...*
recherchieren II	Du suchst gezielt nach Informationen über ein historisches Ereignis oder einen Sachverhalt (Schulbuch, Sachbücher, Internet).	**Tipp:** Nutze die Methodentabellen S. 64 und 97
ein Rollenspiel durchführen III	Ihr spielt eine historische Situation in einer Szene nach und wertet sie aus.	**Tipp:** Nutze die Anleitung S. 212
ein Standbild gestalten III	Ihr stellt einen historischen Sachverhalt in einem „lebendigen Bild" dar und wertet ihn aus.	**Tipp:** Nutze die Anleitung S. 212
Stellung nehmen III	Du formulierst deine eigene Position zu einem historischen Sachverhalt. Siehe auch **beurteilen** und **bewerten**	*Ich finde, dass ... richtig/falsch gehandelt hat.* *Mich überzeugt (nicht), ...* *Meiner Meinung nach ...*
ein Streitgespräch gestalten III	Du versetzt dich in zwei historische Personen hinein, indem du ihre damaligen Möglichkeiten, Ziele, Rechte und Pflichten prüfst. Formuliere in direkter (= wörtlicher) Rede.	**Tipp:** Notiere zu Beginn die möglichen Argumente der Personen. *Was du sagst/was Sie sagen, überzeugt mich nicht, weil ....* *Da gebe ich dir/Ihnen Recht, aber ...*
überprüfen III	Du stellst anhand eines Materials oder aufgrund deines Wissens fest, ob eine Aussage oder eine Behauptung zu einem bestimmten historischen Sachverhalt passt oder nicht.	*Diese Behauptung widerspricht/ passt zu der Aussage im Darstellungstext.*
untersuchen II	siehe **analysieren**	
vergleichen II	Du stellst Gemeinsamkeiten und Unterschiede gegenüber und formulierst ein Ergebnis. Wichtig: Nenne die Gesichtspunkte, unter denen du vergleichst.	**Tipp:** Du kannst eine Tabelle anlegen. *Im Vergleich mit ...* *Die Entwicklung verlief ähnlich wie/anders als in ...*
wiedergeben I	Formuliere einen Sachtext oder eine Textquelle in deinen eigenen Worten. Berücksichtige alle wichtigen Textaussagen.	
zusammenfassen I	Du gibst die wesentlichen Informationen aus einem Text knapp und mit eigenen Worten wieder.	*In dem Text geht es um ...* *Die wichtigsten Gründe waren ...* *Der Verfasser/die Verfasserin nennt ...*

So löst du die Arbeitsaufträge in diesem Buch:

(Fortsetzung der vorderen Umschlagklappe)

Arbeitsauftrag = Operator (alphabetisch) AFB	Das tust du:	Tipps und Formulierungsvorschläge:
deuten II, III	Du untersuchst eine Quelle (z. B. Text, Bild, Denkmal) hinsichtlich ihrer Aussage und erklärst, welchen Sinn du ihr beilegst. siehe **analysieren** und **herausarbeiten**	
diskutieren III	Du notierst zu einer bestimmten Fragestellung Argumente (pro und kontra) und gewichtest sie innerhalb einer schlüssigen Argumentationskette. Am Ende formulierst du ein begründetes Urteil (Sach- und/oder Werturteil).	*Gegen diese Argumentation spricht …* *Am meisten/Am wenigsten überzeugt mich …*
einordnen **zuordnen** II	Du setzt z. B. aus Materialien entnommene Informationen miteinander oder mit anderen Sachverhalten in Beziehung.	*Die hier beschriebene Herrschaftsform war eine …*
entwickeln III	Du entwirfst zu einer Problemstellung selbstständig einen Lösungsvorschlag, den du mit Argumenten begründest.	
erklären II	Du stellst einen historischen Sachverhalt oder einen Fachbegriff in einen schlüssigen Zusammenhang.	*Besonders diese beiden Ereignisse führten zu …* *Deshalb spricht man von …*
erläutern II	Du verdeutlichst einen historischen Sachverhalt mithilfe von Beispielen oder Belegen aus einem Material.	*An dieser Stelle des Briefes wird deutlich …* *Wie der letzte Satz der Rede zeigt, …*
erörtern III	Du formulierst zu einer vorgegebenen These oder Problemstellung eine eigene Stellungnahme, nachdem du Pro- und Kontra-Argumente miteinander verglichen hast.	*Dafür/Dagegen spricht …* *Insgesamt gesehen …*
erstellen II	Du stellst einen Sachverhalt dar, indem du Fachbegriffe verwendest und ihren Zusammenhang deutlich machst.	**Tipp:** Lege eine Mindmap, ein Schaubild oder eine Tabelle an.
gestalten III	Du versetzt dich in eine Person hinein, die in der Vergangenheit gelebt hat. Überlege, wie die Person in ihrer Zeit vermutlich gedacht, gehandelt, gefühlt oder gesprochen haben könnte. Erstelle aus ihrer Sicht z. B. einen Brief, eine Rede, ein Flugblatt. Gestaltet z. B. ein Streitgespräch oder ein Standbild.	**Tipp:** Berücksichtige die Lebensumstände der Person, in die du dich hineinversetzt (Geschlecht, Alter, Wohnort, Beruf, arm/reich, frei/unfrei, gebildet/ohne Schulbildung).
herausarbeiten II	Du entnimmst einem Material (Text, Abbildung) alle Informationen, die zu einer vorgegebenen Fragestellung passen. Manchmal musst du etwas berechnen.	*Zu den wichtigsten Ergebnissen gehörte …* *Die Hauptaussage des Verfassers lässt sich so wiedergeben: …*

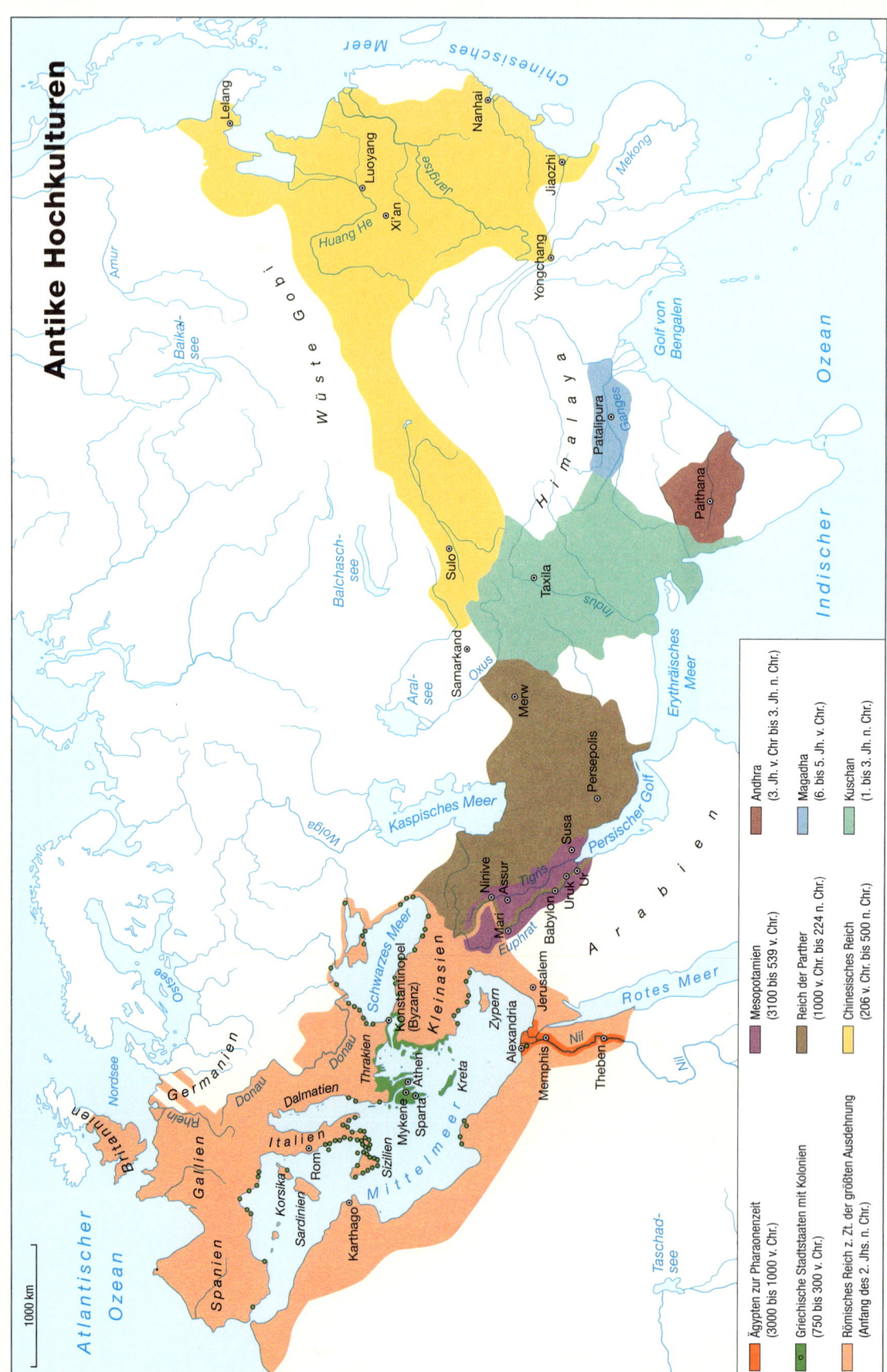

Antike Hochkulturen

Atlantischer Ozean

Indischer Ozean

1000 km

Meer Chinesisches Meer

Lelang
Luoyang
Huang He
Xi'an
Jangtse
Nanhai
Jiaozhi
Mekong
Yongchang

Wüste Gobi

Amur

Baikal-see

Balchasch-see

Aral-see

Sulo

Samarkand
Oxus

Merw

Kaspisches Meer

Wolga

Ossee

Nordsee

Britannien

Germanien

Gallien

Spanien
Korsika
Sardinien
Karthago
Italien
Rom
Sizilien
Mittelmeer
Kreta
Sparta
Mykene
Athen
Dalmatien
Donau
Rhein
Donau
Thrakien
Schwarzes Meer
Konstantinopel (Byzanz)
Kleinasien
Zypern

Jerusalem
Alexandria
Memphis
Nil
Theben
Nil

Mari
Ninive
Assur
Tigris
Euphrat
Babylon
Uruk
Ur
Susa
Persepolis
Persischer Golf

Arabien

Rotes Meer

Taschad-see

Himalaya

Taxila
Indus
Pataliputra
Ganges
Paithana

Golf von Bengalen

Erythräisches Meer

Legende

- 🟧 Ägypten zur Pharaonenzeit (3000 bis 1000 v. Chr.)
- 🟢 Griechische Stadtstaaten mit Kolonien (750 bis 300 v. Chr.)
- 🟧 Römisches Reich z. Zt. der größten Ausdehnung (Anfang des 2. Jhs. n. Chr.)

- 🟪 Mesopotamien (3100 bis 539 v. Chr.)
- 🟫 Reich der Parther (1000 v. Chr. bis 224 n. Chr.)
- 🟡 Chinesisches Reich (206 v. Chr. bis 500 n. Chr.)

- 🟥 Andhra (3. Jh. v. Chr bis 3. Jh. n. Chr.)
- 🔵 Magadha (6. bis 5. Jh. v. Chr.)
- 🟢 Kuschan (1. bis 3. Jh. n. Chr.)

Karte 4